JN058904

板書で見る

全単元の授業のすべて

中学校2年

高木まさき 監修
幾田伸司・植西浩一 編著

東洋館出版社

まえがき

令和３年１月の中央教育審議会答申「『令和の日本型学校教育』の構築を目指して ～全ての子供たちの可能性を引き出す、個別最適な学びと、協働的な学びの実現～（答申）」では、日本の学校が学習指導のみならず生徒指導の面でも主要な役割を担って大きな成果を挙げてきたことを諸外国が高く評価しているとしつつ、今後の課題として以下のような点を指摘しています。

・学校や教師の負担の増大
・子どもたちの多様化（特別支援教育、外国につながる児童生徒、貧困、いじめ、不登校など）
・生徒の学習意欲の低下
・教師の長時間労働
・学習場面でのデジタルデバイス活用の低調さ　など

日本の学校の先生方の多忙さ、困難さがよく分かります。

そして、そうした中にあっても、あるいはだからこそ、学習指導要領の「着実な実施」が改めて求められています。言語活動を工夫した主体的・対話的な学びのプロセスにおいて、言葉による見方・考え方を働かせ、深い学びを実現すること。それらを通して資質・能力を育成し、予測困難な時代を生きる子どもたちの成長を支えること。課題の山積する教育現場ですが、教師の仕事はますます重要性を増しています。

そこで本書では、日々の授業づくり、板書計画に苦労されている若手の先生、教科指導だけでなく生徒指導などでも多忙な先生、自分なりの確立した方法はあっても新しい学習指導要領の目指すところを具体的に確認したい先生など、多くの先生方の参考にしていただけるよう、教科書の全単元の時間ごとの板書例を中核にして、学習指導要領の考え方を教科書教材に沿って具体化し、見開きごとに簡潔に提示することで先生方を応援したいと考えました。

具体的には、「中学校学習指導要領国語」（平成29年告示）でのキーワードとなる、資質・能力、言葉による見方・考え方、主体的・対話的で深い学び、言語活動の工夫、評価規準などを記載し、板書例によって授業の全体像を把握しやすく提示しました。また上記中教審答申では「個別最適な学びと、協働的な学びを実現するためには、ICT は必要不可欠」とされていることから、詳細は専門書籍に委ねるとして、本書として可能な範囲で、効果的な場面におけるICT活用のアイデアなどを提示しております。

この板書シリーズは、すでに小学校版が刊行されており、高い評価をいただいております。多忙を極める中学校の先生方にも本シリーズを参考にしていただき、学習指導要領のキーワードの意味、その具体化などへの理解を深めていただく一助となれば幸いです。

令和４年３月

編者を代表して　髙木まさき

本書活用のポイント―単元構想ページ―

本書は、各学年の全単元について、単元全体の構想と各時間の板書のイメージを中心とした本時案を紹介しています。各単元の冒頭にある単元構想ページの活用のポイントは次の通りです。

教材名と指導事項、関連する言語活動例

本書で扱う教材は全て令和3年発行の光村図書出版の国語教科書『国語』を参考にしています。まずは、各単元で扱う教材とその時数、さらにその下段に示した学習指導要領に即した指導事項や関連する言語活動例を確かめましょう。

単元の目標

単元の目標を資質・能力の三つの柱に沿って示しています。各単元で身に付けさせたい資質・能力の全体像を押さえましょう。

単元の構想

ここでは、単元を構想する際に押さえておきたいポイントを取り上げています。

全ての単元において以下の3点を解説しています。

まずは〈単元で育てたい資質・能力／働かせたい見方・考え方〉として、単元で育てたい資質・能力を確実に身に付けさせるために気を付けたいポイントや留意点にふれています。指導のねらいを明確にした上で、単元構想を練りましょう。

〈教材・題材の特徴〉〈主体的・対話的で深い学びの視点からの授業改善ポイント／言語活動の工夫〉では、ねらいを達成するために必要な視点をより具体的に述べています。教材・題材の特性を把握した上での授業構想や言語活動の設定が欠かせません。

これらの解説を参考にして、指導に当たる各先生の考えや学級の実態を生かした工夫を図ることが大切です。各項目の記述を参考に、単元計画を練っていきましょう。

---

1 広がる学びへ

アイスプラネット（4時間扱い／読むこと）

指導事項：〔知技〕(1)エ　〔思判表〕C(1)ア
言語活動例：登場人物の考え方や生き方を捉え、考えたことを話し合ったり書いたりする。

単元の目標

(1)抽象的な概念を表す語句の量を増すとともに、類義語と対義語、同音異義語や多義的な意味を表す語句などについて理解し、話や文章の中で使うことを通して、語感を磨き語彙を豊かにすることができる。〔知識及び技能〕(1)エ
(2)文章全体と部分との関係に注意しながら、主張と例示との関係や登場人物の設定の仕方などを捉えることができる。〔思考力、判断力、表現力等〕C(1)ア
(3)言葉がもつ価値を認識するとともに、読書を生活に役立て、我が国の言語文化を大切にして、思いや考えを伝え合おうとする。「学びに向かう力、人間性等」

単元の構想

〈単元で育てたい資質・能力／働かせたい見方・考え方〉

本単元では、人柄や心情が抽象的に表現されている語句や言い回しの具体的な内容を理解し、人物像を思い描き、情景を想像しながら読む力を身に付けさせたい。また、人物設定や語句の選択等の工夫に注目し、作品をより深くまた多角的に捉えることの重要性を学ぶ機会としたい。社会で自分らしく生きていくために大切にしたいことについて、自問したり、他の生徒との対話を通じて考えたりしていく過程で、自身の日常生活に照らして文学的文章を読む姿勢を育てていきたい。

〈教材・題材の特徴〉

「僕」と「ぐうちゃん」を中心とする登場人物の心情を、言動から丁寧にたどることで「読み」が深まっていく教材である。生徒たちは「僕」の視点に寄り添って読み進めながら、自分自身の生き方について考えることになるだろう。平易な文章で内容がつかみやすい分、何が書かれているかだけでなく、自分は何を受け取ったかを見つめさせることが重要である。手紙を読んだ後の「僕」の心情をはじめ、読者の想像を必要とする部分が多く、「読み」を交流する意義が大きい。

〈主体的・対話的で深い学びの視点からの授業改善ポイント／言語活動の工夫〉

「僕」の視点で語られた作品だが、「僕」の心情のすべては明らかでない。文章に根拠が存在する「読み」と、生徒一人一人が想像すべき「読み」の区別を意識させ、「心情曲線」作成のための対話（話し合い）を意義深いものにしたい。いわゆる「書き換え」学習では、「視点」に対する意識付けや語彙の定着、想像力の発揮とともに、自分と異なる多様な「読み」との出会いを通じて、他の生徒と「読み」深める喜びを実感させることをねらっている。明るく知的な雰囲気をつくり、まとめの活動において、生徒一人一人が伸び伸びと感想を書き、伝え合いたいと思えるように促したい。

028　1　広がる学びへ

単元計画

時	学習活動	学習内容	評価
1	1．学習を見通し、通読する。 2．登場人物を確認し、それぞれの特徴を整理する。	○登場人物を書き出しながら通読する。 ○それぞれの人物について、「学習の窓」を参照しながら、相関図を用いて整理する。 ○「僕」「母」「父」それぞれが、「ぐうちゃん」とどのように関わっているかが分かる部分に線を引きながら、読み直す。	❷
2	3．登場人物の言動から、その心情を読み取る。 ・「心情曲線」は、グループで１枚作成する。	○前時の作業内容を確認する。まず「母」「父」について、全体で簡単にまとめる。 ○「僕」の「ぐうちゃん」に対する関わり方の変化について、「心情曲線」を用いてまとめる。	❶ ❷
3	4．「心情曲線」を基に話し合う。 5．「視点」を確認する。	○各グループの「心情曲線」を比べ、意見交換する。 ○人柄や心情が読み取れる部分について、語句や言い回しも含めて理解する。 ○書かれていない内容を意識する。	❶ ❸
4	6．これまでの学習内容を踏まえ、登場人物の心情について、書かれていない部分を想像して書く。 7．自分の考えや感想をまとめる。	○グループ内で分担し、いずれかに取り組む。 ・手紙を書いているときの「ぐうちゃん」の心情。 ・手紙を読み終わったときの「僕」の心情。 ○グループ内で交換し、読み合う。 ○「ぐうちゃん」の言葉や生き方について、考えたことを書く。	❶ ❸

評価規準

知識・技能	思考・判断・表現	主体的に学習に取り組む態度
❶抽象的な概念を表す語句が表している心情に注意しながら読んだり、実際に書く中で用いるなどして、語感を磨き語彙の豊かさを増している。 (1)エ	❷「読むこと」において、文章全体と部分との関係に注意しながら、登場人物の設定の仕方などを捉えている。 C(1)ア	❸登場人物の心情について、文章中の語句や表現を手がかりに読みとっていく過程で積極的に話し合ったり、想像しようとするとともに、自分自身についても振り返ろうとしている。

〈指導と評価の一体化を図る見取りのポイント〉

まず、用いられている語句や言い回しを丁寧に押さえ、人物同士の関係などを正しく理解した上で、根拠に基づく「読み」をつくらせることが重要である。その上で、自問や対話を通じてその「読み」を深め、書かれていない部分も主体的に想像させていくように導く必要がある。

アイスプラネット　029

単元計画

単元の目標やポイントを押さえた上で、授業をどのように展開していくのかの大枠を計画します。各展開例は学習活動ごとに構成し、それぞれに対応する評価をその右側の欄に示しています。

単元によっては、一つの学習活動に複数の評価規準の観点が示されている場合があります。これは決して全ての観点を評価しなければならないということではなく、学級の実態等を踏まえた、教師による取捨選択を想定した上で示しています。年間の指導計画を基に評価の観点を吟味してください。

評価規準

単元の目標で押さえた指導事項を基に、「知識・技能」「思考・判断・表現」「主体的に学習に取り組む態度」の３観点で評価規準を設定しています。❶❷などの丸数字で示された観点は、「単元計画」の数字に対応しています。また、本時案の「評価のポイント」に示される丸数字も、この「評価規準」の数字を基にしています。

〈指導と評価の一体化を図る見取りのポイント〉では、詳細かつ具体的な評価の見取りのポイントを示しています。指導と評価の一体化のために意識しておきたい事柄を押さえましょう。

本書活用のポイント―本時案ページ―

単元の各時間の授業案は、板書のイメージを中心に、目標や評価、学習の進め方などを合わせて見開きで構成しています。各単元の本時案ページの活用のポイントは次の通りです。

主発問

本時の中心となる発問を示しています。主発問には、本時のねらいの達成のために、生徒に効果的に働きかける工夫がされています。

目標

本時の目標を総括目標として示しています。単元構想ページとは異なり、より各時間の内容に即した目標を示していますので、授業の流れと併せてご確認ください。

評価のポイント

より具体的な見取りのポイントとともに評価規準を示しています。各時間での評価の観点を押さえましょう。

準備物

ここでは、板書をつくる際に準備するとよいと思われる絵やカード等について、箇条書きで示しています。なお、⊻マークの付いているものは、本書付録のダウンロードデータに収録されています（巻末に案内がございます）。

ワークシート・ICT 等の活用や授業づくりのアイデア

ICT 端末や電子教科書を活用する場面や、対話を効果的に取り入れるポイントなど、本時の活動でのアイデアを紹介しています。実際の学級での生徒の実態や機器の状況などを鑑み、アイデアを取り入れてみてください。

熟語の構成／漢字に親しもう 1

二字熟語、三字熟語、四字以上の熟語はどのように漢字が組み合わさってできているのでしょう。

目標

熟語の構成を意識しながら漢字を読んだり書いたりして、四字熟語を用いて日常生活の様子を伝える短文を書くことができる。

評価のポイント

❶練習問題に取り組んで、熟語の構成を意識しながら漢字を読んだり書いている。 (1)ウ

❷日常生活の様子を伝えるために、適切な四字熟語を用いようとしている。

準備物 ・ワークシート⊻01 ・ホワイトボード ・ICT 端末

ワークシート・ICT 等の活用や授業づくりのアイデア

○グループで二字熟語を挙げる際には、協働的な学びが展開できるように、ホワイトボードを用意する。

○好きな四字熟語を挙げる際には、Jamboard で共有する。

○日常生活の様子を伝える短文を書く際には、即時的に交流できるように、Classroom のコメント機能を活用する。

1 導入（学習の見通しをもつ）

〈本時の言語活動を知る〉

T：漢字は一字一字が意味をもつ表意文字です。組み合わせることでいろいろな意味の語ができ、二字以上の漢字の組み合わせでできた語を熟語と言います。今回は、熟語の構成を確認して練習問題を解き、四字熟語を使って短い文を書いて交流しましょう。

2 展開

〈教材文を読む〉

T：熟語の構成のイメージをもちましょう。それぞれのイラストの様子を表す「強大」「強弱」「強敵」という熟語で考えます。「強」と「大」、「強」と「弱」、「強」と「敵」はどんな関係・つながりがあると言えるでしょうか。

○デジタル教科書を用いて、イラストをスクリーン等に示す。

・似た意味の言葉です。

・対になる漢字を重ねています。

・「強」がどんな「敵」かを表しています。

〈熟語の構成を確認する〉

T：教科書に二字熟語、三字熟語、四字以上の熟語の主な構成がまとめられています。教科書を見ながら、ワークシートの空欄に言葉を入れて、熟語の

3 終末（学習を振り返る）

〈四字熟語を使って短文を書く〉

T：四字熟語を使って日常生活の様子を伝える短い文を書きましょう。種類や数は問いません。Classroom のコメント欄に書き込みましょう。

・Classroom で交流する。

T：熟語の構成を意識して、普段から使えるようにしていきましょう。

072 | 広がる学びへ

用語の表記について

本書内において、アプリケーション等の名称を以下のように表記します。

正式名称		本書内での略称
ウェブブラウザ		
Safari	→	Safari
Google Chrome	→	Chrome
Microsoft Edge	→	Edge
文書作成ソフト		
Pages	→	Pages
Google ドキュメント	→	ドキュメント

Microsoft Word
表計算ソフト
Numbers
Google スプレッドシート
Microsoft Excel
プレゼンテーションソフト
Keynote
Google スライド

効果的な板書例

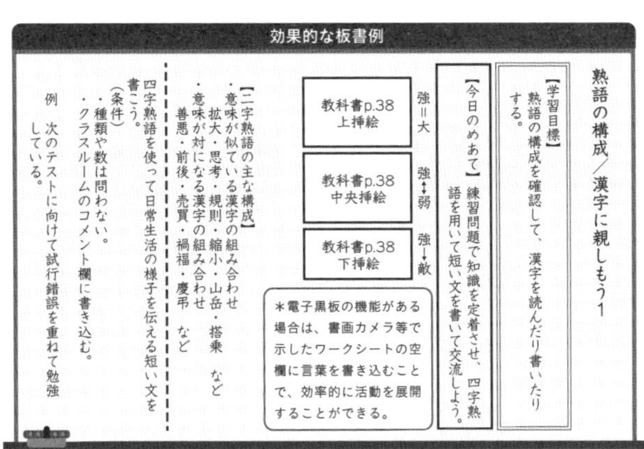

構成を確認しましょう。

○ワークシートを配付する。

○書画カメラ等を活用して、ワークシートをスクリーン等に示す。

〈二字熟語を挙げる〉

T：二字熟語の主な構成をより身近に感じられるように、教科書に示されたもの以外の熟語をグループで考えて、ホワイトボードに書き出しましょう。各自で考えやすい構成に絞ってもよいです。辞書やICT端末を利用してもよいです。

○ホワイトボードを配付する。

＊グループごとに考える熟語の構成を指定したり、熟語の数を各三つ以上と条件を出したりして、協働的な学びが展開されるようにする。

・全体で確認・共有する。

〈練習問題に取り組む〉

T：教科書の練習問題に取り組みましょう。辞書やICT端末を利用してよいです。友達と相談してもよいです。

○デジタル教科書を用いて、練習問題をスクリーン等に示す。

・答えを確認する。

〈四字熟語を挙げる〉

T：練習問題❸にあるように、四字熟語の中には古くから言いならわされてきたものが多くあり、目にしたり耳にしたりすることが多いです。好きな四字熟語を一つ挙げて、ICT端末からJamboardに書き込みましょう。

○Jamboardの画面をスクリーン等に示す。

＊ICT端末が利用できない場合は、付せん紙に書いて模造紙に貼り付ける。

＊挙げられた四字熟語の意味を確認したり、その四字熟語が好きな理由を問いかけたりして、四字熟語に親しめるようにする。

＊カウントしてランキングを付けるのもよい。

漢字1　熟語の構成／漢字に親しもう1　073

なお、略称で表記した場合に他の用語と混同してしまう可能性のある場合はこの限りではありません。

→ Word
→ Numbers
→ スプレッドシート
→ Excel
→ Keynote
→ スライド

Microsoft PowerPoint	→ PowerPoint
学習支援ソフト	
クラスルーム	→ クラスルーム
Google Classroom	→ Classroom
Microsoft Teams	→ Teams
ロイロノート・スクール	→ ロイロノート
その他	
Google Jamboard	→ Jamboard
Google ドライブ	→ ドライブ
Google Forms	→ Forms
surface、iPad、Chromebook	→ ICT 端末

効果的な板書例

生徒の学びを活性化させ、授業の成果を視覚的に確認するための板書例を示しています。学習活動に関する項立てだけでなく、生徒の発言例なども示すことで、板書全体の構成をつかみやすくなっています。

色付きの囲みは、板書をする際の留意点です。実際の板書では、テンポよくまとめる必要がある部分があったり、反対に生徒の発言を丁寧に記していく必要がある部分があったりします。留意点を参考にすることで、メリハリをつけて板書をつくることができるようになります。

そのほか、色付きの文字で示された部分は実際の板書には反映されない部分です。黒板に貼る掲示物などが当たります。

これらの要素をしっかりと把握することで、生徒の学びを支援する板書とすることができます。

授業の流れ

1時間の授業をどのように展開していくのかについて示しています。

「導入（学習の見通しをもつ）」「展開」「終末（学習を振り返る）」の3段階に分かれています。各展開例について、主な学習活動とともに具体的な発問、指示、説明や生徒の受け応えの例を示しています。

各展開は、T：教師の発問や指示等、・：予想される生徒の反応例、○：学習活動、＊：留意点等の四つの内容で構成されています。この展開例を参考に、各学級の実態に合わせてアレンジを加え、より効果的な授業展開を図ることが大切です。

板書で見る全単元の授業のすべて
国語　中学校２年
もくじ

1　第２学年における授業づくりのポイント

2　第２学年の授業展開

＊本書の編集に当たっては、光村図書出版株式会社の教科書「国語２」を参考にしております。

1

第 2 学年における授業づくりのポイント

第２学年の指導内容と身に付けたい国語力

1 第２学年の学習指導内容

学習指導要領では、社会生活に必要な国語の力を育てることが中学校国語科全体の目標となっている。特に第２学年では、話題の選択や人と関わり合う状況を社会生活に広げ、抽象的な話題を取り上げたり、立場や考えが異なる相手とのコミュニケーションを想定して言葉を使ったりする中で、互いを尊重しながら自分の考えを広げたり、深めたりして、言語能力を高めていくことが目指される。また、論理的に考える力や共感する力を伸ばしていくことも、第２学年の目標の一つである。

中学校第２学年になると、下学年で学習した内容を改めて学ぶことも多くなる。そこで、学習指導においては、生徒がすでに身に付けている知識や技能を把握することが重要となる。既習の知識や技能を踏まえ、言葉の特徴や、伝える相手、状況を考えて言葉の使い方を吟味することで、より深い理解に導き、知識や技能、能力の定着を図ることが重要である。

〔知識及び技能〕

〔知識及び技能〕の内容は、全学年で⑴言葉の特徴や使い方に関する事項、⑵情報の扱い方に関する事項、⑶我が国の言語文化に関する事項、に整理されている。語彙や文法など、取り立てて学ぶ教材も多いので、学んだことを他の学習場面で活用し、定着させていくことが必要である。

第２学年の「言葉の特徴や使い方に関する事項」には、「相手の行動を促す」という言葉の働きに気付くことが挙げられている。言葉を受け取った相手がどう振る舞うかを考えることは、社会生活で言葉を使う際の基礎となる認識として実感させたい。話し言葉と書き言葉、語彙、敬語などの理解も第２学年の学習内容である。ただし、生徒はこれらについて小学校ですでに学んでいる。中学校の学習では、そうした知識を踏まえて実際に言葉を使う中で、状況と言葉の特徴に見合った使い方を考え、言葉に対するより深い理解を促したい。また、「抽象的な概念を表す語句の量を増す」ことも、第２学年の語彙の学習内容である。「具体と抽象」は、第２学年で重点的に学ぶ思考形式である。語句を覚えるだけでなく、抽象化という思考と組み合わせて語句の量を増やしていくことが肝要である。

「情報の扱い方に関する事項」では、「意見と根拠」「具体と抽象」という関係を理解することが求められている。特に「具体と抽象」は、前述のように第２学年での重点事項である。具体化／抽象化の思考過程を取り入れた表現活動や語彙指導との連絡を図り、いろいろな場面で思考を促すように図りたい。「情報と情報との関係の様々な表し方を理解し使うこと」については、フローチャートや樹形図などを用いた情報整理の方法を知るとともに、それらを使って情報を整理する経験を蓄積し、ツールの使い方に慣れさせるようにする。

「我が国の言語文化に関する事項」では、古典の世界に親しむことが「伝統的な言語文化」の学習指導の大きな目標である。その方法の一つとして、第２学年では声に出して古語の響きを体感することが重視されている。また、現代語訳や語釈を参照しながら古典作品自体の面白さに触れたり、古人のものの見方・考え方と自分たちとの共通点や相違点を見付けたりすることで、古典の世界との接点をもたせることも大切である。「読書」については、「本や文章などには、様々な立場や考え方が書かれていることを知り、自分の考えを広げたり深めたりする読書に生かすこと」とある。様々な立場や考え方があることは自明なようだが、読者は筆者の言うことを信じてしまいがちでもある。複数の情報を比べるなど、特定の見方に取り込まれないような読み方に注意を向けさせることが、社会生活の中での読書の在り方として肝要である。

〔思考力、判断力、表現力等〕

A　話すこと・聞くこと

「話すこと・聞くこと」では、全学年を通して「目的や場面に応じて」考えることが重要になる。誰に何を伝えようとして話すのか、誰から何のために聞くのかという相手意識、目的意識を常に意識させたい。そのうえで、第2学年では、社会生活の中から話題を選び、異なる立場や考えを持つ相手との関係の中で話したり聞いたりする力を身に付けることが目標となる。

そのためには、まず、異なる立場や考えを想定することが大切である。「話すこと」では、相手からの質問や反論を予想しながら伝える内容を検討する。また、「根拠の適切さや論理の展開」に注意して、話の構成を工夫することも必要である。「根拠の適切さ」とは、根拠自体の信頼度や、意見と根拠との整合性などのことであり、それらを検討し、分かりやすい順序を工夫するようにする。プレゼンテーションにおける資料や機器の効果的な使用方法も、第2学年の学習事項である。

「聞くこと」については、情報を得るための聞き方から、話を主体的に判断し、自分の考えに役立てるように主体的に聞く聞き方へと進んでいく。その際には、論理の展開が適切かに注意して話の説得力を確かめたり、自身の考えと比べて納得できるかを考えたりしながら聞くことが大切になる。

「話し合うこと」については、異なる意見を尊重しながら結論を導く話し合いの力が求められている。そのために、互いの意見の共通点や相違点を考えたり、話合いが進むような働きかけを行ったりすることが肝要である。

B　書くこと

「書くこと」でも、相手意識や目的意識をもって伝える内容を考える姿勢が重要となる。第2学年では、「話すこと・聞くこと」と同様に、社会生活の中から話題を選び、異なる立場や考えをもつ相手に考えを伝える力を伸ばすことが目指される。

そのために、第2学年では次の点に重点が置かれている。まず、「情報の収集」の段階では、多様な方法で材料を集め、整理することである。情報を整理する方法を知り、実践することを通して、情報の整理に熟達させる。「考えの形成、記述」「推敲」「共有」の段階では、「根拠の適切さ」と「表現の効果」がキーワードとなる。根拠の適切さを示すために、説明や具体例を加えることも必要である。このときには具体化の思考を働かせるように促したい。「共有」は、相手に助言したり、助言を聞いたりする「話す・聞く」活動とつなげるとよい。「共有」での助言は誤字や表現の修正にとどまりがちなので、根拠の適切さ、段落相互の関係など、助言の観点を具体的に示すことも必要である。

C　読むこと

「読むこと」では、「論理的に考える力」が学習内容の大きな柱となる。その際には、全体と部分との関係に注意することが、第2学年でまず育てたい読む力である。生徒が文章を読む際に、個々の部分を理解することに注力してしまい、文章全体を見通せていないことも少なくない。文章全体の趣旨を捉え、全体の中で個々の部分が果たす役割を捉えることが、文章を批評する糸口になる。

説明的文章の解釈においては、目的に応じて複数の情報を整理しながら適切な情報を得ることも求められている。複数の情報を比較して必要なことを選び出せるようにすることが重要である。また、文章と図表を結び付けて解釈することも、第2学年の重点的な指導事項である。一方、文学的文章では、登場人物の言動などを意味付けることが求められている。

「読むこと」の学習では、内容の理解だけでなく、文章の構成や論理の展開、表現の効果といった書きぶりを評価することが重視されるようになった。第2学年では、その方法として、観点を明確にして複数の文章を比較することが挙げられている。複数の文章を比べて読むことは、第2学年の学習活動の特徴である。「考えの形成」では、文章から考えたことなどを「知識や経験と結び付け」ることが肝要である。自身の知識や経験を根拠として考えを意味付けるように促したい。

2 第２学年における学習指導の工夫

中学校第２学年という時期は、社会性が育つとともに複雑な抽象的思考が可能になるときである。生徒が接する情報量も増え、より多様な内容、媒体に接することになる。生徒の大きな成長が期待できる学年であるが、壁にぶつかることもまた多いであろう。私たち教師は、教え込むのではなく、言語活動を通して、学び手が主体的に学び、認識を深め、技能を習得できる場の設定を工夫し、個に寄り添った丁寧な支援を心がけつつ、「主体的・対話的で深い学び」の創出に力を注ぎたい。

１〔知識及び技能〕習得における工夫

【言語活動を通した習得を】知識や技能は、実際の言語活動を経てこそ自分自身のものになる。それだけに、例えば、話し言葉と書き言葉の違いを理解させるには、同じ題材で電話による説明と手紙やメールによる説明をさせて比較する言語活動を組織するとよい。音声では同音異義語が識別しにくいこと、話し言葉では、書き言葉では不必要な繰り返しが時に必要になること等が生徒の「腑に落ちる」はずである。また、SNS は、話し言葉に近いコミュニケーションとしての側面をもつが、消えずに残るという書き言葉の特性を併せもつため、思わぬトラブルを引き起こす危険性があることも実感させることができよう。また、敬語なども知識として理解させるだけでなく、ロールプレイング等を取り入れることにより実生活で適切に用いる力を培うことができる。過剰敬語や尊敬語と謙譲語の誤用なども、コンビニエンスストアでの客と店員のやりとり等を実際に行わせたり想定したりさせる中で理解させたい。

【古語に着目させ、「古の価値」に気付かせる】古典の学習指導では、現代語訳や語注を手掛かりにして、原文や古語に向き合わせることを大切にしたい。例えば、「うるはし」という古語の意味を理解させた上でさらに、この古語を生み出した古人の感性や古人の立ち居振る舞い、生き方について考えさせることで、現代人が失いつつあるものに思い至らせることができる。

古典の学習指導では、ともすれば今も昔も変わらない「普遍の価値」を認識させることに偏りがちになることが多いだけに、このような古語への着目を手掛かりに「古の価値」に気付かせる機会の重要性を再確認しておきたい。

２〔思考力、判断力、表現力等〕育成に向けての工夫

【社会参画に結び付く学びの場を】学習指導要領には、「A　話すこと・聞くこと」においても「B　書くこと」においても、社会生活の中から話題・題材を決めることが示されている。中学２年生という時期は、社会性が育つ年齢であり、社会の問題に目を向けて思い、考え、決定し、伝える学びの場を組織することは、生徒の発達から考えて重要なことであると言えよう。しかし、その学びが国語教室の中で閉じられたものであれば、生徒の意欲喚起が難しく、また、複雑な現実の場に対峙してのリアルで切実な活動にはなりにくい。それだけに、教室を実の場に結ぶ学びを設定することが大切になる。

例えば、「B　書くこと」であれば、新聞の投書欄に実際に投書するという出口を設定することで、学びの質は大きく向上する。コロナ禍の中にあって、「A　話すこと・聞くこと」の学習でゲストティーチャーを招いたり、あるいは生徒が学外に出かけたりという活動は設定しにくい面もあるが、オンラインによる学外のゲストとの対話やビデオ作品を制作し学外にも発信するなどの活動が工夫できよう。

【異なる立場や考えを想定する力を】複雑な社会の問題においては、様々な立場、様々な考えが存在することが多い。相手を意識し、これらを想定して話したり、あるいは双方向的な対話を進めたりする力の育成も、第２学年の「A　話すこと・聞くこと」の学習指導で力を注ぎたいところである。また、「B　書くこと」の言語活動例にも、「多様な考えができる事柄について意見を述べる」ことが示

されており、「異なる立場や考えを想定する力」の育成は、A、B 双方の領域にまたがる重要課題と言える。A の領域では、ディベート、パネルディスカッション等の形態を、題材や生徒の実態に即して工夫することが必要となる。これらのオンライン実施も考えられよう。B の領域の学習では、例えば、反論予測とそれへの対応を効果的に組み入れた意見文の指導等が求められよう。

【「見せる」ことを意識させる】「A　話すこと・聞くこと」では、「資料や機器を用い」ての「分かりやすく伝わるように表現を工夫すること」が求められている。ポスターセッションでは、ポスターを見せつついかに分かりやすく話すかが問われる。聞き手は、ポスターを細かく読むことは難しく、いかに効果的に見せながら話を進めるかがポイントになる。プレゼンテーションソフトを用いた発表でも、一枚一枚のスライドの文字数を絞りながら、視覚に訴えながらのプレゼンテーションが問われる。図表やグラフ、写真等を効果的に提示して話すことは、いずれの場合においても一つのポイントになろう。

【構成や叙述に着目して読む場の設定を】第 2 学年の「読むこと」では、書かれている内容を理解するだけでなく、「文章全体と部分との関係」に目を向け、「主張と例示」「登場人物の設定の仕方」等を捉える力が求められている。このように「構成」や「叙述」にも目を向けて読むことで、書き手の真意や分かりやすく伝える工夫、相手を説得するための方略を捉えることができる。このような学習の場を組織するに当たっては、「内容」と「構成や叙述」に二分してしまうのではなく、相互の関連性に気付かせることを大切にして学びを進めることが肝要である。とりわけ、説明的文章の学習では、段落構成や叙述を形式的に捉えてよしとしてしまい、そこからより深い読みに至ることで得られる充実感を生徒が感じないままに終わる授業が散見されるので留意したいところである。

【情報の収集・吟味・活用の場の工夫を】現代社会には、まさに多様な情報が溢れている。それらの中から必要な情報を集め、真偽を見定め、適切に用いる力を育てることは喫緊の課題である。生徒の関心・意欲を引き出す題材を工夫し、様々な媒体と向き合わせ、その特性を踏まえて適切かつ効率的に情報を集め、吟味し、活用する力を育てたい。「読むこと」の学習では、複数の文章を比べ読み、批判的に考える活動を組織したい。さらに読み書き関連学習では、このような比べ読みを生かして、必要な情報を取り上げ、出典を明記し適切に引用しながら、自らの考えを述べる活動を組み込みたい。

3　「学びに向かう力、人間性等」の涵養を促す工夫

「学びに向かう力、人間性等」の涵養は、当然のことながら一朝一夕にはいかない。各教科等のみならず、学校生活の全ての場でその涵養を促す工夫が求められよう。そのような中でも、国語科という教科の学習で育てる「学びに向かう力、人間性等」は、言葉についての理解を深め、自身の言葉を磨く学びをいかに工夫するかということと不可分である。心に響く言葉、豊かな言葉、魅力的な言葉に、教材を通して、また、教師の発問や助言等を通していかに出合わせるかに腐心したい。それは、「言葉による見方・考え方」を育てる取組ともなるだろう。

また、「文は人なり」という言葉に端的に言い表されているように、言葉はまさにその人そのものであり、言葉を磨くことは人間性を磨くことである。このことを生徒にもよく理解させ、日々の国語学習を進めたい。複雑な抽象的思考が可能になり、社会性が大きく育つ中学 2 年生という時期にあるだけに、言葉によってより深く思考し、他者との適切なコミュニケーションを開き、豊かで確かな言葉を使える主体になるための一歩を後押しする、そのような学習指導を心がけ、工夫したい。そのために、教師には、教材中の、また一人一人の生徒が発する、一つ一つの言葉を、丁寧に扱い、板書の言葉も吟味して、教材中のみならず授業で交わされる様々な言葉を大切に受けとめる国語科授業にすることが求められよう。

「主体的・対話的で深い学び」を目指す授業づくりのポイント

1 教科の本質に触れる国語科の「主体的・対話的で深い学び」の必要性

平成29年告示の学習指導要領では、これからの時代を主体的に生き、未来を創造していく子供たちに必要となる資質・能力を育成する必要性が唱えられた。ここでいう資質・能力とは、生きて働く「知識及び技能」、未知の状況にも対応できる「思考力、判断力、表現力等」、学びを人生や社会に生かそうとする「学びに向かう力、人間性等」の三つの柱からなる。そしてこの資質・能力育成のために「主体的・対話的で深い学び」の視点からの授業改善が必要とされる。『中学校学習指導要領（平成29年告示）解説　国語編』（以下、「解説」とする）には次のように記されている。

> 子供たちが、学習内容を人生や社会の在り方と結び付けて深く理解し、これからの時代に求められる資質・能力を身に付け、生涯にわたって能動的に学び続けることができるようにするためには、これまでの学校教育の蓄積を生かし、学習の質を一層高める授業改善の取組を活性化していくことが必要であり、我が国の優れた教育実践に見られる普遍的な視点である「主体的・対話的で深い学び」の実現に向けた授業改善（略）を推進することが求められる。

ここに述べられているように、「主体的・対話的で深い学び」とは決して新しい方法ではなく、これまでの「我が国の優れた教育実践」においてすでに実現されていたことと言ってよい。

そして、こうした実践が優れたものであるならば、それらは、当然、教科の本質に深く触れる学びであったはずだ。上記、解説には次のような記述がある。

> 深い学びの鍵として「見方・考え方」を働かせることが重要になること。各教科等の「見方・考え方」は、「どのような視点で物事を捉え、どのような考え方で思考していくのか」というその教科等ならではの物事を捉える視点や考え方である。各教科等を学ぶ本質的な意義の中核をなすものであり、教科等の学習と社会をつなぐものである（略）。

2 「深い学び」とは

では国語科における「主体的・対話的で深い学び」とはどのようなものだろうか。学びの質が問われる「深い学び」、より方法的な側面である「対話的な学び」、知的な判断を伴う「主体的な学び」の順に、物語等の読みの授業における登場人物の心情や言動の意味を考える学習を例に考えてみよう。

多くの場合、まずはその場面の前後の言葉を手がかりに、登場人物の心情や言動の意味を解釈する。だが、仮に解釈は同じでも、深いと感ぜられるのは、前後の言葉だけでなく、人物の設定や境遇、他の人物・場面との関係、場所や時刻、遭遇してきた出来事、視点、語り口、文体など、テキスト内の諸要素との多様な関係性を発見したり、創造したりして言語化された読みであろう。

このことは説明的な文章の学習にも当てはまる。説明的な文章では、一般的にテキスト内の諸要素の関係性は物語等よりも明示的である。だが、筆者の主張は、どの根拠とより密接に結び付いているか、全体的な問いと部分的な問いとはどのような関係にあるかなど、必ずしも関係性が明示的でない場合もある。それらは読み手が発見したり創造したりして言語化するしかない。さらに読みの学習では、文種を問わず、テキストと現実世界、テキストと読み手、読み手相互などの関係性なども大切である。こうしたテキスト内外の諸要素の多様な関係性を、「言葉による見方・考え方」を働かせて発見・創造していくプロセスが「深い学び」となっていく。

3 「対話的な学び」とは

前述のように読みが深まっていくプロセスでは、テキスト内外の多様な関係性への気付きが必要である。個々の生徒は、それぞれの知識や経験に基づく読み方しかできない。だが、教室には異なる知識や経験をもち異なる読み方をする多様な生徒がおり、その対話には互いの読み方（関係性の発見・創造）を知り、読みを深める契機が潜んでいる。授業のつくり方によっては、対話する相手は、教師、保護者、地域の大人などにも広がる。そもそもテキスト自体或いはその筆者が読み手とは異質な考えをもつ対話すべき相手だ。生徒はそれらとの多様な出会いの中から自己内対話を生み出す。そこに「対話的な学び」の意義がある。多様な対話をすることで、自分だけでは発見できなかった考え方を知る。「対話的な学び」は学びを深めるための選択肢を得る場となる。

4 「主体的な学び」とは

こうして得た読みの選択肢の中から（自らの読みも含む）、生徒は知的に自らの読み方を選び、作り上げていく。解釈の内容が同じでも読み方が違う場合や解釈の内容が違っても読み方は同じ場合など、読み方と解釈に関する選択肢が目の前に提示される。必ずしも一つに絞りきれない場合もある。だが自分なりに、何らかの根拠に基づき、より妥当性が高いと判断できる選択肢を選び言語化しようとする。この知的に考え、判断・選択し、言語化しようとする営みが「主体的な学び」となる。中央教育審議会答申（平成28年12月）に「主体的な学びの視点」として「子供自身が自分の学びや変容を見取り自分の学びを自覚することができ、説明したり評価したりすることができるようになる」とあるのは、こうした知的なプロセスがあるから可能になる。

5 「主体的・対話的で深い学び」を目指す授業づくりのポイント

同様のことは、「話すこと・聞くこと」「書くこと」の学習に関しても言える。そこには、「読むこと」と同じく、情報の発信者と受信者、目的、内容、テキスト（情報）、乗せるメディア（方法）などがある。それらには様々な関係性が隠されており、発信者や受信者が、相手の目的などを考え、「言葉による見方・考え方」を働かせて、より適切な関係性を発見したり創造したりして効果的なコミュニケーションの在り方を選択する。そのプロセスで「深い学び」が実現していく。

このように考えたとき、国語科における「主体的・対話的で深い学び」の授業づくりのポイントは以下のように整理できる。

① 単元の目標、育てたい資質・能力を明確にするとともに、評価規準を設定し、どのような「言葉による見方・考え方」を働かせるかを検討する。
② 教材・題材の特徴を踏まえ、テキスト（情報）内外の諸要素の関係性を教師自ら分析する。
③ 様々な関係性が発見・創造され、学習が深まる手立て（学習課題、言語活動、発問、ワークシート、ICT 活用など）や板書計画（目標、見通し、意見の整理や関係の図式化など）を準備する。
④ 個、グループ、全体など学習活動の単位を意図的に組む。安心して話し合える環境を保障する。
⑤ 多様な考え方の中から、選択し、自らの考えをつくるプロセスでは、根拠や理由を明確にさせる。
⑥ 生徒自身が自らの学びを自覚し、説明したり評価したりする振り返りの場を設ける。

以上を踏まえて、より自覚的な言葉の学び手・使い手へと個々の生徒の成長を促したい。

「言葉による見方・考え方」を働かせる授業づくりのポイント

1 中学校学習指導要領（国語）における「言葉による見方・考え方」

平成29年告示の学習指導要領では、国語科の目標を次のように示している。

> 言葉による見方・考え方を働かせ、言語活動を通して、国語で正確に理解し適切に表現する資質・能力を次のとおり育成することを目指す。（以下略　傍線引用者）

この冒頭に示された「言葉による見方・考え方を働かせ」という文言は、平成20年告示の学習指導要領の目標にはなかった新たな文言である。また、「見方・考え方を働かせ」ることは、今回の学習指導要領において授業の質的改善の視点として示された「主体的・対話的で深い学び」のうち「深い学び」を支える要素として位置付けられている。このように、「言葉による見方・考え方を働かせ」ることは、国語科にとって今回の学習指導要領における重要な概念である。

2 「言葉による見方・考え方」とは

一般に、「ものの見方・考え方」という表現はよく知られている。その一方、「言葉による見方・考え方」という表現は普段使うことのない表現である。では、この「言葉による見方・考え方」とはどのような意味をもつのだろうか。そして、これを働かせるとはどういうことなのだろうか。

たとえば、目の前に「りんご」があったとしよう。この「りんご」を言葉にするなら「リ・ン・ゴ」と声に出せばよい。また、文字に書くとすれば「りんご」「リンゴ」「林檎」などと書くことができる。音声だと一通りの表現だが、文字だといくつかの表現が可能となる。では、これらの文字はどのように書き分けるのが適切だろうか。こう考えるとき、じつは私たちはもう「言葉による見方」を働かせ始めている。さらに、たとえば「りんごのほっぺ」と言葉にすれば、比喩的なイメージとして言葉を用いていることになり、さらに高度なレベルで「言葉による見方」を働かせていることになる。

一方、この同じ「りんご」を取り上げて、真上から見ると円の形をしているとか、個数に注目して１個のりんごなどと捉えたとき、私たちは「数学的な見方」を働かせている。さらに、「りんご」の名産地やその収穫量に注目するとき、私たちは「社会科的な見方」を働かせたことになり、植物の部位（果実）としての「りんご」に注目するときには「理科的な見方」を働かせている。このように、「見方」というのは各教科等に応じた固有の特性をもったものである。その意味で、国語科の「言葉による見方・考え方」を働かせるとは、音声や文字、さらには語彙や語句、文や文章などの言葉の面から、その意味、働き、使い方等に注目して言葉を捉えたり意味付けたりすることと言える。

ところで、こうした「言葉による見方」には、日本語そのものの中にもともと内在し、私たちの「ものの見方」を規定しているという特性がある。たとえば、日本語では「きょうだい」を「兄」と「弟」、「姉」と「妹」といった言葉で表現するが、英語では「brother」、「sister」だけであることはよく知られている。これは、そもそも日本語には「きょうだい」を、男性であれ女性であれ、年長か年少かを区別して捉えるという「見方」が内在していることに起因する。また、英語では「rice」一語で表現する一方で、日本語では「稲」「米」「ご飯」などと区別して言葉にしているのも、日本語には「rice」を細かく分けて捉える「見方」が内在していることに起因する。このような言語と認識方法との関係を「言葉による見方」と呼んでいるのである。

同様に、「言葉による考え方」の方も日本語の言葉の中に「ものの考え方」が内在し、私たちの「ものの考え方」を規定していると捉えられる。たとえば、「気持ちを伝えるには手紙がよいか電話がよいか」などといった課題を考えるときには、手紙のよさと電話のよさとを比較することになる。そして、このとき「手紙と電話とをくらべてみると…」と心のなかで言葉にする。こうした「くらべてみると…」という言葉の中に比較という「ものの考え方」が内在し、私たちの「ものの考え方」を規定している。このような言葉と思考方法との関係を「言葉による考え方」と呼んでいるのである。

3 国語科の授業で「言葉による見方・考え方」を働かせる

「言葉による見方・考え方」を国語科の授業のなかで働かせようとするときには、今述べたような日本語そのものに内在する「ものの見方・考え方」を意図的に取り上げて指導することになる。しかし、教科書を用いた実際の授業場面ではそれだけでなく、「言葉による見方・考え方」を働かせながら、話し手・書き手などが独自に用いた言葉の使い方を理解することも必要になってくる。

たとえば、読み教材を取り上げた授業において、生徒が「言葉による見方・考え方」を働かせながら文章を理解する場面を考えてみよう。第１学年の小説教材である「少年の日の思い出」の本文には、主人公の「僕」が「エーミール」を次のように言う場面がある。

「この少年は、非の打ちどころがないという悪徳をもっていた。」

これは登場人物であり語り手でもある「僕」の「エーミール」に対する評価である。「エーミール」に対してもっている「僕」の劣等感や嫉妬心などの屈折した思いが「非の打ちどころのないという悪徳」という「エーミール」への評価として表現されている。もともと「非の打ちどころのない」というのは優れたものへの評価の言葉であるが、それが「悪徳」という否定的な意味の言葉と結び付けられることによって、登場人物（語り手）の「僕」の屈折した独特の内面が読者の中で浮き彫りになってくる。こうした言葉と言葉との意味関係や前後の文脈等を踏まえて「僕」の内面を理解し意味付けようとするとき、読者は「言葉による見方・考え方」を働かせて「僕」の内面を解釈している。

また、中学２年の説明文教材に「モアイは語る―地球の未来」がある。この説明文で、筆者はたんなる石像にすぎないモアイ像に注目して、文章のタイトルを「モアイは語る」としている。語るはずのない石像がまるで人間のように語るという言葉の使い方をあえてすることによって、筆者は読者に対して地球の未来についての警鐘を鳴らしている。つまり、読者がこのタイトルの意味を理解しようとするとき、「言葉による見方・考え方」を働かせて筆者独自の言葉の使い方を捉えることになる。

このように、個々の読み教材には、日本語そのものに内在する「ものの見方・考え方」、すなわち日本語にとって基本となる「言葉による見方・考え方」をベースとした、語り手、登場人物、筆者などによる独自の言葉の使い方が示されている。一方、読者である生徒は、日本語に内在する「言葉による見方・考え方」をベースに、個々の教材文ではどのような言葉の使い方がなされているかを理解することになる。そのことで生徒自身の言葉への自覚は高まっていく。

さらに、たとえば、教科書には巻末資料として「語彙を豊かに」と題するページが各学年に収録され、第１学年には次のような教材が示されている。

□　自信　　関 自信・自負・うぬぼれ・自尊心・プライド

「□」は基本となる言葉、「関」はこの基本となる言葉に関連する言葉である。生徒は自分が伝えたいことを話したり文章に書いたりする場面で、これらの語彙群に内在する「言葉による見方」を吟味しながら、どの言葉を選べば自分の意図や与えられた場面などにふさわしいのかを考える。

以上のことを踏まえ、「言葉による見方・考え方を働かせる」ことの定義を改めて見てみよう。

> 言葉による見方・考え方を働かせるとは、生徒が学習の中で、対象と言葉、言葉と言葉との関係を、言葉の意味、働き、使い方等に着目して捉えたり問い直したりして、言葉への自覚を高めることであると考えられる。　『中学校学習指導要領（平成29年告示）解説　国語編』

板書の工夫

1 板書の特性と役割

板書は、発問、説明、指示、聴き取り、観察、資料提示などと並んで、教師の授業における重要な仕事である。授業のデジタル化は加速的に進み、板書のツールが黒板とチョークから別のものに代わることは十分考えられる。それでも「黒板一面」を用いた板書が一切不要になるとは考えにくい。ここでは、不易としての板書の特性と役割を今一度確認する。まずは、板書の特性を三つにまとめて示す。事前に作成された画面が次々にめくられていくプレゼンテーションと比べると分かりやすいかもしれない。

○ 視覚的にそこに残ること。
○ 全体と部分が同時に示されること。
○ リアルタイムに仕上がっていくこと。

そして、これらの特性を強みにして、板書は授業において次のような機能を発揮することになる。

❶ 学習目標を明確に意識させたり、本時に見通しをもたせたりする。
❷ 集団思考を「見える化」して方向付ける。
❸ 重要な学習内容を強調して定着を図る。
❹ 生徒の学習の仕方・書字の模範となる。

❶〜❸は他教科等の板書にも共通するが、国語教師としては❹も自覚しておきたい。板書は、国語科で育てたい力の一つである「言葉による情報の整理」の仕方の実例ともなるからである。

2 板書計画における板書の構成

単元に入る前、また本時の前に、授業のねらいと計画、展開予想に合わせて板書計画を立てておきたい。例えば次ページ図のように、方向付けたい思考に応じて、構図を工夫するとよいだろう。これらの組み合わせも考えられる。構図の中には位置付ける重要語句やセンテンスも想定しておく。

全体と部分を同時に示す上で様々な構成があり得るが、縦書きの場合の標準的な方法を示してみる。

まず板書の右端である。主に❶に関わる。単元名だけでなく、全○時間単元の△時間目に当たる授業かを「△／○」で書くと本時の位置や残り時間が分かり、学習の自己調整に役に立つ。必要なら単元を通した学習目標も書く。必須は「今日のめあて」を明記することである。読み上げるなどして意識させ、さらに途中や終末で立ち戻るとよい。学習プロセスを示して見通しをもたせることもできる。

次に中央部分である。主に❷や❹に関わって、ぜひ工夫したい重要な部分である。生徒の集団思考のステージとして機能させながら、時間経過とともにリアルタイムに思考の跡を残していくことは、自分たちが授業の創り手だという手ごたえに繋がる。ある生徒の発言をきっかけにある言葉からある言葉に向かって引かれた一本の矢印が、見方をがらりと変え、深い思考や認識に誘うというドラマも起こり得るのである。こうした板書は、生徒が個人の学習ノートやグループ討議のホワイトボード等を使って、考えを広めたり深めたり、重要な内容をまとめたり強調したりする際の参考になるはずである。

最後に左端である。主に❸に関わる。学習の成果や次回への繰り越し課題等を書く。教師がまとめる場合もあるが、例えばキーワードだけを示して生徒各自にまとめさせる方法もある。板書によって生徒自身も「何を」だけでなく「どのように」学んだかも振り返ることができる。最終的な板書を見ればどんな授業だったか想像がつくと言われるゆえんである。生徒には視覚的にも学びの充実感を味わわせたい。なお小学校では、教室に話型や重要語句等を常時掲示できるが、中学校では難しいため、この左端のスペースにはその単元で身に付けるべき表現や学習用語等を貼り付け、授業中に活用させてもよい。

青写真があってこそ臨機応変な対応もできるのであり、板書計画の立案は教師自身と生徒たち双方の安心につながる。なお、板書計画は実際の板書と合わせて記録を残しておくと次に役立てることができる。

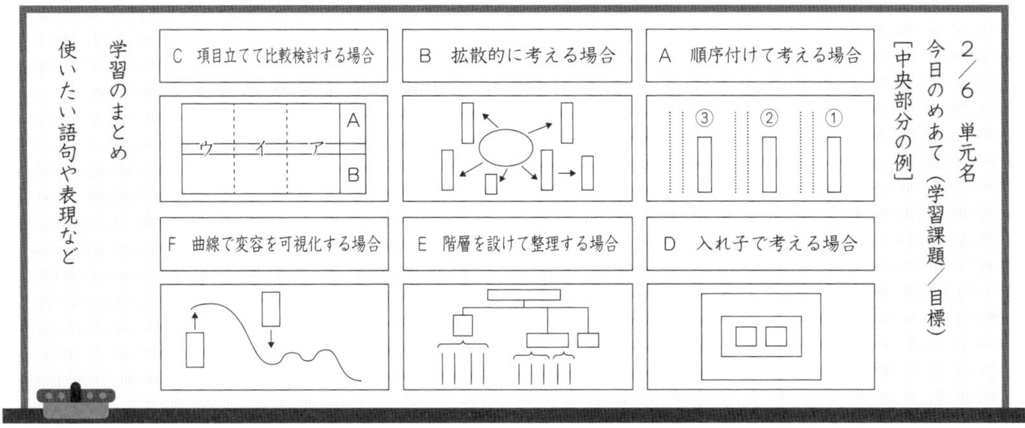

3 授業中の板書の実際

板書では「言葉による情報の整理」をリアルタイムで行わなくてはならない。そのため、いつ、どこに、何を、どんな言葉にして、どんな文字で書くか、それとも書かないかは、板書計画をベースにしつつ臨機応変に判断することになる。予定調和的に進むプレゼンテーションと比べてもスリリングである。そのため、多少整わなくても生徒は集中して板書を見るし、共に試行錯誤しようとするのである。

とはいえ、どの発言を取り上げて書くかについては実に悩ましい。概ね合意が得られた内容を端的な表現で書くことを原則としながら、考えさせるためにあえて対立的な発言や似て非なる発言を位置付けることもあるだろう。その際に、どんな言葉にして書くかについては慎重でありたい。発言者自身や他の生徒に尋ねたり、教師が言葉を提案するなら確認をとったりするとよい。また、板書上ではルールを決めておくこと（例えば、学習目標は青で囲む、叙述は白、解釈は黄色で文字を書く、時間的順序は一本線の矢印、作用や影響は太い矢印で表す、人物は丸で、習得したい語句は四角で囲むなど）も、❹に関わって有効である。

さらに板書をするのは教師だけではない、という発想も必要である。生徒が板書を使いながら自分の考えを説明したり、板書上に直接線を引いたりキーワードを貼ったりすることがあってもよい。

4 様々なICTとの効果的な併用

授業においてICTの活用が進むことは望ましいことである。前時の授業を振り返る、図や写真や個人のノートやタブレット上の成果物を提示しながら説明する、音声言語活動や書写の学習で動画を見るなど、これまでの板書ではかなわなかったことが可能になる。主体的・対話的で深い学びには、一面の板書も各種ICTもどちらも必要で、それぞれ独自の強みを生かして補完的に活用することが重要である。その際にポイントとなるのが空間と時間である。スクリーンを黒板に投影してある局面で使うのか、黒板の横に設置して同時進行で使うのかなど、ねらいと照らして生徒の視点から工夫したい。なおICTに関しては生徒の方が進歩的なこともあるため、全てを教師が背負わずに生徒が「それならこれをこう使ったらどうでしょう」と自由に提案し合える教室づくりをすることも大切である。

学習評価のポイント

1 国語科における評価の観点

平成29年告示の中学校学習指導要領における国語科の評価は、観点別学習状況について目標に準拠した評価を行うことを基本としている。これまでの学習評価の考え方と同様に、学習指導要領に示される国語科で育成する資質・能力に照らして、生徒の学習の到達状況を評価することになる。この評価の基本的な考え方はこれまで行われてきたものと同様であるが、学習評価の観点は、５観点から３観点に変更された。学習指導要領に示されている資質・能力を育成する三つの柱（「知識及び技能」「思考力、判断力、表現力等」「学びに向かう力、人間性等」）に対応する形で、他教科等と同様に、「知識・技能」「思考・判断・表現」「主体的に学習に取り組む態度」の３観点の構成になっている。それぞれの観点について、学習の状況が「十分に満足できるもの」をA、「概ね満足できるもの」をB、「努力を要するもの」をCとして３段階で評価する。

〈平成20年学習指導要領の評価の観点〉		〈平成29年学習指導要領の評価の観点〉
言語についての知識・理解・技能 話す・聞く能力 書く能力 読む能力 国語への関心・意欲・態度	→	知識・技能 思考・判断・表現 主体的に学習に取り組む態度

これまでの観点別学習状況と比較すると、「言語についての知識・理解・技能」が「知識・技能」に変更されている。「話すこと・聞くこと」等の３領域に対応した観点であった「話す・聞く能力」「書く能力」「読む能力」は、「思考・判断・表現」に集約され、三つの領域の学習状況を総合して評価することになる。「国語への関心・意欲・態度」は、「主体的に学習に取り組む態度」に基本的には対応する形になっている。

2 「知識・技能」「思考・判断・表現」の評価規準

「知識・技能」と「思考・判断・表現」の二つの観点は、学習指導要領に示されている〔知識及び技能〕と〔思考力、判断力、表現力等〕とにそれぞれ対応している。学習指導要領の指導事項と、学習状況を評価するために設定する評価規準は、明確に対応する形になる。

「知識・技能」は、〔知識及び技能〕の「言葉の特徴や使い方に関する事項」「情報の扱い方に関する事項」「我が国の言語文化に関する事項」を合わせて評価する。「思考・判断・表現」は、〔思考力、判断力、表現力等〕の「話すこと・聞くこと」「書くこと」「読むこと」の３領域を合わせて評価する。

例えば、中学１年のある単元の〔知識及び技能〕と〔思考力、判断力、表現力等〕の目標を、次のように設定したとする。

⑴ 原因と結果、意見と根拠など情報と情報との関係について理解することができる。
〔知識及び技能〕⑵ア

⑵ 根拠を明確にしながら、自分の考えが伝わる文章になるように工夫することができる。
〔思考力、判断力、表現力等〕B⑴ウ

目標は指導事項と対応するように設定する。この単元の学習を通して、単元の目標が達成されたか（指導事項が身に付いているかどうか）を評価するので、評価規準は次のようにものになる。

評価の観点	評価規準
知識・技能	原因と結果、意見と根拠など情報と情報の関係について理解している。
思考・判断・表現	「書くこと」において、根拠を明確にしながら、自分の考えが伝わる文章になるように工夫している。

このように、「知識・技能」と「思考・判断・表現」の観点については、指導事項の文末を「〜している」と書き換えて評価規準を作成する。指導事項の文言をアレンジする場合も、育成する資質・能力が同じものになるよう留意しなければならない。「思考・判断・表現」の観点は、３領域の学習状況を総合的に評価するため、どの領域の学習についての評価であるのかを明確にする必要がある。そのため、評価規準の最初に「『書くこと』において」のように領域名を明記することになっている。これまでの授業改善への取組において、どの領域のどの指導事項について指導するのか、身に付けさせる力を明確にした学習指導が進められ、一定の成果を挙げている。その成果を引き継ぐためにも、「思考・判断・表現」の学習評価を、指導する領域を明らかにして行うことが大切である。

3 「主体的に学習に取り組む態度」の評価規準

「主体的に学習に取り組む態度」については、国語科の「学びに向かう力、人間性等」に関する目標から、感性や思いやりなど観点別学習状況の評価になじまない部分を除いて評価する。「主体的に学習に取り組む態度」の評価規準は、「知識・技能」、「思考・判断・表現」の観点と異なり、対応する形で内容（指導事項）が示されておらず、次の側面について評価するようになっている。

① 知識及び技能を獲得したり、思考力、判断力、表現力等を身に付けたりすることに向けた粘り強い取組を行おうとしている側面、

② ①の粘り強い取組を行う中で、自らの学習を調整しようとする側面

この二つの側面を基に、国語科の「主体的に学習に取り組む態度」の評価規準は、次の①〜④の内容を含むように作成することになっている。

① 粘り強さ（積極的に、進んで、粘り強く等）

② 自らの学習の調整（学習の見通しをもって、学習課題に沿って、今までの学習を生かして等）

③ 他の２観点において重点とする内容（特に、粘り強さを発揮してほしい内容）

④ その単元（題材）で取り組む具体的な言語活動（自らの学習の調整が必要となる言語活動）

先に挙げた「書くこと」の単元を例にすると、次のようになる。「自分が経験したことを報告する文章を書くこと」を言語活動とし、書いた文章が読み手に伝わるのかどうかについてじっくり考えるような学習活動にしようとする場合は、①を「粘り強く」、②を「学習課題に沿って」、③を「伝わる文章になるように工夫して」のようにすることが考えられる。④は「自分の体験の報告を書く」ことである。これらをまとめると、この単元の「主体的に学習に取り組む態度」の評価規準は、例えば以下のように設定することができる。

主体的に学習に取り組む態度	学習課題に沿って、読み手に伝わる文章になるように工夫して、粘り強く自分の体験の報告を書こうとしている。

4 評価を行う際の留意点

実際に評価を行う際には、学習評価が一人一人の学習の充実につながるように、以下の点に留意することが大切である。

(1) 生徒の学習状況の把握

評価規準による評価を行う際に、学習の到達状況をしっかり把握する必要がある。評価を学期末や学年末のテストのみでしていては、「学習の到達状況」を十分に捉えた評価をしたことにはならない。目標に到達しているのか、授業での学習の様子（発言、話合い、ワークシートへの記入など）をよく観察して評価するようにしたい。

(2)「記録に残す評価」と「学習改善に生かす評価」

評価規準を設定して行う単元の学習評価は、「全員」を対象として「記録」に残すことを基本としている。全ての授業時間について、全員の学習状況を評価することは現実的ではないので、単元の学習を通して、全員を評価することができるよう計画性をもって取り組んでいく必要がある。一方、単元の中の学習活動は、全てが単元の評価規準に関連するものになるわけではない。そのような学習活動の場面では、個々の学習の状況に応じて、一人一人の「学習改善に生かす評価」を行っていくことが考えられる。個別的な課題についてアドバイスしたり、学習の伸びを具体的に認めたりするなど、指導の工夫につなげていきたいものである。

(3)「自らの学習の調整」を促す学習活動

「主体的に学習に取り組む態度」の評価規準には、「自らの学習の調整」という内容が含まれていることに注意する必要がある。これまでの評価の問題点として、例えば、関心・意欲・態度を評価するのに、授業中の挙手や発言、ノートの取り方や提出物など生徒の行動のある限られた側面のみに注目して評価してきたことなどが挙げられている。評価は学習の場面で指導したことに対して行うものである。生徒が自分の学習を調整する機会を用意した上で、どのように調整するのかについて指導することが大切である。学習の見通しをもったり、学習したことについて振り返ったりする活動はその一環である。さらには、目標を達成するための計画を立てたり、学習のゴールに至るまでの進捗状況を考えて必要な調整を加えたりするなど、学習を俯瞰的に見る機会を設けるようにしたい。

(4) 学習過程を大切にした評価

学習過程を意識して単元を構成し、学習の“プロセス”を生徒自身が獲得できるようにすることが大切である。その際に、どの指導事項を目標とするのか教材や言語活動などに即して明確にし、焦点化した指導と対応させて丁寧に評価することが、指導と評価を一体化させることになる。また、単元の目標としていない指導事項については、それまでの学習を生かしながら、自分の力で取り組むことができるようにすることも、国語科に求められている資質・能力の育成に必要なことだと考えられる。学習を「結果」だけで評価するのではなく、「過程」にも注目して評価するようにしたいものである。

(5) 評価の前提としての計画的な指導

学習指導要領に示された国語科の指導事項を、１年間の学習を通して確実に指導することが、「評価」の前提として大切である。まずは年間指導計画をしっかりと作成するようにしたい。〔知識及び技能〕については、「情報の扱い方に関する事項」を新設するなど指導事項が量的に拡充されている点に留意する必要がある。〔知識及び技能〕の指導事項と〔思考力、判断力、表現力等〕の指導事項は、〔知識及び技能〕が土台となり、〔思考力、判断力、表現力等〕を支えるものであり、相互に関連し合って学習を深めていくものである。国語科の学習に必要な指導事項がもれなく指導されるよう、計画的に指導することが大切である。

2

第 2 学年の授業展開

見えないだけ（1時間扱い／読むこと）

指導事項：〔知技〕(1)エ　〔思判表〕C(1)オ
言語活動例：詩歌を読み、引用して解説したり、考えたことなどを伝え合ったりする。

単元の目標

(1)抽象的な概念を表す語句や多義的な意味を表す語句の文脈での意味を捉えることを通して、語感を磨き語彙を豊かにすることができる。　〔知識及び技能〕(1)エ
(2)文章を読んで考えたことを知識や経験と結び付け、自分の考えを広げたり深めたりすることができる。　〔思考力、判断力、表現力等〕C(1)オ
(3)言葉が持つ価値を認識するとともに、読書を生活に役立て、我が国の言語文化を大切にして、思いや考えを伝え合おうとする。　「学びに向かう力、人間性等」

単元の構想

〈単元で育てたい資質・能力／働かせたい見方・考え方〉

「優しい世界」「美しい季節」といった抽象的な概念を表す語句や「遠く」といった多義的な意味を表す語句について、文脈上での意味を捉え、それらの語句が表現している具体的なイメージを想像豊かに解釈していく読み方を学ぶ機会としたい。作品に表れている作者の「未来」に対するものの見方・考え方を自分の知識や経験と結び付けながら捉え、他者との対話を通して、自分の考えを広げたり深めたりしていく読みの力を育てていきたい。

〈教材・題材の特徴〉

生徒たちは、「見えないだけ」との出会いにより、今認識している世界の外側や内部にさらに世界が広がっているという新たな発見と驚きを味わうことになるだろう。本教材は、二連で構成されている。一連には、「見えないだけ」という題名に対応する具体的な事物が描かれ、二連には、見えない世界が存在するからこそ、私たちは未来への希望や期待を抱くことが可能となるという作者の発見が示されている。「もっと」、「確かに」、「まだ」等の修飾語や「蕾」の比喩表現等から想起されることを考えたり、詩中の具体的な事物の関係性を捉え直したりすることを通して、自分の考えを形成していくことができる教材である。

〈主体的・対話的で深い学びの視点からの授業改善ポイント／言語活動の工夫〉

自分の考えを広げたり深めたりするために他者との対話を活性化させる。対話を活性化させるために、まずは生徒たちの初読の疑問を大切にし、作品の表現に表れる作者のものの見方や考え方をこれまでの自分の知識や経験と結び付けて捉えさせ、これを通して、自分の考えの形成を促したい。その際、印象で終わらないようにするため、自分が着目した表現を明確にし、その表現から想起することについて考えさせる。次に、対話する際には、考えの発表で終わらないようにするため、自分の考えとの共通点や相違点等をメモさせ、自分の考えを再考させたい。

単元計画

時	学習活動	学習内容	評価
1	1．学習の見通しをもち、範読を聞く。	○「気になる表現」や「心に残った表現」などに線を引きながら範読を聞く。	
	2．作品を音読する。		
	3．作品に対する自分の考えをまとめる。	○「気になる表現」や「心に残った表現」を基に、その表現から想起することを考え、作品に対する自分の考えをまとめる。 〈着目した表現例〉 ・「もっと」「確かに」等の修飾語…将来の広がりや力強さ ・「蕾」という比喩表現…明るい未来 ・「待ちかねている新しい友だち」…入学時の気持ち	❶
	4．グループで交流する。	○着目した表現とその効果について話し合う。	❸
	5．グループの交流を全体で話し合う。	○グループでの交流で印象に残った表現を発表する。	
	6．グループや全体での交流を振り返り、作品に対する自分の考えをまとめる。	○他の生徒の考えとの共通点や相違点を基に、最終的な自分の考えをまとめる。	❷

評価規準

知識・技能	思考・判断・表現	主体的に学習に取り組む態度
❶抽象的な概念を表す語句や多義的な意味を表す語句の文脈での意味を捉え、語感を磨き語彙を豊かにしている。 (1)エ	❷「読むこと」において、着目した表現から考えたことを知識や経験と結び付けたり、他者の考えと対比したりして、自分の考えを広げたり深めたりしている。 C(1)オ	❸粘り強く着目した表現が読み手に与える効果について考え、学習課題に沿って考えたことを伝え合おうとしている。

〈指導と評価の一体化を図る見取りのポイント〉

自分の考えの形成を評価する際、生徒の思考過程を可視化することを大切にしたい。自分が作品のどの表現に着目し、その表現をどのように解釈し、どのような考えをもったのかということをしっかりと記述させたい。また、最終的な自分の考えをまとめる際、参考とした他の生徒の考え等を自覚化させることで、今後の読むことの指導等に生かすことができる。

見えないだけ

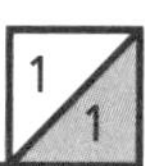

主発問 「見えないだけ」という作品に込められた作者の思いは何でしょうか。

目標

語句の文脈上での意味を理解し、自分の経験を結び付けて内容を捉え、自分の考えを深めたり広げたりすることができる。

評価のポイント

❶詩の中の気になる言葉や表現から想起することをまとめている。 (1)エ

❷作品の表現から考えたことを自分の知識や経験と結び付けて、自分の考えを深めている。 C(1)オ

❸粘り強く表現の効果を考え、交流を生かして作者の思いを考えようとしている。

準備物 ・詩の全文プリント

ワークシート・ICT 等の活用や授業づくりのアイデア

○「気になる表現」や「心に残った表現」に線を引いたり、考えを書き込めるように、「詩の全文プリント」を用意する。

＊全文プリントは教材 CD のテキストデータを用いてワークシート化するとよい。

1 導入（学習の見通しをもつ）

〈本時の目標と授業展開の説明〉

T：詩の読み方を学習します。1年生で様々な表現技法を学んできました。その学習を生かして、詩の表現や語句の意味に着目して、詩の内容を自分の知識や経験と結び付けて捉えましょう。また、友達の考えと交流しながら、自分の考えを広げたり深められるとよいですね。

2 展開

〈作品を範読する〉

T：これから読む詩は「見えないだけ」という詩です。範読を聞きながら、詩の中で、心に残った表現や気になった表現や「分からない」と感じた表現に線を引きましょう。

＊生徒が線を引きながら通読する様子を机間指導によって支援する。

〈作品に対する自分の考えをまとめる〉

T：どんなところに線を引きましたか。線を引いた表現を基に、その表現や言葉からイメージするものやその効果を考え、ワークシートにまとめましょう。

＊次の交流活動を充実させるために、どの表現に着目したか、また、その表現をどのように解釈したかを明確にさせる。

〈グループで交流する〉

T：学習グループで、それぞれが考えた

3 終末（学習を振り返る）

〈自分の考えを発表し、学習を振り返る〉

T：学習のまとめとして、それぞれの考えを発表しましょう。友達の考えを共感的に捉え、自分の考えを広げたり、深めたりできるとよいですね。

＊自分の考えが広がったり深まったりした友達の考えをメモさせ、評価に生かす。

効果的な板書例

「見えないだけ」　牟礼　慶子

【学習目標】
詩の表現に着目して、作品に込められた作者の思いについて、自分の考えをもつ。

【学習の見通し】
①気になる表現について、グループで交流する。
②作者の思いについて自分の考えをまとめる。

○グループで着目した表現や気になった表現
・「もっと」という言葉（繰り返し）
→今以上のもの、前向きな気持ち。
・「蕾」（比喩）
→これから花を咲かせる、明るい未来
・「言葉がはぐくんでいる」（擬人法）
→言葉によって、身の回りのことを理解している。
ただ、人を傷つけることもある。
・「待ちかねている新しい友だち」
→入学時のことを想起。
そのときは未来だけど、その未来が実現して現在になる。
「確かに在る」という表現ともつながる。

ことを交流しましょう。交流の流れですが、まずは自分が線を引いた表現や考えたことを発表し合いましょう。次に、全員が発表し終わったら、それぞれの表現について、「私はこう考えた」「こんな意味だと思う」と話し合ってください。後で、全体で発表するので、グループで着目した表現や印象に残った表現などをまとめておきましょう。

では、発表を聞く時の留意点を説明します。友達の発表を聞いているときは、自分の考えとの共通点や相違点をワークシートにメモしておきましょう。また、友達の考えということが分かるようにペンを変えてメモしましょう。

＊教師はグループ間を回って様子を観察。

〈グループでの交流を全体で交流する〉

T：では、グループでの話し合いの様子を全体で交流します。グループで話し合ったことを発表してください。

○各グループから出た表現を黒板にまとめる。

・「優しい」や「美しい」という表現があることで、明るい印象を与えています。
・「蕾」という比喩を用いて、これから花を咲かせる明るい未来を効果的に印象付けています。
・「待ちかねている新しい友だち」という表現は入学時を思い出す。当時は確かに見えていなかったけれど、今はたくさんの友達がいるので今もまだ見えない未来につながっている印象を与えています。
・「確かに在る」という表現が未来への力強さと明るさを感じさせます。

〈グループや全体での交流を踏まえ、作品に対する自分の考えをまとめる〉

T：これまでの交流を踏まえて、「見えないだけ」という作品に込めたれた作者の思いについて、自分の考えをワークシートにまとめましょう。

＊印象だけで終わらないように、着目した表現や自分の経験と関連させて考えさせる。

1　広がる学びへ
アイスプラネット（4時間扱い／読むこと）

指導事項：〔知技〕(1)エ　〔思判表〕C(1)ア
言語活動例：登場人物の考え方や生き方を捉え、考えたことを話し合ったり書いたりする。

単元の目標

(1)抽象的な概念を表す語句の量を増すとともに、類義語と対義語、同音異義語や多義的な意味を表す語句などについて理解し、話や文章の中で使うことを通して、語感を磨き語彙を豊かにすることができる。　〔知識及び技能〕(1)エ
(2)文章全体と部分との関係に注意しながら、主張と例示との関係や登場人物の設定の仕方などを捉えることができる。　〔思考力、判断力、表現力等〕C(1)ア
(3)言葉がもつ価値を認識するとともに、読書を生活に役立て、我が国の言語文化を大切にして、思いや考えを伝え合おうとする。　「学びに向かう力、人間性等」

単元の構想

〈単元で育てたい資質・能力／働かせたい見方・考え方〉

本単元では、人柄や心情が抽象的に表現されている語句や言い回しの具体的な内容を理解し、人物像を思い描き、情景を想像しながら読む力を身に付けさせたい。また、人物設定や語句の選択等の工夫に注目し、作品をより深くまた多角的に捉えることの重要性を学ぶ機会としたい。社会で自分らしく生きていくために大切にしたいことについて、自問したり、他の生徒との対話を通じて考えたりしていく過程で、自身の日常生活に照らして文学的文章を読む姿勢を育てていきたい。

〈教材・題材の特徴〉

「僕」と「ぐうちゃん」を中心とする登場人物の心情を、言動から丁寧にたどることで「読み」が深まっていく教材である。生徒たちは「僕」の視点に寄り添って読み進めながら、自分自身の生き方について考えることになるだろう。平易な文章で内容がつかみやすい分、何が書かれているかだけでなく、自分は何を受け取ったかを見つめさせることが重要である。手紙を読んだ後の「僕」の心情をはじめ、読者の想像を必要とする部分が多く、「読み」を交流する意義が大きい。

〈主体的・対話的で深い学びの視点からの授業改善ポイント／言語活動の工夫〉

「僕」の視点で語られた作品だが、「僕」の心情のすべては明らかでない。文章に根拠が存在する「読み」と、生徒一人一人が想像すべき「読み」の区別を意識させ、「心情曲線」作成のための対話（話し合い）を意義深いものにしたい。いわゆる「書き換え」学習では、「視点」に対する意識付けや語彙の定着、想像力の発揮とともに、自分と異なる多様な「読み」との出会いを通じて、他の生徒と「読み」深める喜びを実感させることをねらっている。明るく知的な雰囲気をつくり、まとめの活動において、生徒一人一人が伸び伸びと感想を書き、伝え合いたいと思えるように促したい。

単元計画

時	学習活動	学習内容	評価
1	1．学習を見通し、通読する。 2．登場人物を確認し、それぞれの特徴を整理する。	○登場人物を書き出しながら通読する。 ○それぞれの人物について、「学習の窓」を参照しながら、相関図を用いて整理する。 ○「僕」「母」「父」それぞれが、「ぐうちゃん」とどのように関わっているかが分かる部分に線を引きながら、読み直す。	❷
2	3．登場人物の言動から、その心情を読み取る。 ・「心情曲線」は、グループで１枚作成する。	○前時の作業内容を確認する。まず「母」「父」について、全体で簡単にまとめる。 ○「僕」の「ぐうちゃん」に対する関わり方の変化について、「心情曲線」を用いてまとめる。	❶ ❷
3	4．「心情曲線」を基に話し合う。 5．「視点」を確認する。	○各グループの「心情曲線」を比べ、意見交換する。 ○人柄や心情が読み取れる部分について、語句や言い回しも含めて理解する。 ○書かれていない内容を意識する。	❶ ❸
4	6．これまでの学習内容を踏まえ、登場人物の心情について、書かれていない部分を想像して書く。 7．自分の考えや感想をまとめる。	○グループ内で分担し、いずれかに取り組む。 ・手紙を書いているときの「ぐうちゃん」の心情。 ・手紙を読み終わったときの「僕」の心情。 ○グループ内で交換し、読み合う。 ○「ぐうちゃん」の言葉や生き方について、考えたことを書く。	❶ ❸

評価規準

知識・技能	思考・判断・表現	主体的に学習に取り組む態度
❶抽象的な概念を表す語句が表している心情に注意しながら読んだり、実際に書く中で用いるなどして、語感を磨き語彙の豊かさを増している。 (1)エ	❷「読むこと」において、文章全体と部分との関係に注意しながら、登場人物の設定の仕方などを捉えている。 C(1)ア	❸登場人物の心情について、文章中の語句や表現を手がかりに読みとっていく過程で積極的に話し合ったり、想像しようとするとともに、自分自身についても振り返ろうとしている。

〈指導と評価の一体化を図る見取りのポイント〉

まず、用いられている語句や言い回しを丁寧に押さえ、人物同士の関係などを正しく理解した上で、根拠に基づく「読み」をつくらせることが重要である。その上で、自問や対話を通じてその「読み」を深め、書かれていない部分も主体的に想像させていくように導く必要がある。

アイスプラネット

主発問 **「僕」や「僕」の両親は、「ぐうちゃん」とどのような関係性にあり、どのような思いを抱いているのでしょうか。**

目標

通読して作品の概要をつかむとともに、登場人物の関係性について、本文の叙述を根拠として把握することができる。

評価のポイント

❷文章全体と部分との関係に注意しながら、登場人物の設定の仕方などを捉えている。 C(1)ア

準備物 ・全文プリント

ワークシート・ICT 等の活用や授業づくりのアイデア

○登場人物の関わり方を、実際に線を引きながら把握できるように、「全文プリント」を用意する。

＊全文プリントは教材 CD のテキストデータを用いてワークシート化するとよい（デジタル教科書にはあらかじめ PDF ファイルが用意されている）。

1 導入（学習の見通しをもつ）

〈4回の授業展開とゴールを説明する〉

T：小説を多角的に捉え、深く味わうための読み方を学びます。登場人物の関係を把握し、彼らのものの見方や考え方を確認していく中で、自分自身の生き方を見つめるきっかけも得られるかもしれません。学習班での活動を中心に、協力して楽しく読んでいきましょう。

2 展開

〈登場人物を書き出しながら通読する〉

T：今回読むのは、「アイスプラネット」という作品です。ノートに登場人物を書き出しながら通読しましょう。
また、読み終わった人から、簡単な感想を書いておいてください。

○登場人物を書き出しながら通読する。

○読み終わったら、簡単な感想を書く。

＊教師は机間指導しながら様子を観察。

＊生徒の大半が読み終わった頃合いで、次の指示をする。

〈初発の感想を交流する〉

T：それでは、何名かに感想を聞いてみましょう。そして、その感想に対する感想もぜひ聞きたいと思います。

○感想を数名が発表する。

○その感想を聞いて考えたことなどを尋ねる。

3 終末（学習を振り返る）

〈次回の授業内容について予告する〉

T：今日は、登場人物四人の関係性について、特に両親を中心に考えました。本文の叙述を丁寧にたどっていくと、様々な発見があったと思います。次回は、それらを確認した後に、「僕」と「ぐうちゃん」との関係性についても考えていきましょう。

効果的な板書例

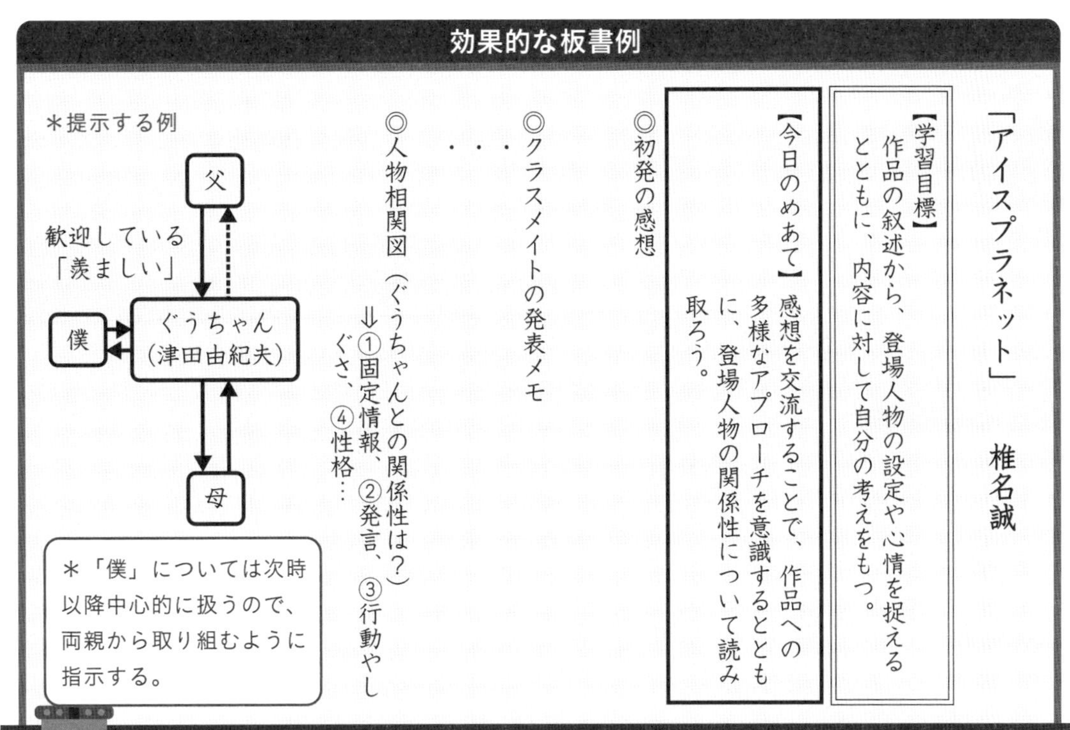

＊感想の要点を板書したり、感想に対する感想を求めたりすることで、生徒が集中して発表を聞き、自分の考えを深められる環境を整える。教師は発表内容をきちんと受け止めながら、過度な反応はせず、調整役のような立場をとる。授業後にノートを回収し、全員分の感想の内容を把握し、次時に紹介できるとよい。

〈登場人物の情報を抽出する〉

T：では、みなさんの感想を踏まえつつ、登場人物について整理しましょう。「僕」や両親は、「ぐうちゃん」とどのような関係性にあり、どのような思いを抱いているのでしょうか。教科書に掲載されている「学習の窓」に、登場人物の設定を捉える際の観点が示されています。これを参考にしながら、人物相関図を書くのが本時の目標です。「全文プリント」を使用して、登場人物四人についての情報が書かれている部分に線を引きながら読み、後で整理するとよいですね。

○「全文プリント」に線を引きながら読む。

＊教師は机間指導によって支援する。

〈人物相関図を書く〉

T：線を引き終わったら、人物相関図を書いていきます。まずは両親から始めましょう。「僕」については、残り時間で書ける分だけでかまいません。

①固定した情報（名前、年齢、外見など）

②発言

③行動やしぐさ

④性格やものの考え方

①は情報を見つけ出せばよいですが、②以降は違います。本文の叙述を基にして、「この発言から読み取れることは……」といった分析をする必要があるわけですね。「ぐうちゃん」との関係性、という点を中心に据えて、①から順に取り組んでいきましょう。

○ノートに人物相関図を書く。

＊教師は机間指導によって支援する。

アイスプラネット

主発問 **「僕」が「ぐうちゃん」に対して抱く思いや、その変化の過程は、どのような部分から読み取れますか。**

目標

登場人物の関係性について把握した上で、本文の叙述に基づき、主要人物の心情について考察を深めることができる。

評価のポイント

❶抽象的な語句が表している心情に注意しながら読んでいる。(1)エ

❷文章全体と部分との関係に注意しながら、登場人物の設定の仕方などを捉えている。C(1)ア

準備物 ・ホワイトボード (・心情曲線の記入プリント)

ワークシート・ICT 等の活用や授業づくりのアイデア

○学習班で「心情曲線」作成に取り組む際には、ホワイトボードなどを利用する。

＊ホワイトボード自体を発表資料として利用してもよい。

＊ロイロノートやクラスルーム等を用いると、発表資料が手元で一覧できる。完成した心情曲線を撮影しておくようにする。

1 導入（学習の見通しをもつ）

〈前時を振り返り、今日の目標を確かめる〉

T：前回は、「アイスプラネット」を読んだ感想を交流した後、登場人物四人についての情報を集め、相関図に整理しました。今日は、まず「僕」の両親について確認してから、「僕」が「ぐうちゃん」に対して抱く思いを、グループで協力しながら探っていきましょう。

2 展開

〈相関図をグループごとに交流する〉

T：では、学習班ごとに相関図を読み合い、まずは「母」と「父」について、全文プリントも利用しつつ確認していきましょう。この作品は「僕」が語り手ですから、「僕」が得ている情報が全てです。それらに基づくと、両親は「ぐうちゃん」にどのような思いを抱いていると考えられますか。

○学習班で、相関図と全文プリントを基に、両親の心情を考える。

＊教師はグループ間を回り支援する。

〈両親の心情を整理する〉

T：では、本文のどの部分から読み取れたのかということも合わせて、二人の「ぐうちゃん」への思いを確認していきましょう。

○学習班ごとに発表する。

3 終末（学習を振り返る）

〈次回の授業内容について予告する〉

T：それぞれの学習班の話し合いを聞かせてもらいましたが、本文の叙述を丁寧に読みながら作業できていたと思います。作成した心情曲線については、次回の授業で交流します。

＊提出された内容を検討して、類似点と相違点を確認し、授業展開を考えておく。

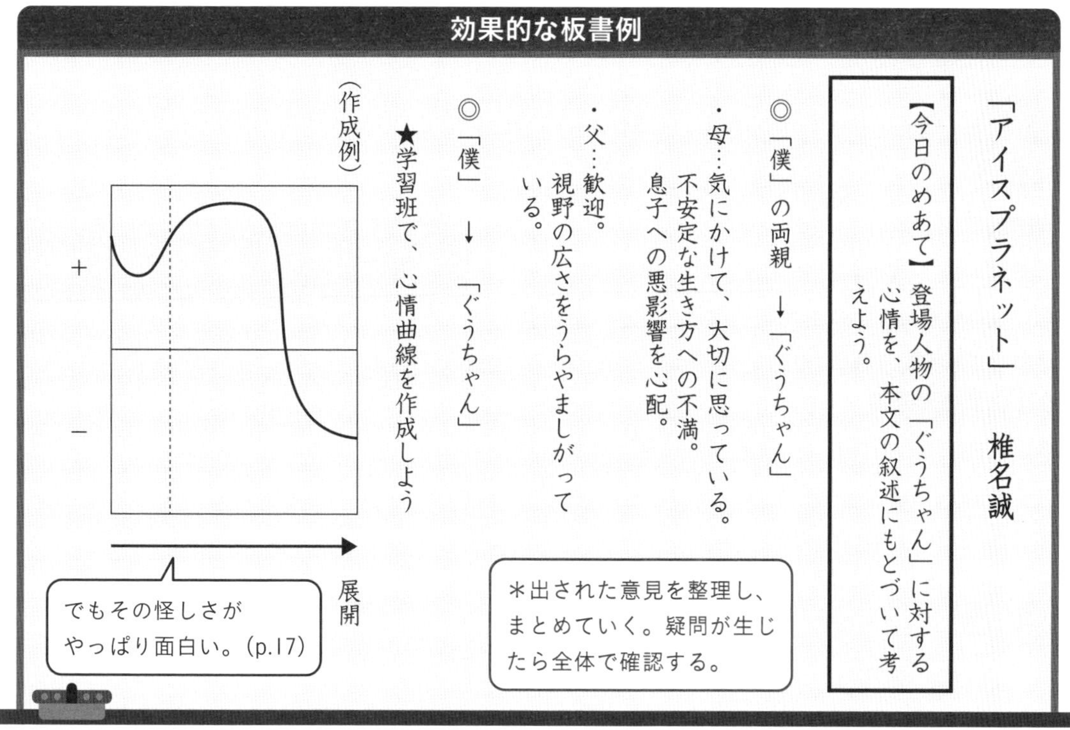

・教科書 p.14 6行目の「これ、ぐうちゃんの好物。」という言葉から、「母」が「ぐうちゃん」を気にかけて大切にしている心情が読み取れます。

・p.15や p.20の怒りの言葉から、弟の不安定な生き方に不満をもっていることが分かります。

＊どの叙述に基づいて心情を読み取ったのかを合わせて発表させ、同じ部分を指摘した班がある場合は比較・検討する。

〈「僕」の「ぐうちゃん」に対する思いについて、心情曲線を作成しながら考える〉

T：次に、「僕」が「ぐうちゃん」に抱く思いを見ていきましょう。様々なやりとりによって「僕」の心情は変化していますね。学習班ごとに、「僕」の語りも含めた言動を確認しつつ、心情曲線を書きましょう。心情を、まずは大きくプラスかマイナスかで捉えて、さらにその中で程度の差を考え、曲線を描く作業です。記入例も参考にしてください。

○ホワイトボードを使って心情曲線を作成する。

＊教師はグループ間を回り、必要に応じて支援する。

＊心情曲線の書き方については、記入例を板書し、確認させるようにする。

○話し合い活動の様子

生徒 a：p.15の「僕はぐうちゃんが大好きだ」が基本なんだろうね。「大好き」な理由は？

生徒 b：「話が文句なしにおもしろい」から……。

生徒 c：p.18の「ばかばかしくなって」とか、「今どきの中学生をなめている」という語りからは、ちょっといらだちも感じられる。

生徒 d：p.19で「むっとした。そんな言い逃れをするぐうちゃんは好きではない」とあるから、ここで心情が変化しているね。

アイスプラネット

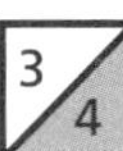

「僕」の「ぐうちゃん」に対する心情は、どのように変化していったのでしょうか。

目標

主要人物の心情を、叙述に基づいて理解しながら、その設定の仕方や、あえて書かれていない内容について把握できる。

評価のポイント

❶抽象的な語句が表している心情に注意しながら読んでいる。 (1)エ

❸登場人物の心情を、文章中の語句や表現を手がかりにして積極的に読み取ろうとしている。

準備物 ・各学習班の心情曲線の一覧プリント

ワークシート・ICT 等の活用や授業づくりのアイデア

○各学習班の心情曲線を参照しながら、生徒自身が考えを深められるように、一覧にしたプリントを配布する。

＊ロイロノートやクラスルーム等を用いて、資料を共有してもよい。

1 導入（学習の見通しをもつ）

〈前時を振り返り、今日の目標を確かめる〉

T：前回は、各学習班ごとに「僕」の心情曲線を作成しました。今日はそれらを比較しながら、「僕」の「ぐうちゃん」に対する思いや、二人の人柄を押さえます。語り手である「僕」が語っていないことは何か、ということも確認できるとよいですね。

2 展開

〈心情曲線を比較しながら「僕」と「ぐうちゃん」の思いを読み取る〉

T：それぞれの心情曲線を比較し、類似点や相違点を捉えていきましょう。本文でどの部分から、どのような思いを読み取っているのか、ということを整理し、箇条書きにするとよいですね。

○類似点、相違点をノートに整理する。

＊教師は机間指導によって支援する。

○発表の様子

T：各班を比較して気付いたことを発表してください。どの場面や発表が注目されていたかについても教えてくださいね。

生徒 a：どの班も、三つ目のまとまりからマイナスに向かっています。むっとした、人生を全面的にからかわれた、という表現がスタートになっています。

生徒 b：どの班も、ぐうちゃんが家を出

3 終末（学習を振り返る）

〈次回の授業内容について予告する〉

T：「僕」の視点で書かれた小説ですが、「僕」のことが全て分かるわけではなく、「ぐうちゃん」の思いはさらに謎に包まれていますね。言動から想像するしかありません。本日の話し合いも踏まえて、次回はこの二人の「書かれていない」心情について考えていきましょう。

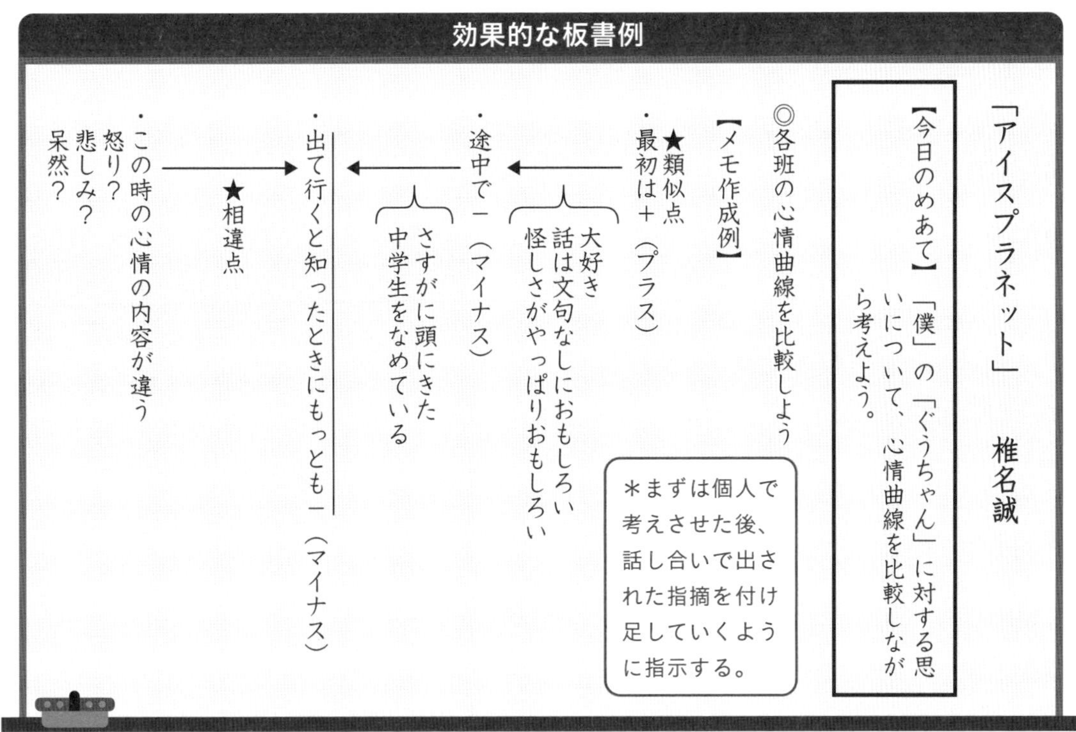

て行くことを知った場面を一番マイナスだと捉えています。ただ、そのときの「僕」の心情は、班ごとに少し違う内容になっています。

T：この場面を朗読で再現するとすれば、どんなことを意識しますか？

生徒 c：気が付くと、とあるので、ショックでわけが分からないうちに、勝手に言葉が出てしまったようなイメージで読みます。

生徒 d：確かに……、ぐうちゃんの声はどんどん遠く……とあるので、呆然としている感じで、小さめの声で読んだ方がよいと思います。

T：ここは、大切な部分ですね。さっき発表してくれた通り、班ごとに「僕」の心情に対する表現が異なっています。怒り、ショック、呆然、寂しさ……、他にもありそうですね。せっかくですから、この場面の心情曲線についての説明を各班にお願いしようと思います。

＊教師は、出された意見に基づいて、本文の叙述を丁寧にたどっていくように促す。心情曲線を交流するメリットは少なくないが、書かれている情報の確認や分析で終わってしまう可能性もある。生徒が「僕」や「ぐうちゃん」に寄り添いながら読み、やがて作品に対する自分自身の思いを形にしていくためには、「朗読で再現するとすれば……」「この時の二人の視線は……」といった、臨場感を生み出す問いかけが有効である。

〈結末の書かれ方に注目する〉

T：最後に、結末について考えましょう。本文は「ぐうちゃん」からの手紙と写真の内容を「僕」が説明しているところで終わっています。手紙を受け取った「僕」の心情が書かれていないので、心情曲線を書くとしても、はっきりとした根拠はない状態です。読者一人一人がどのように想像するか、ということになってきます。それは、「ぐうちゃん」がどういう思いで手紙を書いたのか、ということについても同様ですね。

アイスプラネット

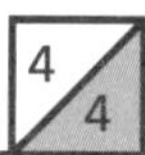

主発問 **「ぐうちゃん」の言葉や生き方にふれて、あなた自身はどのようなことを考えましたか。**

目標

本文に書かれていない二人の登場人物の心情を想像しながら、「ぐうちゃん」の言葉や生き方について自分自身が考えたことを表現できる。

評価のポイント

❶抽象的な語句が表している心情に注意しながら読んでいる。 (1)エ

❸文章中の語句や表現から読み取った内容に基づき、想像を広げるとともに、自分自身の価値観や日常を振り返ろうとしている。

準備物 ・ワークシート⤓01

ワークシート・ICT 等の活用や授業づくりのアイデア

○手紙を書いているときの「ぐうちゃん」の心情、あるいは手紙を読み終わったときの「僕」の心情を書くために、ワークシートを用意する。

＊ワークシートには、交流時にコメントを記入できるように余白をつくっておくとよい。

＊ ICT 端末を用いて、クラス全体で共有できるようにしてもよい。

1 導入（学習の見通しをもつ）

〈本時が、単元のまとめの時間に当たることを確認する〉

T：この作品を扱うのは、今日が最後です。二人の「書かれていない」心情を想像し、より深く読み味わった上で、最後に改めて「ぐうちゃん」の言葉や生き方について、皆さん自身の価値観や日常を振り返りながら考えてもらいたいと思います。

2 展開

〈「書かれていない」心情を想像する〉

T：前回の話し合いで明らかになったように、本文からは読み取れない大きな謎がまだ残っていますね。

①「僕」は「ぐうちゃん」の手紙を読み終わったとき、どのようなことを考えたのか？

②「ぐうちゃん」はどのようなことを考えながら手紙を書いたのか？

この二つの謎について、学習班の中で分担して考えてもらおうと思います。

○二手に分かれて、ワークシートに想像した内容を書く。

＊教師は机間指導によって支援する。

＊書き方は自由（一人称の語りを推奨）。

○生徒の文章例（課題①）

ほら話だと決めつけて真剣に聞いていなかったことが、すべて本当だったな

3 終末（学習を振り返る）

〈想像力の大切さや、自分自身の価値観や日常を見つめ直す重要性を確認する〉

T：登場人物の心情は、叙述を追うだけでなく、読者の想像力が働くことで浮かび上がると実感できましたね。自分の価値観や日常を振り返ることができたのも成果だったと思います。今後も様々なアプローチで作品を読んでいきましょう。

効果的な板書例

「アイスプラネット」　椎名誠

【今日のめあて】「僕」と「ぐうちゃん」の書かれていない心情を想像しながら、自分の意見をもとう。

◎本文に残された謎

①「僕」は「ぐうちゃん」の手紙を読み終わったとき、どのようなことを考えたのか？

②「ぐうちゃん」はどのようなことを考えながら手紙を書いたのか？

自分が取り組む「謎」→【　　】

★交流後の発見

・・・

＊時間に余裕があれば、班ごとに交流した結果、どのような発見があったのかを尋ねてもよい。

◎「ぐうちゃん」の言葉や生き方について考えたこと

んて！　ぐうちゃんは証拠を見せろと言われて悲しかっただろうな。どうして、本当だと言い張らなかったんだろう。今度会ったら、疑ってごめんと謝ろうかな……。でも、今さら照れくさいし、謝るよりも、僕が「不思議アタマ」の持ち主になっている方が、ぐうちゃんには喜んでもらえそうだ。

○生徒の文章例（課題②）

悠君は「アイスプラネット」やナマズの写真、そしてこの手紙を見て、どんなことを考えてくれるだろうか。「不思議アタマ」を手に入れて、世界を自分の目で見ることの素晴らしさが伝わればいいけれど、だからといって自分と同じような生き方を強制したいわけじゃない。ただ、「ありえない」ことなんて「ありえない」、それを知ってくれるだけで、普段の生活だってきっと輝いてくると思うんだ。次に会うとき、どんな話ができるか楽しみだ。

＊「ぐうちゃん」がどのような思いを抱きながら「僕」に話していたのか、ということは、課題①、②に共通する重要なポイントである。三人称で書いてもよいが、生徒が二人の人柄をどのように読み取っているかを知るためには、一人称の方が有効だと考えられる。

〈書いた内容を交流し、コメントし合う〉

T：学習班の中で、書いた内容を一人ずつ紹介し、コメントし合いましょう。新たな発見があったら、ノートに書いておきましょう。

〈生徒自身が「ぐうちゃん」の言葉や生き方について考えたことを書く〉

T：今回の作業を通して、「ぐうちゃん」が「僕」に伝えたメッセージや、「ぐうちゃん」の人柄についても考えが深められたと思います。では最後に、これまでの授業全体を振り返りながら、みなさんが「ぐうちゃん」の言葉や生き方について考えたことを、ノートに書いてみましょう。

＊ノートを回収し、後日共有するとよい。

1 広がる学びへ
[聞く]問いを立てながら聞く（1時間扱い／話すこと・聞くこと）

指導事項：〔知技〕(2)ア　〔思判表〕A(1)ア、エ
言語活動例：提案を聞いて、その内容について検討する。

単元の目標

(1)意見とそれを裏付ける適切な根拠の在り方を理解することができる。　〔知識及び技能〕(2)ア
(2)提案内容を理解し、意見と根拠の結び付きについて自分の考えをもつことができる。
〔思考力、判断力、表現力等〕A(1)ア、エ
(3)言葉がもつ価値を認識するとともに、読書を生活に役立て、我が国の言語文化を大切にして、思いや考えを伝え合おうとする。　「学びに向かう力、人間性等」

単元の構想

〈単元で育てたい資質・能力／働かせたい見方・考え方〉

他の生徒の提案を聞く際には、話に含まれている情報を取り出して整理したり、情報と情報との関係を捉えたりすることが正確な理解につながる。また、理解するだけにとどまらず、自分の考えと比較しながら、その適否について判断することも重要である。本単元においては、例示されている提案について、グループで検討することを通して、根拠の適切さを考える際に様々な観点があることに気付かせたい。また、自分の考えが独りよがりなものになっていないかについて、他の生徒の考えを参考にして判断する意識を育みたい。

〈教材・題材の特徴〉

生徒にとって身近な話題についての提案が示されていて、日常生活であまり意識せずに聞いているとすんなり納得してしまいそうな内容となっている。しかし、立ち止まってじっくり考えてみると、疑問や反論が浮かんでくる。そうした特徴を生かして、意見と根拠の結び付きについて考えるきっかけとして活用したい。また、意見と根拠の結び付きについて検討する際には、掲載されているメモの例を参考にして説明することも考えられる。

〈主体的・対話的で深い学びの視点からの授業改善ポイント／言語活動の工夫〉

メモを取る、提案内容について賛成か反対かを考える、疑問があれば質問する、こうした行為は多くの生徒が日常で経験している。そうした場面を取り上げ、そのときに自分はどのようなことを意識して実践しているかを振り返らせることで、本単元の学習を自分ごととして捉えさせたい。また、根拠の適切さを判断するためには、他者の意見は欠かせない。自分が適切だと考えた意見と根拠の結び付きについて不十分だと感じる人もいるかもしれない。そうした考えの違いについて交流することで、自分の考えを広げたり深めたりするように促したい。

単元計画

時	学習活動	学習内容	評価
1	1．既習事項を振り返る。 2．学習の見通しをもつ。 3．教科書に掲載されている「学級会で友達が提案した内容」の音声を聞き、要点をメモする。 4．メモを基に提案内容について自分の考えをまとめる。 5．提案内容についてグループで検討する。 6．「上達のポイント」を確認する。	○１年時に学習したメモの取り方を確認する。 〈メモの取り方の例（１年教科書 p.30参照）〉 ・キーワードをすばやく書き留める。 ・箇条書きにしたり、番号や記号を付けたり、大事なところに線を引いたりして整理する。 ○本時では、話の要点を捉え、意見やそれを支える根拠が適切であるかどうかを検討することを理解する。 ○意見と根拠の結び付きを意識しながら音声を聞き、メモを取る。 ○メモを整理しながら、意見やそれを支える根拠が適切か、疑問に思うことはないかを考える。 ○以下の観点に沿って、提案内容についてグループで検討する。 ・意見は何か。 ・意見を支える根拠は何か。 ・意見と根拠の結び付きは適当か。 ・疑問や確認したいことは何か。 ○「上達のポイント」を読み、今後のどのような場面で生かせるかを考える。	❶ ❷ ❸ ❹

評価規準

知識・技能	思考・判断・表現	主体的に学習に取り組む態度
❶意見とそれを裏付ける適切な根拠の在り方を理解している。　⑵ア	❷「話すこと・聞くこと」において提案内容について、整理しながらメモをとり、要点を捉えている。　A⑴ア ❸「話すこと・聞くこと」において意見と根拠の結び付きについて、適切かどうかや疑問はないかなど、自分の考えをもっている。　A⑴エ	❹提案内容について、進んでメモを取ったり、自分の考えをまとめたりして、意見と根拠の結び付きについて考えようとしている。

〈指導と評価の一体化を図る見取りのポイント〉

生徒が意見と根拠の結び付きについて自分の考えをもつためには、提案内容に含まれている意見と根拠を適切に捉えていることが前提となる。したがって、生徒のメモから意見と根拠を適切に捉えているかを見取り、状況に応じて全体で確認するなどの支援が考えられる。その上で、意見と根拠の結び付きについて自分の考えをもてているかを、ノートの記述やグループでの検討から見取る。その際、独りよがりな考えに陥っているようであれば、他の生徒の意見も参考にするように促す。

[聞く] 問いを立てながら聞く

提案における、意見とそれを支える根拠はどのようなものでしたか。また、それについてあなたはどう考えましたか。

目標

意見と根拠の結び付きを意識して、問いを立てながら聞くことができる。

評価のポイント

❶意見とそれを裏付ける適切な根拠の在り方を理解している。 (2)ア

❷❸提案内容の要点を捉え、意見と根拠の結び付きについて、考えをもっている。 A(1)ア、エ

❹提案内容について自分の考えをまとめ、意見と根拠の結び付きについて考えようとしている。

準備物 ・音声を流すための機器 ・メモ用紙 ⤓01

ワークシート・ICT 等の活用や授業づくりのアイデア

○音声については、教科書の二次元コードを読み取り使用する。状況によっては、個人の端末を利用して、聞き直させてもよい。

○音声を聞き、メモするための用紙を準備する。教科書の例を参考に枠を設けておくなどの工夫も考えられる。

1 導入（学習の見通しをもつ）

〈見通しをもち、メモの取り方を振り返る〉

T：意見と根拠の結び付きを意識して、問いを立てながら聞く力を身に付けましょう。そのためには、整理しながらメモを取る必要があります。1年生のときに、メモの取り方についてどのようなことを学びましたか。

・キーワードを書きます。

・箇条書きにします。

2 展開

〈音声を聞き、メモをとる〉

T：これから学級会でのある提案を聞きます。内容は図書館の利用者を増やすための提案です。参加者の一人になったつもりで聞いてください。また、提案者の意見やそれを支える根拠が適切であるかどうかを考えながら聞きましょう。

*聞くことの学習の際には、状況設定を伝えて、何のためにどのようなことに注意して聞くべきかを生徒に意識させることが重要である。

〈メモを整理しながら自分の考えをもつ〉

T：それでは、まずメモを整理してみましょう。整理するときには観点を設定すると分かりやすくなります。この場合、どのような観点で整理するとよいでしょうか。

・意見はどのようなものか。

3 終末（学習を振り返る）

〈「上達のポイント」を読み、今後のどのような場面で生かせるかを考える〉

T：この授業で学んだことは、今後のどのような場面で生かせますか。

・学級会などで生かせると思います。これまでよりも、意見と根拠、その結び付きについて意識して話を聞いたり、それについて自分の考えをもったりできるとよいです。

効果的な板書例

問いを立てながら聞く

【学習目標】
意見と根拠の結び付きを意識して、問いを立てながら聞く。

◆メモの取り方
・キーワードをすばやく書き留める。
・箇条書きにしたり、番号を付けたりする。
・記号を活用する。

◆整理するための観点
・意見は何か。
・意見を支える根拠は何か。

◆自分の考えをまとめるための観点
・意見と根拠の結び付きは適当か。
・疑問や確認したいことは何か。

◆今後、どのような場面で生かせるか
・学級で他の人の意見を聞くとき。
・委員会で目標や活動内容について話し合うとき。
・ニュースなどで世の中の出来事についての主張を聞くとき。

・根拠はどのようなものか。

T：意見や根拠を捉えた上で、意見と根拠の結び付きは適当か、疑問や確認したいことは何かについて、自分の考えを書きましょう。

＊グループで交流する前に個人で考える時間を保障する。書けていない生徒については机間指導で個別に支援する。

〈提案内容についてグループで検討する〉

T：提案内容について、意見とそれを支える根拠について検討しましょう。

・意見は「学校図書館の利用を増やすために、雑誌を置くこと」でしたよね。

・根拠は二つありました。

・一つ目は、「雑誌は写真やイラストが多く、様々な記事がのっていて、読書の苦手な人でも楽しめるから」ですね。

・二つ目は「アンケートの結果、『雑誌を置いてほしい。』と回答した人が九人もいたから」と言っていました。

・それではこの意見と根拠の結び付きについてどう思いますか。

・確かに本は読まない人でも雑誌は読むかもしれないので、利用者を増やすことにつながると思います。

・でも、図書館で雑誌を読みたい人は、それほど多いのでしょうか。提案者は「『雑誌を置いてほしい。』と回答した人が九人もいた。」と説明していたけど、九人はそれほど多くない気がします。

・それに、何人中の九人なのかも気になります。

・雑誌を置いたことをアピールすることも大事ですね。

＊話し合いが滞っているグループには、教科書の例を示し、話し合いのきっかけをつくる。

＊肯定的な意見が多いグループには反論がないか考えるように促す。

＊否定的な意見が多いグループには、その反論に説得力があるか検討するように促す。

I　広がる学びへ
季節のしおり　春（1時間扱い）

指導事項：〔知技〕(1)エ
言語活動例：文学作品を音読したり、暗唱したりする。
単元の学習内容と関連付けたり、表現の素材として活用したりする。
季節の言葉を集めるなど、四季折々の学習の資料とする。

単元の目標

(1)抽象的な概念を表す語句の量を増すとともに、類義語と対義語、同音異義語や多義的な意味を表す語句などについて理解し、話や文章の中で使うことを通して、語感を磨き語彙を豊かにすることができる。　〔知識及び技能〕(1)エ
(2)言葉がもつ価値を認識するとともに、読書を生活に役立て、我が国の言語文化を大切にして、思いや考えを伝え合おうとする。　「学びに向かう力、人間性等」

単元の構想

〈単元で育てたい資質・能力／働かせたい見方・考え方〉

私たちは、季節を感じる様々な言葉を通して、四つの季節のイメージを心の中に蓄えてきた。季節感とは、五感を通して感じ取れるものだけでなく、季節と結び付いた様々な言葉から連想されるイメージによって形づくられている面もある。それゆえ、季節と結び付いた言葉を増やすことは、その季節の中で営まれる生活に対する生徒の見方を豊かにすることにもつながっていく。また、文学作品の中に置かれた言葉を通して季節の情景を思い浮かべたり、季節の風情を感じ取ったりすることは、生徒の感性を豊かにし、想像力をかきたてるだろう。

〈教材・題材の特徴〉

本教材は、それぞれの季節を題材とした、短歌・俳句を中心とする短詩型の文学作品２～３編と、季節の行事と暦を表す言葉で構成されている。教材のリードでは、それぞれの文学作品に描かれた情景、匂い、音などを表す表現が示され、作品を豊かに想像する手がかりになっている。とりわけ短歌・俳句などの定型詩では、繰り返し声に出して読むことで、言葉の響きを感じ取ることができるだろう。様々な作品や言葉に触れることで季節感を豊かにするとともに、日本語の豊かさを感じ、情景と結び付けて詩情を読み取るおもしろさを感じとらせたい。

〈主体的・対話的で深い学びの視点からの授業改善ポイント／言語活動の工夫〉

本教材は配当時数がなく、単元の導入で季節の言葉や作品を紹介する、詩や短歌・俳句の補充教材として提示する、表現活動の素材として示すなど、他の学習活動と結び付けて活用することが想定される。また、文学作品を朗読・暗唱したり、季節の言葉集めといった帯単元を仕組む際のモデ

ルとして位置付けたりすることもできるだろう。学習の中で適宜活用しながら、折に触れて季節を感じさせる作品や言葉を紹介し、季節の言葉に触れる場面をもたせるようにするとよい。

単元計画

時	学習活動	学習内容	評価
1	1．文学作品を音読したり、暗唱したりする。	○作品を声に出して読み、描かれている情景や、感じ取った季節感を交流する。	❷
	2．単元の学習内容と関連付ける。	○表現活動の素材・題材として「季節のしおり」を活用する。	❶
	3．季節の言葉を集める。	○書籍、雑誌、教科書、新聞、インターネットなど、様々な媒体から季節と結び付く言葉を探し、ファイルにしたり、発表し合ったりする。 ・その季節ならではの事象や出来事など、これまで知らなかった季節に関わる新しい語彙を集める。 ・動詞・形容詞など名詞以外の言葉にも広げる。	❶

評価規準

知識・技能	主体的に学習に取り組む態度
❶抽象的な概念や季節を表す語句の量を増すとともに、話や文章の中で使うことを通して、語感を磨き語彙を豊かにしている。（1）エ	❷季節を表す言葉について関心をもち、言葉を集めたり、表現の中で使ったりしようとしている。

〈指導と評価の一体化を図る見取りのポイント〉

音読や暗唱などの活動では、ただ声に出して読むだけでなく、言葉のリズムが伝わるように音読を工夫したり、句切れなどに気を付けて朗読の仕方を工夫したりすることが大切である。言葉のリズムは、何度も繰り返して読むことで自然とつかめることもある。「主体的に学習に取り組む態度」の評価としては、そうした「声を出す」ことに対する取り組みへの積極性を見取るようにする。

手紙や創作など単元内の学習活動の資料として教材を活用するのであれば、教科書の言葉以外に、自分なりの季節感を表す言葉を使ったり、集めたりしようとしているかが、「主体的に学習に取り組む態度」を見取るポイントとなる。「知識・技能」については、学習過程の中に季節を感じさせる言葉を集める取材活動や、集めた言葉を使って表現するという条件を組み入れておくことで、語句の量を増し、語彙を豊かにしているかを見取ることができる。

季節のしおり　春

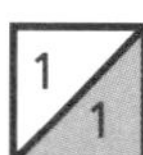

主発問　**集めた言葉の中で、あなたがより深く「春」を感じる言葉はどのようなものですか。**

目標

「春」を感じる言葉を集め紹介し合うことを通して、語感を磨き語彙を豊かにすることができる。

評価のポイント

❶抽象的な概念を表す語句の量を増し、語感を磨き語彙を豊かにしている。　(1)エ

❷「春」を表現する言葉に関心をもち、集めた言葉を紹介するために、想像を広げようとしている。

準備物　・ICT 端末

ワークシート・ICT 等の活用や授業づくりのアイデア

○紹介する言葉について、Jamboard にまとめ、Classroom を通してクラス全体で交流する。

＊ Jamboard を活用することで、手元の ICT 端末で閲覧したり、付せんで感想を伝えることができる。

＊ロイロノートを活用して、カードにまとめたものを共有する方法も考えられる。

1　導入（学習の見通しをもつ）

〈本時の目標と流れの確認〉

T：この言葉を聞くと「春だなぁ」と思う言葉はありますか。言葉には、季節を表すものがたくさんあって、それらには様々な春が表現されています。皆さんがまだ出会っていない言葉の中にも、より深く春を感じる言葉もあると思います。それらを集め、紹介し合いましょう。

2　展開

〈教科書を読んで活動のイメージをもつ〉

T：教科書には二つの短歌が紹介されています。これらを声に出して読んでみましょう。

○範読→追いかけ読み→一斉音読の順で、繰り返し音読する。

T：これらの内容について周りの人と話し合ってみましょう。

・春の風情を感じる。綺麗な夜桜。

・春の七草が書かれている。

○いくつかの感想を全体で共有しながら、短歌の内容を確認する。

T：短歌の他に、教科書には春の行事と暦も紹介されています。昔と今では暦が違うので、皆さんの春の感覚と少しズレるかもしれませんが、1月2月3月が春です。この他にも「立春」「啓蟄」など春を表す言葉は多くあります。

3　終末（学習を振り返る）

〈学習を振り返る〉

T：いかがでしたか。春を表す様々な言葉を知り、語彙を広げることができましたか。語彙が広がると、春の感じ方もより一層豊かになると思います。春を表す言葉はたくさんあるので、生活の中で新しい言葉に出会ったときに、少しでもその言葉について考えられるとよいと思います。

効果的な板書例

季節のしおり　春

【学習目標】
抽象的な概念を表す語句の量を増し、語感を磨き語彙を豊かにする。

【今日のめあて】「春」を感じる言葉を集め紹介し合うことを通して、語感を磨き語彙を豊かにしよう。

【今日の学習の流れ】
①教科書を読んで、活動のイメージをもつ。
②学校図書館やインターネットから言葉を集める。
③言葉を一つ選んで、想像したことを紹介する。

【集める言葉の例】
・短歌
・俳句
・春の行事や暦の言葉
・物語や小説の一節
・歌詞
・キャッチコピー　等

【集める方法】
○学校図書館・インターネット
・本（歳時記も）
・雑誌
・新聞の記事
・教科書や資料集
・広告やポスター　等

○紹介するときに盛り込む内容
・紹介する言葉　・作者や本の名称等
・言葉から想像したことや選んだ理由

〈言葉を集める〉

T：これから、学校図書館やインターネットなどを活用して、春を感じる言葉を集めましょう。集める言葉や集める方法は、例えばこれらが考えられます。

○板書を見ながら、集める言葉の例（対象）と方法を確認する。

T：初めて知った言葉はノートに書き留めておきましょう。それらの中から一つを選んで紹介してもらいます。言葉だけでなく、作者や本の名称などもメモしておきましょう。

○学校図書館やインターネットを活用して、言葉を集める。

＊集めている言葉や方法に偏りがある生徒に対しては、「新聞記事から探している人がいましたよ」「春のキャッチコピーを集めたサイトがあるみたいですよ」など具体的な例を示しながら、別のものにも当たってみるように促すとよい。また、必要に応じて、一旦集める活動を止め、周りと交流しながらどのような言葉が集まったか確認させることも効果的である。

〈集めた言葉から一つ選んで紹介する〉

T：集めた言葉の中で、自分がより深く「春」を感じる言葉はどの言葉ですか。その言葉を紹介してみましょう。その際、紹介する言葉や作者や本の名称などとともに、その言葉から想像したことや選んだ理由を添えてください。言葉によっては、意味などを説明する必要もあると思います。

○ Jamboard で紹介するボードを作成し、Classroom を通して、全体で共有する。

〈互いの紹介した言葉を交流する〉

T：他の人の言葉が紹介されている Jamboard を見て交流しましょう。Jamboard を見たら、付せんに感想などを書いて貼っておきましょう。気になった言葉は、ノートに書き留めておくとよいでしょう。

I　広がる学びへ

枕草子（3時間扱い／読むこと❷・書くこと❶）

指導事項：〔知技〕(3)イ　〔思判表〕C(1)オ・B(1)ア
言語活動例：随筆を読み、引用して解説したり、考えたことなどを伝え合ったりする。随筆を創作し、感じたことや想像したことを書く。

単元の目標

(1)現代語訳を手掛かりに作品を読み、古典に表れたものの見方や考え方を知ることができる。
〔知識及び技能〕(3)イ

(2)社会生活の中から題材を決め、集めた材料を整理し、伝えたいことを明確にすることができる。
〔思考力、判断力、表現力等〕B(1)ア

(3)作者のものの見方や考え方を捉え、自分の考えを広げたり深めたりすることができる。
〔思考力、判断力、表現力等〕C(1)オ

(4)言葉が持つ価値を認識するとともに、読書を生活に役立て、我が国の言語文化を大切にして、思いや考えを伝え合おうとする。「学びに向かう力、人間性等」

単元の構想

〈単元で育てたい資質・能力／働かせたい見方・考え方〉

古語の中には現代の言葉とは意味の異なる言葉もあるため、現代語訳や語注などを生かして作品を読むことによって、古典に表れたものの見方や考え方を知る読み方を学ぶ機会としたい。また、古典に表れたものの見方や考え方と現代のものの見方や考え方を比較し、共通点や相違点などを捉えさせ、自分の考えを広げたり深めたりしていく読みの力を育てていきたい。さらに、「枕草子」の書き方を参考にしながら、自然や身の回りの事物をイメージ豊かに表現する力を養っていきたい。

〈教材・題材の特徴〉

本教材では、「をかし」「うつくし」という感覚的な言葉をキーワードとして、筆者の感性にとまった様々な情景が、具体的な事物を挙げながら、視覚や聴覚などに訴えかけるように生き生きと描写されている。また、具体的な事物は、特別な光景ではなく、今でも私たちの身の回りにあるものであり、作者の鋭い感性に気付き、独自のものの見方や考え方を捉えやすい教材である。

〈主体的・対話的で深い学びの視点からの授業改善ポイント／言語活動の工夫〉

生徒の知識や経験を振り返らせ、季節の風物やかわいらしいものに対する現代のものの見方や考え方を想起させ比較することで、作者の鋭い感性や独自のものの見方や考え方を捉えやすくしたり、理解を深めさせたりしたい。また、自分流「枕草子」を書く活動では、記述するだけでなく、作品の交流までを計画する。作品の交流では、作品を発表するだけで終わるのではなく、自他の季節の捉え方の共通点や相違点について話し合い、自分の考えを広げたり深めたり機会としたい。

単元計画

時	学習活動	学習内容	評価
1	1．学習の見通しをもち、範読を聞く。 2．「枕草子」を朗読する。 3．現代語訳を参考にし、作者のものの見方や考え方を知る。	○歴史的仮名遣いを確認する。 ○「をかし」「あはれ」「うつくし」などの古語について意味を理解する。 ○現代語訳を手掛かりに、作者がどの時間帯のどの情景を捉え、どう感じているかを整理する。	❶
2	4．作者のものの見方や考え方と自分の見方や考え方を比較する。 5．作者の表現の仕方を捉える。	○前時に整理した内容を踏まえ、作者の季節の捉え方と自分の季節の捉え方を比較し、共通点や相違点を整理し、自分の考えをまとめる。 ○三つの文章に共通する表現の仕方をまとめる。 ・簡潔な述べ方、具体的な光景の列挙 ・光景を想像しやすい、五感を用いた描写 ・色彩豊かな表現など	❸ ❹
3	6．自分流「枕草子」を書く。 7．作品を交流し、自分のものの見方や考え方についてまとめる。	○前時にまとめた表現の仕方を踏まえ、自分ならではの季節感を表す文章を書く。 ○自他の季節の捉え方の共通点や相違点を明らかにしながら自分の考えをまとめる。	❷ ❹

評価規準

知識・技能	思考・判断・表現	主体的に学習に取り組む態度
❶現代語訳を手掛かりに「枕草子」を読み、作者のものの見方や考え方を理解している。 (3)イ	❷「書くこと」において、社会生活を振り返って集めた情報を整理し、自分ならではの季節感を表すものを明らかにしている。 B(1)ア ❸「読むこと」において、文章を読んで理解した作者のものの見方や考え方と自分のものの見方や考え方を比較し、感じたことをまとめている。 C(1)オ	❹進んで文章を読んで理解したことや考えたことを知識や経験と結び付け、学習課題に沿って自分ならではの季節感を表す文章を書こうとしている。

〈指導と評価の一体化を図る見取りのポイント〉

作者のものの見方や考え方を捉えさせる際、比較することでより明確に捉えやすくなる。本単元では、生徒の知識や経験を振り返らせ、自分のものの見方や捉え方と比較し、共通点や相違点を整理し、自分の考えをまとめるようにする。また、自分流「枕草子」を書く活動の前に、枕草子の表現の仕方を学習し、実際に書く際に、書き方が分からず学習が進まない状況がないようにすることが大切である。

枕草子

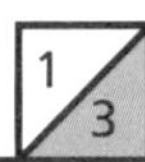

主発問 **作者が四季のどの時間帯のどの情景をどのように感じているか、整理しましょう。**

目標

現代語訳を手掛かりに作品を読み、作品に表れたものの見方や考え方を知ることができる。

評価のポイント

❶現代語訳を手掛かりに、作者が四季のどの時間帯のどの情景を捉え、どう感じているかを整理している。 (3)イ

準備物 ・ICT 端末などの二次元コードリーダー

ワークシート・ICT 等の活用や授業づくりのアイデア

○デジタル教科書や教材の動画を視聴し、作品の背景知識を深めたり、生徒に興味をもたせることが考えられる。また、教科書にある二次元コードを使って、個人で暗唱に取り組ませることも考えられる。

1 導入（学習の見通しをもつ）

〈単元の学習計画を説明する〉

T：古典を読み、作者のものの見方を捉え、現代のものの見方や考え方との共通点や相違点を考え、自分の考えを広げたり深めたりするとともに、作品の書き方を参考にして、イメージ豊かに表現する力を身に付けましょう。これから学習する「枕草子」について知っていることはありますか。

2 展開

〈作品を音読し、古文を読み味わう〉

T：これから「枕草子」（第一段）を読んでいきますが、歴史的仮名遣いの読み方や文節の切れを確認しましょう。

＊教科書の二次元コードを活用してもよい。

○ペアで音読の練習をしたり、個人で暗唱に取り組ませたりして、古文のリズムに慣れさせるようにするとよい。

〈現代語訳を読み、情景を想像する〉

T：では、現代語訳を読んで作品に描かれた情景を想像しましょう。

○「をかし」「あはれ」「うつくし」などの古語の意味について確認する。また、「紫」「山ぎは」「山の端」「火桶」などの語句については、図や写真で説明する。

〈作者のものの見方や考え方を整理する〉

3 終末（学習を振り返る）

〈学習を振り返り、次時の予告をする〉

T：次の時間は、今日まとめたことを参考にし、自分のものの見方や考え方と比較する学習をします。自分がどのように季節を捉えているか、考えておきましょう。

＊学習のつながりを意識させるとよい。

効果的な板書例

「枕草子」　清少納言

【学習目標】
○作者のものの見方や考え方と比較して、自分のものの見方や考え方を広げたり深めたりする。
○伝えたいことを明確にし、イメージ豊かに表現する。

【学習の見通し】
①作者のものの見方や考え方を捉える。
②自分のものの見方や考え方と比較する。
③自分流「枕草子」を書く。

【今日のめあて】作者の四季に対する見方や考え方を整理しよう。

清少納言の四季に対する考え方

季節→一日の時間帯

春――あけぼの
明け方の山ぎわが少し明るくなって、紫がかった雲が細くたなびいている様子→をかし
夏――夜
月の夜、闇の夜（蛍）、雨の夜→をかし
秋――夕暮れ
夕日、烏、雁、日没後の風の音・虫の音→をかし、あはれ
冬――つとめて
雪の朝、霜の降りた朝、霜が降りていなくても寒い朝、人々が早朝に火を起こして廊下を渡す様子→つきづきし
冬のみ――人々の様子、「わろし」という表現

T：現代語訳を参考にして、作者がどの時間帯のどの情景を捉え、どのように感じているかを整理していきましょう。
＊季節を比較しながら、作者の考え方をまとめられるようにする。ワークシートなどを使用してもよい。
＊生徒が整理する時間をしっかりと設定する。
＊教師は机間指導を行い、支援する。

〈整理した内容を全体で教習し確認する〉

T：整理した内容を発表しながら、全体で確認しましょう。季節ごとに発表してください。すでにノートにまとめてあるので、板書を視写するのではなく、自分が取り上げていない情報を付け加えるようにしましょう。
＊「冬」にだけ「人々の様子」を挙げている、ことや「わろし」という表現が用いられていることを確認する。

〈初めて知ったことや気付いたことなどの感想を交流する〉

T：今日の学習を通して、初めて知ったことや気付いたことなどを発表し、交流しましょう。自分が気付かなかったことなどはノートに記録しておきましょう。
・春というと桜などの花を想像するが、挙げられていなかったので、意外だった。
・夏に蛍が飛び交う夜を挙げていたのは、私も共感した。
・秋は風の音、虫の音などの聴覚で感じ取るものが挙げられていた。
・冬に「わろし」という表現を使って、自分の判断を示しているので、季節の風物詩を挙げただけではないような印象を受けた。

枕草子

2/3

主発問 **作者の季節の捉え方と自分の季節の捉え方を比較し、自分の考えをまとめましょう。**

目標

作者のものの見方や考え方を捉え、自分の考えを広げたり深めたりすることができる。

評価のポイント

❸作者の考えと自分の考えを比較し、自分の考えをまとめている。 C(1)オ

❹自分流「枕草子」を書くために、作者の表現の工夫を捉えようとしている。

準備物 ・ICT 端末などの二次元コードリーダー

ワークシート・ICT 等の活用や授業づくりのアイデア

○デジタル教科書や教材の動画を視聴し、作品の背景知識を確認させるとよい。

○教科書にある二次元コードを使って、個人で暗唱に取り組ませてもよい。

1 導入（学習の見通しをもつ）

〈前時を振り返り、本時の目標を説明する〉

T：前時は「枕草子」を読み、清少納言の季節に対する見方や考え方を整理しました。本時は、現代を生きる私たちの季節に対する考え方と比較しながら、自分の考えをまとめ、自分流「枕草子」を書く準備をします。

＊達成するゴールを明示する。

2 展開

〈第一段を朗読し、前時を振り返る〉

T：まずは、振り返りとして、第一段を歴史的仮名遣いに注意しながら朗読しましょう。聞き手は情景をイメージしながら聞きましょう。

○ペアで朗読を聴き合ったり、個人で暗唱に取り組ませたりしてもよい。

〈自分の季節に対する考えをまとめる〉

T：では、私たちが季節をどのように捉えているかをまとめましょう。

○自分の季節の捉え方を季節ごとにノートにまとめる。

＊書けない生徒には、季節の風物詩などを具体的に挙げさせるとよい。

〈作者の季節の捉え方と比較する〉

T：前時にまとめた清少納言の四季に対する考え方と自分の考えを比較し、考えたことをノートにまとめましょう。

3 終末（学習を振り返る）

〈学習を振り返り、次時の予告をする〉

T：次の時間は、今日学習したことを参考にし、自分流「枕草子」を書きます。自分ならではの季節感を表すものを考えておきましょう。

＊学習のつながりを意識させるとよい。

効果的な板書例

「枕草子」　清少納言

【学習目標】
○作者のものの見方や考え方と比較して、自分のものの見方や考え方を広げたり深めたりする。

【今日のめあて】作者の季節の捉え方と自分の季節の捉え方を比較し、考えをまとめよう。

清少納言の季節に対する考え方と比較して考えたこと

・現代の私たちとは異なり、新鮮な捉え方
・清少納言の物事を捉える感覚の鋭さ

清少納言の表現の工夫と効果

・時間帯という同じ観点で季節を捉えている。
　→まとまりがあり、理解しやすい。
・「春は○○」と「をかし」を省略し、名詞で終わっている。
　→取り上げた事柄を強調。
・具体的な事例を複数列挙して説明している。
　→共感的に捉えやすい。
・五感を用いた表現、比喩。
　→読み手が情景や様子を想像しやすい。
・印象的な風景だけを簡潔に描写。
　→すっきりとした印象を与える。

＊書けない生徒には、「共感したかどうか」、共通点や相違点を考えさせる。

・私は、夏は強い日差しや暑い昼間の時間帯はあまり好ましいと感じないので、清少納言が暑さが和らぎ、涼しい夜を挙げていて、共感できた。

・私は、「春は桜」「夏はひまわり」などの植物を挙げたが、清少納言は１日の時間帯で季節を表現している。自分にはない捉え方だったので、新鮮で興味深く感じた。

・闇夜のほのかな蛍の光や、日没後の風の音や虫の音など私はあまり気に留めないことに目を向けていて、清少納言の物事を捉える感覚が鋭いと思った。

〈作者の表現の仕方を捉える〉

T：教科書に挙げられている三つの章段を読み、清少納言の表現の仕方やその効果を捉え、自分流「枕草子」を書く際の参考にしましょう。

・第一段では、時間帯という観点で捉えていて、まとまりがあり、分かりやすい。

・第一段のそれぞれの段落の書き出しは同じで、「春は○○。」と「をかし」を省略し、名詞で終わっている。こうすることで、取り上げた事柄を強調している。

・第一段や第百四十五段では、具体的な事例を取り上げ、複数並べて説明することで、共感的に捉えることができる。

・視覚や聴覚などの五感を用いた表現で読み手が想像しやすい。

・第二百十六段では、水がきらきらと飛び散る様子を「水晶などが割れたように」と比喩で表現していて、様子を想像しやすい。

＊表現の効果も考えさせるとよい。

枕草子

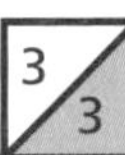

主発問　**「枕草子」の表現の仕方を参考にしながら、自分流「枕草子」を書きましょう。**

目標

生活を振り返って集めた情報を整理し、自分ならではの季節感を表す文章を書くことができる。

評価のポイント

❷生活を振り返って、自分ならではの季節感を表すものを明らかにしている。　B(1)ア

❹これまでの学習を生かし、学習課題に沿って自分ならではの季節感を表す文章を書こうとしている。

準備物　・ICT 端末

ワークシート・ICT 等の活用や授業づくりのアイデア

○自分流「枕草子」を書く際に、ICT 端末などの文書作成ソフトを利用することで、書くことに苦手意識をもつ生徒も取り組みやすくなる。また、文章の加除修正がしやすくなる。

＊文章を交流する際に、すぐに共有することができる。

1　導入（学習の見通しをもつ）

〈前時を振り返り、本時の目標を説明する〉

T：前時は現代を生きる私たちの季節に対する考え方と比較しながら、自分の考えをまとめたり、表現の工夫を学習したりしました。本時は、自分ならではの季節感を表すものを明らかにして、自分流「枕草子」を書いて交流していきます。

＊達成するゴールを明示する。

2　展開

〈季節感を表すものを考える〉

T：まずは、これまでの生活を振り返って、自分ならではの季節感を表すものを挙げていきましょう。

＊「思考の地図」で学習したマッピングなどを活用し、視覚化するとよい。

＊清少納言が「１日の時間帯」という一つの観点から季節を表現していたように、観点を示してもよい。

【観点例】

「食べ物」「行事」「植物」など。

〈季節感を表すものの「どのような様子」かを具体的に考える〉

T：次に、自分が取り上げた季節を表すものの「どのような様子」を趣深く感じているのか、具体的にイメージしていきましょう。

＊前時で学習した、表現の工夫を想起さ

3　終末（学習を振り返る）

〈学習を振り返り、まとめをする〉

T：学習のまとめとして、作品を交流し、気づいた共通点や相違点、自分の作品の工夫点、気に入った表現などを明らかにして。授業の感想をまとめましょう。

効果的な板書例

「枕草子」　清少納言

【学習目標】
○作者のものの見方や考え方と比較して、自分のものの見方や考え方を広げたり深めたりする。
○伝えたいことを明確にし、イメージ豊かに表現する。

【今日のめあて】伝えたいことを明確にし、イメージ豊かに表現する。

自分流「枕草子」を書く手順
①季節感を表すものを考える。
②季節感を表すものの「どのような様子」かを具体的にする。
③四〇〇字程度で自分流「枕草子」を書く。

〈作品を交流して気づいたこと〉
・同じ事柄→具体的な様子が異なる。人によって感じ方の違い―おもしろい。
・「をかし」と「わろし」の対比。その人なりの季節を感じるものの基準。

＊書く際の手順を示しておくと、個人で作業を進めることができるのでよい。スクリーンやモニターを利用すると、各時間も省け、効果的である。

せる。五感を用いた表現、比喩を用いることで、読み手が想像しやすく、生き生きとした文章になることを助言するとよい。
＊「わろし」に注目させ、「をかし」と「わろし」の対比を一つ取り上げさせてもよい。
・春　満開の桜、桜並木、一本だけの桜の大木、風で花びらが舞い散る様子、葉桜は寂しくなるのでよくない。
・夏　花火大会で大きく、華やかな花火を見る、線香花火などの小さな花火を一人でするのもよい
・秋　雲一つない空に輝く満月、満月に雲がかかっているのも風情がある、お団子を食べながら見るのもよい。
・冬　家族で囲むおでん、ふたを開けた瞬間に出てくる白い湯気、湯気でメガネがくもってしまうのはよくない。

〈自分流「枕草子」を書く〉

T：では、「枕草子」の表現の仕方を参考にしながら、自分ならではの季節感を表す文章を400字程度で書きましょう。
＊「趣がある」という意味の意味は現代語「よい」でも、「をかし」でもよいことを伝える。
・満開の桜の並木道を自転車で駆け抜けると、桜のトンネルの中にいるようで気持ちがよい。風が吹き、桜が舞い散っているのもをかし。また、たくさんなくても、公園などの広い場所に、一本だけ咲き誇っている桜の木、周囲から際立つ鮮やかなピンク色はいとをかし。花びらが散り、葉桜になっている桜の木はわろし。

〈自分流「枕草子」を交流する〉

○お互いの作品を読み合い、共感できることや表現のよさを伝え合う。
＊個人の捉え方なので、共感的に捉えさせたい。

Ⅰ　広がる学びへ

情報整理のレッスン　思考の視覚化（1時間扱い）

指導事項：〔知技〕(2)イ
言語活動例：情報整理の方法を使って、これまでに学習した内容を再整理する。

単元の目標

(1)情報と情報との関係の様々な表し方を理解し、使うことができる。

〔知識及び技能〕(2)イ

(2)言葉がもつ価値を認識するとともに、読書を生活に役立て、我が国の言語文化を大切にして、思いや考えを伝え合おうとする。

「学びに向かう力、人間性等」

単元の構想

〈単元で育てたい資質・能力／働かせたい見方・考え方〉

本単元では、様々な情報を図や絵、記号などを用いて図式化することで、情報と情報との関係を整理する方法を理解し、実際に使うことができるようにすることを目指す。

ここでは、教科書に示された四つの情報整理の方法を扱う。これらの方法は、生徒が学校生活の中での様々な場面、例えば教科等の学習において学んだことを整理する際に活用することが期待できる。生徒が教科等でこれまでに学習したことを情報の整理という視点から見直し、授業のノートを再整理する活動を設定することで、情報と情報との関係の表し方を実際に使えるものとしていきたい。

〈教材・題材の特徴〉

本教材では、読んだり話し合ったりする際に様々な情報を整理して理解したり、他の生徒と情報を共有したりするための、思考を視覚化する四つの方法が示されている。

①一定の観点で整理し、分析する。
②階層を整理して課題を選ぶ。
③関係を整理して理解する。
④軸で整理して評価する。

これら一つ一つを知るだけでなく、その方法を実際に使ってみることで、生徒が情報と情報との関係の表し方を理解しつつ、実践に移す力を培う機会としたい。

〈主体的・対話的で深い学びの視点からの授業改善ポイント／言語活動の工夫〉

本単元では、四つの情報整理の方法を実際に使ってみること、その経験を他の生徒と共有することを通して、情報と情報との関係の様々な表し方を体験的に理解し、実際に使えるものとしていくことを目指す。

単元計画

時	学習活動	学習内容	評価
1	1．情報整理の方法を確認する。	◯教科書に掲載された四つの整理の方法を確認する。	
	2．情報の整理を行う。	◯グループで【整理の方法❶〜❹】のうち、一つを分担する。 他教科等も含めた学習の内容から一つを選び、グループで分担する。【整理の方法】を使って、情報を整理する。	❷
	3．情報の整理の仕方について、考えたことをまとめる。	◯他のグループと交流し、情報の整理の仕方について学習したことをまとめる。	❶

評価規準

知識・技能	主体的に学習に取り組む態度
❶情報と情報との関係の様々な表し方を理解し使っている。 (2)イ	❷学習課題に沿って、進んで情報を整理しながら、情報と情報との関係の表し方を使おうとしている。

〈指導と評価の一体化を図る見取りのポイント〉

本単元では、情報と情報との関係の様々な表し方について、これまで教科等で学習した内容を再整理する活動を行う中で、生徒が整理の方法を体験的に理解し、実際に使えるものとして身に付けていくことを目指している。情報と情報との関係を正確に分かりやすく表すことができたかということだけではなく、情報と情報との関係を視覚化しようとする活動を行う中で、整理の仕方について理解を深め、他の場面で使えるようにしていくという態度についての評価を大切にして、生徒の学習の状況を見取っていきたい。

情報整理のレッスン　思考の視覚化

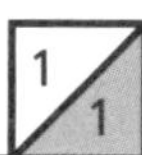

主発問　**情報整理の方法を使うと、今までの学習がどのように整理できますか。**

目標

情報と情報との関係の様々な表し方を理解し、使うことができる。

評価のポイント

❶整理の方法に適した内容を選択し、これまでに学習したことを整理している。　(2)イ

❷整理の方法を使って、これまでに学習したことを進んで整理しようとしている。

準備物　・資料集（他教科の教科書などでもよい）　・フリップ用の画用紙またはホワイトボード

ワークシート・ICT 等の活用や授業づくりのアイデア

○【整理の方法】を使って整理したものを、フリップにまとめて発表資料にする。

＊画用紙やホワイトボードを使って、まとめるのがよい。

＊ICT 端末を活用し、Jamboard やロイロノートなどを活用すると、互いの整理したものを共有したり、協働作業で作成することができる。

1　導入（学習の見通しをもつ）

〈本時の授業展開とゴールの説明〉

T：学級会などの話し合いをしたときに、様々な意見をどのように整理したらよいか分からなくなったり、難しい文章を読んで内容がつかめなくなったりすることはありませんか？　今日の授業では、教科書にある整理の方法を使って、分かりやすく情報を整理できるようにしましょう。

2　展開

〈情報整理の方法を確認する〉

T：教科書を読んで、四つの情報整理の方法を確認しましょう。【整理の方法❶】はどのような特徴がありますか。

・課題や原因などを□で囲んで、その関係を矢印で示しています。

・一つの課題（現状）から二つの原因に分かれています。その原因の解決策と利点・問題点が整理されています。

T：【整理の方法❷】はどうですか。

・最初は、家系図のように見えました。大きなテーマが一番上にあって、それに関係するキーワードが線で結ばれています。

・マッピングと似ています。この方法は、下に行くにつれて、身近な問題になっています。

3　終末（学習を振り返る）

〈情報整理の仕方について考えたことをまとめる〉

T：グループで情報を整理したり、他のグループの整理したものを見たりして、情報の整理の仕方について、考えたことをノートに書きましょう。特に、今後どのように生かしていきたいかを具体的にまとめられるとよいですね。

効果的な板書例

情報整理のレッスン　思考の視覚化

【学習目標】
情報と情報との関係の様々な表し方を理解し、使うことができる。

【今日のめあて】情報整理の方法を使って、今までに学習したことを整理しよう。

【今日の学習の流れ】
①教科書を読んで、【整理の方法】を確認する。
②グループごとに情報の整理を行う。
③情報の整理の仕方について、考えたことをまとめる。

①一定の観点で整理し、分析する

②階層を整理して課題を選ぶ

③関係を整理して理解する

④軸で整理して評価する

○【整理の方法】❸❹についても、特徴や受けた印象などを簡単に確認する。

〈情報の整理を行う〉

T：グループで担当する【整理の方法】を使って、資料集にある情報をフリップに整理してみましょう。見栄えにこだわらなくてもよいですが、他のグループと交流するので、見やすいように書いてください。資料集にある情報だけでは整理しづらいものもあると思います。そのときは、グループで考えたことなどで補っても構いません。

○各グループが一つの整理の方法を担当するように分担する。

○整理する情報が決まらないグループには、いくつか候補を挙げるなどする。それぞれの整理の方法について、次のような整理が考えられる。

❶竹取物語の五人の貴公子の結末
　慣用句の分類
❷日本の食文化、図書館の活用法
❸「アイスプラネット」の人物相関図
❹枕草子（清少納言）の評価

〈互いに整理したものを交流する〉

○グループで整理したフリップをクラス全体で共有する。ICT 端末を活用し、ドライブやロイロノートなどで共有し、手元で見られるようにする。

T：各グループが整理したフリップを見て、思ったことや考えたことをグループで交流しましょう。

・【整理の方法❶】は、一つの出来事や原因から、いろいろなことに枝分かれしていくことを整理する場合によい。

・【整理の方法❹】はゲームのキャラクターの能力などよく見かけるけど、アイデアを比較する時にもよいと分かった。合唱コンクールで歌う曲を決めるときに使えそうだと思った。

Ⅰ　広がる学びへ

多様な方法で情報を集めよう　職業ガイドを作る

（５時間扱い／書くこと）

指導事項：〔知技〕(2)イ　〔思判表〕B(1)ア
言語活動例：職業について調べ、自分の考えをまとめ、職業ガイドを書く。

単元の目標

(1)情報と情報との関係の様々な表し方を理解し使うことができる。　〔知識及び技能〕(2)イ

(2)目的や意図に応じて、多様な方法で集めた材料を整理し、伝えたいことを明確にすることができる。　〔思考力、判断力、表現力等〕B(1)ア

(3)言葉がもつ価値を認識するとともに、読書を生活に役立て、我が国の言語文化を大切にして、思いや考えを伝え合おうとする。　「学びに向かう力、人間性等」

単元の構想

〈単元で育てたい資質・能力／働かせたい見方・考え方〉

自分の考えをまとめ伝えるため、多様な方法で情報を収集し、目的や意図に応じた観点を設け、比較、分類、関係付けなどをしながら、内容を検討していく力を育てたい。また、自分に必要な情報を選択したり、自分の考えをまとめたりする際には、情報と情報との関係を捉えやすくするために、収集した情報を図や記号、表などを用いて視覚化しまとめることが有効であることを学ぶ機会としたい。

〈教材・題材の特徴〉

本教材では、書く題材として、興味のある職業を取り上げている。これから自分の将来を考え進路を選択していく生徒にとって、自分の生き方に関わる必然性のある題材である。また、その職業について、他の生徒に分かりやすく紹介するためには、書籍やインターネットでの検索での情報収集だけでなく、その職業に関わる人にインタビューしたり、アンケートを取ったりして、多様な方法で情報を集めることなども考えられ、複数の情報を分類、整理したりする方法を学ぶことができる教材である。

〈主体的・対話的で深い学びの視点からの授業改善ポイント／言語活動の工夫〉

生徒にとって、職業という題材は、必然性のあるものであるが、職業体験と関連させて年間計画に位置付けたり、授業計画を立てたりするなどの工夫をすることで、より主体的に学習に取り組むことが期待できる。

情報を集めた段階で、収集した情報について交流する場面を設定することで、他の生徒がどのような方法でどのような情報を集めているかを知り、自分の情報収集の方法を見直させたり、情報収

集の方法について理解を深めさせたりすることができると考えた。

単元計画

時	学習活動	学習内容	評価
1	1．目標を確認し、学習の見通しをもつ。 2．調べる職業を決め、情報収集の計画を立てる。	○目標を理解し、職業ガイドを書くための学習活動の見通しをもつ。 ○調べたい職業を決め、知りたい項目や内容を挙げ、知りたい情報に適した調べ方を考え、情報収集の計画を立てる。	❷
2	3．情報を収集する。 4．収集した情報を分類・整理し、交流する。 5．職業ガイドに必要な情報をまとめる。	○計画に沿って、多様な方法で情報を収集する。 ○既習事項を生かして、情報を整理・分類する。 ○どのような方法でどのような情報を集めているかを交流する。 ○目的や相手を意識して、職業ガイドに載せる情報をまとめる。	❶ ❸ ❷
3	6．職業ガイドの紙面構成を考え、下書きをする。	○目的や相手を意識して、紙面構成を考える。 ○紙面構成を基に下書きをする。	
4	7．下書きを推敲する。 8．職業ガイドを清書する。	○下書きを推敲する。 ○清書をし、職業ガイドを完成させる。	
5	9．職業ガイドを読み合い、感想を伝え合う。 10．学習を振り返る。	○グループで職業ガイドを読み合い、まとめ方や情報の活用の仕方でよいと思った点や感想を交流する。 ○学習を振り返り、今後の書く活動に生かしたいことをまとめる。	❸

評価規準

知識・技能	思考・判断・表現	主体的に学習に取り組む態度
❶情報と情報との関係の様々な表し方を理解し使っている。　(2)イ	❷「書くこと」において、目的や意図に応じて、興味のある職業を決め、多様な方法で集めた材料を整理し、伝えたいことを明確にしている。　B(1)ア	❸粘り強く多様な方法で集めた情報を整理し、学習の見通しをもって職業ガイドを作ろうとしている。

〈指導と評価の一体化を図る見取りのポイント〉

職業ガイドを他者に読んでもらうためには、相手がどのような情報を必要としているかということを想定し、正確で客観的な情報を整理してまとめることが大切である。生徒は一つの情報源からの引用で情報収集を終えようとすることが予想される。事前に複数の情報収集の仕方を振り返らせるとともに、情報収集の計画を立てさせたり、収集した情報を交流させたりしながら、粘り強く情報を収集できているかを見取っていく。

多様な方法で情報を集めよう

調べたい職業について知りたいことを挙げ、知りたい情報に適した調べ方を考え、情報収集の計画を立てよう。

目標

目的や意図に応じて、多様な方法で集めた材料を整理し、伝えたいことを明確にすることができる。

評価のポイント

❷調べたい職業を決め、知りたい情報に適した方法を考えて、情報取集の計画を立てている。B(1)ア

準備物 ・教師が作成した職業ガイド例 ・職業を紹介する図書 ・パンフレット ・ガイドブックなど

ワークシート・ICT 等の活用や授業づくりのアイデア

○職業ガイドのイメージをもてるように、教師が作成した職業ガイド例を見せるとよい。

＊職業ガイドは ICT 端末を活用して作成させると、記述や推敲の際に便利なので、教師が作成する職業ガイド例をフォーマットとするとよい。

1 導入（学習の見通しをもつ）

〈単元の学習計画を説明する〉

T：本単元では、みなさんが興味のある職業について、職業ガイドを作成して紹介します。特に、自分が知りたい情報に応じて、多様な方法で収集した情報を整理し、伝えたいことを明確にする力を身に付けられるとよいですね。

2 展開

〈調べたい職業について、知りたい項目や内容を挙げる〉

T：自分が紹介したい職業を決め、読み手を意識して、どのような内容や情報が必要かを挙げましょう。

＊教師が作成した職業ガイド例や教科書の例を参考に考えさせる。

＊生徒が知りたい情報を挙げられるように、机間指導によって支援する。

〈情報収集の方法を振り返る〉

T：今みなさんが挙げている必要な情報をどのように収集していけばよいでしょうか。読み手に正確な情報を伝えるためには、一つの情報源だけでなく、複数の情報にあたることも必要です。これまでの学習などを振り返って情報収集の方法を挙げましょう。

＊座席の近い生徒と一緒に振り返えら

3 終末（学習を振り返る）

〈学習を振り返り、次時の予告をする〉

T：次の時間は、今日まとめた計画に沿って、情報収集をします。事前の準備が必要な人はしておきましょう。

＊学習のつながりを意識させるとよい。

効果的な板書例

多様な方法で情報を集めよう 職業ガイドを作る

【学習目標】
目的や意図に応じて、多様な方法で集めた情報を整理し、伝えたいことを明確にすることができる。

【学習の見通し】
①調べたい職業を決め、情報収集の計画を立てる。
②収集した情報を整理し、必要な情報をまとめる。
③職業ガイドの紙面構成を考え、下書きをする。
④下書きを推敲し、職業ガイドを清書する。
⑤職業ガイドを読み合い、感想を伝え合う。

【今日のめあて】
知りたい情報に適した方法を考えて、情報収集の計画を立てよう。

○ノートまとめ例

・計画は○ ・実際は◎	必要な情報			
	翻訳家の仕事	翻訳家になるには	うれしいこと	
本	◎	◎	◎	
雑誌				
新聞				
パンフレット				
インターネット検索	◎	○	○	
インタビュー		○	◎	

せ、全体で共有する。

＊情報収集の方法が挙がらない場合は、１年教科書 p.60を振り返らせる。

【情報収集の方法】

・図書館
　本、雑誌、新聞、パンフレットなど
・インターネットでの検索
・インタビュー
・アンケート

〈情報収集の計画を立てる〉

T：全体で確認した情報収集の方法を基に、先ほど挙げた、職業ガイドに必要な情報をどのように調べていくかという計画を立てていきます。その際に、計画段階と実際に調べた方法が振り返ったときに分かるように表にまとめましょう。

＊表にまとめるときには、計画では○を記入しておき、実際の収集方法には◎を付けさせるようにして、評価に生かす。

＊表を事前に ICT 端末で作成し、記入させてもよい。

○教師やインタビューを計画している生徒同士で、事前に依頼の練習をする。

T：情報収集でインタビューをしようと考えている人は、p.271を参考に、依頼方法や質問事項などを考えましょう。

○計画を立てたら、ペアで計画を確認する。

T：計画を立て終わったら、ペアで計画を確認し合いましょう。

＊机間指導によって支援する。

○必要に応じて、事前の準備が必要な生徒には、いつ準備するのかを確認する。

多様な方法で情報を集めよう

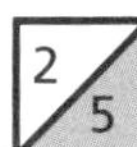

主発問 **多様な方法で集めた材料を整理し、職業ガイドに掲載する情報を明確にしよう。**

目標

目的や意図に応じて、多様な方法で集めた材料を整理し、伝えたいことを明確にすることができる。

評価のポイント

❶収集した情報を表や図にまとめ、整理している。 ⑵イ

❷収集した情報を整理し、目的に合う情報を明確にしている。 B⑴ア

❸粘り強く多様な方法で集めた情報を整理し、学習の見通しをもって職業ガイドを作ろうとしている。

準備物 ・書籍 ・ICT端末

ワークシート・ICT等の活用や授業づくりのアイデア

○学校図書館司書と連携し、複数の資料を準備したり、学校図書館にICT端末を持っていって、授業を行うと、生徒が自分の計画を調整しながら、情報を収集することができる。

○情報を記録する際には、ICT端末を活用してまとめさせると、情報を共有する際に見やすく、時間の短縮ができる。

1 導入（学習の見通しをもつ）

〈前時を振り返り、本時の目標を説明する〉

T：前時は職業ガイドを作るための情報収集の計画を立てました。本時はその計画に沿って情報を収集し、職業ガイドに掲載する情報を明確にしていきましょう。また、収集した情報を見やすく整理することができるとよいですね。

2 展開

〈計画に沿って、情報を収集する〉

T：それでは、自分の計画に沿って、必要な情報を収集しましょう。情報を収集する過程で計画を調整する必要がある場合は、変更してもかまいません。収集した情報は必ず記録しておきましょう。また、情報だけでなく、出典も必ず明記しておきましょう。

○情報を収集し、記録する。

＊項目立てをした情報カードをICT端末で作成したり、ICT端末の付せん機能を使ったりして、情報をまとめさせるとよい。

＊生徒の情報収集の様子を机間指導によって支援する。

＊一つの情報源だけからの引用となっている生徒には、別の資料を調べさせたり、準備しておいた資料を提示したり

3 終末（学習を振り返る）

〈学習を振り返り、次時の予告をする〉

T：次の時間は、今日まとめた情報を基に職業ガイドの下書きをします。本時の振り返りとして、前時に作成した情報収集の計画に実際に行ったことを記入し、情報の収集や伝えたいことを明確にするために大切なことをまとめましょう。

＊学習のつながりを意識させるとよい。

効果的な板書例

多様な方法で情報を集めよう
職業ガイドを作る

【学習目標】
目的や意図に応じて、多様な方法で集めた情報を整理し、伝えたいことを明確にすることができる。

【今日のめあて】
収集した情報を整理し、目的に合う情報を明確にしよう。

【情報収集】
・「知りたいこと」を明確にする。
・複数の情報源にあたる。

【出典の示し方】
・書籍…書籍名、著者名、発行所、発行年、ページ数など
・新聞…新聞の名称、新聞社の名称、発行日
・ウェブサイト…ウェブサイトの名称、アドレス、アクセス日など
・インタビューやアンケート…日付、場所、回答者など

するとよい。

〈情報を整理・分類する〉

T：これまで学習してきたことを生かして情報を整理・分類しましょう。

＊教科書 p.32を参考にし、図や記号、表などを使って整理・分類させる。

〈収集した情報を交流する〉

T：グループになって、どのような方法でどのような情報を収集したかを交流しましょう。交流する際は、自分が職業ガイドの読み手だったとして、知りたい情報があるかどうかを意識して交流し、助言し合いましょう。

＊自分が収集した情報と比較させながら考えさせる。

○交流後に、自分が収集した情報を見直し、必要な情報を収集したり整理し直したりする。

＊情報をうまく整理できている生徒の例を全体で共有すると、情報整理が苦手な生徒も理解しやすくなる。

〈職業ガイドに掲載する情報をまとめる〉

T：目的や読み手を意識して、収集した情報の中から職業ガイドに掲載する情報を取捨選択します。また、「調べたこと」から「考えたことや感じたこと」をまとめ、伝えたいことを明確にしましょう。

＊「調べたこと」と「考えたことや感じたこと」を区別させる。付箋などを活用する場合は、色分けをするなどして、視覚的に捉えやすくしておくとよい。

多様な方法で情報を集めよう

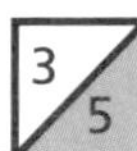

主発問 職業ガイドの紙面構成を考え、下書きをしよう。

目標

伝えたいことが分かりやすく伝わるように、文章の構成や展開を工夫して下書きをすることができる。

評価のポイント

本時は、B(1)イに基づいて指導をするが、単元の評価には含めない。

準備物　・ICT 端末

ワークシート・ICT 等の活用や授業づくりのアイデア

○ ICT 端末を活用して職業ガイドを作成させると、記述や推敲などの際に情報の変更や書き直しがしやすく、情報を共有する際にも時間の短縮ができる。

1 導入（学習の見通しをもつ）

〈前時を振り返り、本時の目標を説明する〉

T：前時までにまとめた情報を基に、本時は読み手に分かりやすい紙面構成を考え、下書きをすることができるとよいですね。紙面はA4、1枚程度で考えていきましょう。

2 展開

〈目的や読み手を意識して紙面構成を考える〉

T：それでは、構成について考えていきましょう。教科書 p.36の職業ガイド例や1時間目に提示した職業ガイド例を基に、構成や順序、分量などについて気付いたことを発表しましょう。

○職業ガイドの紙面構成について、例を参考にペアやグループで考える。

＊複数で考えることで、自分一人で構成を考える際の参考になる。

・詳しく紹介する部分と簡潔に紹介する部分がある。

・図や写真を使って説明しているので、文章だけでは伝わりにくい内容を分かりやすく伝えている。

・見出しがあるので、読み手が内容を捉えやすい。

3 終末（学習を振り返る）

〈学習を振り返り、次時の予告をする〉

T：次の時間は、下書きした職業ガイドを推敲し完成させます。本時の振り返りですが、今日学んだことの中で書くことの授業や日常生活で生かしたいことをまとめましょう。

＊学習のつながりを意識させるとよい。

効果的な板書例

多様な方法で情報を集めよう
職業ガイドを作る

【今日のめあて】 読み手にわかりやすい紙面構成を考えて、下書きを書こう。

【例から気付いたこと】
○詳しく紹介する部分 と 簡潔に紹介している部分
読み手が知らない情報 → 読み手が知っている情報
自分の考えに関する情報

○図や写真を使って説明する
（効果）
文章だけでは伝わりにくい内容をわかりやすく伝える

○見出し
（効果）
内容を端的に示し、読み手が内容を捉えやすい

【引用のルール】
・引用部分は、かぎ（「」）でくくるなどして、自分の文章と区別する。
・正確に抜き出す。
・出典を明記する。

T：どんな部分を詳しく紹介していて、どんな部分を簡潔に説明していますか。

・読み手が知らない情報や自分の考えに関する部分は詳しく紹介して、みんなが知っていることは簡潔に紹介しています。

＊特徴を挙げるだけでなく、その効果などについても考えさせるとよい。

○全体で確認したことに留意して、紙面構成を考える。

〈紙面構成を基に下書きをする〉

T：みんなで気付いたことを意識しながら、紙面構成を基に下書きをします。また、1年生で学習しましたが、情報を引用する際のルールについて振り返っておきましょう。

＊引用のルールは既習事項であるが、振り返らせ定着を図りたい。

・自分の文章と区別する。
・正確に抜き出す。
・出典を明記する。

＊段落を入れ替えたり、すぐに書き直したりできるので、ICT 端末を活用したい。

＊生徒の記述の様子を机間指導しながら、支援する。調べた内容をすべて記述しようとする生徒には、目的や読み手に応じて、どのような情報が必要かを再度考えさせるとよい。また、文章を書くことに苦手意識があり、あまり書きたがらない生徒には、安易にイラストや写真を使用させるのではなく、教師が読み手となって、具体的な質疑をしながら必要な情報に気付かせるとよい。

多様な方法で情報を集めよう

主発問 **読み手の立場に立って下書きを推敲し、職業ガイドを清書しよう。**

目標

読み手の立場に立って、表現の効果などを確かめて、文章を整えることができる。

評価のポイント

本時は、B(1)エに基づいて指導をするが、単元の評価には含めない。

準備物 ・ICT 端末

ワークシート・ICT 等の活用や授業づくりのアイデア

○ ICT 端末を活用して職業ガイドを作成させると、記述や推敲などの際に情報の変更や書き直しがしやすく、情報を共有する際にも時間の短縮ができる。

1 導入（学習の見通しをもつ）

〈前時を振り返り本時の目標を説明する〉

T：本時は、前時に記述した下書きを推敲し、職業ガイドを完成させます。推敲する際には、読み手の立場に立って自分の文章を整えることができるとよいですね。

2 展開

〈下書きを推敲する〉

T：それでは、１年生の推敲の授業で学んだことを振り返りましょう。推敲する際の観点として、どのようなことを確かめていたか、発表しましょう。

・表記や語句の用法

…文字や表記が正しいか、語句の選び方や使い方が適切かなど。

・叙述の仕方

…文や段落の長さ、段落の順序、語順など。

T：表記や語句の用法、叙述の仕方に加えて、２年生では、表現の効果などを確かめます。具体的には、説明や具体例、描写などが自分の考えを伝えるために十分であるか、また、どのような効果を読み手に与えているかを検討してよりよい表現にすることが大切で

3 終末（学習を振り返る）

〈学習を振り返り、次時の予告をする〉

T：次の時間は、完成した職業ガイドをグループで読み合い、まとめ方や情報活用の方法でよいと思った点や感想を交流します。本時の振り返りは、推敲の過程で試行錯誤したことをまとめましょう。

＊学習のつながりを意識させるとよい。

効果的な板書例

多様な方法で情報を集めよう　職業ガイドを作る

【今日のめあて】読み手の立場に立って、表現の効果などを確かめて、職業ガイドを完成させよう。

【推敲の観点】
・表記や語句の用法…文字や表記が正しいか、語句の選び方や使い方が適切かなど
・叙述の仕方…文や段落の長さ、段落の順序、語順など
＋
・表現の効果などを確かめる
↓
○説明や具体例、描写などが自分の考えを伝えるために十分か。
○どのような効果を読み手に与えているか。

職業ガイドでは、
・見出しの付け方
・簡潔な紹介、詳しい紹介
・図表や写真など
・調べたことと考えたことの書き分け
など

す。

T：今回の職業ガイドでは、皆さんはどんな表現の工夫をしていますか。前時を振り返って発表してください。

・見出し。
・簡潔な紹介と詳しい紹介。
・図表や写真。
・調べたことと考えたことの書き分け。

T：そうですね。例えば、見出しは内容と一致していますか。図表や写真は文だけでは伝わりにくい内容を補うものとなっていますか。調べたことと自分の考えが混在していませんか。そのようなことを、読み手の立場に立って、読み返しましょう。また、自分で読み返してみて、変更した部分や検討したけれど変更しなかった部分について、その理由を残しておきましょう。

＊推敲の観点を示し、推敲させるようにする。

○自分の文章を読み返し、推敲する。

＊ICT 端末のコメント機能を用いたり文字色を変えたりして、推敲の過程がわかるようにし、保存しておくと、これからの「書くこと」の授業で活用できるのでよい。

T：グループになって、自分の推敲の様子を伝え合いましょう。まだ修正するかどうかを迷っている人がいたら、グループの仲間の意見を聞いてみて、自分の参考になるものを取り入れていきましょう。

＊今回は、表現の意図を明確にさせたかったので、個人の活動を設定した。最初からペア活動やグループ活動を取り入れることも考えられる。

〈下書きを修正して職業ガイドを完成させる〉

T：では、職業ガイドを完成させましょう。職業ガイドのデータファイルは、推敲の過程のファイルと完成したファイルの二つを提出します。間違えないように保存しましょう。

多様な方法で情報を集めよう

主発問 職業ガイドを読み合い、よいと思った点や感想を交流しよう。

目標

職業ガイドのまとめ方や情報の活用の仕方でよいと思った点や感想を伝え合うことができる。

評価のポイント

❸職業ガイドを読み合い、よいと思った点や感想などを伝え合おうとしている。

準備物　・ICT 端末

ワークシート・ICT 等の活用や授業づくりのアイデア

○ ICT 端末を活用して職業ガイドを作成させると、職業ガイドを共有する際にも時間の短縮ができる。また、よい点や感想を伝え合う際も、共同編集機能やコメント機能、付箋機能を用いることで効率よく交流することができる。

1 導入（学習の見通しをもつ）

〈前時を振り返り、本時の目標を説明する〉

T：本時は、完成した職業ガイドをグループで読み合い、職業ガイドのまとめ方や情報の活用の仕方でよいと思った点や感想を交流します。仲間からの助言を踏まえ、自分の職業ガイドのよい点や改善点に気付くことができるとよいですね。

2 展開

〈職業ガイドを読み合う〉

T：本単元では、特に「目的や意図に応じて情報を整理し、伝えたいことを明確にまとめること」と「情報の活用のしかた」を身に付けるため、職業ガイドを作成しました。そのことを意識して友達の職業ガイドを読みます。また、書き手の考え方や捉え方についての感想も伝え合いましょう。

①目的や意図に応じたまとめ方や情報の活用の仕方

例）見出し、順序、簡潔な紹介と詳しい紹介、調べたことと考えたことの書き分け、情報源の多様さ、図表の活用のしかたなど

②書き手の考え方や捉え方についての感想

例）初めて知ったこと、驚いたこと、

3 終末（学習を振り返る）

〈単元学習の振り返り〉

T：グループでの読み合いや感想の交流を通して考えたことを基に、学習を振り返りましょう。また、学んだことを今後の書く活動にどのように生かしていきたいかをまとめましょう。

＊学習のつながりを意識させるとよい。

効果的な板書例

多様な方法で情報を集めよう　職業ガイドを作る

【今日のめあて】職業ガイドのまとめ方や情報の活用のしかたでよいと思った点や感想を伝えよう。

【交流の観点】

①目的や意図に応じたまとめ方や情報の活用のしかた
　例　見出し、順序、簡潔な紹介と詳しい紹介、調べたことと考えたことの書き分け、情報源の多様さ、図表の活用の仕方など

②書き手の考え方や捉え方についての感想
　例　驚いたことや魅力的だと感じたことなど

【コメントを書くときは】

よいと思った部分を具体的に挙げ、その効果や理由を書くこと

魅力的だと感じたことなど

T：コメントには、よいと思った部分を具体的に挙げ、その効果や理由を書きましょう。後で、グループで交流する時間はしっかりととるので、友達の職業ガイドを読んだり、コメントを書いたりするときは、友達と話さないようにしましょう。

＊これまでの授業を振り返り、観点を明確にすることで、同じ観点で他の生徒の職業ガイドを捉えることができ、交流が深まるようにしたい。

○ICT 端末上で、グループの友達の職業ガイドを読み、コメントを記入する。

＊コメントを書いている生徒を机間指導によって支援する。

T：コメントが終わったようですね。それでは、友達の助言を読みましょう。みんなのコメントを読んだ後に、グループで話す時間をとるので、そのときまで話さないようにしましょう。

＊コメントを読んでいる生徒を机間指導によって支援する。

〈グループで交流する〉

T：コメントを読み終えたようですね。最初にコメントを受けての感想を伝えて、お互いに交流を始めましょう。司会者はグループのみんなが発言できるように進行をお願いします。

・私は勤務時間の様子だけを取り上げていたのだけれど、１日の時間の使い方を紹介している人がいて、確かにどれくらいの自由時間があるのか読みたくなった。このような読み手を意識して情報を集めたい。

・誰もが知っている職業だったけれど、いろいろな情報源にあたることで、自分も知らなかった情報を得ることができた。これからも複数の情報源に触れていくことが大切だと思った。

1 広がる学びへ

漢字1　熟語の構成／漢字に親しもう1（1時間扱い）

指導事項〔知技〕(1)ウ
言語活動例：四字熟語を使って、日常生活の様子を伝える短文を書く。

単元の目標

(1)第1学年までに学習した常用漢字に加え、その他の常用漢字のうち350字程度から450字程度までの漢字を読むことができる。また、学年別漢字配当表に示されている漢字を書き、文や文章の中で使うことができる。〔知識及び技能〕(1)ウ

(2)言葉がもつ価値を認識するとともに、読書を生活に役立て、我が国の言語文化を大切にして、思いや考えを伝え合おうとする。「学びに向かう力、人間性等」

単元の構想

〈単元で育てたい資質・能力／働かせたい見方・考え方〉

本単元では、熟語の成り立ちの類型を理解することを通して、漢字および漢語の造語力の強さに気付かせるとともに、熟語の構成を考えることで漢字そのものについての興味を深め、漢字学習全般への関心を高めさせたい。また、第1学年までに学習した常用漢字に加え、その他の常用漢字のうち一定数の漢字を読んだり、学年別漢字配当表に示されている漢字を書いたりして、文や文章の中で使うことができる力を育てていきたい。

〈教材・題材の特徴〉

生徒たちは、具体的な熟語と合わせて教材文を読むことで、二字熟語・三字熟語・四字以上の熟語それぞれの主な構成についての知識を習得していくだろう。その上で、練習問題に取り組むことを通して、熟語の構成への理解を深められる教材である。二字熟語の主な構成で文法の学習との関連を図ったり、三字熟語の主な構成で接頭語・接尾語について確認したりすることで、言葉への関心を喚起することができる。また、四字熟語は古典学習と関連付けることもできるだろう。

〈主体的・対話的で深い学びの視点からの授業改善ポイント／言語活動の工夫〉

既習内容や既有の知識と関連させながら熟語の構成について理解し、練習問題に取り組んで漢字を読んだり書いたりする力を高めて、日常生活の中で使えるようにしたい。そこで、二字熟語の主な構成を確認する際には、教材文に示されている熟語以外のものをグループで挙げる活動を位置付けた。また、練習問題に取り組む際には、辞書を活用することや仲間と相談することを認めて、グループや学級全体で楽しみながら学習に取り組むことができるようにした。単元の終末には、四字熟語の中で、知っているもの・好きなものを使って短文を書く活動に取り組み、日常生活につなげていく意識をもたせようと考えた。

単元計画

時	学習活動	学習内容	評価
1	1．教材文を読み、熟語の構成を確認する。 2．練習問題に取り組む。 3．四字熟語を使って短文を書く。	○具体的な熟語と照らしながら、教材文を読む。 ○二字熟語の主な構成では、教材文に示されている熟語以外のものをグループで挙げる。 ○辞書を活用したり他の生徒と相談したりしながら、練習問題に取り組む。 ○知っている四字熟語や好きな四字熟語を使って、日常生活の様子を伝える短文を書いて交流する。	❶ ❷

評価規準

知識・技能	主体的に学習に取り組む態度
❶熟語の構成を意識しながら、第１学年までに学習した常用漢字に加え、その他の常用漢字のうち一定数の漢字を読んでいる。また、学年別漢字配当表に示されている漢字を書き、文や文章の中で使っている。 (1)ウ	❷学習課題に沿って、積極的に漢字を読んだり書いたりしようとしている。

〈指導と評価の一体化を図る見取りのポイント〉

教材文を用いて理解した熟語の構成について、練習問題への取り組みの様子から知識が定着しているかを適切に評価することが大切である。また、漢字や熟語は、読んだり書いたりすることはできていても、意味や用例の理解が十分でないと文や文章で適切に使うことはできにくい。四字熟語を使って短文を書く際には、意味の通る文、適切な使い方の文になっているかを教師が見取って評価するとともに生徒自身が自己評価・相互評価する力も身に付けさせたい。

熟語の構成／漢字に親しもう 1

二字熟語、三字熟語、四字以上の熟語はどのように漢字が組み合わさってできているのでしょう。

目標

熟語の構成を意識しながら漢字を読んだり書いたりして、四字熟語を用いて日常生活の様子を伝える短文を書くことができる。

評価のポイント

❶練習問題に取り組んで、熟語の構成を意識しながら漢字を読んだり書いたりしている。　(1)ウ

❷日常生活の様子を伝えるために、適切な四字熟語を用いようとしている。

準備物　・ワークシート⬇01　・ホワイトボード　・ICT 端末

ワークシート・ICT 等の活用や授業づくりのアイデア

○グループで二字熟語を挙げる際には、協働的な学びが展開できるように、ホワイトボードを用意する。

○好きな四字熟語を挙げる際には、Jamboard で共有する。

○日常生活の様子を伝える短文を書く際には、即時的に交流できるように、Classroom のコメント機能を活用する。

1　導入（学習の見通しをもつ）

〈本時の言語活動を知る〉

T：漢字は一字一字が意味をもつ表意文字です。組み合わせることでいろいろな意味の語ができ、二字以上の漢字の組み合わせでできた語を熟語と言います。今回は、熟語の構成を確認して練習問題を解き、四字熟語を使って短い文を書いて交流しましょう。

2　展開

〈教材文を読む〉

T：熟語の構成のイメージをもちましょう。それぞれのイラストの様子を表す「強大」「強弱」「強敵」という熟語で考えます。「強」と「大」、「強」と「弱」、「強」と「敵」はどんな関係・つながりがあると言えるでしょうか。

○デジタル教科書を用いて、イラストをスクリーン等に示す。

・似た意味の言葉です。

・対になる漢字を重ねています。

・「強」がどんな「敵」かを表しています。

〈熟語の構成を確認する〉

T：教科書に二字熟語、三字熟語、四字以上の熟語の主な構成がまとめられています。教科書を見ながら、ワークシートの空欄に言葉を入れて、熟語の

3　終末（学習を振り返る）

〈四字熟語を使って短文を書く〉

T：四字熟語を使って日常生活の様子を伝える短い文を書きましょう。種類や数は問いません。Classroom のコメント欄に書き込みましょう。

・Classroom で交流する。

T：熟語の構成を意識して、普段から使えるようにしていきましょう。

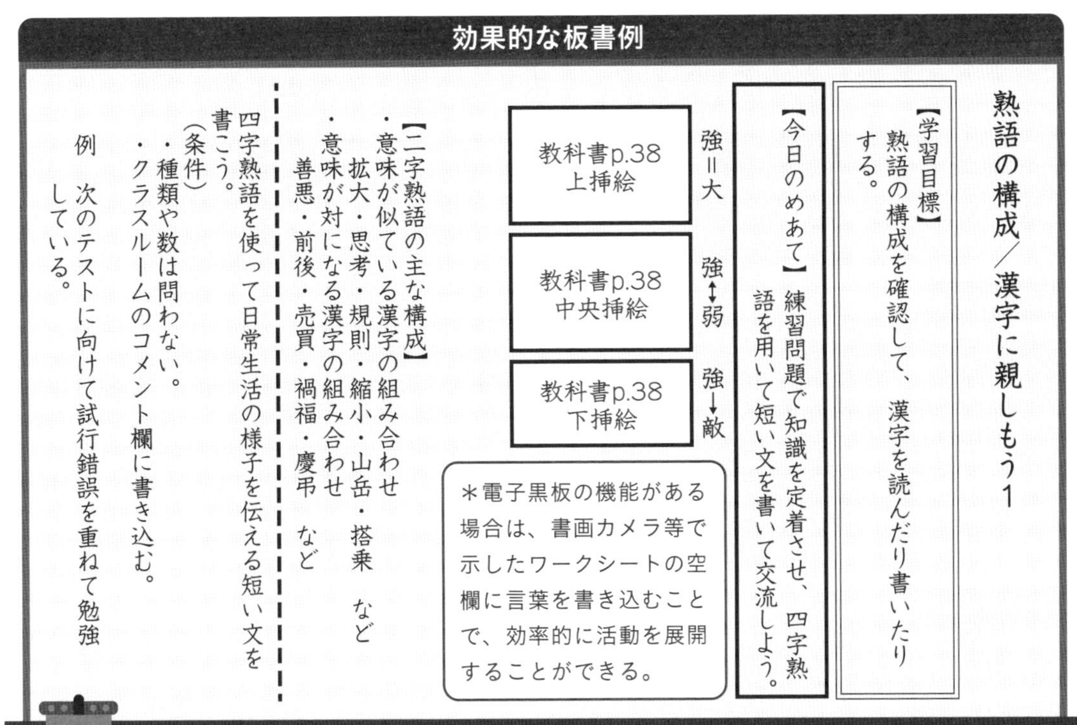

構成を確認しましょう。

○ワークシートを配付する。

○書画カメラ等を活用して、ワークシートをスクリーン等に示す。

〈二字熟語を挙げる〉

T：二字熟語の主な構成をより身近に感じられるように、教科書に示されたもの以外の熟語をグループで考えて、ホワイトボードに書き出しましょう。各自で考えやすい構成に絞ってもよいです。辞書やICT端末を利用してもよいです。

○ホワイトボードを配付する。

＊グループごとに考える熟語の構成を指定したり、熟語の数を各三つ以上と条件を出したりして、協働的な学びが展開されるようにする。

・全体で確認・共有する。

〈練習問題に取り組む〉

T：教科書の練習問題に取り組みましょう。辞書やICT端末を利用してよいです。友達と相談してもよいです。

○デジタル教科書を用いて、練習問題をスクリーン等に示す。

・答えを確認する。

〈四字熟語を挙げる〉

T：練習問題❸にあるように、四字熟語の中には古くから言いならわされてきたものが多くあり、目にしたり耳にしたりすることが多いです。好きな四字熟語を一つ挙げて、ICT端末からJamboardに書き込みましょう。

○ Jamboardの画面をスクリーン等に示す。

＊ ICT端末が利用できない場合は、付せん紙に書いて模造紙に貼り付ける。

＊挙げられた四字熟語の意味を確認したり、その四字熟語が好きな理由を問いかけたりして、四字熟語に親しめるようにする。

＊カウントしてランキングを付けるのもよい。

2　多様な視点から

クマゼミ増加の原因を探る（4時間扱い／読むこと）

指導事項：〔知技〕(1)オ　〔思判表〕C(1)ア、ウ
言語活動例：報告文を読み、理解したことや考えたことを説明したり文章にまとめたりする。

単元の目標

(1)文章の構成や展開について、理解を深めることができる。　〔知識及び技能〕(1)オ
(2)文章全体と部分の関係や、文章と図表の関係に注意して読むことができる。
〔思考力、判断力、表現力等〕C(1)ア、ウ
(3)言葉がもつ価値を認識するとともに、読書を生活に役立て、我が国の言語文化を大切にして、思いや考えを伝え合おうとする。　「学びに向かう力、人間性等」

単元の構想

〈単元で育てたい資質・能力／働かせたい見方・考え方〉

本文が内容から六つの部分に分かれていることを理解し、六つの部分がどのような関係になっているかを考えることを通して、構成や展開に着目して文章を構造的に捉える読み方を学ぶ機会としたい。そして、結論と仮説との関係を捉え、図表やグラフと文章を関連付けながら内容を正確に読み取り、図表やグラフの効果について考える力を育成したい。

〈教材・題材の特徴〉

本教材は、筆者の6年間の調査結果を文章にまとめたものである。本文は、研究のきっかけ、前提、筆者が立てた三つの仮説と行った調査・検証、まとめの六つの部分に分かれて書かれており、それぞれの部分の関係を捉えることで筆者の調査過程に沿って文章を論理的に読む方法を学ぶことのできる教材である。また、図表やグラフと対応する文章を関連付けて読むことで内容を正確に読むことにつながり、図表やグラフの効果についても学ぶことができる。

〈主体的・対話的で深い学びの視点からの授業改善ポイント／言語活動の工夫〉

文章の構成や展開、仮説と結論との関係、文章と図表との関連について、視覚的に分かりやすく図化したり他の生徒に説明したりすることを通して理解を深めていきたい。そこで、文章の構成については囲みや矢印を用いて視覚的に分かりやすくまとめる。そうすることで文章の構成を理解するだけでなく、検証過程で否定された仮説に気付くなど仮説と結論の関係について理解を深めることにつなげたい。また、仮説1～3をグループの中で役割分担し、図表やグラフの着目する箇所に直接書き込み（丸で囲む、強調するなど）、書かれている文章と図表やグラフとを関連付けて自分が担当する箇所の内容を考える。個人で考えた後、同じ仮説を担当する人と交流し、元のグループに戻り説明することで文章と図表との関連について理解を深めていく。図化したり、他の生徒に説明したりすることで、自分の考えを整理して理解を深めることにつなげていきたい。

単元計画

時	学習活動	学習内容	評価
1	1．学習の見通しをもって、文章を通読する。 2．文章を小見出しで六つに分け、「研究のきっかけ」の部分の内容を理解する。	○内容のまとまりを意識し、文章の構成を考えながら読む。 ○小見出しに注目して文章が六つのまとまりからなることを理解し、最初の部分から「研究のきっかけ」について図１と関連付けて理解する。	❸
2	3．全体の構成図を作る。 4．図表やグラフと文章を関連付けて内容を読み取る。	○六つの部分の関係を図化しまとめる。 ○仮説１～３をグループで分担し、図表やグラフに着目する箇所を書き込み、内容を解釈する。	❶
3	5．交流をし、理解を深める。 6．自分の考えを説明する。	○同じ仮説の担当同士で交流し、理解を深める。 ○担当する仮説について着目する箇所を明確にして説明する。	❸ ❹
4	7．次の①②のどちらか一つを選び考える。 ①否定された「仮説１」を文章に入れた理由 ②「仮説１～３」をこの順番で並べた理由 8．学習を振り返る。	○「仮説１～３」について読み取った内容を基に２時で作成した構成図に「仮説」と「まとめ」の関係について説明を書き加える。 ○構成図や読み取った仮説の内容を基に①②のどちらか一つを選び考える。 ○単元の目標について学習を振り返る。	❷

評価規準

知識・技能	思考・判断・表現	主体的に学習に取り組む態度
❶文章の構成や展開について理解を深めている。 (1)オ	❷「読むこと」において、文章全体と部分との関係に注意しながら、主張と例示との関係などを捉えている。 C(1)ア ❸「読むこと」において、文章と図表などを結び付け、その関係を踏まえて内容を解釈している。 C(1)ウ	❹進んで文章と図表などを結び付け、その関係を踏まえて内容を解釈し、学習の見通しをもって自分が考えたことを説明しようとしている。

〈指導と評価の一体化を図る見取りのポイント〉

図表との関係を踏まえて文章の内容を解釈するためには、図表の中で着目する箇所を明らかにして、文章の内容と結び付けることが大切である。そのために、図表の着目する箇所に印を付けさせ、その箇所を踏まえて文章の内容を説明できているかを見取る。また構成について理解を深めることについては、各部分の関係に着目して作成した文章の構成図に説明を書き加え、否定された仮説を入れた理由や仮説が本文の順番通りに並べられた理由について自分の考えをワークシートに記述させる。その記述に「構成」について批評的に考えていることが表れているかに注目し見取る。

クマゼミ増加の原因を探る

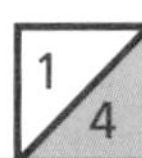

主発問 **本文はいくつの部分から成り立っていますか。また、一つ目の部分にはどのような内容が書かれていますか。**

目標

本文の文章構成を大まかに捉え、一つ目の小見出しに書かれている文章全体に関わる問題提起と大きな仮説を捉えることができる。

評価のポイント

❸図１と結び付けて、第３段落の内容を捉えることができる。　C(1)ウ

準備物　・ワークシート（一つ目の小見出しの内容をまとめるなど）

ワークシート・ICT 等の活用や授業づくりのアイデア

○小見出し同士の関係を図示させて大まかな構成を捉えたり、ワークシートに図を印刷し着目するところに印を付けたりさせて理解したことを視覚的にまとめられるようにする。

＊生徒が考えたことを実物投影機でスクリーンに映すなどして全体共有すると、工夫してまとめたことが見ている方も分かりやすい。

1　導入（学習の見通しをもつ）

〈４回の授業展開とゴールを説明〉

T：報告文の読み方を学びます。この文章は筆者が６年間行った調査結果をまとめたものです。筆者がどのような仮説を立て、調査・検証をし、結果をまとめていったのか、図表と関連付けて理解していきましょう。最後には、図表やグラフの効果についても考えられるとよいですね。

2　展開

〈文章を通読する〉

T：文章を朗読した CD を流します。内容のまとまりを意識し、文章の構成を考えながら教科書を読みましょう。読めなかったり、意味が分からなかったりする言葉については線を引き、後で調べましょう。

＊教師は机間指導をしながら、生徒がどのような漢字が読めず、どのような言葉の意味が分からないかを確認する。多くの生徒が読めなかったり分からなかったりする言葉や新出語句については、生徒が文章を読み終わったら解説する。

＊文章を読んで分かったことや疑問に思ったことなどを書かせてもよい。次時の内容理解につなげることができる。

〈文章が小見出しにより六つに分かれて

3　終末（学習を振り返る）

〈第４段落の内容の確認と次時の予告〉

T：どこに問題提起と大きな仮説が書かれていましたか。隣の人と話し合いましょう。

○隣の人と話し合う。

○生徒を指名して発表させる。

T：次回は学習班で分担し、仮説１〜３の内容を図表と関連させながら理解していきます。

効果的な板書例

「クマゼミ増加の原因を探る」　沼田英治

【学習目標】
仮説とまとめの関係に着目して文章の内容を理解するとともに図表やグラフの効果を理解する。

【今日のめあて】文章の構成を大まかに捉え、一つ目の小見出しの内容を理解しよう。

【学習の見通し】
①文章の大まかな構成を捉え、一つ目の小見出しを理解する。
②全体の構成図を作り、自分が分担する仮説の内容を理解する。
③班でそれぞれの仮説を説明する。
④文章の構成の意図について考える。

◎本文の内容に沿って分けてみよう。
○本文はいくつの部分に分かれているだろう。

六つ＝小見出し
→「研究のきっかけ」「前提」「仮説1」「仮説2」「仮説3」「まとめ」

＊どの小見出しにも図や表がある！

◎「研究のきっかけ」の内容を理解しよう。
○図1は何を説明しているのだろう。

大阪市内…クマゼミが圧倒的に多い。
アブラゼミは二割以下でニイニイゼミやツクツクボウシはいない。
市外（緑地・公園）…アブラゼミが（クマゼミより）多い。
市外（山の上）…多様な種類のセミが生息している。
→第三段落

＊図を黒板に拡大して貼ったり、スクリーンに映したりして、着目する部分を生徒に指摘させて、全体で確認する。

いることを確認し、図表に着目させる〉

T：文章構成について考えていきます。この文章はいくつの部分に分かれるでしょう。隣の人と話し合ってください。

＊小見出しによって六つの部分に分かれていることを確認する。

T：この文章は小見出しによって六つの部分に分かれています。どの小見出しにも図や表がありますね。図や表は何のためにあると思いますか。

＊「六つの小見出しに共通していることは何でしょう」などと問いかけ、どの小見出しにも図表があることを生徒に気付かせてもよい。

＊図表に着目させ、その意義について最初に考えさせることで、次時以降の学習につなげる。

〈「研究のきっかけ」の内容を理解する〉

T：それでは、一つ目の小見出し「研究のきっかけ」の内容を理解していきます。「研究のきっかけ」の小見出しにはグラフ（図1）が用いられています。この図1は何を説明するためのものでしょう。また、図のどこに着目すればその説明が理解しやすくなるでしょう。図に印を付けましょう。

＊図1は第3段落の内容を説明していることに気付かせる。

＊説明がなかなか書けない生徒には、本文から抜き出させるとよい。

＊ワークシートに図1を印刷し、印が付けられるようにする。

T：「研究のきっかけ」には文章全体の問題提起と大きな仮説が書かれています。問題提起と大きな仮説をワークシートに書きましょう。

○ワークシートに問題提起と大きな仮説を書く。

＊第4段落で書かれていることに気付かせる。
問題提起…大阪市内でクマゼミの占める割合が高くなったのはなぜか。
大きな仮説…ヒートアイランド現象による環境変化がクマゼミ増加につながった。

クマゼミ増加の原因を探る

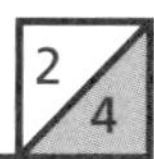

本文の構成を図で表すとどのようになるでしょう。また、仮説を解釈するには図表やグラフのどの部分に着目したらよいでしょう。

目標

全体の構成図を作成し、自分が担当する仮説の内容を図表やグラフと関連付けて解釈することができる。

評価のポイント

❶六つの小見出しの内容に着目しながら、文章の構成図を作っている。 (1)オ

準備物 ・ワークシート（構成図を書くなど）

ワークシート・ICT 等の活用や授業づくりのアイデア

○三つの仮説をグループで分担することで、仮説を解釈することを自分事として捉えさせ、深い理解につなげる。

＊ ICT 端末を活用して、自分が担当する仮説のスライドを作成し、視覚的に分かりやすくまとめることも考えられる。

1 導入（学習の見通しをもつ）

〈前時を振り返り、今日の目標を確認する〉

T：前回は大まかな文章構成を捉え、「研究のきっかけ」に書かれている「問題提起」と「大きな仮説」について理解しました。今日は見出しに着目しながら構成図を作り、三つの仮説をグループで分担し図表やグラフと関連付けて捉えていきます。

2 展開

〈文章の構成図を作る〉

T：囲みや矢印を使って文章の構成図を作ります。それぞれの小見出しの内容や小見出し同士の関係に注意しながら構成図を作っていきましょう。

○囲みや矢印を用いて構成図を作る。

＊それぞれの小見出しの関係性を矢印で表しながら構成図を作らせる。

＊「仮説 1」「仮説 2」「仮説 3」はこの順番通りに調査・検証を行っているので「仮説 1」→「仮説 2」→「仮説 3」などのように順番が分かるように関係付けさせるようにする。

＊「仮説 1」は否定されていることに気付かせる。

＊仮説の順序や「仮説 1」が否定されていることが示されている構成図を全体で共有し、説明させると他の生徒の

3 終末（学習を振り返る）

〈今日の振り返りと次時の予告〉

T：今日は文章の構成図を作り、担当する仮説の内容を図表やグラフと関連付けて解釈しました。次回は解釈したことをフリップにまとめて、班員に説明します。どのような内容が書かれているか、図表やグラフのどこに着目すればそのことが理解できるかを考えておくとよいですね。

効果的な板書例

「クマゼミ増加の原因を探る」 沼田英治

【今日のめあて】文章の構成図を作り、仮説の内容を図表やグラフと関連付けて解釈しよう。

◎文章の構成図を作ろう。

【考えるポイント】

★それぞれの小見出しの関係に注目する。

→囲みと矢印で関係を示そう。

○「研究のきっかけ」とその後の文章（小見出し）の関係

○「前提」と「仮説（1～3）」の関係

○「仮説（1～3）」同士の関係

○「仮説（1～3）」と「まとめ」の関係

◎仮説を分担し、図表やグラフと関連付けながら内容を捉えよう。

【考えるポイント】

○小見出しの「キーセンテンス」を見つけてまとめる。

○「前提」との関係や「まとめ」とどのような関係があるか、考える。

○文章の内容を捉える → 図表やグラフに印を付けるという流れが考えやすい。

○図表やグラフ

→教科書P.263 P.50「学習の窓」

＊構成図については生徒が作ったものをスクリーンに映し、どこがよいのかをクラスで共有すると効果的である。またデジタル化して共有フォルダに保存して様々な表れを見ることも学びの深まりに効果的である。

学びにも効果的である。

＊作った構成図は写真などで撮り、共有フォルダに保存し、多くの生徒が参考にできるようにしておくとよい。また、構成図自体を ICT 機器を活用して作成することも考えられる。

〈三つの課題を学習班一人ずつに割り当て、図表やグラフと関連付けながら内容を捉える〉

T：仮説の内容を解釈します。三つの仮説を学習班（四人）で役割分担し、他の班員に説明します。図表やグラフと関連付けて解釈し、説明するときには着目する箇所を明確にして分かりやすいように説明してください。今日は個人で考えます。

○三つの仮説の役割分担をし、図表やグラフと関連付けて内容を解釈する。

＊四人班であれば一つの仮説は二人で分担することになる。自分たちの学びが深められるように生徒たち自身で役割分担させたい。

＊自分が担当する「仮説」の内容を「前提」や「まとめ」の小見出しの内容と関連付けながら解釈させる。

＊文章の記述から内容を捉える→図表やグラフに着目する、という流れで考えると理解しやすい。

＊表やグラフのどの部分に着目すれば理解できるのか印を付けて示させる。

＊表やグラフの着目する箇所に印を付けさせるとその生徒の理解度が把握できる。仮説を裏付ける根拠が図表やグラフであるから着目する箇所をきちんと指摘できていなければ本当に理解しているとは言えない。生徒が図表やグラフのどのような箇所に着目して解釈しているかを机間指導をしながら支援していくとよい。

クマゼミ増加の原因を探る

図表やグラフのどこを指摘して仮説の内容を説明すれば分かりやすい説明ができるでしょう。

目標

自分が担当する仮説の内容を図表やグラフと関連付けて説明することができる。

評価のポイント

❸図表やグラフの着目する箇所を明確にして、自分が担当する仮説の内容を説明している。　C(I)ウ

❹交流を通して学びが深まったことを色ペンでワークシートに書き加えようとしている。

準備物　・説明するときに使用する図表やグラフを拡大して印刷したフリップ用の厚紙

ワークシート・ICT 等の活用や授業づくりのアイデア

○同じ仮説を分担した人同士で理解を深め、説明することをフリップにまとめて班員に説明する。

＊ ICT 端末を活用して、プレゼンテーションソフトを用いて 1 枚のスライドにまとめ、発表することも考えられる。その際は図表やグラフの画像ファイルを共有フォルダに入れておき、生徒が使えるようにしておく。

1　導入（学習の見通しをもつ）

〈前時を振り返り、今日の目標を確認する〉

T：前回は自分が担当する仮説の内容をワークシートにまとめました。今日は同じ役割の人同士で交流して理解を深め、発表用のフリップを作ります。疑問点や理解が足りていないところは交流で解決しましょう。その後、学習班に戻り、フリップを使って他の班員に説明します。

2　展開

〈同じ仮説を担当した人と交流し、発表用のフリップを作る〉

T：同じ仮説を担当した人同士で交流し、発表用のフリップを作ります。フリップには図表やグラフの着目する箇所に印を付けるなどはっきりと示し、担当する仮説に書かれている内容を分かりやすくまとめてください。

○同じ仮説を担当した人同士で交流し、説明用のフリップを作る。

＊同じ仮説を二人で担当している場合は役割を決めておく。

＊グループは人数が均等になるように生徒の状況に合わせて組む。

＊疑問点や分からない点は交流の時に解決するように促す。

＊フリップは説明するためのものであり、内容をまとめる際は簡潔にまとめ

3　終末（学習を振り返る）

〈今日の振り返りと次時の予告〉

T：担当した仮説の内容を図表やグラフと関連付けて分かりやすく説明できましたか。次回は「仮説」と「まとめ」の関係について考えます。

＊時間があれば机の上に自分の班のフリップを並べ、見て回ってもよい。または、代表の班に発表させてもよい。

効果的な板書例

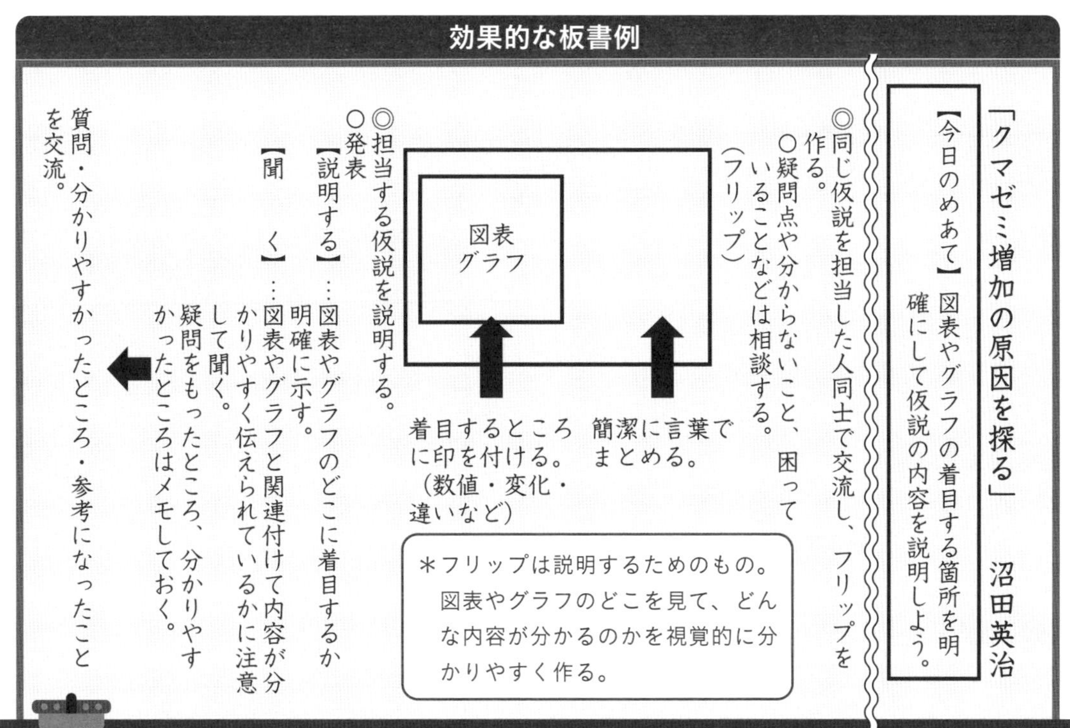

るように促す。

＊フリップ用の用紙にはあらかじめ図表やグラフを印刷しておき、生徒が書き込めるようにしておく。

＊教師は図表やグラフの適切な箇所に着目しているかについて机間指導しながら、支援する。間違っている場合は直接指導するのではなく、周りにいる同じ仮説を担当した生徒に「この表し方はどうかな」と問いかけたり、周りの人が作っているものを見てみるように促したりして生徒同士で解決させたい。

〈学習班に戻って説明する〉

T：それでは、フリップを用いて一人ずつ説明してください。全員が説明し終えたら、疑問点などを質問し、分かりやすかったところを交流してください。

○仮説１から説明をしていき、説明が終わったら説明の仕方について質問や意見を交流する。

＊一つの仮説を二人で担当している場合は二人で説明する。

＊図表やグラフと関連付けて仮説の内容を説明できているかに注目して説明を聞くように促す。

＊説明が分かりやすかったところや説明の仕方で参考になったことなども交流させる。

・囲みの範囲が広すぎてどこに違いがあるの分からなかったのですが、図表やグラフから違いが分かる箇所について補足してくれますか。

・着目するところを目立つように囲み、その差を矢印で示していて仮説を説明していたので、とても分かりやすかったです。

＊ ICT 端末を活用してスライドを作成して説明した場合、三つの仮説のスライドを一つのファイルに統合しておくと文章の仮説を説明したスライドがまとまり、文章の内容を理解するのにも役立つ。

＊理解したことを相手に説明することで、文章の理解を深めることが期待できる。また、分かりやすく相手に説明する力の向上も期待できる。

クマゼミ増加の原因を探る

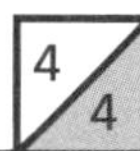

主発問 筆者が否定された仮説を文章に入れたのはなぜでしょう。／仮説を1～3の順番で並べたのはなぜでしょう。

目標

「まとめ」と「仮説」の関係に注意しながら、筆者が否定された仮説を入れた理由や仮説を1～3の順番で並べた理由について考えをもつことができる。

評価のポイント

❷「まとめ」と「仮説」、「仮説」同士の関係について、理解したことを基に選んだ課題について自分の考えをもっている。 C(1)ア

準備物 ・ワークシート（選んだ課題について考えを書くなど）

ワークシート・ICT 等の活用や授業づくりのアイデア

○これまでの学習を生かし、自ら選んだ課題について自分の考えをもつ。

＊ICT 端末を活用して共有するなど、多くの考えに触れて考えを深めることも考えられる。

1 導入（学習の見通しをもつ）

〈前時を振り返り、今日の目標を確認する〉

T：前回は「仮説」の内容について説明しました。今回は「まとめ」の内容を理解し、今まで学習したことを生かして二つの課題から一つ選び、考えます。

2 展開

〈「まとめ」の内容を理解する〉

T：「まとめ」の内容を「仮説」との対応関係から考えていきましょう。「大きな仮説」「仮説1」「仮説2」「仮説3」について「まとめ」ではどのように書かれているかを考えましょう。

○文章から対応関係と筆者の考えを探し、ワークシートに記入する。

＊「仮説」と「まとめ」の関係

仮説1…否定(×)

仮説2…一部肯定(△)

仮説3…肯定（○）

＊「まとめ」と「仮説」の対応関係については、教科書から記述を探させる。

＊「仮説1」が否定されていることから「大きな仮説」は「証明されたと言えるか」ということを考えさせてもよい。

3 終末（学習を振り返る）

〈単元の学習の振り返り〉

T：それでは、単元で学んだことを振り返りましょう。

＊振り返りの視点は文章の中での図表やグラフの効果、自分が伝えたいことを書く時に生かせること、文章を図表やグラフと関連付けて解釈するときに心がけたことなど、目標に沿ったものにする。

効果的な板書例

「クマゼミ増加の原因を探る」 沼田英治

【学習目標】
仮説とまとめの関係に着目して文章の内容を理解するとともに図表やグラフの効果を理解する。

【今日のめあて】筆者が否定された仮説を入れた理由や仮説を１～３の順番で並べた理由について考えをもとう。

◎「まとめ」の内容と読み取ろう。
○「仮説」と「まとめ」の対応関係

	本文	結果
仮説１	冬の寒さの緩和は関係がなかった	×
仮説２	気温上昇で孵化の準備が早まり……	△
仮説３	ヒートアイランド現象による乾燥……	○

◎二つの課題から一つ選び、考えよう。
【考え方の例】
①→否定された仮説を入れる意義は？
「仮説１」がなかったら？
②→異なる順番だったらどうだろう？
「仮説２」が先だったら？

◎交流したみんなの考え
①
②

〈二つの課題から一つ選び、考えをもつ〉

T：今回の単元では構成について考えたり、図表やグラフと関連付けて文章の内容を捉えたりしました。これから筆者の意図について二つの課題から一つ選び、考えます。①筆者が否定された「仮説１」を文章に入れた理由は何か。②筆者が「仮説１～３」をこの順番で並べたのはなぜか。「仮説」と「まとめ」の関係や「仮説」同士の関係を考慮しながら考えましょう。

○どちらかを選び、考える。

＊２時に作った構成図に「仮説」と「まとめ」の関係について分かったことや考えが深まったことを書き加えるようにする。

＊教師は生徒がどちらの課題を選んで書いているかを机間指導をしながら観察し、次の交流のグループ分けに向けて人数を把握しておく。

＊①を選んだ生徒には「否定された仮説」を入れることの意味を考えるように促すとよい。

＊②を選んだ生徒には順番が違ったら、どのような印象を受けるかについて考えるように促すとよい。

〈考えを交流する〉

T：それでは、同じ課題を選んだ人同士で交流します。出された考えはホワイトボードにまとめてください。全部書き終わったら黒板に貼りに来てください。

○四名程度のグループを作り、交流する。

＊人数にばらつきが出ることもあり得るが、人数を均等にする必要はない。どちらかの課題が一人や二人しかいなければ何名か代わってくれる人を募る。

＊一つの考えにまとめるのではなく、それぞれの考えをホワイトボードに書いていく。

＊ICT 端末を活用して考えたことをまとめたり、共有したりすることも考えられる。ICT 端末を活用するとクラスを超えた交流も可能となる。

2　多様な視点から

思考のレッスン1　具体と抽象（1時間扱い）

指導事項：〔知技〕(2)ア
言語活動例：具体化と抽象化を生かして、ペアやグループで考えを伝え合う。

単元の目標

(1)具体と抽象の概念について理解し、どのような場面で活用できるかを考えることができる。
〔知識及び技能〕(2)ア

(2)言葉がもつ価値を認識するとともに、読書を生活に役立て、我が国の言語文化を大切にして、思いや考えを伝え合おうとする。「学びに向かう力、人間性等」

単元の構想

〈単元で育てたい資質・能力／働かせたい見方・考え方〉

「中学校学習指導要領解説国語編」には、「具体とは、物事などを明確な形や内容で示したものであり、抽象とは、いくつかの事物や表象に共通する要素を抜き出したものである」（p.80）とある。具体と抽象との関係を捉えたり、それぞれの概念的な理解を促したりすることは、実生活における様々な事象の関係を見る目を鍛え、言語運用の在り方を充実させることにつながる。国語科の学習では、「C 読むこと」の説明的文章の学習で言葉と言葉の関係を捉えるなどの際だけでなく、「A 話すこと・聞くこと」や「B 書くこと」において構成や展開を考える際にも有効に機能させたい。

〈教材・題材の特徴〉

本教材では、「具体と抽象」の概念的な理解を促すために、二つの問題が設定されている。問題1は、山口さんが見つけた「三つの新聞記事」をまとめ、「このように」という言葉に続けて抽象化して書くものである（帰納的な思考）。問題2は、「未熟」「誠実」などの五つの言葉の意味を、「例えば」という言葉を用いて具体化して説明するものである（演繹的な思考）。また、「具体化のための言葉」と「抽象化のための言葉」が複数例示されていて、学習活動の参考になる。

〈主体的・対話的で深い学びの視点からの授業改善ポイント／言語活動の工夫〉

指導においては、知識の伝達に終始することがないように留意したい。教科書 p.53の「チェックポイント」のリード文が「考えを伝え合うときには、次のことに気をつけよう」となっているように、具体や抽象は自分の考えを整理したり、分かりやすく伝えたりするために有効な思考の型である。学習活動でも、自分自身が見いだした考えを他の生徒と交流する中で、概念的な理解を深化させたい。教科書 p.52に示された図表や、p.53に示された「具体化のための言葉」や「抽象化のための言葉」を適宜用いながら学習活動に臨むことで、共通の足場をもった活動が可能となる。このことが、他の生徒との対話的な学びを充実させることにつながる。

単元計画

時	学習活動	学習内容	評価
1	1．単元のねらいや進め方をつかみ、学習の見通しをもつ。 2．教科書 p.52上段を用いて「具体」と「抽象」の概念について理解する。 3．教科書 p.52下段の図と、p.53の会話を読み、「具体化」と「抽象化」の考え方を理解する。 4．教科書 p.52、53の下段にある「問題１」と「問題２」に取り組み、自分の考えをノートにまとめる。 5．「具体と抽象」の考え方が、どのような場面で活用できるのかを考える。 6．本時の学習を振り返る。	○「具体と抽象」の考え方について理解し、どのような場面で活用できるかを考える学習であることを伝える。 ○教科書 p.52上段の図に示された内容を、ペアやグループで説明し合う。教科書に示されたもの以外の例を挙げさせることで、思考の広がりや言葉の抽象度によるレベル分けを体感させることも可能である。 ○第１学年での「名詞の種類」の学習を想起させ、鉛筆や教科書などの具体名詞と、夢や希望などの抽象名詞に目を向けさせることも考えられる。 ○「問題２」については、生徒の実態に応じて、グループ別に具体例を挙げる語を指定するなども考えられる。 ○「問題１」と「問題２」について、ペアやグループで考えを伝え合う。 ○ペアやグループで交流した後に、数人の生徒に発表させる。 ○教科書 p.53の「チェックポイント」を用いながら、本時の学習をまとめる。	❶ ❷

評価規準

知識・技能	主体的に学習に取り組む態度
❶具体と抽象など情報と情報の関係について理解している。 ⑵ア	❷学習課題に沿って、積極的に具体と抽象の関係について理解しようとしている。

〈指導と評価の一体化を図る見取りのポイント〉

「知識・技能」①の評価規準の実現状況は、教科書の「具体と抽象」の説明を理解し、「問題１」「問題２」に適切に回答している姿と捉え、ノートの記述を基に評価する。

「主体的に学習に取り組む態度」②の評価規準の実現状況は、本時の学習を踏まえて「具体と抽象」の考えがどのような場面で活用できるか考えようとしている姿と捉え、観察によって評価する。

思考のレッスン１　具体と抽象

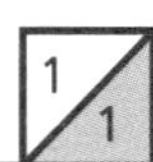

主発問　**考えを伝え合う場面などでは、具体化と抽象化がどのように役に立ちますか。**

目標

具体と抽象の概念について理解し、日常生活で活用できる場面を考えることができる。

評価のポイント

❶具体と抽象についての考え方を踏まえ、言葉を抽象化したり具体化したりしている。　⑵ア

❷具体と抽象の考え方が、日常生活のどのような場面で活用できるかを考えようとしている。

準備物　・特になし

ワークシート・ICT 等の活用や授業づくりのアイデア

○〔知識及び技能〕の取り立て単元では、知識の伝達に終始する授業展開は避けたい。本事例では、具体と抽象の考え方が、日常生活のどのような場面で活用できるかという考え方を根底においている。

○教科書に図表が多く用いられているので、デジタルテキストを用いた学習も有効である。

1　導入（学習の見通しをもつ）

〈本時に身に付ける資質・能力の説明〉

T：本時は、考えたり表現したりする時に、とても大切な「具体と抽象」という概念について学びます。みなさんもこれらの言葉は聞いたことがあるのではないでしょうか？　本時の学習が終わったときに、具体と抽象についての理解が深まることを目指しましょう。

2　展開

〈具体と抽象の概念を理解する〉

T：教科書 p.52の上段を見てください。具体と抽象の定義を確認します。

＊教師の説明は最低限にとどめ、教科書 p.52の上段にある図表を用いて、具体と抽象について、ペアで説明し合う時間をとりたい。教科書以外の例を考えさせることも有効である。なお、抽象の「（共通点を）取り出す」という意味は、理科における抽出の実験を想起させるとよい。

〈具体化と抽象化の定義を理解する〉

T：教科書 p.52の下段を見てください。「抽象化」という言葉について理解しましょう。

＊ここでも、教師の説明は最低限にとどめ、生徒がペアで定義を確認する時間を確保したい。教科書にある「どの特

3　終末（学習を振り返る）

〈本時の学びを日常生活につなげる〉

T：本時では、具体と抽象について学びました。「思考のレッスン」とあるように、物事を考えるときにとても重要です。また、授業の中で体感したと思いますが、具体と抽象の考え方は、日常の言語生活をよりよくするためにも重要な考え方になります。

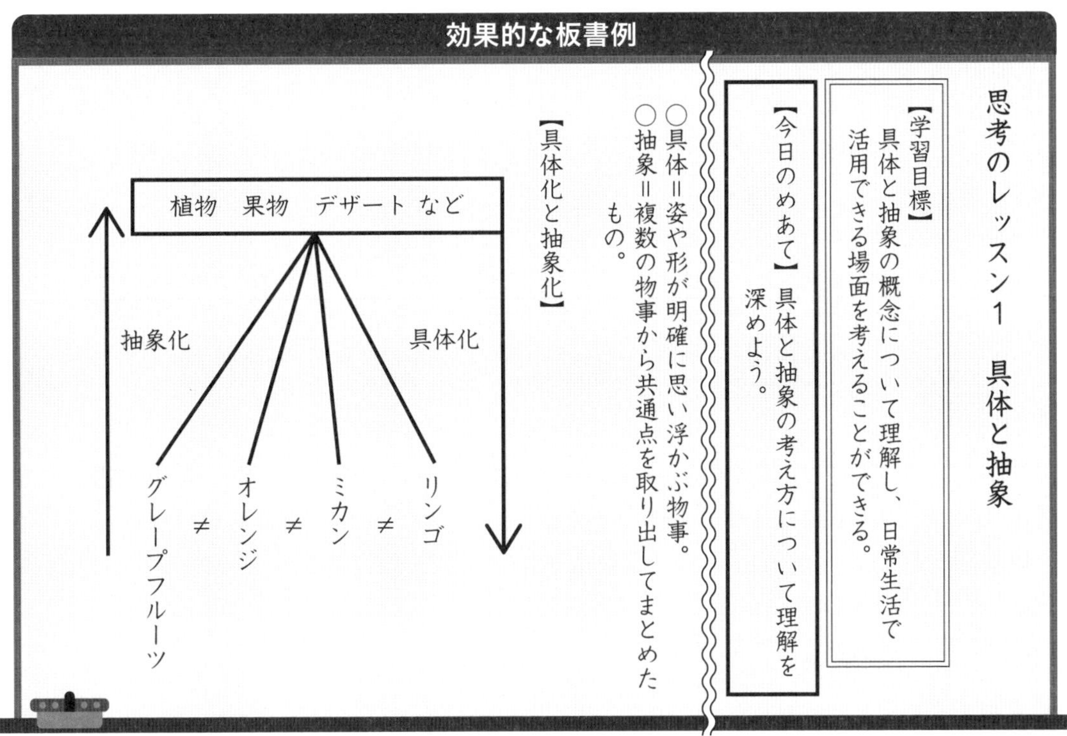

徴に注目するかでまとめ方が変わってくるね」という説明を取り上げ、「植物」「デザート」などの抽象化も可能であることを押さえる。また、対義語となる「具体化」にもふれる。

〈練習問題に取り組む〉

T：教科書 p.52にある「問題１」に取り組みます。考えられることを「このように」という言葉に続けてノートに書きましょう。

＊抽象化を体感する問題である。単に答えを書かせるだけでなく、解答を複数書かせたり、教師が記事④として「駅やバス停にスロープが設置された」などの情報を示したりして、さらなる抽象化を促す展開も考えられる。

〈具体化と抽象化の理解を深める〉

T：教科書 p.53を見てください。考えを伝え合う場面などでは、具体化と抽象化の考え方が重要なことを理解しましょう。

＊教科書を読み内容を理解するだけでなく、p.53の上段にある「具体化のための言葉」や「抽象化のための言葉」が、「書くこと」や「読むこと」の学習で、どのように用いられているのかについて考えさせることも有効である。いずれの場合においても、具体化や抽象化への理解の深まりが、普段の言語生活の充実につながることを認識させる。

〈練習問題に取り組む〉

T：教科書 p.53にある「問題２」に取り組みます。ペアで「例えば」という言葉を使って、具体例を挙げながら説明し合いましょう。

＊この問題の趣旨は、具体例を分かりやすくすることを体感することにある。語義の説明や、単語レベルの解答にならないように留意したい。教科書にある生徒同士の会話を、丁寧に確認した上で、複数の具体例を挙げることを条件としたり、話型を示すなどの指導上の工夫が考えられる。

＊ペアやグループで説明し合った後は、数人の生徒を指名し、クラス全体の場で発表させる。

2　多様な視点から

魅力的な提案をしよう　資料を示してプレゼンテーションをする

（5時間扱い／話すこと・聞くこと）

指導事項：〔知技〕(1)ア　〔思判表〕A(1)イ、ウ
言語活動例：提案について伝えたいことを話したり、それらを聞いて質問や助言などをしたりする。

単元の目標

(1)言葉には、相手の行動を促す働きがあることに気付くことができる。　〔知識及び技能〕(1)ア
(2)話の構成を工夫したり、資料などを使ったりしながら、自分の考えが分かりやすく伝わるように話すことができる。　〔思考力、判断力、表現力等〕A(1)イ、ウ
(3)言葉がもつ価値を認識するとともに、読書を生活に役立て、我が国の言語文化を大切にして、思いや考えを伝え合おうとする。　「学びに向かう力、人間性等」

単元の構想

〈単元で育てたい資質・能力／働かせたい見方・考え方〉

本単元では、自分の立場や考えを明確にし、相手に分かりやすく伝わるように話の構成を工夫したり、資料などを使って相手に働きかけ、聞き手の理解や同意を得るように話したりする力を育成することを目指す。自分たちの提案を行う際に、聞き手の理解や同意を得るためにどうすればよいかを、話の構成、資料や機器、話す言葉に着目して考えさせる。どのような資料を作成するか、集めた情報の中からどれを根拠として示すか、どのように話を構成するか、実際にどのような言葉で話すかを考えていく中で、よりよいプレゼンテーションの在り方を考えるきっかけにしたい。

〈教材・題材の特徴〉

学校生活をよりよくするための改善計画について、資料や機器を活用してプレゼンテーションする課題を設定する。聞き手の理解や同意を得るためには、提案の内容について聞き手に当事者意識をもたせ、学校生活の改善というストーリーを共有することが必要となる。学校生活の課題や改善策について聞き手の納得が得られるよう、提示する資料や機器を活用して、提案のアピールポイントを明確にしたり、視覚に訴えたりして、提案の実現に向けて切実感をもって取り組むことができる題材であると考える。

〈主体的・対話的で深い学びの視点からの授業改善ポイント／言語活動の工夫〉

中学校2年生では、学校生活の様々な場面で中核的な役割を果たして活動する機会が増えてくる。自分の学校の改善計画を提案するという学習課題は生徒にとって「実の場」であり、主体性を発揮することが期待できる。また、グループ内でプレゼンテーションの準備をする際に、提示する

スライドを共同作業で作成したり修正したりするなど、一人一台のICT端末を活用することで、協働的な学習を活性化することができる。

単元計画

時	学習活動	学習内容	評価
1	1．学習の見通しをもつ。 2．提案内容を決めて、情報を集める。	◯目標や評価規準、学習の流れを確認する。 ◯グループで学校の改善計画というテーマでどのような提案をするかを決める。 ◯必要な情報を集める計画を立て、取材を行う。	
2	3．集めた情報を整理し話の構成を考える。	◯集めた情報を整理し、提案の根拠を明確にする。 ◯提案の内容が相手に伝わるために、どのようなストーリーで伝えるかを考える。	❷
3	4．プレゼンテーションの資料を作成する。	◯プレゼンテーションソフトを使い、グループの共同作業で進める。 ◯作成する資料について、役割分担を明確にして進めさせる。	❸
4	5．プレゼンテーションの練習を行う。	◯話す際に使う言葉に着目し、グループの提案が相手に伝わるような話し方を意識しながら練習を行う。	❶
5	6．プレゼンテーションをする。 7．学習を振り返る。	◯プレゼンテーションを行い、グループごとに感想を交流する。 ◯他のグループからの感想を基に、プレゼンテーションの修正を行う。	❹

評価規準

知識・技能	思考・判断・表現	主体的に学習に取り組む態度
❶言葉には、相手の行動を促す働きがあることを踏まえて話している。　(1)ア	❷「話すこと・聞くこと」において、提案の内容が明確になるように、話の構成を工夫している。　A(1)イ ❸「話すこと・聞くこと」において、提案が分かりやすく伝わるように表現を工夫して資料を作成している。　A(1)ウ	❹相手からの反応を踏まえて提案資料を修正し、自分の考えが分かりやすく伝わるように話そうとしている。

〈指導と評価の一体化を図る見取りのポイント〉

グループで取り組む活動の中で、生徒一人一人の学習の状況を適切に評価することが大切である。そのために、グループの中でそれぞれがどのような役割を担っているかを明確にしたり、学習活動ごとに個人が考えたことや行ったことをノートやワークシートに記録したりしながら学習を進めるようにさせる。

魅力的な提案をしよう　資料を示してプレゼンテーションをする

主発問　**学校の改善計画というテーマでどのような提案をしますか。**

目標

学校の改善計画というテーマでどのような提案をするか決め、取材の計画を立てることができる。

評価のポイント

○学校の改善計画というテーマでどのような提案をするか決め、取材の計画を立てている。

準備物　・ワークシート（A３判でプリントアウトする）01

ワークシート・ICT 等の活用や授業づくりのアイデア

○「情報整理のレッスン　思考の視覚化」で学習した情報整理の方法を活用し、グループの話し合いを可視化できるように、例を掲載したワークシートを用意する。

＊ワークシートに情報整理の方法の例をいくつか示し、グループで選択して話し合いを整理できるように促す。

1　導入（学習の見通しをもつ）

〈単元の学習の目標を確認する〉

T：１年余りの学校生活を送る中で、不便を感じることがありませんか。この単元では、グループで学校生活をよりよくするための改善計画を提案します。分かりやすく相手に伝えることで、その提案が実現することもあると思います。

＊言語活動に対する意欲を喚起する。

2　展開

〈単元の学習の見通しをもつ〉

T：この単元では、学校の改善計画を提案します。教科書を読んで、学習の流れを確認しましょう。

○教科書を読み、板書しながら次の点を確認する。

〈プレゼンテーションとは〉

相手の理解や同意を得るために、自分の考えを提案・説明すること。資料や機器などを活用して行う。

〈学習の流れ〉

①提案内容を決めて、情報を集める。
②効果的な話の構成を考える。
③プレゼンテーションをする。
④学習を振り返る。

＊テーマについて当事者意識をもたせ、なぜするのか、何をするか、どのようにするかを明確にすることで、生徒に

3　終末（学習を振り返る）

〈次時までに行うことを確認する〉

T：次回、この続きの授業は２週間後の月曜日に行います。グループで取材を行いましょう。取材が進んでいるかどうか私からも確認しますが、何か分からないことなどがあったら聞いてください。

＊次時までに適宜、各グループの取材の状況を確認する。

効果的な板書例

魅力的な提案をしよう
資料を示してプレゼンテーションをする

【学習目標】
話の構成を工夫したり、資料などを使ったりしながら、自分の考えが分かりやすく伝わるように話す。

プレゼンテーション…相手の理解や同意を得るために、自分の考えを提案・説明すること。資料や機器などを活用して行う。

【学習の見通し】
①提案内容を決めて、情報を集める。
②効果的な話の構成を考える。
③プレゼンテーションをする。
④学習を振り返る。

【今日のめあて】学校の改善計画というテーマでどのような提案をするか決め、取材の計画を立てよう。

○提案内容を決める。
誰に（相手）、何のために（目的）、何を（改善計画）提案するかを明確にして一文にまとめる。

○取材の計画を立てる。
調べ方…図書館・資料館　インターネット
身の回り調査・聞き取り（インタビュー・アンケート等）

主体性をもたせることができる。

〈グループでブレインストーミングする〉

T：今日の授業では、グループで話し合い、提案内容を決め、情報を集めるための取材の計画を立てるところまでを行います。まずは、提案内容を考えるために、学校生活の中で皆さんが気になっていることや、困ったこと、その解決策やこうしたらよいと思うことなどについてアイデアを出し合いましょう。

○四～五人のグループで話し合う。マッピングを使って、考えを広げる。

＊グループの話し合いの様子を観察する。些細なことでもよいので自由に発言すること、相手の考えを否定せず多くの考えを引き出すことができる話し合いになるよう促す。

〈グループで提案する内容を決める〉

T：様々なアイデアが出ましたね。では、グループの提案内容を決めましょう。テーマは学校の改善計画です。誰に、何のために、何を提案するかを確かめながら、グループの改善計画を考えましょう。

○「２年生全体に、クラス間の交流を促すため、学年独自のイベントを提案する。」のように、相手、目的、改善計画を一文にまとめる。

＊「情報整理のレッスン　思考の視覚化」の学習を想起させ、ワークシートで例を示しながら、情報整理の方法を使って考えるよう促す。

〈取材の計画を立てる〉

T：各グループの提案内容が決まりましたね。提案をより分かりやすく伝えたり、説得力をもたせるために次回の授業までに情報を集めます。グループの中で分担するなどして、取材の計画を立てましょう。

○教科書で調べ方を確認する。
図書館・資料館、インターネット、身の回り調査・聞き取り

＊取材の期間を十分にとるため、次時までに１～２週間ほど間をおくのがよい。

魅力的な提案をしよう　資料を示してプレゼンテーションをする

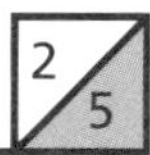

主発問　提案の内容が伝わるために、どのようなストーリーで伝えますか。

目標

提案の内容が明確になるように、話の構成を工夫することができる。

評価のポイント

❷提案の内容が明確になるように、話の構成を工夫している。　A(1)イ

準備物　・スクラップシート⊻02（A３でプリントアウトする）　・進行案のワークシート

ワークシート・ICT 等の活用や授業づくりのアイデア

○集めた情報ごとに１枚ずつ付箋に書き出し、スクラップシートを活用して、分類する。

＊スクラップシートは、「現在の状況に関わること」「改善案（解決策）に関わること」「その他（提案に関連する情報）」の３種類を準備し、頭に記載しておく。余白の部分に付せんを貼って情報を整理することができる。

1　導入（学習の見通しをもつ）

〈本時の学習活動を簡潔に示す〉

T：話の構成を工夫したり、資料などを使ったりしながら、自分の考えが分かりやすく伝わるように話す力を身に付けるために、学校生活をよりよくするための改善計画を提案する学習をしています。今日は、集めた情報を整理して、効果的な話の構成を考えます。

2　展開

〈グループで集めた情報を確認する〉

T：前回の授業から今日までの間に、グループごとに取材を行い、様々な情報を集めてきたと思います。まずは、どのような情報が集まったかをグループで確認しましょう。

○グループで分担し、それぞれが集めてきた情報を確認する。

〈集めた情報を分類する〉

T：集めてきた情報を内容ごとに整理してみましょう。今回は、スクラップシートを使って整理します。まず、集めた情報を付せん１枚に一つずつ書き出します。スクラップシートは「現在の状況に関わること」「改善案（解決策）に関わること」「その他（提案に関連する情報）」の３種類があります。スクラップシートに付せんを貼っ

3　終末（学習を振り返る）

〈次時に行うことを確認する〉

T：グループでまとめた進行案を画像データにして提出してください。次回は、プレゼンテーションの資料を作成します。集め直す情報があるグループは忘れずに持ってくるようにしてください。

＊進行案を確認し、次時に各グループに指導する内容を考えておくとよい。

効果的な板書例

魅力的な提案をしよう
資料を示してプレゼンテーションをする

【学習目標】
話の構成を工夫したり、資料などを使ったりしながら、自分の考えが分かりやすく伝わるように話す。

【学習の見通し】
①提案内容を決めて、情報を集める。
②効果的な話の構成を考える。
③プレゼンテーションをする。
④学習を振り返る。

今日はここ

【今日のめあて】提案の内容が明確になるように、話の構成を工夫しよう。

○スクラップシートで情報を分類する。
現在の状況に関わること
改善案（解決策）に関わること
その他（提案に関連する情報）

○［進行案］の【説明内容】をグループで作成する。
提案内容が実現すると学校がこのように変わるというストーリーを相手に伝える。

て、集めた情報を三つに分類しましょう。
○グループでスクラップシートを作成する。

〈グループの提案の根拠を明確にする〉

T：前回の授業で、グループの提案内容を一文にまとめました。その提案を相手に分かりやすく伝えるための根拠とする情報を、スクラップシートの中から選びましょう。分かりやすいプレゼンテーションにするには、集めた情報の全てを使おうとするのではなく、より根拠として説得力のあるものを選んだり、組み合わせて示したりするとよいでしょう。
○グループで話し合い、提案の中で使う情報が書かれた付せんに印を付ける。
＊各グループを回って、話し合いの様子を観察する。

〈プレゼンテーションのストーリーを考える〉

T：分かりやすいプレゼンテーションにするためには、提案内容が実現することで実際に学校生活がこのように変わるというストーリーを相手に伝えることが有効です。現在の学校の状況（課題）、改善案（解決策）、学校生活がどのように変わるかなどをどのような順序で伝えるとよいかグループで話し合い、教科書 p.56の［進行案］の【説明内容】を作成しましょう。
○進行案のワークシートで作業する。
＊各グループを回り、どのようなストーリーのプレゼンテーションにするかを口頭で説明させる。学校の課題、改善案、学校生活がどう変わるかということが分かりやすく整理されているかを確認する。必要に応じて、話す順序を入れ替えるなどすると印象的に伝えることができる場合もあることを伝える。

〈進行案をまとめる〉

○グループの説明内容と分担を書いた進行案を１枚にまとめる。
＊必要に応じて情報を集め直すよう促す。

魅力的な提案をしよう　資料を示してプレゼンテーションをする

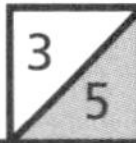

提案の内容を分かりやすく伝えるために、どのような資料を提示してプレゼンテーションしますか。

目標

提案が分かりやすく伝わるように表現を工夫して、プレゼンテーションの資料を作成することができる。

評価のポイント

❸提案が分かりやすく伝わるように表現を工夫して、プレゼンテーションの資料を作成している。　A(1)ウ

準備物　・ICT端末

ワークシート・ICT等の活用や授業づくりのアイデア

○グループで提示資料を作成する際に、協働的に進めるようにするため、スライドを活用する。

＊手元のChromebookで作成中の文章を閲覧することができるため、グループの進捗状況や内容を即時的に確認することができる。

1　導入（学習の見通しをもつ）

〈本時の学習活動を簡潔に示す〉

T：話の構成を工夫したり、資料などを使ったりしながら、自分の考えが分かりやすく伝わるように話す力を身に付けるために、学校生活をよりよくするための改善計画を提案する学習をしています。今日は、効果的に伝えるための資料を作成します。

2　展開

〈グループの状況を確認する〉

T：前回の授業では、グループごとにプレゼンテーションの構成を考え、進行案を作成しました。私が確認し、気付いたことをコメントしておきました。また、前回から今日までに集め直した情報のあるグループもあると思います。各グループで確認してください。

○各グループで確認する。

＊グループを回って、コメントしたことを口頭で説明する。

〈提示資料作成のポイントを確認する〉

T：プレゼンテーションで聞き手に提示する資料を作成します。教科書p.57にポイントがあるので、確認しましょう。

＊次のポイントを板書して、確認する。

・テーマや内容を端的に示す。

3　終末（学習を振り返る）

〈次時に行うことを確認する〉

T：これで、プレゼンテーションの準備はできました。次回は、グループごとにプレゼンテーションの練習をします。話しながらよりよいものにしていきましょう。

＊各グループが作成しているスライドの内容を確認し、次時に各グループに指導する内容を考えておくとよい。

効果的な板書例

魅力的な提案をしよう
資料を示してプレゼンテーションをする

【学習目標】
話の構成を工夫したり、資料などを使ったりしながら、自分の考えが分かりやすく伝わるように話す。

【学習の見通し】
①提案内容を決めて、情報を集める。
②効果的な話の構成を考える。
③プレゼンテーションをする。
④学習を振り返る。

今日はここ

【今日のめあて】提案が分かりやすく伝わるように表現を工夫して、プレゼンテーションの資料を作成しよう。

○プレゼンテーション資料作成のポイント
・テーマや内容を端的に示す。
・話す内容のポイントを項目立てて示す。
・聞き手がイメージしやすいように、写真やイラストなどを効果的に使う。
・文字の大きさに注意する。
・最後に提案のポイントを確認する。

※資料や機器の役割…話の要点や根拠を明らかにする。
説明を補足する。
中心となる事柄を強調する。

・話す内容のポイントを項目立てて示す。
・聞き手がイメージしやすいように、写真やイラストなどを効果的に使う。
・文字の大きさに注意する。
・最後に提案のポイントを確認する。

〈提示資料を作成する〉

T：今回は、スライドを使って作成します。グループの進行案に沿って、グループで協力してスライドを作成しましょう。スライドを作成するときに気を付けなければならないことは、スライドはあくまでも補助資料だということです。プレゼンテーションでは、前回グループで考えたストーリーを言葉で伝えることが一番大切です。その上で、資料や機器の役割は例えば、次のようなものがあります。話の要点や根拠を明らかにする、説明を補足する、中心となる事柄を強調する。これらに注意して、スライドの見栄えにはあまりこだわり過ぎないようにしましょう。

○スライドを使って、グループで協働してスライドを作成する。

＊各グループを回って生徒の様子を観察したり、Chromebook でスライドの作成の状況を確認したりする。即時的に資料の全体を確認し、グループのプレゼンテーションがどのようになっているかを確かめながら、作業を進めるように促す。指導の必要がある場合には、そのスライドを提示しながらどのような話をするか実際にやらせてみる。役割分担に沿って一人一人でスライドを作成するだけでなく、必要に応じて１枚のスライドを複数の共同作業で作成するように促す。

〈グループのスライドを確認する〉

＊スライドが完成したら、グループごとに全体を確認する。進行案とともに見ることで、情報に過不足はないか、分かりやすく伝えるものになっているかなどを確認させる。

魅力的な提案をしよう　資料を示してプレゼンテーションをする

主発問　相手の行動を促す言葉の働きを踏まえて話していますか。

目標

相手の行動を促す言葉の働きを踏まえて話すことができる。

評価のポイント

❶相手の行動を促す言葉の働きを踏まえて話している。　(1)ア

準備物　・ICT 端末

ワークシート・ICT 等の活用や授業づくりのアイデア

〇プレゼンテーションの練習をする際に、Chromebook を使って撮影する。映像を見て、聞き手の視点からプレゼンテーションの修正をする。

＊他の生徒の発表だけでなく、自分の発表を見ることで、客観的に捉えることができる。

1　導入（学習の見通しをもつ）

〈本時の学習活動を簡潔に示す〉

T：話の構成を工夫したり、資料などを使ったりしながら、自分の考えが分かりやすく伝わるように話す力を身に付けるために、学校生活をよりよくするための改善計画を提案する学習をしています。今日は、グループでプレゼンテーションの練習をします。

2　展開

〈プレゼンテーションの仕方についてイメージを明確にする〉

T：次回の授業でプレゼンテーションの発表会を開きますが、どのように行うかを確認します。教科書 p.57を見てください。「実際の発表例」にあるように、スクリーンにスライドを投影しながらグループごとに発表します。

＊実際の教室でどのように行うかを確認し、プレゼンテーションのイメージを明確にする。

〈活動の留意点を確認する〉

T：プレゼンテーションの練習を行います。ただ、話す練習をするだけでなく聞き手に分かりやすく伝わるプレゼンテーションになっているかをグループの中で確かめて、内容や話し方を修正することが重要です。どのような視点

3　終末（学習を振り返る）

〈次時に行うことを確認する〉

T：どのグループもプレゼンテーションができるような準備が完了しました。次回は、プレゼンテーションの発表会をします。上手くできるか心配な人は、スライドやプレゼンテーションの内容を確認したり、練習をしたりしておくとよいでしょう。

効果的な板書例

魅力的な提案をしよう
資料を示してプレゼンテーションをする

【学習目標】話の構成を工夫したり、資料などを使ったりしながら、自分の考えが分かりやすく伝わるように話す。

【学習の見通し】
①提案内容を決めて、情報を集める。
②効果的な話の構成を考える。
③プレゼンテーションをする。
④学習を振り返る。

今日はここ

【今日のめあて】相手の行動を促す言葉の働きを踏まえて話そう。

○練習するときの視点
①相手の立場や考えを想定し、アピールしたい点が効果的に伝わるような話の構成になっているか。
②スライドを活用して視覚的に伝わりやすくなるよう工夫しているか。
③原稿を読み上げるのではなく、相手の反応を見ながら話しているか。
↓プレゼンテーションの内容や話し方を修正する。

で確かめるかを教科書で確認しましょう。また、前回の授業でグループごとに作成したプレゼンテーションの資料を見て、コメントを付けてありますので、練習する際に確認してみてください。

○教科書 p.57「学習の窓　相手の心を動かす提案をするために」を読み、次の視点を板書しながら確認する。

①相手の立場や考えを想定し、アピールしたい点が効果的に伝わるような話の構成になっているか。

②スライドを活用して視覚的に伝わりやすくなるよう工夫しているか。

③原稿を読み上げるのではなく、相手の反応を見ながら話しているか。

〈プレゼンテーションの練習をする〉

T：グループでプレゼンテーションの練習をしましょう。Chromebook でスライドを投影しながら実際の発表のように話してみましょう。練習するときの視点①は話の順序、②はスライドの内容、③は話し方に着目するとよいでしょう。その中で、今日は③を特に意識して練習しましょう。どのように話しているかをお互いに見て、聞き手に分かりやすく伝わる、納得してもらうようにするためにはどのように話すとよいかを考えましょう。また、①②についても、気付いたことがあれば修正しましょう。

○グループでプレゼンテーションの練習をする。スライドと話し方を見ながら、視点①〜③について確認する。より分かりやすいプレゼンテーションになるように検討する。

＊練習が進んでいるグループについては、自分たちのプレゼンテーションを撮影し、その映像を見ながら確認するようにさせるなど、客観的に捉えられるように促すとよい。全てのグループが次回プレゼンテーションを行えるかどうかを確認する。

魅力的な提案をしよう　資料を示してプレゼンテーションをする

主発問　考えが分かりやすく伝わるように、どのように修正しますか。

目標

聞き手の反応を基に提案資料を修正し、自分の考えが分かりやすく伝わるように話すことができる。

評価のポイント

❹聞き手の反応を基に提案資料を修正し、自分の考えが分かりやすく伝わるように話そうとしている。

準備物　・ICT 端末

ワークシート・ICT 等の活用や授業づくりのアイデア

◯プレゼンテーションについての聞き手の反応を即時的に交流するため、Google Forms を活用する。

＊四件法によるアンケートを行うことで、聞き手の評価を数値化し、その平均値を出すことによって大体の評価を知ることができる。

1　導入（学習の見通しをもつ）

〈本時の学習活動とゴールを簡潔に示す〉

T：今日でこの単元の学習は最後です。プレゼンテーション発表会を行います。話の構成を工夫したり、資料などを使ったりしながら、自分の考えが分かりやすく伝わるように話す力が身に付けられるよう取り組みましょう。

2　展開

〈発表会の仕方を確認する〉

T：１班から順番に、プレゼンテーションを行います。聞き手の人は前回の練習と同じ視点で各グループのプレゼンテーションを聞きます。Classroom にグループごとの入力フォームがあります。各グループのプレゼンテーションの後、次のグループが準備をしている間にこのフォームに入力して送信してください。

＊入力フォームの内容は次の通り。

①相手の立場や考えを想定し、アピールしたい点が効果的に伝わるような話の構成になっているか。

②スライドを活用して視覚的に伝わりやすくなるよう工夫しているか。

③原稿を読み上げるのではなく、相手の反応を見ながら話しているか。こ

3　終末（学習を振り返る）

〈今後の学びへの見通しをもたせる〉

T：話の構成を工夫したり、資料などを使ったりしながら、自分の考えが分かりやすく伝わるように話す力を身に付ける学習を行いました。プレゼンテーションは国語だけでなく、総合的な学習の時間などこれからも機会がたくさんあります。この学習を生かしていきましょう。

効果的な板書例

魅力的な提案をしよう
資料を示してプレゼンテーションをする

【学習目標】
話の構成を工夫したり、資料などを使ったりしながら、自分の考えが分かりやすく伝わるように話す。

【学習の見通し】
①提案内容を決めて、情報を集める。
②効果的な話の構成を考える。
③プレゼンテーションをする。
④学習を振り返る。

今日はここ

【今日のめあて】聞き手の反応をもとに提案資料を修正し、自分の考えが分かりやすく伝わるように話そう。

○プレゼンテーションの視点
①相手の立場や考えを想定し、アピールしたい点が効果的に伝わるような話の構成になっているか。
②スライドを活用して視覚的に伝わりやすくなるよう工夫しているか。
③原稿を読み上げるのではなく、相手の反応を見ながら話しているか。

れらについて、次の通り四件法で評価し、全体を通してのコメントを記入する。

1　そう思う
2　ややそう思う
3　あまりそう思わない
4　全く思わない

〈聞き手のフィードバックを確認する〉

T：Classroom からグループのプレゼンテーションに対する聞き手の反応を見ることができます。これらを見て、聞き手からどのような評価があったかを確認しましょう。

○Google Forms を確認する。四件法での評価について平均値を出したり、コメントを読んだりしながら、グループのプレゼンテーションのよい点・課題点などを検討する。

〈プレゼンテーションの修正を行う〉

T：聞き手からの反応を見て、グループのプレゼンテーションのよい点や課題点が明らかになったと思います。それを基に、グループのプレゼンテーションを改善するには、具体的にどのような修正をすればよいか検討しましょう。

○グループで、プレゼンテーションを修正する。

＊グループを回り、どのような課題点があったか、具体的にどのように修正したかを確認する。話し方の課題については、どのように話すとよいかを説明させる。

〈単元の学習を振り返る〉

T：単元の学習全体を通しての振り返りを行います。教科書 p.57の「学習を振り返る」にある次の３点について振り返りましょう。

□伝えたいことを明確にしたうえで話の構成を組み立てたか。

□資料や機器を効果的に使うことができたか。

□相手の反応を意識しながら話ができたか。

2 多様な視点から

漢字に親しもう２ （１時間扱い）

指導事項：〔知技〕(1)ウ
言語活動例：文脈にあった漢字の読み書きを考えて、練習問題を解く。
同じ読みの漢字、同じテーマ（生活など）など、観点を決めて漢字や言葉を集める。

単元の目標

(1)第１学年までに学習した常用漢字に加え、その他の常用漢字のうち350字程度から450字程度までの漢字を読むことができる。また、学年別漢字配当表に示されている漢字を書き、文や文章の中で使うことができる。 〔知識及び技能〕(1)ウ

(2)言葉がもつ価値を認識するとともに、読書を生活に役立て、我が国の言語文化を大切にして、思いや考えを伝え合おうとする。 「学びに向かう力、人間性等」

単元の構想

〈単元で育てたい資質・能力／働かせたい見方・考え方〉

漢字は、文字自体が音と意味とを表している。同じ読み方の漢字、字形が似ている漢字なども多いため、生徒は似た漢字を混同したり、意味に応じた漢字の使い分けを間違えたりしやすいという面もある。一方で、同じ読みなのに漢字が異なっていたり、同じ部首だったり、共通の部位をもった漢字があったりすることは、漢字が互いにつながって一つのネットワークをつくっているということでもある。こうした漢字がもつ体系的なつながりを理解し、漢字同士を連関させて捉えることで、文字から読み方や大体の意味を推測しやすくなる。一つ一つの漢字を切り離して闇雲に覚えるのではなく、漢字全体がつながり合って一つの言語文化をつくり上げていることにも気付かせたい。

〈教材・題材の特徴〉

本教材では、漢字の読み書きや、熟語やことわざなどの中で使われている漢字を書く問題が設定されている。ただし、問題が羅列されているのではなく、同じ読みの漢字、一つの漢字の複数の読み方、同じ部首の漢字など、テーマを設定した問題群となっている。同じ群の中にある漢字の共通項に注意することで、漢字同士のつながりに気付き、まとまりとして漢字を学んだり、語彙を増やす手がかりとしたりすることができる。また、学校生活や歴史などのテーマや、ことわざといった表現形態なども、語彙を増やす際の観点となるだろう。

〈主体的・対話的で深い学びの視点からの授業改善ポイント／言語活動の工夫〉

単に小テストや練習問題を通して漢字を覚えるのでは、漢字への関心をもちにくい。生徒の主体性を引き出すために、教材に設定された小見出しを基に自分たちで漢字や語句を探して作問したり、互いに解き合ったりする活動も考えられる。また、漢字や熟語の共通項や特徴を考えるなど、漢字自体を対象として、その特徴を探るような学習活動も設定できる。

単元計画

時	学習活動	学習内容	評価
1	1．練習問題を解く。 2．観点を決めて漢字や言葉を集め、短文を作る。	○教科書の練習問題を解くことを通して、文脈の中で漢字の読み書きを行う。 ○同じ読み方をする漢字、同じ部首の漢字、複数の音読みをもつ漢字、食生活に関連する言葉など、観点を決めて漢字や言葉を集める。 ○集めた字や言葉を使って短文を作る。	❶ ❶❷

評価規準

知識・技能	主体的に学習に取り組む態度
❶第１学年までに学習した常用漢字に加え、その他の常用漢字のうち350字程度から450字程度までの漢字を読んでいる。また、学年別漢字配当表に示されている漢字を書き、文や文章の中で使っている。 (1)ウ	❷漢字の長所や価値を認識するとともに、漢字という言語文化を大切にして、漢字を活用して思いや考えを伝え合おうとしている。

〈指導と評価の一体化を図る見取りのポイント〉

主体的に学習に取り組むようにするために、漢字がもつ面白さに生徒が気付くような学習活動を取り入れることも一案である。漢字は、部首が意味の一部を表す（「さんずい」がつく字は水に関連する、など)、同じ読みでも漢字によって意味の違いを表すことができる（「計る」「測る」「量る」の使い分け）など、文字からいろいろな情報を読み取ることができる。こうした漢字の特徴を調べたり、同じ観点で漢字を集めたりしようとしているかが、「主体的に学習に取り組む態度」を見取る際のポイントとなる。

また、練習問題を解くだけでなく、自分たちで言葉を集めたり、問題をつくるといった活動を取り入れたりすることで、漢字についての知識や語彙を増やしたり、漢字を使って表現したりする場面を仕組むことができる。漢字についての知識・技能としては、文字を正しく表記するだけでなく、文脈に合った漢字を使えるかを見取るようにすることが大切である。

漢字に親しもう 2

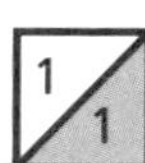

主発問 **今回学習した漢字や言葉を含めて、自分なりにテーマを決めて言葉を集め、みんなに紹介してみましょう。**

目標

教科書 p.58の新出漢字・新出音訓を学び、文や文章を書く際に使用することができる。

評価のポイント

❶第1学年までに学習した常用漢字に加え、今回学習した内容を理解し、読み書きができる。(1)ウ

❷漢字という言語文化に対して興味・関心をもち、思いや考えを伝えるために使おうとしている。

準備物 ・ワークシート01　・ミニポスター用の紙（B5判）　・辞典類（類語辞典・漢和辞典など）

ワークシート・ICT 等の活用や授業づくりのアイデア

○教科書の練習問題は、ワークシートへの記入形式で解くようにし、丁寧な作業を促す。

＊学校司書に協力を仰ぐなどして、様々な辞典類を準備し、生徒が言葉集めの作業に興味をもてるように工夫するとよい。

1 導入（学習の見通しをもつ）

〈本時の授業展開とゴールを説明〉

T：今日は、教科書 p.58の漢字を学び、それを用いた言葉集めを行います。辞典なども参考にしながら自分が決めたテーマに基づいて言葉を集め、その内容を紹介するミニポスターを作ることが目標です。知識を増やすとともに、漢字や言葉がもつ奥深さにふれられるとよいですね。

2 展開

〈練習問題を解き、丸付けをする〉

T：では、今から練習問題を解きましょう。ワークシートを配布しますから、そこに記入してくださいね。終わった人は、裏面に印刷されている解答を見て丸付けをします。その後、裏面にあるミニポスター例を参考にして、どの漢字や言葉を基にしてミニポスターを作るか、作戦を練っておきましょう。

○練習問題を解き、丸付けをする。

○どの字や言葉を扱うかを考えておく。

＊解答時間に個人差が生じる点を、あらかじめ解答を裏面に印刷しておくことでカバーする。

＊言葉集めの具体的なイメージをもたせやすくするために、作成例も裏面に印刷しておく。

＊生徒が解答している間に、辞典類の配

3 終末（学習を振り返る）

〈後日の共有を予告する〉

T：今日は、新出漢字や新出音訓を学び、それを基に自分なりのテーマを決めて、言葉集めをしました。部首がもつ意味や、同音異義語の使い分け方など、細かく見ていく中で、改めて漢字や言葉がもつ奥深さが実感できましたね。後日内容を交流し、さらに知識を増やしましょう。

効果的な板書例

漢字に親しもう　2

【学習目標】
新出漢字についての知識を増やすとともに、漢字や言葉の奥深さを理解する。

【今日のめあて】練習問題を解いたうえで、自分なりのテーマをもとにして言葉を集め、紹介しよう。

◎テーマを決めて、ミニポスターを作成する。

〈テーマ例〉
・「同じ〇〇」（or反対語）
⇒部首、読み、意味、…
・「その字を用いた表現」
・「その字の成り立ち」

置や板書を行う。

〈テーマを決め、言葉集めをする〉

T：では、いよいよテーマを決めて、言葉集めの作業に入りましょう。ミニポスターにまとめる時間も必要ですから、注意してくださいね。ワークシートの裏面の例を参考にしましょう。辞典類を並べておきましたから、適宜利用してください。もちろん、自分の辞書もどんどん使ってください。副教材にも、ヒントになりそうな内容が掲載されていますから、見てみるのもよいですね。

○テーマを決め、言葉集めをする。

＊教師は机間指導によって支援する。

〈ミニポスターを作成する〉

T：残り時間を使ってミニポスターを書いていきましょう。後日、お互いに読み合えるようにしようと思います。頑張ってくださいね。

○ミニポスターを書く。

＊教師は机間指導によって支援する。

○作業の様子

生徒：先生、テーマがなかなか決まりません。

教師：新出漢字のコーナーを一緒に見てみましょうか。何か、ちょっと気になる字はない？

生徒：うーん……。強いて言うなら、「慈」？

教師：なるほど。それはどうして？

生徒：「慈しむ」って、すごく温かい印象があって……、せっかくいい字なのに、自分が「慈愛」以外の用例を思いつかないから。

教師：とてもいい切り口ですよ。例えば、「慈」を用いた言葉をテーマにしてもいいし、「温かい印象」の字を集める、というのも独創的なテーマになるし……。

＊生徒によっては、ミニポスターの作成が間に合わない場合も考えられる。作成例をシンプルなものにし、求められている基準を明確にしておくことで、肩の力を抜いて取り組めるようにするとよい。

2 多様な視点から

文法への扉1　単語をどう分ける？／文法1　自立語（2時間扱い）

指導事項：〔知技〕(1)オ
言語活動例：実生活における言葉の使い方を振り返り、品詞の性質について考える。

単元の目標

(1)自立語について、分類の観点や各品詞の性質などを理解することができる。
〔知識及び技能〕(1)オ
(2)言葉がもつ価値を認識するとともに、読書を生活に役立て、我が国の言語文化を大切にして、思いや考えを伝え合おうとする。「学びに向かう力、人間性等」

単元の構想

〈単元で育てたい資質・能力／働かせたい見方・考え方〉

文法は言葉を使う中で自然に身に付いていくものではあるが、正確に理解し適切に表現するために、改めてその品詞の性質を理解することは重要である。１年時に学習した、言葉の単位、文の組み立て、単語の分類に関する知識を踏まえ、本単元では、単語を分類する観点や品詞の性質について学ぶ。品詞の性質について理解することで、例えば最近時々耳にする「この色はきれくない」「いつもと違く見える」といった表現の文法的な不適切さに気付くことができれば、時と場合による使い分けも可能となる。このように、実生活とのつながりを示しながら、文法に関わる知識について体系的な理解を深め、常に言葉を正しく適切に使う意識を育みたい。

〈教材・題材の特徴〉

本教材は、生徒の興味・関心をひくための「文法への扉」と、文法についての詳細な説明が示されている「文法１自立語」で構成されている。前者には大きなイラストが掲載されていて、導入として活用できる。そこで生徒が気付いたことを生かして、後者を用いた文法の知識に関する整理・理解につなげたい。また、「文法１自立語」の前には「１年生の復習」が掲載されているので、適宜活用することで、これまで学んだことのさらなる定着を図ることもできる。

〈主体的・対話的で深い学びの視点からの授業改善ポイント／言語活動の工夫〉

文法の学習では、何のために何を学ぶのかを明確にすることが重要である。そのため、実生活でよく見られる文法的な誤りなどを例に示しながら、文法を理解・活用することの意義を伝える。また、文法に関わる知識については、一方的に説明するだけでなく、生徒自らが法則などを考える場面も設定する。普段何気なく使っている言葉について立ち止まって考えることで、新たな発見があることに気付かせたい。本単元で学ぶ内容については、１年時からの流れを踏まえて見通しをもたせる。理解すべき内容が多いことを考えると、ワークシートを活用するなどして、生徒が考えたり問題に取り組んだりする時間を確保したい。

単元計画

時	学習活動	学習内容	評価
1	1．既習事項を振り返る。 2．教科書 p.59上段の設問に取り組む。 3．学習の見通しをもつ。 4．活用する自立語の性質について理解する。	○１年時に学習した文法の内容を確認する。 ※必要に応じて教科書 p.232を参照する。 ○ p.59上段の設問に取り組み、単語の分類の仕方について考える。 ○ p.59下段を読み、単語を分類するときの観点を確認するとともに、本単元の学習内容について理解する。 ○活用する自立語を分類し、それぞれの特徴について考える。 ○動詞、形容詞、形容動詞の性質や特徴をワークシートを用いて整理する。	❶ ❷
2	5．活用しない自立語の性質について理解する。 6．p.237下段の設問に取り組む。	○活用しない自立語を分類し、それぞれの特徴について考える。 ○名詞、副詞、連体詞、接続詞、感動詞の性質や特徴をワークシートを用いて整理する。 ○ p.237下段の設問に取り組み、単語の分類の仕方を確認する。 ※必要に応じて p.233の品詞分類表を参照する。	❶ ❷

評価規準

知識・技能	主体的に学習に取り組む態度
❶自立語について、分類の観点や各品詞の性質などを理解している。　(1)オ	❷今までの学習を踏まえて、進んで自立語についての理解を深め、単語の性質について考えようとしている。

〈指導と評価の一体化を図る見取りのポイント〉

文法の授業はとかく教師による説明が多くなり、生徒の理解度を確かめる場面が少なくなりがちである。そこで、ワークシートの記述内容をペアで確認したり、簡単な練習問題を解かせて理解度を確かめたりする場面を時間が許す限り意図的に取り入れたい。また、設問の解答についても、個人で解いて全体で確認する前に、ペアまたは小グループで教え合う場面を設けることも有効である。単元が終わった後には、小テストや定期テストで定着の度合いを見取る。その際に、努力を要すると判断される生徒については、課題のプリントを用意するなどして個別の支援を行う。文法については繰り返し学習することが確実な定着につながるため、定期的に小テストを行ったり、課題を出したりするなどの工夫も考えられる。

文法への扉１　単語をどう分ける？

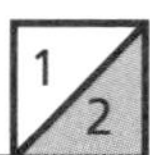

主発問　活用する自立語にはどのような性質や特徴がありますか。

目標

単語を分類するときの観点や、活用する自立語の性質について理解することができる。

評価のポイント

❶自立語について、分類の観点や各品詞の性質などを理解している。　(1)オ

❷今までの学習を踏まえて、進んで自立語についての理解を深め、単語の性質について考えようとしている。

準備物　・ワークシート①01

ワークシート・ICT 等の活用や授業づくりのアイデア

○ワークシートを活用し、学習内容を整理する。

＊ワークシートは自分でまとめる形にしたり、空欄を埋める形にしたり、生徒の実態に応じて作成する。

＊文法の問題については、インターネットで公開しているものが多数あるので、適宜活用する。

1　導入（学習の見通しをもつ）

〈文法を学ぶ意義を確認する〉

T：文法については１年生のときから学んでいますが、文法を学ぶ意義について確認しましょう。

＊文法が生かされる場面を例に挙げながら、学ぶ意義を確認する。

（例）作文を書くときに、文の成分を意識することでねじれを防げる。

2　展開

〈１年時に学んだことを振り返る〉

T：１年生のときに、文法について最初に学んだことは何ですか。

・言葉の単位です。

T：この単元では、単語の性質について学びます。

＊文法は体系的に学ぶことが重要である。文節レベルで考える文の成分と単語レベルで考える品詞の違いを意識させたい。

〈単語を分類する時の観点を考える〉

T：次に示す単語を、三つに分類しましょう。

「山」「きっと」「話す」「家」「この」「静かだ」

○初めは教科書を見ずに分類する。その後、教科書で確認し、「あらゆる」「速い」「きらきら」「走る」「車」につい

3　終末（学習を振り返る）

〈練習問題で本時の学習を振り返る〉

T：次の文から、動詞、形容詞、形容動詞を書き抜きなさい。

「昨日、海に行った。海はとても広かった。そして、春の海は穏やかだった」

T：次回は活用しない自立語の性質や特徴について学びます。

効果的な板書例

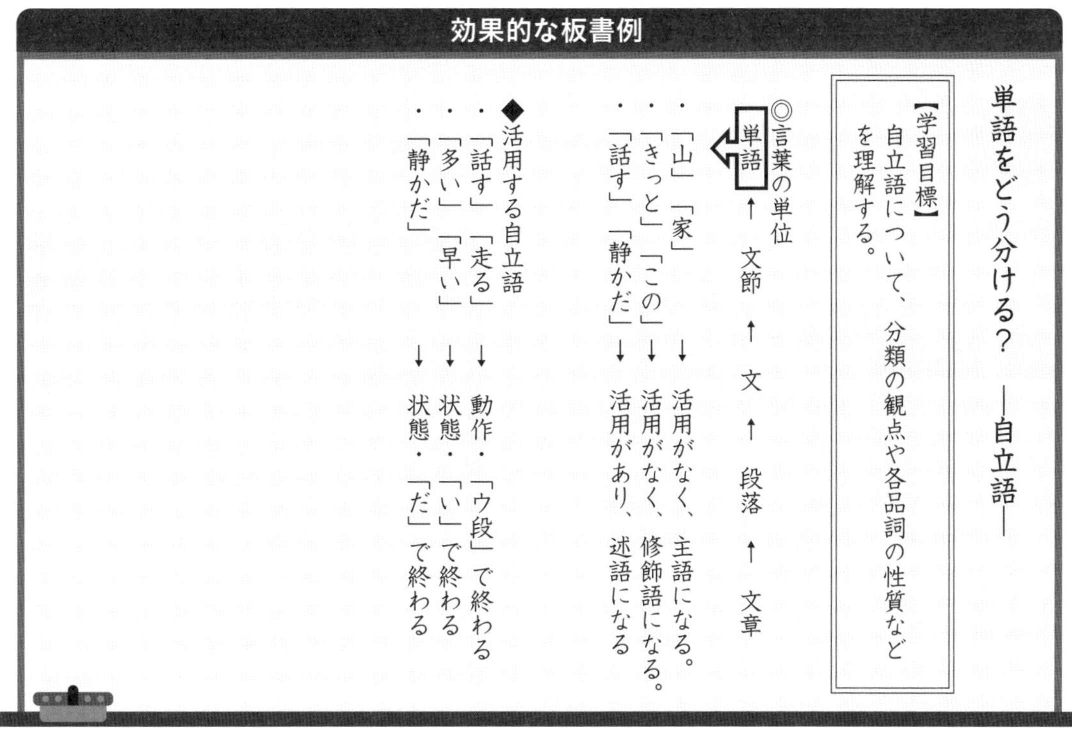

ても分類する。

○ p.59下段を読み、分類の観点を確認する。

〈活用する自立語を分類する〉

T：次に示す活用する自立語を、三つに分類しましょう。

「話す」「静かだ」「多い」「早い」「走る」

・「話す」と「走る」は動作に関係しています。それに対して、「静かだ」、「多い」、「早い」は状態を表しているのではないでしょうか。

＊難しいようであれば、「最後の文字に着目してみましょう」などとヒントを出す。教師が一方的に教えるのではなく、自分たちで言葉に関わる法則を見つけようとする意識を大切にしたい。

〈動詞、形容詞、形容動詞の性質や特徴をワークシートを用いて整理する〉

T：教科書 p.234を読み、動詞、形容詞、形容動詞の性質や特徴をワークシートにまとめましょう。

＊ワークシートは生徒の実態に合わせて、書かせる分量を調節する。

T：動詞はさらに自動詞と他動詞に分けることができ、その使い方で文の意味や印象が変わります。

○教科書 p.234を読み、自動詞と他動詞でどのように意味や印象が変わるかを理解する。

T：他にも自動詞と他動詞の組み合わせを考えてみましょう。

・「窓が割れました」と「窓を割りました」

・「船が海に浮かぶ」と「船を海に浮かべる」

＊日常生活の中で無意識のうちに使い分けていないかを問うてみるのもよい。例えば何かを壊してしまったときに「○○が壊れました」と報告すると、他人事のような印象を与えてしまう。こうした誤解を生まないためにも、文法の理解は大切であることに気付かせたい。

○教科書 p.235を読み、補助動詞と補助形容詞について理解する。

文法への扉１　単語をどう分ける？

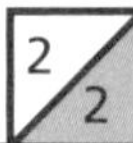

主発問　**活用しない自立語にはどのような性質や特徴がありますか。**

目標

単語を分類するときの観点や、活用しない自立語の性質について理解することができる。

評価のポイント

❶自立語について、分類の観点や各品詞の性質などを理解している。　(1)オ

❷今までの学習を踏まえて、進んで自立語についての理解を深め、単語の性質について考えようとしている。

準備物　・ワークシート②⬇02

ワークシート・ICT 等の活用や授業づくりのアイデア

○本時は理解すべき内容が多いため、ワークシートには特に重要な語句を書かせるようにする。

＊説明しただけでは知識の定着は図れない。説明は極力簡潔に済ませ、問題練習等で生徒の理解を深めたい。

＊Google Forms 等を用いると、問題の正答率をすぐに把握することができる。

1　導入（学習の見通しをもつ）

〈前時の学習を振り返り、本時の学習の見通しをもつ〉

T：前の授業では何について学習しましたか。

・動詞、形容詞、形容動詞です。

T：それぞれの品詞の性質や特徴を説明してみましょう。

T：この授業では、活用しない自立語について学習します。

2　展開

〈単語を分類するときの観点を考える〉

T：次に示す活用のない自立語を、五つに分類しましょう。

「山」「きっと」「この」「例えば」「おはよう」「空気」「少し」「大きな」「つまり」「はい」

＊迷っている生徒には、教科書 p.233を見ながら、どのような文の成分になるかを考えるように促す。

〈名詞の性質や特徴をワークシートを用いて整理する〉

T：活用しない自立語のうち、主語になれる単語を名詞と言います。名詞はさらに五つに分類することができます。それぞれの性質や特徴を理解しましょう。

○ワークシートに重要な語句を記入しながらまとめる。

○ p.236下段を読み、文の中での名詞の

3　終末（学習を振り返る）

〈練習問題で本時の学習を振り返る〉

T：これまでの学習を確認しながら p.237下段の問題に取り組みましょう。

＊迷っている生徒には、ワークシートや p.233を見直すように促す。

T：隣の人と答え合わせをしてみましょう。

＊教師の解説の前に、生徒が互いに教え合う場面を設ける。

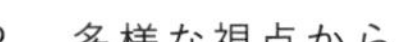

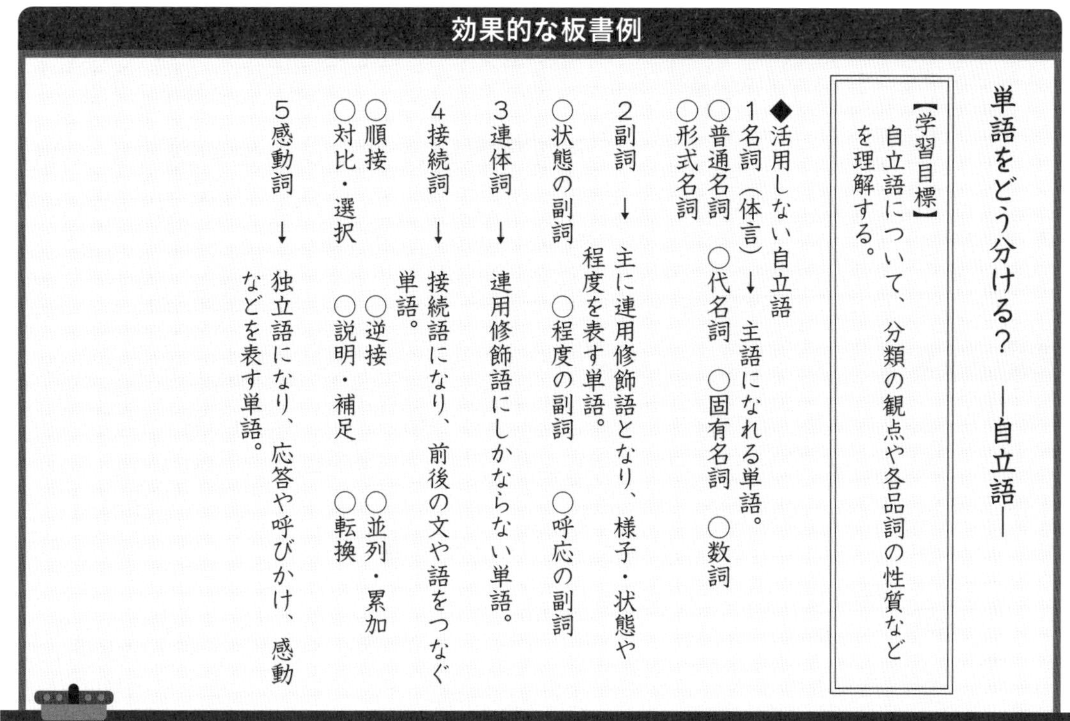

働きについて理解する。

〈副詞の性質や特徴をワークシートを用いて整理する〉

T：活用しない自立語のうち、主に連用修飾語となる単語を副詞と言います。副詞はさらに三つに分類することができます。それぞれの性質や特徴を理解しましょう。

＊「連用修飾語になる単語＝副詞」と誤解する生徒が多いので、形容詞や形容動詞も連用修飾語になるので区別するように説明する。

〈連体詞の性質や特徴をワークシートを用いて整理する〉

T：活用しない自立語のうち、連体修飾語にしかならない単語を連体詞と言います。

○ p.236下段を読み、「静かな」と「大きな」の品詞の違いについて理解する。

＊さらに、「大きな」（連体詞）と「大きい」（形容詞）は別の単語であることも説明する。

〈接続詞の性質や特徴をワークシートを用いて整理する〉

T：活用しない自立語のうち、接続語になり、前後の文や語をつなぐ単語を接続詞と言います。

＊接続詞の役割については、1年時に学習した「指示する語句と接続する語句」を想起させる。例えば、下の（　　）に入る接続詞の違いによって書き手の気持ちが分かることなどを示す。

○一生懸命練習した。（　　　）準優勝だった。
だから→満足　　しかし→不満

〈感動詞の性質や特徴をワークシートを用いて整理する〉

T：活用しない自立語のうち、独立語になり、応答や呼びかけ、感動などを表す単語を感動詞と言います。

＊独立語は文の成分で、文の中での働きを指す言葉である。それに対して、感動詞は品詞で、単語の性質を表す言葉であることを確認する。

情報社会を生きる
メディアを比べよう／メディアの特徴を生かして情報を集めよう／「自分で考える時間」をもとう
（3時間扱い／書くこと❷・読むこと❶）

指導事項：〔知技〕(2)イ　〔思判表〕B(1)ア　C(1)イ、エ
言語活動例：メディアの特徴をまとめ、状況に応じた情報の集め方を考える。

単元の目標

(1)情報と情報との関係の様々な表し方を理解し使うことができる。〔知識及び技能〕(2)イ

(2)目的や意図に応じて、社会生活の中から題材を決め、多様な方法で集めた材料を整理し、伝えたいことを明確にすることができる。〔思考力・判断力・表現力〕B(1)ア

(3)観点を明確にして文章を比較しながら情報の内容や表現の効果を捉え、目的に応じて複数の情報を整理して、必要な情報を得る方法を考えることができる。
〔思考力・判断力・表現力〕C(1)イ、エ

(4)言葉がもつ価値を認識するとともに、読書を生活に役立て、我が国の言語文化を大切にして、思いや考えを伝え合おうとする。「学びに向かう力、人間性等」

単元の構想

〈単元で育てたい資質・能力／働かせたい見方・考え方〉

情報は、目的、発信者の意図、メディアの特徴など、様々な制約の中で選ばれ、表現されている。だからこそ、受け手は自分の力で情報の価値を判断しなければならない、本単元では、様々なメディアの情報を比べながら、それぞれの特徴を理解し、情報の価値を判断する力を育てたい。合わせて、メディアの特徴を踏まえながら状況に応じて情報を集める力の習得も目指す。

〈教材・題材の特徴〉

本単元は、様々なメディアで発信されたサッカーW杯に関する記事、目的や状況に応じたメディア選択についての解説、「編集」という情報の特徴を取り上げた解説文とで構成されている。具体的事例をもとにメディアの特質を考えたうえで、「編集されている」という情報の本質を知ることで、主体的にメディアと向き合う必要性を実感することができる。

〈主体的・対話的で深い学びの視点からの授業改善ポイント／言語活動の工夫〉

生徒にとってインターネットの利活用は生活の一部であり、それに頼りきってしまう姿勢も見られがちである。そこで授業にあたっては、インターネットで情報が手に入らない場合、機器が使えない場合など、実生活でも起こりうる状況を考えることで、インターネットに依存しないメディアとの接し方を考えさせたい。また、職業ガイドの作成など、これまでの学習の取材活動で感じたメディアの長所や短所を題材とすることも、具体的に考えさせる手立てとして有効である。

単元計画

時	学習活動	学習内容	評価
1	1．自分たちの経験を基に、情報メディアの特徴を出し合う。 2．記事を比べ、メディアの特徴を整理する。	○自分たちが普段使っているメディアを想起し、それらの長所と短所を挙げる。 ○記事を読み比べ、それぞれのメディアの特徴を観点に沿って○△×で評価し、交流する。	 ❶❹
2	3．目的に応じた情報メディアを選ぶ。 4．状況に応じた情報メディアを選ぶ。	○調べたいことによって、どのメディアから情報を探せばよいかを考え、交流する。 ○非常時を想定し、状況に合わせてどのメディアを活用すればよいかを考え、交流する。 ○真偽が分からない情報への対し方を考える。	❷
3	5．情報を比べ、二つの情報が異なる理由を考え、情報が編集されていることを理解する。 6．情報と接するときの留意点を挙げる。	○三つの課題を班で分担し、ニュースの選択や記事の表現がなぜ異なっているかを話し合う。 ○教材文を読み、「情報は編集されている」とはどういうことかを理解する。 ○単元で学んだことを振り返り、今後、情報と接するときに気を付けたいことを挙げる。	❸ ❺

評価規準

知識・技能	思考・判断・表現	主体的に学習に取り組む態度
❶情報メディアの特徴を、表などの方法を使って整理している。 (2)イ	❷「書くこと」において、目的や意図に応じて、多様なメディアから必要な情報を集める方法を考えている。 B(1)ア ❸「読むこと」において、複数の情報を比較し、目的や意図に応じた表現の効果を考えている。 C(1)イ ❹「読むこと」において、観点を明確にして複数の記事を比べ、メディアの特徴をまとめている。 C(1)エ	❺情報メディアの特徴を踏まえて、適切に情報を集める方法を考えようとしている。

〈指導と評価の一体化を図る見取りのポイント〉

本単元では、メディアの特徴などを整理する表の作成を繰り返し行っている。評価においては、書き上げた表とその作成過程を対象として、メディアに対する意識や情報を整理する力を見取っていく。まず、多様なメディアを活用して情報を得ようとしているかを評価するために、インターネット以外のメディアに積極的に役割を見いだし、それを活用しようとする姿勢を表中の記述から見取ることが大切である。また、情報との向き合い方に対する生徒の意識の変容は、単元のまとめで書く留意点が、学習した内容を踏まえた具体的なものになっているかで判断する。

メディアを比べよう

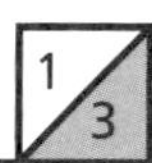

主発問　**メディアの記事を比べて、それぞれの特徴を表にまとめましょう。**

目標

各種メディアの記事を比べ、それぞれのメディアの特徴を理解する。

評価のポイント

❶情報メディアの特徴を表に整理している。　(2)イ

❹観点にそって複数の記事を比べ、メディアの特徴を表にまとめている。　C(1)エ

準備物　・ワークシート①01　・最近の新聞やインターネットの記事

ワークシート・ICT 等の活用や授業づくりのアイデア

○ワークシートは、板書と同じ表を印刷して、書き込めるようにする。

○インターネットが使える状況なら、その日のネットニュースの記事を閲覧しながらインターネットの特徴を考えてもよい。教科書の記事は少し古くなるので、可能であれば新しい記事を使った方が、生徒の関心も高まり、分かりやすい。

1　導入（学習の見通しをもつ）

〈メディアを想起し学習の概要を伝える〉

T：みなさんは、普段どのようなメディアから情報を得ていますか。

＊職業ガイド作成の学習を想起するなど、具体的な場面を設定してもよい。

T：これから、様々なメディアの特徴を知り、情報を集めるときに注意することを考えていきましょう。

2　展開

〈経験からメディアの特徴を考える〉

T：新聞、テレビ、インターネット、雑誌、SNS について、それぞれのメディアの長所と短所を挙げてみましょう。

・〈新聞〉○詳しい。×難しい。

〈テレビ〉○映像付きで分かりやすい。×放送される番組を見るだけで受身。

〈インターネット〉○簡単。いつでも調べられる。×信頼できない記事がある。情報が多くて探しにくい。

〈雑誌〉○専門的で詳しい。×買わなければならないので、お金がかかる。

〈SNS〉○写真があって分かりやすい。×誰が発信したか分からず、信頼できない情報もある。

T：考えたことを発表しましょう。

・理由の例は板書例を参照。

＊友達の意見は、色を変えて書き加える

3　終末（学習を振り返る）

〈特徴のまとめと次時の予告〉

T：テレビや SNS は速報性が高いですね。一方、新聞や雑誌の情報は遅れますが、詳しく信頼できる情報が多くなります。インターネットは便利ですが、記事の信頼性は様々です。こうした特徴を踏まえて、次は、どんな場合にどのメディアを使えばよいかを考えましょう。

効果的な板書例

メディアを比べよう

【学習目標】様々なメディアの長所と短所を知って、必要な情報を集める力を身に付けよう。

【今日のめあて】記事を比べてメディアの特徴をまとめよう。

メディアの特徴

	長所と短所	速報性	詳細さ	信頼性
新聞	○詳しい。×難しい。	△ 次の日	○ 結果や試合経過あり。	○ 取材しているので確か。
テレビ	○映像付き。×見るだけで受身。	○ 同時（生放送）	△ ニュースは数分くらい。	○ 映像がある。
インターネット	○簡単。×信頼できない記事がある。	△ 数分後	△ 一つの記事は多くない。	△ 偽サイトあり個人が書いている。
雑誌	○専門的で詳しい。×お金がかかる。	× 一週間後一ヶ月後	○ 詳しい取材をしている。	△ 不確かな記事もある。
SNS	○写真。見やすい。×信頼できない。	○ 現場から	× 文字制限がある。	× 誰が発信したか分からない。

ように指示する。

＊この時点では生徒が見つけた長所、短所を挙げさせる。すべてのメディアの欄を埋めることにこだわらなくてよい。

〈メディアの記事を読み比べる〉

T：メディアそれぞれに、長所と短所がありますね。では、実際にそれぞれのメディアの記事を比べ、特徴を考えてみましょう。速報性、詳細さ、信頼性の観点について、それぞれの記事を評価してください。

＊それぞれに○△×を付け、理由も挙げるように指示する。５点満点で採点してもよい。

＊同じメディアでも記事によって詳細さや信頼性は異なるという理由で、全部を△にしたり、採点できないとしたりする回答も予想される。そのような場合は、メディア全体の傾向を他のメディアと比べてみるように示唆する。

＊それぞれの観点につき○と×を一つ以上は付けるようにすると、メディアによる差を付けさせることができる。

〈それぞれの評価を交流する〉

T：それぞれの採点結果を交流しましょう。自分が付けた評価とその理由を班で発表し合い、班での評価を決めてください。

＊交流に際しては、ワークシートに友達の意見をメモして、空いている欄をできるだけ少なくするように指示する。書き加える情報は色を変えるようにしておくと、交流の結果が把握しやすくなる。

＊どの観点についても、想定する記事によって評価が分かれることが考えられる。○△×のどれが正解かにあまりこだわりすぎず、理由を中心に書き込みを増やすように指示する。

T：班で考えた結果を発表しましょう。

＊メディア全体の特徴とともに、情報の速報性や信頼性を判断するには記事のどこに目を向ければよいかといった、記事を評価する観点についても問い返し、考えさせる。

メディアの特徴を生かして情報を集めよう

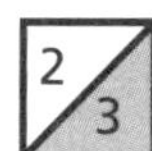

主発問　**必要な情報を得るために、どのメディアを選べばよいでしょう。**

目標

目的や状況に応じて、必要な情報を得るために適したメディアを選ぶことができる。

評価のポイント

❷メディアの特徴を踏まえ、調べたい内容に見合ったメディアを選んで、表に書き込んでいる。

❷状況に応じてどのメディアから情報を集めればよいかを考え、表に書き込んでいる。　B(1)ア

準備物　・ワークシート②⤓02

ワークシート・ICT 等の活用や授業づくりのアイデア

○ワークシートは、板書と同じ表を印刷して、書き込めるようにする。

○班で協働して一つの表を完成させていく活動も考えられる。そのときには、Jamboard などを活用することもできる。

1　導入（学習の見通しをもつ）

〈本時の学習のねらい〉

T：前時には、様々なメディアの特徴を考えました。本時は、前時に見つけた特徴を踏まえて、目的や状況に応じて必要な情報を得るためにはどのメディアを選べばよいかを考えましょう。

2　展開

〈目的に応じた情報メディアを選ぶ〉

T：まず、目的に応じてどのメディアを選べばよいか考えます。教科書の❶〜❹それぞれについて、どのメディアから情報を探せばよいか、優先順位を付けてみましょう。情報が見つからないことも考えて、3番目まで順位を付けましょう。また、具体的に、記事の種類や探し方も挙げましょう。

○まず「対戦結果や点数」について全員で考えてから、❶〜❹の場合について個人で考えさせる。

＊どの課題についても、まずインターネットを探すという生徒が多いと予想される。その場合は、インターネットで情報が見つからなかったとき、どのような記事がどのメディアから見つかりやすいかを考えるように示唆する。

3　終末（学習を振り返る）

〈特徴のまとめと次時の予告〉

T：本時は、目的や状況に応じてどのメディアを選べばよいか、様々な状況を想定して考えました。情報を探すとき、インターネットは便利ですが、万能ではありません。インターネットに頼らずに情報を集められるよう、他のメディアの活用も準備しておきましょう。

効果的な板書例

メディアの特徴を生かして情報を集めよう

【今日のめあて】必要な情報を得るために、どのメディアを選べばよいかを考えよう。

【目的に応じてメディアを選ぶ】

	本	新聞	テレビ	インターネット
結果・点数		1 スポーツ欄	3 スポーツニュース	2 大会ホームページ
選手について	1 選手が書いた本			
報道や世論		1 次の日の記事	3 スポーツニュース	2 ネットニュースの記事
サッカー歴史	2 本や事典			1 協会のページ
小説や漫画	2 書店で探す			1 「サッカー、マンガ」で検索

【状況に応じてメディアを選ぶ】

	1日目	3日目	1か月後
状況	・停電。 ・テレビやPC、電話は使えない。	・電気がほぼ復旧。 ・救援物資や医療の情報がほしい。	・ライフラインは復旧。 ・生活支援に関する情報がほしい。
役に立ちそうなメディア			

T：班で、お互いの意見を確認します。順位は友達と違ってもかまいませんが、記事の種類や探し方が違うときはメモしましょう。

＊全体交流は時間があれば行う。ICT 端末を使い、ワークシートを共有してもよい。

〈状況に応じた情報メディアを考える〉

T：次に、状況に応じてどのメディアを選ぶかを考えます。非常時にはスマートフォンやインターネットが使えないことがあります。また、時間がたてば、状況も必要な情報も変わります。それぞれの状況で、どのメディアから情報を探せばよいか、考えてみましょう。

まず、非常時にはどのような状況が想定され、どのような情報が必要となるか、教科書も参考にして確認しましょう。

・〈1日目〉今の状況。家族の安否。安全な場所。
〈3日目〉水や食料の配給場所。医療の情報。
〈1か月後〉仮設住宅の申し込み。支援やボランティアの依頼。

＊状況に応じたメディアの選択に焦点化するため、設定は確認するにとどめる。状況を生徒に考えさせてもよいが、経験がない生徒の想定は実際より大仰になりやすい。

T：それぞれの状況で、役に立ちそうなメディアや情報源を考えてみましょう。

・〈1日目〉ラジオ。車のワンセグ。
〈3日目〉自治体のサイト。テレビ。新聞。
〈1か月後〉自治体のサイト。公報。新聞。

＊インターネットで情報が見つからない場合でも行き詰まらないよう、インターネット以外にどのメディアが活用できるかを考えさせる。

〈真偽不明な情報に接したときの行動〉

T：非常時に真偽が分からない情報が聞こえてきたら、自分ならどう行動するか、話し合ってみましょう。

・何もしないで聞き流す。

・周りの人に尋ねるなどして、真偽が確かめられそうな情報を集める。

「自分で考える時間」をもとう

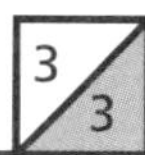

主発問 **情報を探したり発信したりするとき、どのようなことに気を付けようと考えますか。**

目標

「情報は編集されている」ことを理解し、情報を探したり発信したりするときに気を付けるべきことを考えることができる。

評価のポイント

❸複数の情報を比較し、表現が異なる理由を発信者の意図と関わらせて考えている。 C(1)イ

❺メディアの特徴を踏まえて、今後情報と向き合うときにどうするかを具体的に挙げようとしている。

準備物 ・特になし

ワークシート・ICT 等の活用や授業づくりのアイデア

○「編集の例」の分析では、発信者の意図を先に示し、AとBのどちらを選べばよいか考える活動もある。

○単元のまとめとして、これまでの学習（職業ガイド作成やプレゼンテーション）を題材として、集めた資料や取材の方法を検討する活動も考えられる。

1 導入（学習の見通しをもつ）

〈本時の学習のねらい〉

T：前時には、目的や状況に応じてどのメディアを選ぶか、不確かな情報に接したときにどうするかを考えました。本時は、情報の選び方や表し方に違いがあることを取り上げ、なぜ違いが生まれるかを考えながら、情報と接するときにどのようなことに気を付けるべきかをまとめます。

2 展開

〈情報に違いが生じる理由を考える〉

T：班で分担して、「編集の例」の三つの課題を考えましょう。

＊一つの課題を複数の班が担当するように分担する。担当した課題が早く解けた班には、別の課題も考えるように指示する。

【課題1】AとBのニュースは、どのような基準で選ばれたのか。

・Aはその地域の生活に身近なニュース、Bは全国で共通のニュース。

＊課題が難しい場合は、放送時間、地域、項目の他、どんな視聴者を想定しているかを考えさせる。

【課題2】二つの見出しはなぜこれほど違う表現になったのか。

・Aは売上高がそれほどよくないことを、Bはこれから売上高が伸びる可能性があることを強調したかったから。

3 終末（学習を振り返る）

〈単元の学びを確認する〉

T：皆さんは、これから情報を探したり、発信したりする機会が多くなります。そのとき、どのようなことに気を付ければよいと考えますか。今回学習したことを基に、3点挙げましょう。

＊終了後に一覧にして「メディア選びの手引き」を作成し、共有してもよい。

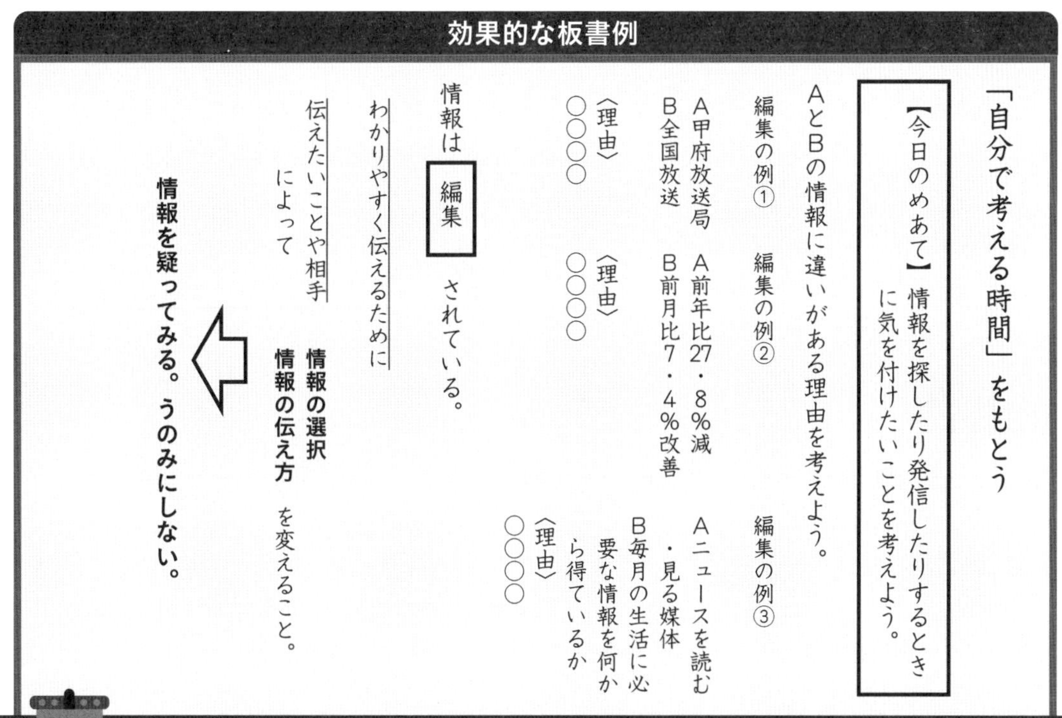

＊「Aは去年と比べているから」のように生徒の答えが事実の指摘にとどまっている場合は、Bの見出しでもよいのにA新聞が去年と比べた数字を見出しに使ったのは何を強調しようとしたからかと問うなどして、発信者の意図を考えるよう示唆する。

【課題3】AとBで、インターネットを選んだ人の結果に大きな差があるのはなぜか。

・Aはインターネットを使っている人だけに質問しているから。

＊難しい場合は、AとBの調査対象、調査方法の違いに注目し、Aの調査でインターネットと答えた人が多いのはなぜかを考えさせる。

〈課題の答えを班で交流する〉

T：別の班と交流して、課題の答えを確かめましょう。

＊最初は、同じ問題を扱った班の間で答えを確認する。その後、違う問題を扱った班と交流して、互いの問題と答えを教え合う。

〈教材文を読み、「情報は編集されている」とはどういうことかを理解する〉

T：ニュースや記事は、発信する人が何を伝えたいかによって情報の選ばれ方や表現の仕方が異なることがあります。それは、「情報が編集されている」からです。教科書の文章を読んで、「編集されている」とはどういうことか、確かめましょう。

○「編集」とはどういうことかが分かるところに傍線を引かせる。

・どんな順番で、どのように伝えるとより分かりやすくなるかを、考えながら話す。

○ニュースが異なるのは何が違うからか。

・時間帯、視聴者、地域、担当者の判断。

○筆者は、情報と接するときに何が大切だと述べているか。

・情報を疑ってみる。うのみにしない。

＊「編集の例」を取り上げて、情報の何に注意すればよいかを発表させる。

3 言葉と向き合う

短歌に親しむ／短歌を味わう［書く］短歌を作ろう

（４時間扱い／読むこと❷、書くこと❷）

指導事項：〔知技〕(1)エ 〔思判表〕B(1)ウ、C(1)エ、オ
言語活動例：短歌や俳句、物語を創作するなど、感じたことや想像したことを書く。
詩歌や小説などを読み、引用して解説したり、考えたことなどを伝え合ったりする。

単元の目標

(1)抽象的な概念を表す語句や表現から情景や心情をくみ取り、語感を磨くことができる。
〔知識及び技能〕(1)エ
(2)表現の効果を知識や経験と結び付けて鑑賞したり短歌を書いたりすることができる。
〔思考力、判断力、表現力等〕B(1)ウ、C(1)エ・オ
(3)言葉がもつ価値を認識するとともに、読書を生活に役立て、我が国の言語文化を大切にして、思いや考えを伝え合おうとする 「学びに向かう力、人間性等」

単元の構想

〈単元で育てたい資質・能力／働かせたい見方・考え方〉

写生という技法は情景を描写された中に、作者の心情が含まれていることが少なくない。その情景を一つ一つの言葉に着目して具体的に思い描くことで心情に迫る読みができる。巧みな表現や多彩な語彙の効果を理解することで、季節感や情感の豊かさを学ぶ楽しさを味わわせたい。

〈教材・題材の特徴〉

古事記に原型をもつ短歌は、伝統的な言語文化として1300年を経た現代でも多くの人々に親しまれている。それは、人間の喜びや悲しみ、自然への感動など、心情や情景を現代の読み手にも身近に感じさせるからであろう。近代短歌は文語体で書かれており、なじみにくい要素も少なくない。まずは形式や決まりごと、文語表現など基本的な知識を理解させたい。音調や仮名遣いなどにも表現効果や作品の価値を高めることにつながる効果があることも押さえておく。

〈主体的・対話的で深い学びの視点からの授業改善ポイント／言語活動の工夫〉

短歌や俳句などの短詩では、限られた音数の中で吟味された措辞や表現、語調がなされている。これら一つ一つに着目して作者と対峙し、思いを巡らせたり、他の言葉を置き換えてその言葉や表現がいかに適切なものであるかを読み取らせたりする学びを大事にしたい。作者との作品を通した「自己内対話」もまた、自我が形成された年代の学習にはふさわしく、作者の世界観、人間観を共有、共感する鑑賞の態度を養うための大切な学習の視点であると言えよう。

単元計画

時	学習活動	学習内容	評価
1	1．目標と単元全体の学習の流れを確認する。 2．解説文を読み、短歌の形式などの基本的な知識を理解する。 3．抽象表現や情景描写の中に含まれる作者の心情を読み取る。	○解説文を読み、短歌の形式や特徴、その歴史をまとめる。 ・主題の多様性、定型と音調、歴史的仮名遣いや文語表現。 ・上代にまでさかのぼる和歌の歴史にもふれる。 ○全体で感想を発表し合った後、１首を選んで初発の感想を書く。	❶
2 〜 3	4．掲出作品を鑑賞する。 5．鑑賞するための要点や視点を理解し、鑑賞文を書く。	○５首を音読し、逐語訳と大意を確認する。 ○６首の歌の特徴、表現技法、作者の思いや考え方について意見交流をし、ノートにまとめる。 ○好きな１首を選び、鑑賞文を書く。	❸ ❹ ❷ ❺
4	6．短歌を作る。	○学習の手引き「短歌をつくろう」を参考に、身近な話材を選んで短歌を作る。 ○相互に発表し、感想を述べ合う。	❷❺

評価規準

知識・技能	思考・判断・表現	主体的に学習に取り組む態度
❶抽象的な概念を表す語句や表現から情景や心情をくみ取り、語感を磨いている。 (1)エ	❷「書くこと」において、歌の特徴や表現技法などに着目して鑑賞文や短歌を書いている。B(1)ウ ❸「読むこと」において、表現の効果を知識や経験と結び付けて鑑賞することができる。 C(1)エ ❹「読むこと」において、鑑賞したことを自分の経験と結び付け、想像を広げることができる。 C(1)オ	❺キーワードを基に、自分の設定した鑑賞の課題に沿った言葉選びをしながら鑑賞しようとしている。

〈指導と評価の一体化を図る見取りのポイント〉

吟味された言葉や表現が使われている短歌では、一語一語、一つ一つの表現について正確な意味や表現に即した情景をしっかりと押さえさせる。丹念に国語辞典で意味を調べさせたり、他の言葉や類義語と置き換えて微妙なニュアンスや響きの違いについて確かめさせたりする学習過程が有効である。鑑賞するための語彙（キーワード）を示したい。鑑賞する手がかりとともに、鑑賞文を書くにあたって理解語彙から使用語彙とする手立てになるからである。リズムや語感、作者の心情や事物の情感などそれぞれの歌の特徴を捉えた上で、歌の語釈とは違ったものであっても主題に沿ったもので言葉や表現を踏まえた情景描写と、そこから読み取れる心情や思いが表現されている鑑賞を評価の観点とする。言葉の吟味から語感を磨こうとしている態度や技能も評価規準となる。

短歌に親しむ

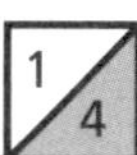

主発問 教材文にある短歌の中から興味をもった１首を選んで、感想を書きましょう。

目標

○解説文を読んで、短歌の形式や特徴を理解することができる。

○抽象的な表現などから情景や心情をくみ取り、語感を磨くことができる。

○解説文を読んで、鑑賞の観点を理解し、感想を書くことができる。

評価のポイント

❶解説文から、短歌の形式や特徴を理解している。
(1)エ

準備物 ・特になし

ワークシート・ICT 等の活用や授業づくりのアイデア

○子規記念館、斎藤茂吉記念館などの HP や YouTube「若山牧水の生涯ー幾山河に故郷を愛して」などで歌人のプロフィールを視聴することができる。時代背景を知ることで近代短歌についての興味・関心が深まる。

1 導入（学習の見通しをもつ）

T：日本の伝統的な文芸である短歌を学びます。短歌は、自然の移ろいの様子を始め、人間の喜怒哀楽など思いや感情、思想など人の内面を捉えて表現する短詩です。歌人・栗木京子さんによる解説文を手がかりに、それぞれの作者の心情やものごとの捉え方、表現の仕方を理解し、共感をもって主題に迫っていきましょう。

2 展開

〈短歌の歴史〉

T：「1300年以上前から」とありますね。農耕社会だった古代、人々は歌うことで神々と交信していました。その後、「五・七・五・七・七」という音調が定着していきます。それが「和歌」です。現存する最古の歌集万葉集には、天皇からなんと農民に至るまで様々な階層の人々の歌が載っています。平安時代に入ると、和歌は貴族たちの教養とされ、出世の手段ともなりました。しかし、武士の世の中となった鎌倉時代、短歌は急激に廃れていきます。現代でも人々に愛される短歌は、明治時代、正岡子規によって歌風などが再構築され、「和歌」から「短歌」となりました。

＊「八雲立つ出雲八重垣妻ごみに八重垣

3 終末（学習を振り返る）

T：短歌は、日本の湿潤で四季がある風土の中で育まれた伝統的な文芸です。また、「五・七・五・七・七」という音数は、日本人にとって心地よい韻律なんですね。そんな伝統的な文芸を学ぶ門に入りました。次時では、解説のない歌のよさや作者の思いについて、グループ学習を通じて味わっていきましょう。

効果的な板書例

短歌に親しむ

【学習目標】教科書の鑑賞文を読んで、短歌を味わう視点を知る。

【今日のめあて】①短歌の基本的な知識を理解しよう。②短歌を味わうための見方を知ろう。

□短歌の特徴
○五・七・五・七・七の三十一音（定型）
○さまざまな主題（季節や自然、人間の喜怒哀楽など）
○歴史的仮名遣い、文語表現
○数え方…一首、二首…
○作る人…歌人

□鑑賞の観点
○色彩や長さの描写…写生
○数詞…臨場感
○オノマトペ…主題を支える表現
○対比…大きな時間と小さな時間
○口語表現…文語とは違う味わい

つくるその八重垣を」（スサノオノミコト）が最古の歌と言われている。

〈短歌の特徴〉

T：冒頭５行の短歌の基礎知識を確認してノートにまとめましょう。

＊定型だけではなく、表現技法などにもふれておく。次時において鑑賞する手がかりとなるからである。短歌の特徴は、①音数が決まっている。(五・七・五・七・七)、②数え方は「１首２首」と数える。作る人は「歌人」と言う。

＊区切れを押さえておくことで、逐語訳する際の手立てとなる。

T：紹介されている５首の解説文を読んで、鑑賞する観点を確かめ、味わっていきましょう。

＊短歌は韻文のカテゴリーにある文芸である。文字の上だけでなく、音読で音調とその効果についても着目させる。

〈鑑賞の観点〉

・「くれなゐの」…色彩や長さを描写した写生、写実
・「夏のかぜ」…数詞による臨場感
・「死に近き」…オノマトペの効果
・「鯨の世紀」…二つの時間の融合による時間の流れ
・「蛇行する」…口語表現による味わい

〈感想を書く〉

T：５首の中から興味をもった短歌を１首選んで、感想を書きましょう。

＊「好きな歌」とすると、見いだせないこともある。「興味をもった歌」とすることで、疑問をもったり、別角度から見たりした鑑賞も可能となる。自由に書かせてもよいが、構成を指示することで書きやすくなる。例えば、２段落構成とし、前半は関心をもった表現や言葉、目に見える光景や様子について、後半ではその感想を書くという指示をすることで短時間で中心点が定まった感想文が書ける。

短歌を味わう

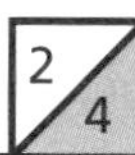

主発問　「短歌を味わう」の４首を味わいましょう。

目標

○言葉や表現に着目して情景や心情をくみ取り、短歌を鑑賞することができる。

○言葉や表現を他のものと比較して、その言葉の語感や意味の相違について考えることができる。

評価のポイント

❸掲出歌の逐語訳と大意を考えている。　C(1)エ

❹歌の特徴や表現技法から作者の思いや考え方について捉えている。　C(1)オ

準備物　・ワークシート01

ワークシート・ICT 等の活用や授業づくりのアイデア

○鑑賞するための視点と手順を示すワークシートを活用する。ワークシートには、以下の内容を入れたい。①逐語訳、②見える風景など、③表現の工夫、④その効果、⑤作者の思い、⑥主題、⑦感覚

1 導入（学習の見通しをもつ）

T：前時では５首の短歌の味わい方について学びました。その知識を使って、後の６首を四人一組のグループになって味わってみましょう。本時では、最初の４首の鑑賞です。鑑賞する手順としてワークシートを作りました。その項目に沿ってグループで意見や感想を交流し合い、自分自身の読み方をもちましょう。

2 展開

〈鑑賞〉

○四人一組

T：ワークシートにしたがって、グループごとに考えや感想を出し合ってまとめましょう。

＊時間を区切って一つ一つの項目を基に交流する。その都度、鑑賞する着眼点を示す。読み誤りや飛躍した捉えを避けるためである。意味の確認は、「大意」ではなく「逐語訳」でさせる。言葉の意味や描写された情景を正しく把握させるためである。

＊「白鳥は」の着眼点とキーワード

・「青」と「あを」、「かなしからずや」（反語か疑問か）

・キーワード＝孤高

＊「かなし」は「悲し」ではなく「哀し」。「胸がつまるような切なさ」を表

3 終末（学習を振り返る）

T：今日は、４首の短歌を鑑賞しました。たった一つの読み方などありません。各自が感じたことを大切にしてください。ただ、言葉や表現を正しく解釈しなければなりません。また、「秋の雲」を「夏の雲」などに置き換えてみることで、その言葉がテーマに沿ったものであるかが理解できます。

効果的な板書例

短歌を味わう

【学習目標】
意見や感想を交流し合って、それぞれの歌を鑑賞しよう。（その1）

【今日のめあて】ワークシートの項目にしたがって、自分の意見や感想をもとう。

白鳥は哀しからずや……

海のあを＝碧　かなし＝哀し

不来方のお城の草に寝ころびて……

十五＝思春期

のぼり坂のペダル踏みつつ子……

父の思い

ぽぽぽぽと秋の雲浮き……

秋の雲→夏の雲？・冬の雲？

し、「悲し」と区別する。「あを」も同様、漢字の意味合いから考えさせたい。

＊「不来方の」の着眼点

・「空に吸はれし」、「十五の心」

・キーワード＝思春期の心

＊「のぼり坂」の着眼点

・口語体、のぼり坂

・キーワード＝父の思い

＊「ぽぽぽぽと」の着眼点

・オノマトペ、「秋の雲」

・キーワード＝何気ない昼間の時間

○全員が1首ごとに感想を書き上げた時点で、教師による解説を聞く。

〈解説・補足〉

T：最初の2首は、近代短歌と言われているもので明治時代から昭和前期までにつくられたものを指します。歌人の生い立ちや経歴を知ることで、いっそう歌の味わいが増します。

＊青年時代から短歌に関わりをもっていたことや生い立ちについて少しふれたい。

T：「白鳥は」では、「海のあを」とありますが、どんな色なのでしょうか。作者は「白鳥」をどんなふうに見ているんでしょうか。

＊「孤高」という言葉を使って「白鳥」と自分自身を重ね合わせていることに注目させる。

T：「不来方」では、「空に吸はれ」ると感じたのですが、どんな気持ちの表れなのでしょうか。

＊不安定な「十五の心」の表れ。

T：「のぼり坂」では、だれの目線から詠んでいるのでしょうか。「平坦な道」や「くだり坂」ではなく「のぼり坂」としていることで、どんな思いを表したかったのでしょうか。

＊口語体のもつ効果にもふれる。

T：「ぽぽぽぽと」では、「秋の雲」が浮かんでいる静かな日中、ひとり残った母親の気持ちを想像してみましょう。

＊「夏の雲」や「冬の雲」と置き換えることで、ゆったりと流れる時間が想起されよう。

短歌を味わう

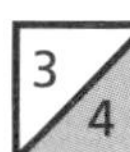

主発問　「短歌を味わう」の２首を味わおう。

目標

○言葉や表現に着目して情景や心情をくみ取り、短歌を鑑賞することができる。

○言葉や表現を他のものと比較して、その言葉の語感や意味の相違について考えることができる。

○好ましく感じられるところを説明することができる。

評価のポイント

❷表現の効果を知識や経験と結び付けて鑑賞文を書いている。　B(1)ウ

❺自分が選んだ１首に対して、積極的に鑑賞文を書こうとしている。

準備物　・ワークシート

ワークシート・ICT 等の活用や授業づくりのアイデア

○収載歌人の他の歌も紹介したい。鑑賞の糸口となるほか、短歌のものは興味・関心を抱かせる手立てともなる。

例）幾山河越えさり行かば寂しさのはてなむ国ぞ今日も旅ゆく（若山牧水）

1　導入（学習の見通しをもつ）

T：前時に引き続いて、残り２首の現代短歌をグループで鑑賞し合って作品を味わいましょう。その後、１首を決めて鑑賞文を書く学習をします。鑑賞文を書くコツは、何よりも選んだ歌が気に入っていることで、好意的に書こうという気持ちです。この気持ちがあるだけで、いい鑑賞文が書けますよ。

2　展開

〈鑑賞〉

○四人一組

T：前時の続きです。残りの２首を鑑賞し合った後、１首を選んで鑑賞文を書きます。

○「観覧車」の着眼点

・「回れよ回れ」

・「君」

・キーワード＝どんな状況か

＊「観覧車」や「君」からどんな状況なのかが見えてくる。

○「ゼラチンの」の着眼点

・字余りの効果

・「ひとり」

・キーワード＝作者の内面

＊状況を示す描写に沿って、作者の心を想像させたい。

○感想を書き上げた時点で、教師による

3　終末（学習を振り返る）

T：今日は、残り２首の鑑賞と、鑑賞文を書きました。慣れない文種でしたが、思い思いの視点から作品を鑑賞した文章が書けましたね。人間の感情や思いを詠むのが短歌です。少し身近に感じたのではないでしょうか。次時では、学習の締めくくりとして、短歌を実際に作ってみる楽しい時間にしましょう。

効果的な板書例

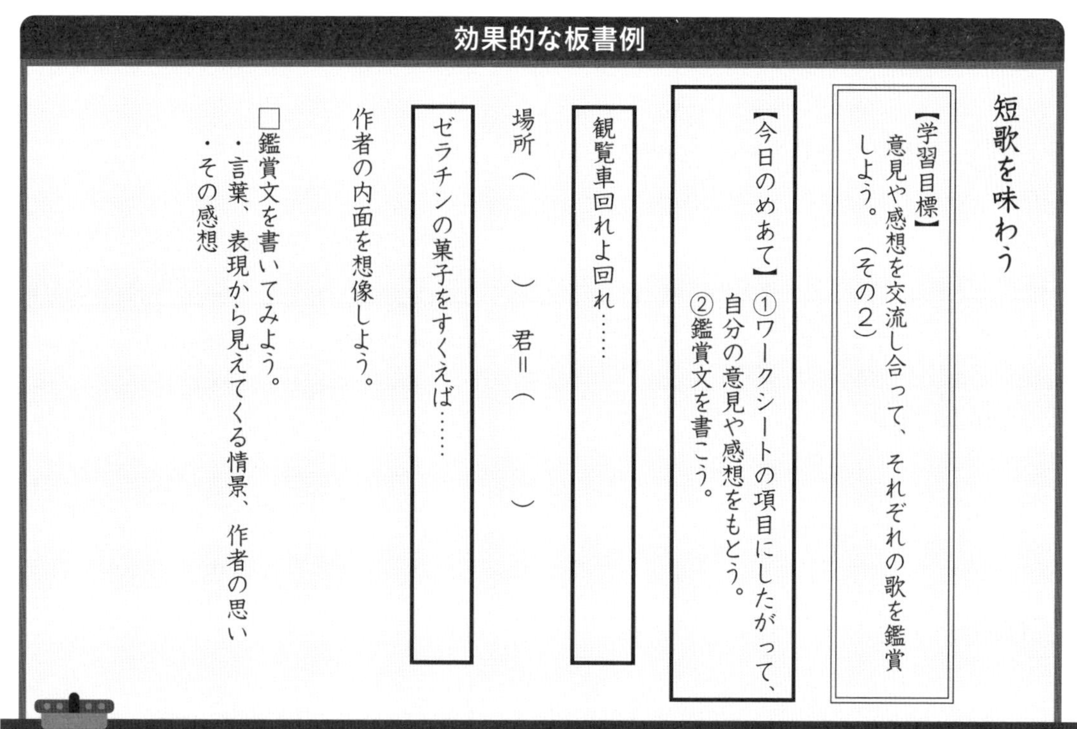

解説をメモをしながら聞く。

〈解説・補足〉

T：「観覧車」では、「君」と「我」の関係についてまずははっきりとさせておくことが大切です。どんな状況を詠っているのでしょうか。

＊「恋人同士」だけでなく、「親子」と捉えることもできる。一面的な見方は避けたい。「想い出」は、一般的に使われる「思い出」に比べて懐かしさなど情緒的な要素が含まれる。

T：「ゼラチンの」では、作者の内面を一つ一つの表現や言葉を手がかりに探っていきましょう。「ゼラチンの菓子」って、どんなお菓子を思い付きますか。それをスプーンですくったのでしょうか。今降る雨のにおいとともに、一人静かに過去を回想しているんでしょうか。

＊難解な歌であることから、自由な鑑賞があっていい。解釈を押し付けないことが大切である。

T：６首の短歌をみんなで鑑賞してきました。気に入った歌はありましたか。その歌のよさや深みをさらに追求していくために、鑑賞文を書きましょう。字数は200字程度。文章の前半には、表現や言葉から見えた情景や作者の思い、後半では、その感想を書きましょう。

＊10分程度の時間しか用意できないことで、気負わずに書かせたい。

○机間指導をしながら、まとまった文章を書いていたり、注目すべき表現を用いていたりする生徒作品をチェックする。その時点で、当該生徒に発表してもらうことを伝えておく。

〈発表〉

T：では、みなさんに聞いてもらいたい鑑賞文を書いていた何人かに披露してもらいましょう。では、○○さん、お願いします。

＊発表してもらうことをあらかじめ伝えておく配慮が大切。発表する話し方や内容が整理できる。

短歌を作ろう

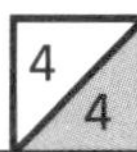

主発問 **短歌を作って発表し合いましょう。**

目標

○表現を工夫したり、表現技法を使ったりして、身近なテーマで短歌を創作することができる。

○短歌における表現技法を理解することができる。

評価のポイント

❷「学習の手引き」を参考に身近な話材を選んで短歌を作っている。 B(1)ウ

❺相互に発表し、積極的に感想を述べ合おうとしている。

準備物 ・ワークシート

ワークシート・ICT 等の活用や授業づくりのアイデア

○短歌を作らせるに当たって表現技法を紹介する。その中の一つを選ばせて作歌に活用することで、表現技法の実際を理解することができ、さらには相応な短歌を作る手応えを感じさせることができる。

1 導入（学習の見通しをもつ）

T：近代から現代までの著名歌人の歌を鑑賞してきました。自分の生活や内面を見つめたものばかりでしたね。決して、難しく考えるものだけではありません。そこで、今日は、「短歌を作ろう」を参考にして自分でも短歌を作ってみましょう。

2 展開

〈動機付け〉

T：欧米では、一般の人々が詩を作るという文化はあまりないのではないでしょうか。でも、我が国では短歌や俳句を作って楽しむ文化があります。一説では、全国で30万人の短歌人口がいるとも言われています。そこで、今日は、学習の締めくくりとしてみんなで短歌を作って楽しみましょう。

＊テーマ設定や作歌の手順は「短歌を作ろう」の記述を参考に進める。

〈創作の手順〉

T：身の回りの出来事の中で、心が動いたことを決めて、１文か２文で表してみましょう。その文を五・七・五・七・七の形にしていきましょう。

＊１文か２文にすることによって、端的な言葉を使おうとしたり、素材を選

3 終末（学習を振り返る）

T：近・現代短歌の一端に触れる４時間でした。思春期の中にいるみなさんには、自分の心のひだにふれながら、短歌を味わったり、自分でも作ってみたりしてください。伝統文化にふれる醍醐味が味わえるとともに、表現力や語彙力が醸成されます。中学３年では、奈良時代から平安・鎌倉時代にかけての和歌を学習します。

効果的な板書例

短歌を味わう

【学習目標】
短歌を作る。

【今日のめあて】①表現を工夫して短歌を作ろう。
②友達の短歌を楽しく味わおう。

身の回りの出来事で心が動いたこと
・一文か二文で表す。

表現技法を使ってみよう。
・写生描写
・体言止め
・倒置法
・押韻
・オノマトペ
・比喩法
・擬人法
・反復法

り分けようとしたりする態度が養われる。

T：ここで、短歌の内容をより効果的にするために短歌の表現技法をみていきましょう。五・七・五・七・七に整えたものを、これらの表現技法のどれか一つを使って推敲してみましょう。

○「写生描写、体言止め、倒置法、押韻、オノマトペ、比喩法、擬人法、反復法」の用法とそれらの効果について簡単に解説する。

＊前時で収載歌人の有名な歌を紹介したが、省略した歌人の有名な歌を用例として、それぞれの表現技法の効果について説明する。前時までの発展学習という位置付けでもある。

〈創作〉

T：では、一人一人短歌を作ってみましょう。

○机間指導をしながら適宜アドバイスをする。できるだけ、静かな創作時間を作ってやりたい。

＊言葉を吟味させるために、国語辞典を使うことを勧める。俳句や短歌の学習では、語彙力の育成に大いに役立つ。

〈発表会・グループ内〉

T：四人一組となって、お互いに自分が作った短歌を発表し合いましょう。発表者は、作品への思いとともに、工夫した表現や技法についてもふれて自解しましょう。聞き手は、どこがよかったのかを伝えてあげましょう。

○グループの中でいちばん好評だった歌を1首選ばせて、学級全体で発表させる。

〈発表会・学級全体〉

T：それでは最後に、各グループから選ばれた歌をそれぞれ発表してもらいましょう。

＊一人一人が発表し終わった段階で、教師からの感想や評価を必ず付け加える。どこがよかったのかが学級全体でも共有できるとともに、発表者の励みにもなる。

3 言葉と向き合う

言葉の力（2時間扱い／読むこと）

指導事項：〔知技〕(3)エ 〔思判表〕C(1)オ
言語活動例：自分の知識や経験と結び付けながら、筆者の考え方について話し合う。

単元の目標

(1)本や文章には、様々な考え方が書かれていることを知ることができる。 〔知識及び技能〕(3)エ
(2)文章を読み、知識や経験と結び付けて考えたことを伝え合うことができる。
〔思考力、判断力、表現力等〕C(1)オ
(3)言葉がもつ価値を認識するとともに、読書を生活に役立て、我が国の言語文化を大切にして、思いや考えを伝え合おうとする。 「学びに向かう力、人間性等」

単元の構想

〈単元で育てたい資質・能力／働かせたい見方・考え方〉

文章には、書き手の思いや考えが、それぞれの立場や考え方に基づいて示されている。また、読み手である生徒がもつ知識や経験も一人一人異なることから、どのような知識や経験と結び付けるかによって、同じ文章を読んでも、読み手の考えは多様なものとなる。文章を読んで考えたことを、自分自身がもつ、どの知識や経験と関係付けたかを振り返ったり伝え合ったりすることは、書き手と自分の考えの異同を整理するだけでなく、自身の読みが形成された過程を客観視することにもつながる。文章を読む行為が、考えを広げたり深めたりすることにつながると認識させたい。

〈教材・題材の特徴〉

本教材は、京都の嵯峨野に住む染色家・志村ふくみさんから聞いたエピソードを基にして、言葉に対する筆者の考えを述べた随筆である。筆者が見せられた「桜色に染まった糸で織った着物」のピンク色を、「淡いようでいて、しかも燃えるような強さを内に秘め、華やかでしかも落ち着いている色だった。」「その美しさは目と心を吸い込むように感じられた。」とするなど、情感豊かな描写が見られるのも、本教材の特徴である。また、言葉の一つ一つは、花びらの一枚一枚のようなもので、花びらの背後には大きな幹があるのと同じように、言葉は、それを発した人間の全体を背負っているという筆者の考えは、言葉と人間の関係を花と幹の関係と重ねて読むことを可能にしている。

〈主体的・対話的で深い学びの視点からの授業改善ポイント／言語活動の工夫〉

他者の考えやその根拠、考えの道筋などを知り、共感したり疑問をもったりすることを通して、自らの考えは広がったり深まったりしていく。授業では、大岡信「言葉の力」に示された筆者の考えを共通の足場にしながらも、多様な考えをもつ他の生徒と考えを交流する機会を意図的に設定したい。自分の考えを相対化する場の設定は、物事に対する新しい視点を獲得することにもなる。

単元計画

時	学習活動	学習内容	評価
1	1．単元のねらいや進め方をつかみ、学習の見通しをもつ。	○教科書 p.74に示されている［目標］を確認することで、本単元で身に付ける資質・能力や、学習の流れを意識させる。	
	2．文章を通読し、三つのまとまりごとに内容をノートに要約し、筆者の考えを捉える。	○文章の通読前に、キーワードとなる語句に傍線を引くように指示しておく。 ○ペアやグループで要約した内容を読み合う際、「筆者が言葉についてどのような考えをもっているか」についても話題にするように指示する。	❶
2	3．筆者の考えの根拠や、考えの道筋などを捉える。	○「言葉の世界での出来事と同じこと」（p.75 19行目）を取り上げ、筆者が「何と何が、どのように同じと述べているのか」についてノートにまとめる。	
	4．「美しい言葉」、「正しい言葉」に対する筆者の考えについて、自分の考えをノートにまとめる。	○ノートにまとめた考えを基にして、ペアやグループで交流する。	❷
	5．単元の学習を振り返る。	○単元の学習を振り返る際には、p.74に示されている［目標］について、どのように考えが深まったのかをペアやグループで確認する。	❸

評価規準

知識・技能	思考・判断・表現	主体的に学習に取り組む態度
❶本や文章などには、様々な考え方が書かれていることを知り、自分の考えを広げたり深めたりする読書に生かしている。 (3)エ	❷「読むこと」において、文章を読んで理解したことや考えたことを知識や経験と結び付け、自分の考えを広げたり深めたりしている。 C(1)オ	❸進んで文章を読んで理解したことや考えたことを知識や経験と結び付け、今までの学習を生かして考えたことを伝え合おうとしている。

〈指導と評価の一体化を図る見取りのポイント〉

［知識・技能］①の評価規準が実現した状況を、文章を通読し筆者の考えを捉えている姿として捉え、ノートの記述を基にして第１時に評価する。

［思考・判断・表現］②の評価規準が実現した状況を、「美しい言葉」「正しい言葉」に対する筆者の考えについて自分がどのように考えるかをまとめ、他の生徒との交流を通して考えを広げている姿として捉え、ノートの記述を基にして第２時に評価する。

［主体的に学習に取り組む態度］③の評価規準が実現した状況を、単元の学習を通して考えが深まったことを伝え合おうとしている姿として捉え、観察を通して第２時に評価する。

言葉の力

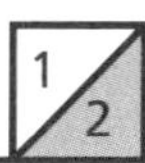

主発問 **「言葉の力」には、筆者のどのような考えが書かれていますか。**

目標

「言葉の力」に書かれた、筆者の考えを捉えることができる。

評価のポイント

❶筆者の考えをノートに要約することを通して、文章には様々な考え方が書かれていることを理解している。 ⑶エ

準備物 ・必要に応じてICT端末

ワークシート・ICT等の活用や授業づくりのアイデア

○「読むこと」の単元の第1時は、文章の通読が行われる。ここで重要なのは「どのような目的で読むのか」を明確にすることである。本時は、三つのまとまりごとに内容を要約することで、筆者の考えを知る時間である。通読前に「読む目的」を教師と生徒とで共有することが重要である。

1 導入（学習の見通しをもつ）

〈本単元で身に付ける資質・能力を説明〉

T：文章には、筆者をはじめとして、様々な人の考え方が書かれています。これから読む文章は、言葉についての考えが書かれたものです。文章を読んで考えたことを、クラスメイトと交流し、一人一人がもつ、言葉についての考えを広げたり深めたりしたいと思います。

2 展開

〈通読前に、読む目的を明確にする〉

T：みなさんが心に残っている言葉にはどんなものがありますか？　そして、なぜ、その言葉がみなさんの心に残っているのかを考えたことはありますか？　今日の学習では、「言葉の力」という文章に書かれた大岡信さんの考えを捉えます。文章は三つのまとまりに分かれています。通読した後に、ノートにまとまりごとの要約を書きます。キーワードとなる語句に印を付けながら、範読を聞いてください。

＊通読前に、「心に残っている言葉」をペアやグループで確認したり、数人の生徒に発表させたりしてもよい。いずれにしても、「どんな言葉が印象に残っているか」から「なぜ印象に残っているか」を考えさせ、学習の足場を

3 終末（学習を振り返る）

〈本時の学習と次時の学習をつなぐ〉

T：今日の学習で、文章に書かれた筆者の考えを捉えることができましたか？　次時は、「筆者の考えはどのようなことを根拠にしているのか」、「筆者はどのようにして考えに至ったのか」などについて考えていきます。

効果的な板書例

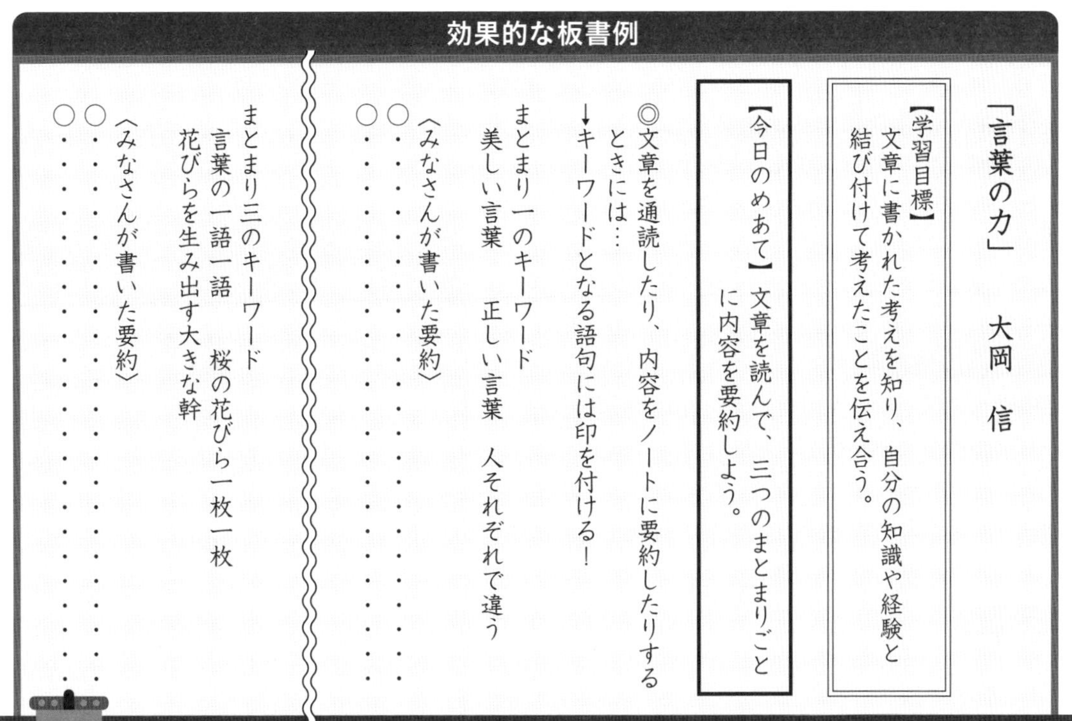

つくりたい。

〈キーワードをペアやグループで確認する〉

T：通読を終えて、筆者が言葉についてどのような考えをもっていたのかを捉えることができましたか？　それぞれのまとまりごとにキーワードに印を付けることができましたか？　ペアやグループで印を付けたキーワードを確認しましょう。

＊教師は、印を付けたキーワードを確認し合う生徒の様子を確認する中で「努力を要する」状況（C）にある生徒を把握する。ここでCと判断した生徒を中心に、続く「三つのまとまりごとに内容をノートに要約する活動」、手立てを加えていく。

＊数名の生徒を指名し、三つのまとまりごとのキーワードを板書しておくのもよい。

〈三つのまとまりごとに内容をノートに要約〉

T：では、三つのまとまりごとに内容を要約しましょう。キーワードには印を付けてください。

＊教師は、印が付けられているキーワードを中心に生徒の学習状況を把握する。

〈書いた要約をペアやグループで読み合う〉

T：では、ノートに書いた要約をペアやグループで読み合いましょう。交流するときには、「筆者が言葉についてどのような考えをもっていたか」について話題にしましょう。

〈数人の生徒に要約を板書させる〉

T：では、何人かにノートに書いた要約を黒板に書いてもらいます。

＊三つのまとまりごとに複数の生徒に板書させ、キーワードを含んでいれば多様なまとめ方があることを認識させる。

＊ICT端末等を用いて、生徒のノートを写真に撮り、スクリーンに投影することも考えられる。いずれの場合においても、生徒ができるだけ多くの要約を目にするように心がけたい。

言葉の力

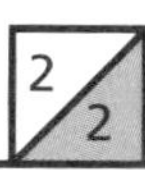

筆者の言葉への考えについて、あなたはどう考えますか。あなた自身の体験に基づいて考えましょう。

目標

文章を読んで理解したことを、自分の知識や経験と結び付けて考えを広げることができる。

評価のポイント

❷筆者の言葉への考えについて、自分の知識や経験と結び付けて考えたことを伝え合っている。

C(1)オ

❸本単元を通して考えが深まったことを教科書 p.74 にある［目標］に即して伝え合おうとしている。

準備物　・特になし

ワークシート・ICT 等の活用や授業づくりのアイデア

○本時では、筆者の考えに対する自分の考えを伝え合う活動が行われる。ここで重視したいのは、筆者が考えをもつに至った経緯と同様に、生徒にも、自身が体験したエピソードに基づいた考えを提出させることである。具体的なエピソードを基にして考えを伝え合う学習空間をつくりたい。

1　導入（学習の見通しをもつ）

〈本時に身に付ける資質・能力を説明〉

T：本時は、筆者の考えに対して、みなさんが考えたことを伝え合います。前時に三つのまとまりごとに要約する際、どんなことが頭をよぎり、どんなことを考えましたか？　あなた自身がもっている知識や経験と結び付けて考えを伝え合いましょう。

2　展開

〈筆者の考えや道筋を捉える〉

T：ノートを見てください。前時に三つのまとまりごとに要約したものを確認しましょう。

＊前時のノートを用いて、筆者の考えについて再確認させる。

〈筆者の考えの根拠や、考えの道筋などを捉える〉

T：ノートを確認して、どんなことが頭をよぎりましたか？　これから、筆者の考えをよりよく捉えるために、「言葉の力」を再読します。再読の際には、「どのような根拠に基づいて筆者の考えが提出されているのか」、「筆者の考えの道筋はどのようなものであったのか」を意識してください。

＊「言葉の力」を再読する目的を伝えるとともに、どのような視点で読むのか

3　終末（学習を振り返る）

〈日常での言語生活に目を向けさせる〉

T：本単元では、筆者の言葉への考えがどのような道筋で生まれたのかを学びました。また、みなさんに自身の体験に基づいて言葉について考えてもらいました。これからも日常生活で言葉について考える機会はあります。言葉に立ち止まり、考えることを続けてほしいと思います。

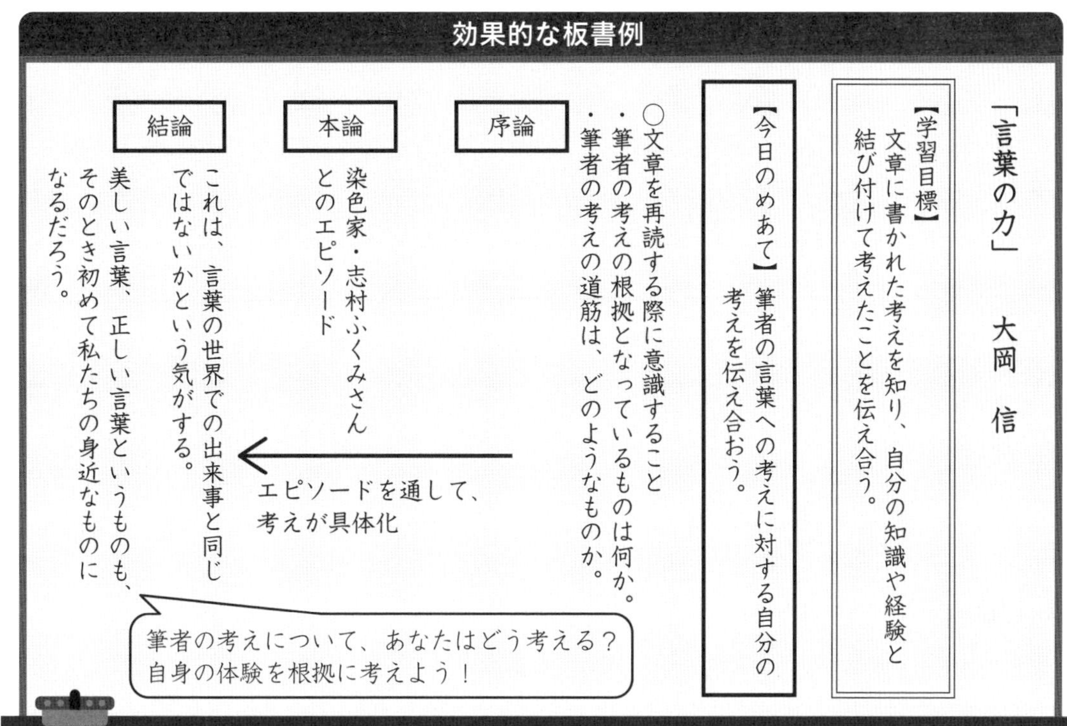

について確認する。

＊再読する際には、朗読 CD を用いる方法なども考えられる。

〈筆者の考えの根拠や、考えの道筋などを整理する〉

T：筆者の考えの根拠となったのはどのようなものですか？　また、どのような道筋によって述べられていますか？

＊筆者の考えの根拠が、染色家・志村ふくみさんとのエピソードであることや、エピソードをはさんで、序論から結論へと筆者の考えが具体的になっていることを押さえる。

＊教科書 p.75 19行目にある「このように見てくれば、（中略）同じことではないか」を取り上げ、「何と何とが同じなのか？」と問いかけるとよい。その上で、終末にある「美しい言葉」「正しい言葉」に目を向けさせ、エピソードを通して導かれた筆者の考えに至る道筋を確認する。

〈筆者の考えに対する自分の考えをノートにまとめる〉

T：筆者は、染色家・志村ふくみさんとのエピソードを基に、「美しい言葉」「正しい言葉」についての考えを述べています。みなさんは、この筆者の考えについて、どのように考えますか？　ノートにまとめましょう。

＊筆者の考えが、具体的なエピソードに基づき提出されていることを確認する。その上で、生徒自身が体験したエピソードに基づいて考えるように促す。

〈単元の学習を振り返る〉

T：教科書 p.74に書かれている［目標］を見てください。単元の学習を通して考えが深まったことを、この［目標］に即してペアやグループで交流しましょう。

3　言葉と向き合う

言葉1　類義語・対義語・多義語（2時間扱い）

指導事項〔知技〕(1)エ
言語活動例：喜怒哀楽を表す類義語を集めて、日常生活の様子を伝える短文を書く。

単元の目標

(1)抽象的な概念を表す語句の量を増すとともに、類義語と対義語、同音異義語や多義的な意味を表す語句などについて理解し、話や文章の中で使うことを通して、語感を磨き語彙を豊かにすることができる。　〔知識及び技能〕(1)エ
(2)言葉がもつ価値を認識するとともに、読書を生活に役立て、我が国の言語文化を大切にして、思いや考えを伝え合おうとする。　「学びに向かう力、人間性等」

単元の構想

〈単元で育てたい資質・能力／働かせたい見方・考え方〉

本単元では、類義語と対義語、多義語について、小学校での学習を踏まえて、基本となる語の意味を理解し、単語同士の関係や意味のつながりを学ぶ機会としたい。語が表しているそれぞれの意味や、その語が他の類似する語とどのような意味的異なりがあるのかを理解できるようにし、多くの単語を適切に使用できるように語彙力を育てていきたい。類義語の共通点と相違点、対義語の関係、多義語の使い分けなどを考えて、話や文章の中で使うことで語彙を豊かにしていきたい。

〈教材・題材の特徴〉

生徒たちは、イラストや図とともに教材文を読むことで、類義語と対義語、多義語についての知識を習得していくだろう。例として、類義語「昨年」「去年」、対義語「貸す」「借りる」、多義語「高い」などが示されていて、生徒が具体的にそれぞれの語の意味や関係を考えられる教材である。また、「生活に生かす」には、類義語を身に付けると表現の幅が広がること、対義語は語の意味を理解するのに有効であることが記されていて、言葉への関心を喚起することができる。

〈主体的・対話的で深い学びの視点からの授業改善ポイント／言語活動の工夫〉

既習内容や既有の知識と関連させながら類義語と対義語、多義語について理解し、言葉を集めたり短文を書いたりする活動に取り組んで、語感を磨き語彙を豊かにしていきたい。辞書を活用することや他の生徒と相談することを認めて、個人内での学びになりがちな語彙の学習に、協働的な学びの視点を取り入れて、グループや学級全体で楽しみながら学習に取り組むことができるようにした。また、既習の「読むこと」の教材を取り上げたり、教科書「言葉を比べよう」「語彙を豊かに」などを参考にしたりするなど、国語の学習はもちろん、他教科の学習や日常生活における自らの言葉への関心を高めて、言葉の幅を広げられるようにしたい。

単元計画

時	学習活動	学習内容	評価
1	1．教材文を読んで、類義語・対義語・多義語について確認する。	◯教科書のイラストや図、例を見ながら、教材文を読む。 ◯類義語・対義語・多義語について、具体的な言葉を挙げながら理解を深める。 〈具体的な言葉〉 ・類義語：「昨年」「去年」 ・対義語：「貸す」「借りる」 ・多義語：「高い」位置・値段・背の高さなど	❶
2	2．「生活に生かす」を読み、語彙を増やす目的で、喜怒哀楽を表す類義語を集める。 3．集めた類義語を使って短文を書く。	◯「生活に生かす」を読む。 ◯「アイスプラネット」から、「怒り・怒る」の類義語を探す。 〈取り上げる言葉〉 ・「頭にきた」「むっとした」「責める」など ◯辞書を活用したり他の生徒と相談したりしながら、喜怒哀楽それぞれを表す類義語を集める。 ◯集めた類義語を使って、日常生活の様子を伝える短文を書いて交流する。	❶❷

評価規準

知識・技能	主体的に学習に取り組む態度
❶抽象的な概念を表す語句の量を増すとともに、類義語と対義語、同音異義語や多義的な意味を表す語句の概念について具体的な例を当てはめて理解し、話や文章の中で使うことを通して、語感を磨き語彙を豊かにしている。 (1)エ	❷今までの学習を生かして、積極的に類義語と対義語、多義的な意味を表す語句などについて理解しようとしている。

〈指導と評価の一体化を図る見取りのポイント〉

教材文を用いて理解した類義語と対義語、多義語について、辞書的な意味だけでなく、文脈の中での意味に目を向けているかを適切に評価することが大切である。共通の中にある相違点、異なるものの中の共通点などを生徒同士で説明する場面を意図的に設けたい。また、学習の振り返りとして、本単元で習得した知識・技能をどのように生かしていきたいかを考えさせたい。

類義語・対義語・多義語

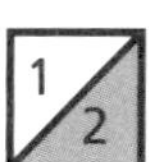

主発問 **似た意味、反対・対の関係、一つの語で多くの意味や用法をもつなど、言葉同士の関係を考えましょう。**

目標

類義語・対義語・多義語について、単語同士の関係や意味のつながりなどに着目して、具体的な言葉を挙げながら理解することができる。

評価のポイント

❶類義語と対義語、同音異義語や多義的な意味を表す語句の概念について、イラストや図とともに教材文を読んだり具体的な例を当てはめたりして理解している。 (1)エ

準備物 ・ワークシート⏬01 ・ホワイトボード ・資料プリント

ワークシート・ICT 等の活用や授業づくりのアイデア

○教科書のイラストや教材文を示す際には、デジタル教科書や書画カメラを用いる。

○言葉の意味や語感を比べる際には、具体的に考えられるように、言葉を用いた例文を示す。

○理解を深めるために、「漢字の豆知識 類義語・対義語」(日本漢字能力検定 HP) を活用する。

1 導入 (学習の見通しをもつ)

〈本時の言語活動を知る〉

T：イラストにある机の場合、「机の上、下、中央、端、隅、縁」はそれぞれどの部分を指しているでしょうか。

○デジタル教科書を用いて、イラストをスクリーン等に示す。

T：ほぼ同じ、互いに反対など、言葉同士の関係を考えましょう。

2 展開

〈教材文を読む〉

T：机の「端」「隅」「縁」は指す部分が微妙に違いますが、「中心部から離れた場所」ということは共通しています。また、「上」と「下」、「中央」と「端」「隅」「縁」は反対の部分を指しています。似た意味をもつ語のグループを類義語、意味が反対の関係や対の関係にある二語を対義語と言います。さらに言葉には、一つの語で多くの意味や用法をもつ語である多義語もあります。類義語・対義語・多義語について、教科書を見ながら、ワークシートの空欄に言葉を入れて確認しましょう。

○ワークシートを配付する。

○書画カメラ等を活用して、ワークシートをスクリーン等に示す。

＊教材文にあるそれぞれの例語について

3 終末 (学習を振り返る)

〈語彙を増やす〉

T：類義語・対義語・多義語をまとめた資料プリントを配付します。知らない言葉や知っているけれど使ったことのないものがあるかもしれません。本時の学習を生かして、理解語彙・使用語彙を増やしていきましょう。

○資料プリントを配付する。

効果的な板書例

類義語・対義語・多義語

【学習目標】類義語・対義語・多義語について理解して、語彙を増やす。

【今日のめあて】具体的な言葉を挙げて、言葉どうしの関係や意味のつながりを考えよう。

教科書p.78
挿絵

＊電子黒板の機能がある場合は、書画カメラ等で示したワークシートの空欄に言葉を書き込むことで、効率的に活動を展開することができる。

類義語
・似た意味をもつ語のグループ
「端」「隅」「縁」
微妙な違いのあるもの
紙を　裂く（二つ以上に切り離す。）
　　　破る（引きちぎってだめにする。）

言葉の共通点や相違点、意味を追究しよう。
・類義語「昨年」「去年」
・対義語「貸す」「借りる」
・多義語「高い」

は、ワークシートに示して、教科書を見る前にその共通点や相違点、意味などを考える場面を設けてもよい。

＊類義語は意味の共通性、対義語は意味の対照性に生徒の目が向くが、例語の「紙を裂く・破る」のような類義語の相違点や「兄・弟」「兄・姉」のような対義語の共通する要素に着目できるようにする。

〈具体的な言葉を挙げて考える〉

T：教科書の解説の中にある類義語・対義語・多義語についてさらに考えて、言葉を適切に使用できるようにします。それぞれの言葉について、その共通点や相違点、意味などをグループで追究してホワイトボードに書きましょう。辞書やICT端末を利用してよいです。

〇ホワイトボードを配付する。

＊以下の教科書の解説にある言葉を取り挙げる。

・類義語：「昨年」「去年」
前の年を表すという点で共通しているが、「昨年」の方が改まった言い方。「どちらを年賀状に使っていますか」などと問いかける。

・対義語：「貸す」「借りる」
金品や場所を渡す・渡される、使う・使わせるという意味の方向性が異なっている。

・多義語：「高い」
解説以外にも温度や湿度、身分、程度、音・声など様々な意味をもつことを例文を示して確認する。

〈類義語・対義語の理解を深める〉

T：類義語や対義語を意識することで言い換えができて、目的や相手に応じた表現ができます。こんなHPがあるので、各自でICT端末を利用して閲覧してみましょう。

＊「漢字の豆知識　類義語・対義語」（日本漢字能力検定HP）を紹介する。

類義語・対義語・多義語

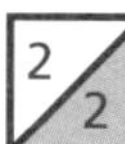

主発問 **「喜び」「怒り」「哀しみ」「楽しみ」のそれぞれを表す類義語には、どのようなものがあるでしょう。**

目標

喜怒哀楽を表す類義語を集めて、日常生活の様子を伝える短文を書くことができる。

評価のポイント

❶積極的に「アイスプラネット」から「怒り・怒る」の類義語を探している。 (1)エ

❷辞書を活用したり仲間と相談したりしながら、喜怒哀楽それぞれを表す類義語を集めて、日常生活の様子を伝えるために使おうとしている。

準備物 ・「アイスプラネット」全文プリント

ワークシート・ICT 等の活用や授業づくりのアイデア

○個人追究から協働的な学びに展開できるように、「アイスプラネット」の全文プリントを用意する。

○集めた喜怒哀楽それぞれを表す類義語を Jamboard で共有する。

○日常生活の様子を伝える短文を書く際には、即時的に交流できるように、Classroom のコメント機能を活用する。

1 導入（学習の見通しをもつ）

〈前時を振り返り本時の言語活動を知る〉

T：前回は具体的な言葉を挙げて、類義語・対義語・多義語について確認しました。今回は、特に類義語について学習します。ある意味を表す類義語を集めて、集めた類義語を使って短い文を書いて交流します。前回同様に理解語彙・使用語彙を増やしましょう。

2 展開

〈教材文を読む〉

T：教科書の「生活に生かす類義語・対義語から、言葉の幅を広げよう」を読みましょう。

○デジタル教科書を用いて、教材文をスクリーン等に示す。

T：ここにあるように、類義語を身に付けることで表現の幅を広げることができます。「いちずに取り組む。」の「いちず」を「真面目」「真剣」「真摯」と言い換えることで、相手や場面に応じた表現ができます。これから、「アイスプラネット」を読み返します。そのとき、「怒り・怒る」の類義語に当たる言葉を探しましょう。全文プリントを配付するので、見つけたら印を付けましょう。辞書や ICT 端末を利用してよいです。友達と相談してもよいです。

3 終末（学習を振り返る）

〈集めた類義語を使って短文を書く〉

T：集めた類義語を使って日常生活の様子を伝える短い文を書きましょう。種類や数は問いません。Classroom のコメント欄に書き込みましょう。

・Classroom で交流する。

T：類義語を意識して、理解語彙・使用語彙を増やせるようにしていきましょう。

効果的な板書例

類義語・対義語・多義語

【学習目標】
類義語・対義語・多義語について理解して、語彙を増やす。

【今日のめあて】ある意味を表す類義語を集めて、集めた類義語を用いて短い文を書いて交流しよう。

生活に生かす　類義語・対義語から、言葉の幅を広げよう

「いちずに取り組む。」
わかりやすく伝えたいとき「真面目」「真剣」
より改まった印象にしたいとき「真摯」

「……と言う」
「語る」「話す」「告げる」

「アイスプラネット」から「怒り・怒る」の類義語を探そう。
・「頭にきた」
・「むっとした」
・「責める」

喜怒哀楽を表す類義語を集めて、日常生活の様子を伝える短い文を書こう。
（条件）
・種類や数は問わない。
・クラスルームのコメント欄に書き込む。

例　知らせを聞いた僕は、狂喜乱舞して感涙にむせんだ。

○全文プリントを配付する。

○デジタル教科書を用いて、教材文をスクリーン等に示し、全体で確認する。

＊「頭にきた」「むっとした」「責める」などの言葉に気付いているかを確認する。

T：これらの言葉が全て「怒る・怒った」で表現されているのではなく、それぞれの言葉が使われることで登場人物の様子がより伝わってきます。教科書の「言葉を比べよう」「語彙を豊かに」（p.296）を読んでみると、文学作品を読むだけでなく、自分が表現するときにもっと伝わるようにぴったりの言葉や表現を考えることが大切だと分かります。

○デジタル教科書を用いて、教材文をスクリーン等に示す。

＊「やばい」という言葉一つで様々な感情を簡単に表現している現状の問題点にふれ、似た意味であっても類義語を意識して使い分けて、言葉の幅を広げることの大切さを伝える。

〈喜怒哀楽を表す類義語を集める〉

T：単元のまとめとして、喜怒哀楽を表す類義語を集めて、集めた類義語を使って、日常生活の様子を伝える短い文を書いて交流する活動に取り組みましょう。まずは、グループで語を集めます。辞書やICT端末を利用してよいです。集めた類義語は、喜怒哀楽それぞれICT端末からJamboardに書き込みましょう。

○ Jamboardの画面をスクリーン等に示す。

＊ICT端末が利用できない場合は、付箋紙に書いて模造紙に貼り付ける。

＊喜怒哀楽全てでなくグループごとに指定したり、類義語の数を各五つ以上と条件を出したりして、協働的な学びが展開されるようにする。また、既習知識を生かして慣用句や故事成語を類義語に含めることも認める。

＊集めた類義語を表す感情の度合いの高い順にランキングをつけたり、最大級の感情を表す言葉を選んだりするのもよい。

言葉と向き合う
言葉を比べよう　もっと「伝わる」表現を目ざして
（１時間扱い）

指導事項：〔知技〕(1)エ
言語活動例：「抽象的な概念を表す言葉」の日めくりカレンダーを作る。

単元の目標

(1)抽象的な概念を表す語句の量を増すとともに、類義語と対義語などについて理解し、話や文章の中で使うことを通して、語感を磨き語彙を豊かにすることができる。　〔知識及び技能〕(1)エ
(2)言葉がもつ価値を認識するとともに、読書を生活に役立て、わが国の言語文化を大切にして、思いや考えを伝え合おうとする。　「学びに向かう力、人間性等」

単元の構想

〈単元で育てたい資質・能力／働かせたい見方・考え方〉

学習指導要領における国語科の改訂の趣旨には「語彙指導の改善・充実」が挙げられている。また、新設された「情報の扱い方に関する事項」にも「具体と抽象など情報と情報との関係について理解すること」とある。これらに鑑みると、抽象的な概念を表す言葉への理解はとても重要であることが分かる。単に意味を理解する言葉の数を増やすだけでなく、類義語や対義語との比較を通して言葉の意味や使い方に関する認識を深めたい。

〈教材・題材の特徴〉

教材で取り上げられている単語は、いずれも、日常的に用いられている身近な言葉である。その中でも、抽象的な概念を表す言葉に焦点を当て、辞典などを参考にして類義語を集める活動が示されている。ここには、生徒にその言葉の意味や使い方を正確に理解させるねらいがある。さらに集めた類義語を使って短文を作成する活動は、その相違により明瞭に気付かせることができる。それらの短文を例示したり、それに加えて対義語を考える問いを設定したりすることで、意味についての明確な理解を促している。語彙を広げるとともに、実際にその言葉を短文に組み込んで用いることで、理解語彙を表現語彙にするための橋渡しとなる教材である。

〈主体的・対話的で深い学びの視点からの授業改善ポイント／言語活動の工夫〉

「抽象的な概念を表す言葉」の意味や用法を調べる個別の活動と、調べた結果について交流し、学級で一つの日めくりカレンダーにまとめる協働的な活動を組み合わせた言語活動を設定する。そのため、自分の調べたことが他の生徒の学習の一助になるという相手意識と責任感により、言葉について調べる際の意欲の向上が期待できる。また、交流を通して、類義語の意味の共通点や相違点に気づかせる。さらに、調べた結果を日めくりカレンダーとして掲示することで、日常生活から言

葉に対する意識を高めることにつなげたい。

単元計画

時	学習活動	学習内容	評価
1	1．既習事項を振り返る。 2．教科書「分類しよう」に取り組む。 3．教科書「類義語を集めよう」に取り組む。 4．教科書「言葉を比べよう」に取り組む。 5．教科書「対義語を考える」に取り組む。 6．日めくりカレンダーを作成する。	○具体と抽象との関係を確認する。(教科書 p.52参照) ○教科書に示された言葉を「具体的な物や事柄を表す言葉」と「抽象的な概念を表す言葉」に分類する。 ○「抽象的な概念を表す言葉」の類義語を、国語辞典や類語辞典（またはインターネット）を使って書き出す。 ○類義語の意味の共通点や相違点について、教科書の例を示しながら説明する。 ○対義語について教科書の例を示しながら説明する。 ○これまでに出された「抽象的な概念を表す言葉」について担当を決め、インターネットを用いて、意味、類義語、対義語を調べる（数が不足している場合は、教科書 p.296「語彙を豊かに」の言葉を割り当てる)。 ○意味、類義語、対義語に「抽象的な概念を表す言葉」を使った短文を加えて一枚にまとめる。 ○類義語を担当した生徒同士で共通点や相違点について交流する。	❶ ❷

評価規準

知識・技能	主体的に学習に取り組む態度
❶「抽象的な概念を表す言葉」について、日めくりカレンダーの作成や交流を通して、意味、類義語、対義語、用例などを理解し、語彙を豊かにしている。 (1)エ	❷「抽象的な概念を表す言葉」について自ら調べて理解を深め、日めくりカレンダーを作成し、その成果を他者と伝え合おうとしている。

〈指導と評価の一体化を図る見取りのポイント〉

生徒が理解している「抽象的な概念を表す言葉」の量は、それまでの読書体験などにより大きな差があることが予想される。発言やノートの記述などから、それぞれの知識を見取り、状況によっては考え方や調べ方などを助言する。また、それぞれが作成する日めくりカレンダーを確認し、意味、類義語、対義語に誤りがあれば、何を使って調べたかを問い、調べ方について助言する。短文において言葉の使い方に誤りがあれば、インターネットを用いて用例を調べるように促す。授業後は、日めくりカレンダーを用いて、言葉の理解の定着を図り、小テストなどで評価することも考えられる。

言葉を比べよう　もっと「伝わる」表現を目ざして

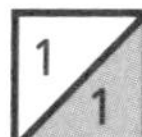

主発問 **自分が担当した「抽象的な概念を表す言葉」の意味、類義語、対義語を調べ、短文を作りましょう。**

目標

「抽象的な概念を表す言葉」の意味、類義語、対義語、用例について理解し、語彙を豊かにすることができる。

評価のポイント

❶「抽象的な概念を表す言葉」について、意味、類義語、対義語、用例などを理解している。　(1)エ

❷「抽象的な概念を表す言葉」について自ら調べて理解を深め、その成果を他者と伝え合おうとしている。

準備物　・ワークシート　・国語辞典　・類語辞典　・ICT 端末

ワークシート・ICT 等の活用や授業づくりのアイデア

○日めくりカレンダーの用紙を用意する。

＊ドキュメントで作成してもよい。

○国語辞典や類語辞典を生徒数分、用意できるとよい。

＊インターネットを使って調べる場合は、信頼できるサイトを使うことや、複数のサイトを比較することを促す。

1　導入（学習の見通しをもつ）

〈具体と抽象との関係について振り返る〉

T：具体とはどのようなものですか。

・言葉を聞いて、姿や形が明確に思い浮かぶ物や事柄です。

T：抽象とはどのようなものですか。

・複数の物事から共通点を取り出してまとめたものです。

＊教科書 p.52参照

2　展開

〈教科書「分類しよう」に取り組む〉

T：教科書の下に示された言葉を「具体的な物や事柄を表す言葉」と「抽象的な概念を表す言葉」に分類しましょう。

T：「菊」はどちらですか。

・「具体的な物や事柄を表す言葉」です。

＊以下、それぞれの言葉について確認しながら板書にまとめる。

〈教科書「類義語を集めよう」に取り組む〉

T：先ほど分類した「抽象的な概念を表す言葉」の類義語を、辞典を使って調べましょう。

＊辞典に載っていない場合は、ICT 端末を活用して、インターネットで調べる。

T：「理想」の類義語にはどのような言葉がありますか。

・「希望」や「願望」などがあります。

＊以下、それぞれの言葉について確認し

3　終末（学習を振り返る）

〈学習を振り返る〉

T：「抽象的な概念を表す言葉」について理解し、語彙を豊かにすることはできましたか。言葉は単独で考えるよりも、類義語や対義語などと関連付けて考えることで、理解が深まります。みんなで作成した日めくりカレンダーで確認しながら、これからも語彙を豊かにしていきましょう。

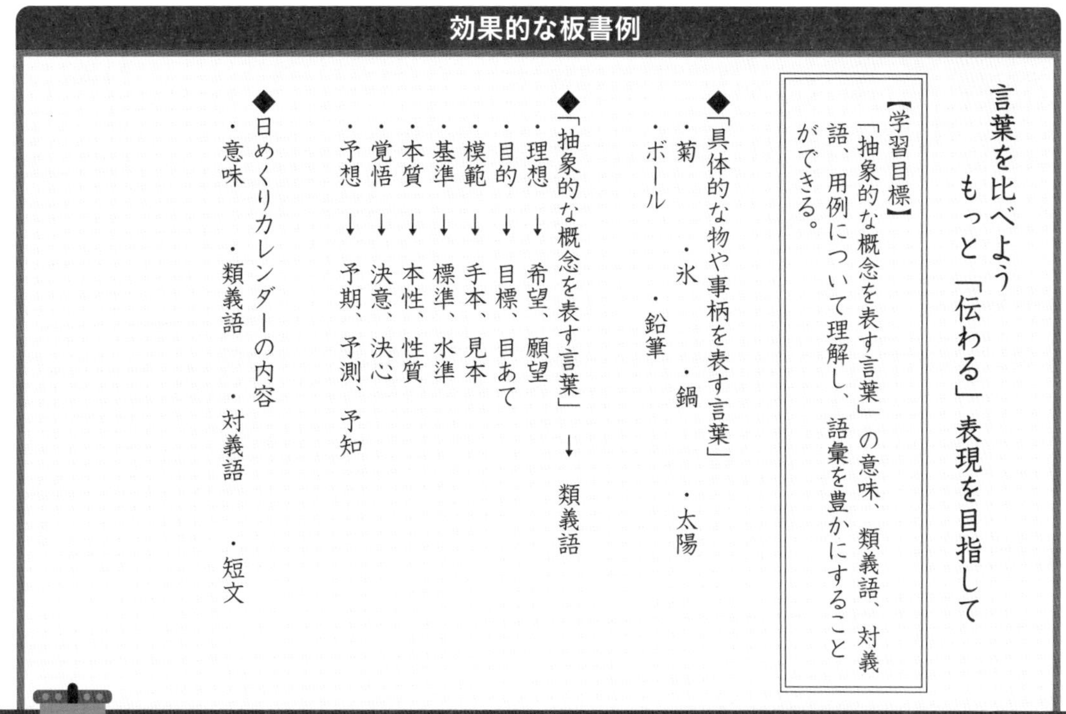

ながら板書にまとめる。

〈教科書「言葉を比べよう」に取り組む〉

T：「言葉を比べよう」のア、イ、ウに入るのは「予想」と「予期」のどちらですか。

・アには両方入ります。イには「予想」は入りますが、「予期」は入りません。ウには「予期」は入りますが「予想」は入りません。

T：このような使い方の違いから、以下のことが分かります。

○教科書の「わかったこと」を読む。

〈教科書「対義語を考える」に取り組む〉

T：「対義語を考える」の空欄に適切な言葉をを書きましょう。

＊辞典やインターネットで調べさせてもよい。

T：対義語を考えることで、「抽象的な概念を表す言葉」の意味がよりはっきりするので、セットで理解しましょう。

〈日めくりカレンダーを作成する〉

T：それでは、これまでに出てきた「抽象的な概念を表す言葉」を、一人一語ずつ担当して、日めくりカレンダーを作成します。

＊言葉が学級の生徒数に満たない場合は、他の言葉を募るか、教科書 p.296の言葉を使うとよい。

T：日めくりカレンダーの内容は以下の通りです。意味、類義語、対義語については辞典で調べて書きます。短文は自分で考えて書きます。できれば、他の類義語で置き換えられない文を考えてください。

○日めくりカレンダーを作成する。

＊短文における言葉の使い方について思い付かない生徒がいた場合は、調べて書くことも認める。

T：それでは、類義語を担当した人同士で、作成したものを読み合い、共通点や相違点について交流しましょう。

・「希望する高校」とは言うけど「理想する高校」とは言いません。

・「希望」には「将来に対する期待」という意味があるからだと思います。

読書生活を豊かに

読書を楽しむ（1時間扱い）

指導事項〔知技〕(3)エ
言語活動例：「本の紹介合戦」または「読書ポスター」作りに取り組む。

単元の目標

(1)本や文章などには、様々な立場や考え方が書かれていることを知り、自分の考えを広げたり深めたりする読書に生かすことができる。〔知識及び技能〕(3)エ

(2)言葉がもつ価値を認識するとともに、読書を生活に役立て、我が国の言語文化を大切にして、思いや考えを伝え合おうとする。「学びに向かう力、人間性等」

単元の構想

〈単元で育てたい資質・能力／働かせたい見方・考え方〉

「読書生活を豊かに」の単元では、全学年共通で「本を紹介する」「感想を共有する」「読書生活をデザインする」という観点が設けられており、第2学年はそれぞれに「本の紹介合戦」または「読書ポスター」づくり、「読みたい本のリスト」づくりが紹介されている。本単元では、これらに取り組んで、自らの読書に生かすことができるようにしたい。本の紹介で自分の考えを広げたり深めたりする本の魅力に意識を向けること、感想の共有で様々な立場や考え方の本と出会うことを通して、読書生活を豊かにするために「読みたい本」を見つけていく態度を養っていきたい。

〈教材・題材の特徴〉

「本の紹介合戦」、「読書ポスター」づくりを紹介する教材文から、生徒たちは読み終えた本を想起しつつ、それを友達に紹介したり、感想を伝え合ったりしたいと願うだろう。「本の紹介合戦」では友達に「読みたい」と思わせること、「読書ポスター」づくりでは多様な本と出会うことを目的として活動することで、読書の魅力を実感することにつながる。そうした活動を踏まえて「読みたい本のリスト」を作ることで、実際の読書に生かすことのできる教材である。

〈主体的・対話的で深い学びの視点からの授業改善ポイント／言語活動の工夫〉

自らの読書生活を振り返り、「本の紹介合戦」、「読書ポスター」づくりのどちらに取り組むかを生徒が選択できるようにし、これからの読書に生かせるようにした。1時間扱いの単元であるが、事前に教材文を示したり、読書記録を見返すように伝えたりすることで、速やかに活動が展開できるようにしたい。「本の紹介合戦」でプレゼンテーションの学習を想起すること、「読書ポスター」づくりでテーマ例を与えることなど、各活動を支える手立てを具体的に考えることも必要である。また、「読みたい本のリスト」を共有したり、リストに挙がった本について図書館司書と連携を図ったりするなどして、「読みたい」という願いを大きくしていきたい。

単元計画

時	学習活動	学習内容	評価
1	1．教材文を読み、やってみたい活動を選ぶ。	○「本の紹介合戦」と「読書ポスター」づくりから取り組みたい活動を選び、同じ活動を選んだ人同士でグループをつくる。	❶❷
	2．「本の紹介合戦」または「読書ポスター」づくりに取り組む。	○本を紹介する「本の紹介合戦」、感想を共有する「読書ポスター」作りのいずれかに取り組む。 〈本を紹介する「本の紹介合戦」〉 ①紹介する本を決める。 ②本の紹介、質疑応答をする。 ③いちばん読みたいと思った本を決める。 〈感想を共有する「読書ポスター」づくり〉 ①グループごとにテーマを決める。 ②テーマに沿った本を選ぶ。 ③紹介したい言葉・情報をカードに書き、ポスターに貼る。 ④全員が感想を書く。	
	3．「読みたい本のリスト」をつくる。	○友達が紹介した本も参考にしながら、「読みたい本のリスト」をつくる。	

評価規準

知識・技能	主体的に学習に取り組む態度
❶本や文章などには、様々な立場や考え方が書かれていることを知り、自分の考えを広げたり深めたりするために、今後どんな本を読んでいきたいかを考えている。 (3)エ	❷文や文章などには、様々な立場や考え方が書かれていることを進んで知り、今までの学習を生かして、本の魅力や感想を共有しようとしている。

〈指導と評価の一体化を図る見取りのポイント〉

様々な読書活動に取り組む学習を通して、生徒が「読みたい」という本に出会い、実際の読書に生かすことを大切に考えたい。終末の「読みたい本のリスト」をつくる際には、様々なジャンルの本に目を向けて、その本を読みたい理由・読む目的を明らかにするように指導していく。普段の生徒たちの読書生活と照らして変容が見られる場合は、読書の価値と合わせて評価することで、学びが深くなっていくだろう。また、教師自身の読書生活を紹介することも有効と考えられる。

読書を楽しむ

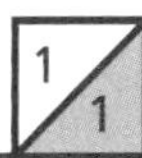

主発問 **本を紹介したり、感想を伝え合ったりして、これからどんな本を読みたいかを考えましょう。**

目標

読書生活を豊かにするために、「本の紹介合戦」または「読書ポスター」づくりに取り組んで、今後どんな本を読んでいきたいかを考えることができる。

評価のポイント

❶自分の考えを広げたり深めたりするために、どんな本を読んでいきたいかを考えている。 (3)エ

❷本には、様々な立場や考え方が書かれていることを進んで知り、読みたい本を決めようとしている。

準備物 ・ワークシート01 ・カード ・模造紙 ・各自が選んだ本

ワークシート・ICT 等の活用や授業づくりのアイデア

○「本の紹介合戦」をイメージできるように、「知的書評合戦ビブリオバトル紹介動画」（知的書評合戦ビブリオバトル公式サイト）を視聴する。

○「読みたい本のリスト」を作る際には、『中学生のための国語 おすすめ50冊』（浜島書店）を活用する。

※光村図書出版 HP にリンク集として紹介されている。

1 導入（学習の見通しをもつ）

〈本時の言語活動を知る〉

T：今回は、読書生活を豊かにすることを目指して、読み終えた本を友達に紹介したり、感想を伝え合ったりする活動に取り組みます。各自、選んできた本を確認しましょう。

＊事前に本時で取り組む活動を選択し、活動に適した本を持参するように伝える。

2 展開

〈活動に取り組む〉

T：グループで本を紹介する「本の紹介合戦をしよう」または感想を共有する「読書ポスターを作ろう」のどちらかに取り組みます。それぞれの活動が充実したものになるように説明をしていきます。該当するグループは説明を聞き、該当しないグループは教科書に示された進め方に沿って活動を始めましょう。

＊取り組む活動ごとに四人程度のグループを編成しておく。読書ポスターはテーマを決めて活動するので、人数の偏りがあっても許容する。

1 「本の紹介合戦」

T：こんな動画があるので視聴して、「本の紹介合戦」をイメージできるようにしましょう。

○「知的書評合戦ビブリオバトル紹介動

3 終末（学習を振り返る）

〈「読みたい本のリスト」を作る〉

T：Classroom のコメント欄や『中学生のための国語 おすすめ50冊』を見て、これからどんな本を読みたいかを考えてワークシートに書きましょう。

○ワークシートを配付する。

T：これからも読書を楽しみましょう。

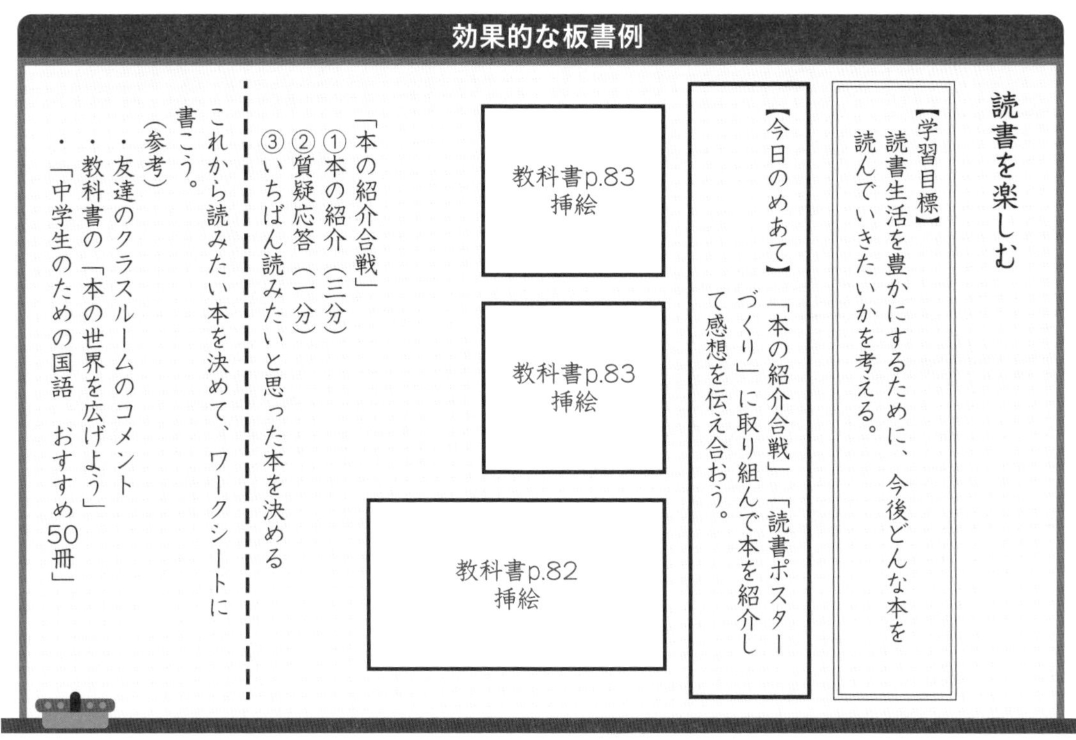

画」（知的書評合戦ビブリオバトル公式サイト）を視聴する。（1分11秒）

T：教科書に示された進め方に沿って「本の紹介合戦」を始めましょう。

＊教科書の教材文に示されている以下の進め方を確認する。

①本の紹介（3分）
本の魅力が伝わるように、聞き手を意識して話す。

②質疑応答（1分）
「出会ったきっかけは？」「いちばん好きな場面は？」など、聞き手のときは、本の魅力を引き出す質問をする。

③いちばん読みたいと思った本を決める
グループの中で、投票を行ったり、話し合ったりするなどして、いちばん読みたいと思った本を決める。

・「本の紹介合戦」に取り組む。

T：結果にかかわらず、紹介した本の題名と著者名、内容を Classroom のコメント欄に書き込みましょう。

2 「読書ポスターを作ろう」

T：テーマに沿って選んだ本について、読んだ感想などを共有しましょう。

＊事前に示したテーマに関連する本を持参していることを確認する。
［テーマ例］環境・戦争・ノーベル賞など

T：教科書に示された進め方に沿って「読書ポスター」づくりを始めましょう。

＊教科書の教材文に示されている以下の進め方を確認する。

①紹介したい言葉・情報をカードに書き、それをポスターに貼っていく。

②全員が感想を書いていく。

・「読書ポスター」づくりに取り組む。

・カードを配付する。

T：持参した本の題名と著者名、内容を Classroom のコメント欄に書き込みましょう。

読書生活を豊かに

翻訳作品を読み比べよう／読書コラム／読書案内

（1時間扱い／読むこと）

指導事項：〔知技〕(3)エ　〔思判表〕C(1)エ、オ
言語活動例：翻訳作品を読み比べ、考えたことを伝え合う。

単元の目標

(1)本や文章などには、様々な立場や考え方が書かれていることを知り、自分の考えを広げたり深めたりする読書に生かすことができる。　〔知識及び技能〕(3)エ

(2)観点を明確にして文章を比較するなどし、表現の効果を考え、文章を読んで理解したことを知識や経験と結び付け、自分の考えを広げたり深めたりすることができる。
〔思考力、判断力、表現力等〕C(1)エ、オ

(3)言葉がもつ価値を認識するとともに、読書を生活に役立て、我が国の言語文化を大切にして、思いや考えを伝え合おうとする。　「学びに向かう力、人間性等」

単元の構想

〈単元で育てたい資質・能力／働かせたい見方・考え方〉

翻訳の違いによって作品の印象が異なることを知ることで、本は様々な立場や考え方で書かれており、様々な作品を読むことが考えを広げたり深めたりすることにつながることを学ぶ機会としたい。そして、翻訳の違いによる作品の印象を考えることで表現の効果を考えて読む力を育てたい。また、今後の読書生活を豊かにするために必要なことを考えるなど、文章を読んで理解したことを知識や経験と結び付け、自分の考えを広げたり深めたりする力を育成したい。

〈教材・題材の特徴〉

本教材の特徴は、翻訳作品の比較をして本の多様性に触れ、読書が考えを広げたり深めたりすることを理解するとともに、読書生活を豊かにするために必要なことについて考えることができるところにある。訳者の異なる『星の王子さま』を題材として、翻訳の違いによって作品の印象が異なることから本の多様性を学んだり、「僕」や「王子さま」の人柄や心情の表れの違いなどから表現の効果を学んだりすることができる。また、「読書コラム」や「読書案内」を通して様々な種類の本に触れることで、今後の読書について自分の考えを広げたり深めたりできるようになっている。

〈主体的・対話的で深い学びの視点からの授業改善ポイント／言語活動の工夫〉

本には様々な考えが書かれていることを知り、今後の読書生活を豊かにするために必要なことを考えさせたい。そこで翻訳が異なることによる作品の印象の違いや「読書コラム」を読み、翻訳作品の魅力を考えることで本の多様性に触れる手立てとした。そして、自分の読書を振り返り、これ

から読みたい本を考えることで読書について考えを広げたり深めたりする力を育成していきたい。

単元計画

時	学習活動	学習内容	評価
1	1．学習の見通しをもち、文章を比較して翻訳された表現が違うところを探す。 2．表現の違いから作品の印象がどのように異なるかを考え、グループで交流する。 3．「読書コラム」を読み、翻訳作品の魅力を考える。 4．「読書案内」を参考に、次に読みたい本とその理由を考え、グループで交流する。 5．学習の振り返りを行う。	○表現上の違いを探し、教科書に印を付ける。 ○「僕」や「王子さま」の人柄や心情の違い、作品から受ける印象の違いを考える。 ○翻訳作品の印象や「読書コラム」を読んで学んだことを基に翻訳作品の魅力を考える。 ○様々なジャンルの本に触れ、自分の考えを広げたり深めたりするという視点で読んでみたい本を選び、理由も書く。 ○この学習を通して、今後の読書生活を豊かにするために必要なことについて考える。	❶ ❷ ❸ ❹

評価規準

知識・技能	思考・判断・表現	主体的に学習に取り組む態度
❶本や文章などには、様々な立場や考え方が書かれていることを知り、自分の考えを広げたり深めたりする読書に生かしている。 ⑶エ	❷「読むこと」において、観点を明確にして文章を比較するなどし、表現の効果について考えている。 C⑴エ ❸「読むこと」において、文章を読んで理解したことや考えたことを知識や経験と結び付け、自分の考えを広げたり深めたりしている。 C⑴オ	❹積極的に観点を明確にして文章を比較するなどし、表現の効果について考え、学習課題に沿って翻訳された表現の違いから印象の違いを考えようとしている。

〈指導と評価の一体化を図る見取りのポイント〉

読書生活を豊かにするためには、書かれている内容やジャンルの違いなど本の多様性を知り、今後の自分にとってどのような本を読んでいく必要があるかを考えることが大切である。表現の効果について考えさせる際には、訳者の異なる二つの『星の王子さま』を読み比べ翻訳された表現の違いによってどのように作品の印象が違うかをワークシートに記述させ見取る。そして、「読書コラム」を読んで翻訳作品の魅力を考えさせた後、「読書案内」を参考に様々なジャンルの本から次に読みたい本とその理由をワークシートに記述させる。そのワークシートに自分の考えを広げたり深めたりするという視点で読みたい本を選んでいることが表れているかに注目し今後の読書に生かしていることを見取る。授業の最後には今後の読書生活を豊かにするために必要なことを考え振り返りに記述させる。その振り返りに自分の知識や読書経験と結び付けて考えていることが表れているかに注目し、自分の考えを広げたり深めたりしているかを見取る。

翻訳作品を読み比べよう／読書コラム／読書案内

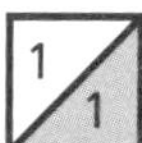

『星の王子さま』の二つの訳を読み比べ、翻訳された表現の違いから作品の印象がどのように異なるかを考えましょう。

目標

表現の違いによる作品の印象の違いに気付き、今後の読書に必要なことについて考えることができる。

評価のポイント

❶学習したことを基に自分の考えを広げたり深めたりするために読みたい本を挙げている。 (3)エ

❷❸翻訳された表現の違いによる作品の印象の違いと今後の読書生活を豊かにするために必要なことを考えている。 C(1)エ、オ

❹他者との交流を通して考えを深めようとしている。

準備物 ・ワークシート（作品の特徴や印象をまとめるなど）

ワークシート・ICT 等の活用や授業づくりのアイデア

○人物の表現の仕方や文体など観点を決めて表現の特徴や作品の印象を表にまとめて比較する。

＊内藤訳と池澤訳両方の本を用意し、読む前に表紙を見せて同じ作品かどうかを問いかけ、訳者の違いに着目させる導入も考えられる。

＊古典の訳を比較して考えさせてもよい。

1 導入（学習の見通しをもつ）

〈授業の流れとゴールを確認する〉

T：表現の違いによって作品の印象がどのように異なるかを学びます。そして本の多様性を知り、自分の考えを広げたり深めたりするためにこれからどのような本を読んでいきたいかについて考えます。様々な本の存在を知り、読書生活を豊かにするために必要なことを考えましょう。

2 展開

〈内藤訳と池澤訳の『星の王子さま』の表現の違う場所を探す〉

T：『星の王子さま』の二つの翻訳を読み比べて表現の違うところを探し、教科書に線を引きましょう。「たとえ（比喩）」や「敬体・常体の文体」、「人物の表し方」の違いなどに着目して違いを探しましょう。

○表現の違いを探し教科書に線を引く。

＊生徒が線を引きながら読んでいる様子を机間指導によって支援する。

〈表現や作品の印象を表にまとめる〉

T：それでは、「文体」や「たとえ（比喩）の使い方」など特徴的な違いが表れている点を観点として、それぞれの印象の違いを表にまとめましょう。

○表にまとめる。

＊表には観点に沿った「具体的な表現・

3 終末（学習を振り返る）

〈学習の振り返りを行う〉

T：最後に学習を振り返りましょう。学習を振り返り、今後の自分の読書生活を豊かにするために必要なことについて考えたことを書きましょう。

○学習を振り返り、自分の考えを広げたり深めたりする。

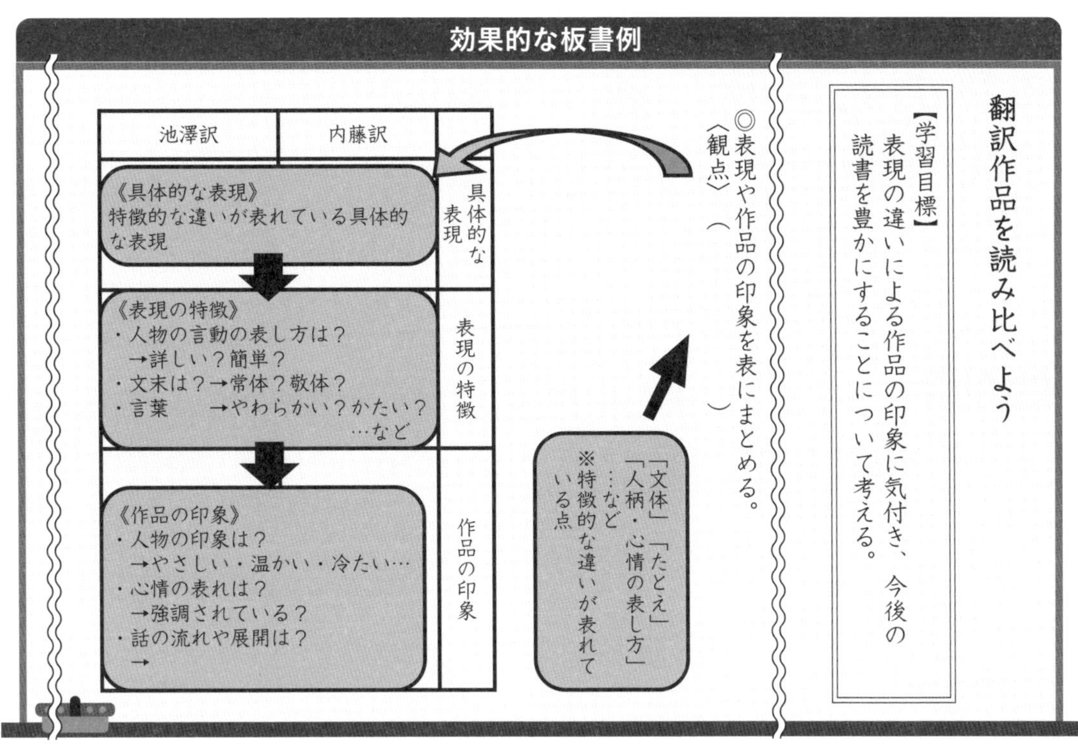

表現の特徴」、「作品の印象」をそれぞれまとめる。

〈考えを交流する〉

T：学習班で考えを交流します。交流する時は、①観点②内藤訳と池澤訳の表現の特徴③内藤訳と池澤訳の作品の印象を発表してください。他の人の考えで参考になったことは赤ペンで書き入れましょう。

○各グループで考えを交流する。

＊「表現の特徴」は具体的な表現を指摘して説明してもよい。

＊教師はグループ間を回って様子を観察。

〈翻訳作品の魅力を考える〉

T：翻訳作品は訳によって受ける印象が違います。そこに翻訳作品の魅力があります。次のページの「読書コラム」には、違った視点から翻訳作品の魅力が述べられています。読書案内を読んで翻訳作品の魅力を考えてみましょう。これまでの翻訳作品についての考え方が変わったことがあれば挙げられるとよいですね。

○翻訳作品の魅力について書く。

＊これまで読んだ翻訳作品を挙げさせるなど、生徒たちの読書経験として考えさせる。

〈様々な本にふれ今後の読書について考える〉

T：単元の学習を通して、翻訳作品にふれ、今まで考えたことのない本の世界の広がりを学んだのではないでしょうか。それでは、今回の学習を生かして今後の自分の読書について考えましょう。「読書案内」（教科書 p.87～89）を参考に自分の考えを広げたり深めたりするという視点で読みたいと思う本とその理由を考えましょう。

○読みたい本とその理由を書き、学習班で交流する。

＊ICT 端末を活用してインターネットで本を検索したり、教師の読書経験を語ったりして本の世界を広げてもよい。

読書生活を豊かに

季節のしおり　夏（1時間扱い）

指導事項：〔知技〕(1)エ
言語活動例：文学作品を音読したり、暗唱したりする。
　単元の学習内容と関連付けたり、表現の素材として活用したりする。
　季節の言葉を集めるなど、四季折々の学習の資料とする。

単元の目標

(1)抽象的な概念を表す語句の量を増すとともに、類義語と対義語、同音異義語や多義的な意味を表す語句などについて理解し、話や文章の中で使うことを通して、語感を磨き語彙を豊かにできる。　〔知識及び技能〕(1)エ

(2)言葉がもつ価値を認識するとともに、読書を生活に役立て、我が国の言語文化を大切にして、思いや考えを伝え合おうとする。　「学びに向かう力、人間性等」

単元の構想

〈単元で育てたい資質・能力／働かせたい見方・考え方〉

　私たちは、季節を感じる様々な言葉を通して、四つの季節のイメージを心の中に蓄えてきた。季節感とは、五感を通して感じ取れるものだけでなく、季節と結び付いた様々な言葉から連想されるイメージによって形づくられている面もある。それゆえ、季節と結び付いた言葉を増やすことは、その季節の中で営まれる生活に対する生徒の見方を豊かにすることにもつながっていく。また、文学作品の中に置かれた言葉を通して季節の情景を思い浮かべたり、季節の風情を感じ取ったりすることは、生徒の感性を豊かにし、想像力をかきたてるだろう。

〈教材・題材の特徴〉

　本教材は、それぞれの季節を題材とした、短歌・俳句を中心とする短詩型の文学作品２～３編と、季節の行事と暦を表す言葉で構成されている。教材のリードでは、それぞれの文学作品に描かれた情景、匂い、音などを表す表現が示され、作品を豊かに想像する手がかりになっている。とりわけ作品が短歌・俳句などの定型詩では、くり返し声に出して読むことで、言葉の響きを感じ取ることができるだろう。様々な作品や言葉に触れることで季節感を豊かにするとともに、日本語の豊かさを感じ、情景と結びつけて詩情を読み取るおもしろさを感じとらせたい。

〈主体的・対話的で深い学びの視点からの授業改善ポイント／言語活動の工夫〉

　本教材は配当時数がなく、単元の導入で季節の言葉や作品を紹介する、詩や短歌・俳句の補充教材として提示する、表現活動の素材として示すなど、他の学習活動と結びつけて活用することが想定される。また、文学作品を朗読・暗唱したり、季節の言葉集めといった帯単元を仕組む際のモデルとして位置付けたりすることもできるだろう。学習の中で適宜活用しながら、折に触れて季節を

感じさせる作品や言葉を紹介し、季節の言葉に触れる場面をもたせるようにするとよい。

単元計画

時	学習活動	学習内容	評価
1	1．文学作品を音読したり、暗唱したりする。 2．単元の学習内容と関連付ける。 3．季節の言葉を集める。	◯作品を声に出して読み、描かれている情景や、感じ取った季節感を交流する。 ◯表現活動の素材・題材として「季節のしおり」を活用する。 ◯書籍、雑誌、教科書、新聞、インターネットなど、様々な媒体から季節と結び付く言葉を探し、ファイルにしたり、発表し合ったりする。 ・その季節ならではの事象や出来事など、これまで知らなかった季節に関わる新しい語彙を集める。 ・動詞・形容詞など名詞以外の言葉にも広げる。	❷ ❶ ❶

評価規準

知識・技能	主体的に学習に取り組む態度
❶抽象的な概念や季節を表す語句の量を増すとともに、話や文章の中で使うことを通して、語感を磨き語彙を豊かにしている。(1)エ	❷季節を表す言葉について関心をもち、言葉を集めたり、表現の中で使ったりしようとしている。

〈指導と評価の一体化を図る見取りのポイント〉

音読や暗唱などの活動では、ただ声に出して読むだけでなく、言葉のリズムが伝わるように音読を工夫したり、句切れなどに気を付けて朗読の仕方を工夫したりすることが大切である。言葉のリズムは、何度も繰り返して読むことで自然とつかめることもある。「主体的に学習に取り組む態度」の評価としては、そうした「声を出す」ことに対する取り組みへの積極性を見取るようにする。

手紙や創作など単元内の学習活動の資料として教材を活用するのであれば、教科書の言葉以外に、自分なりの季節感を表す言葉を使ったり、集めたりしようとしているかが、「主体的に学習に取り組む態度」を見取るポイントとなる。「知識・技能」については、学習過程の中に季節を感じさせる言葉を集める取材活動や、集めた言葉を使って表現するという条件を組み入れておくことで、語句の量を増し、語彙を豊かにしているかを見取ることができる。

季節のしおり　夏

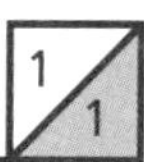

主発問　夏の情景を描き出した俳句や短歌、言葉をいくつか取り上げながら、夏という季節がもつ魅力が伝わる紙面を考えましょう。

目標

俳句や短歌に描かれた季節を表す言葉について理解を深めるとともに、自分自身がもつ季節のイメージを表現することができる。

評価のポイント

❶季節を表す語句の量を増やすとともに、表現された世界観を想像し、語感を磨き語彙を豊かにしようとしている。　(1)エ

❷自分自身がもつ夏のイメージを表現するための言葉を主体的に集めたり、使用しようとしている。

準備物　・『歳時記』を抜粋したプリント　・可能であれば『日本語使いさばき辞典』のような辞典類

ワークシート・ICT 等の活用や授業づくりのアイデア

○夏を表す言葉について理解を促すために、「金魚」「蛍」を含めた季語を『歳時記』からいくつか選び、プリントとして配布する。

＊『歳時記』には、その季語を用いた俳句が複数掲載されている。教科書の作品と比較することで、季節の捉え方の多様さに気付かせるとよい。

1 導入（学習の見通しをもつ）

〈本時の展開とゴールを説明する〉

T：今日は「夏」をテーマとした作品をいくつか読み、描かれた情景を味わいます。その後、皆さんがもつ「夏」のイメージを、教科書の紙面を参考に表現しましょう。俳句や短歌、文学作品の一節などを引用する中で、語感を磨き知識を増やしつつ、自分の感性を見つめましょう。

2 展開

〈描かれている情景を想像する〉

T：それでは、教科書に掲載されている三つの作品を声に出して読み、情景を想像してみましょう。

○教師に続けて音読する。

T：それぞれの作品から、どのような情景が思い浮かんできましたか。少し時間を取りますので、ノートに書いてみてください。例えば、人物や時間の設定を考えるだけでも、クラスの人数分違ったイメージが出てくるかも知れませんね。

○ノートに、思い描いた情景について書く。

＊教師は机間指導しながら観察する。

〈思い描いた情景を交流する〉

T：では、何名かに発表してもらいましょう。自分の書いたものと比べなが

3 終末（学習を振り返る）

〈ノートを読み合い、コメントを書く〉

T：それでは、近くの席の人とノートを交換し、コメントを添えて返しましょう。

○席の近い者同士でノートを交換し、コメントを入れて返却する。

T：同じ季節でも、言葉によって様々に魅力を表現できますね。今後も、学びを深め、感性を豊かにしていきましょう。

効果的な板書例

季節のしおり　夏

【学習目標】
季節を表す言葉について理解を深め、語感を磨くとともに、多様な表現方法を味わう。

【今日のめあて】「夏」をテーマとした作品を集め、自分自身がもつ「夏」のイメージを表現しよう。

◎3作品から想像した情景は？
・貰ひ来る…
・海を知らぬ…
・蚊帳のなかに…

◎自分にとっての「夏」を表す言葉
・
・
・

＊「枕草子」の「夏は夜。月のころはさらなり……」を思い出させてもよい。清少納言にならい、自分にとって典型的な夏の情景を想像することから始めると、国語が苦手な生徒にも取り組みやすい。

ら聞いてくださいね。どれか一つでかまいませんので、発表してみてください。

○何名かが発表する。

＊一つの作品に発表が集中した場合、残りの作品についても尋ねる。ただし、無理に発表させるのではなく、その場でやりとりしながら教室全体で想像を広げていくようにする。

＊「蚊帳」など、生徒の日常に結び付きにくい言葉については、資料などを用いて簡単に説明を加える。

〈同じ言葉を用いている作品を読む〉

T：それぞれの作品が描く「夏」の情景について、想像が広がりましたね。ここで、『歳時記』を見ておきましょう。同じ「金魚」や「蛍」を扱っていても、作者によってまったく異なる世界、「夏」が描かれていますね。古典の世界にはよく「蛍」が登場しますが、その描かれ方と比べるのも面白そうです。

○配布プリントを読む。

〈自分にとっての「夏」を表す言葉を集める〉

T：それでは、教科書 p.90と同じような紙面を作るつもりで、自分にとっての「夏」を表す言葉を集めてみましょう。単語を並べるのではなく、俳句や短歌、文学作品の一節などを引用する形で、「夏」をいろいろな角度から切り取り、その魅力を伝えることが目標です。また、好きな音楽の歌詞を加えてもかまいません。

○副教材やインターネットなど、様々な媒体から、自分が「夏」を感じる言葉を集め、ノートに書く。

＊教師は机間指導によって支援する。

＊可能であれば、学校司書などに協力を仰ぎ、『歳時記』や『日本語使いさばき辞典』、詩集といった資料を準備しておくとよい。

4 人間のきずな

盆土産（4時間扱い／読むこと）

指導事項：〔知技〕(1)エ　〔思判表〕C(1)イ
言語活動例：作品の魅力について考えたことを伝え合う。

単元の目標

(1)登場人物の言動や情景を表す語句に着目し、作品に与える印象を考えることができる。
〔知識及び技能〕(1)エ

(2)場面の状況を踏まえて登場人物の言動の意味を考え、人柄や心情を読み取ることができる。
〔思考力、判断力、表現力等〕C(1)イ

(3)言葉がもつ価値を認識するとともに、読書を生活に役立て、我が国の言語文化を大切にして、思いや考えを伝え合おうとする。
「学びに向かう力、人間性等」

単元の構想

〈単元で育てたい資質・能力／働かせたい見方・考え方〉

小説を読む際には、登場人物の人柄や心情を読み取ることで、内容をより深く味わうことができる。登場人物の人柄や心情を読み取るには、直接的に語られている部分だけではなく、行動、セリフ、ときには情景描写などを結び付けて考えることが重要である。本単元においては、語り手である少年とその家族の人柄や心情を叙述に即して丁寧に読み取ることで、初読時には気付かなかった作品の魅力を感じ取ることができるだろう。また、そうした魅力について他の生徒と交流することで、物語を読む楽しさを共有したい。

〈教材・題材の特徴〉

「えびフライ、とつぶやいてみた。」という印象的な書き出しにも使われている、父の土産である「えびフライ」を象徴的に用いながら、家族の絆を描いた作品である。昭和の東北地方を連想させる田舎に住む少年が語る家族の姿は、情報化・均一化が進む現代に生きる生徒には新鮮に感じられるのではないだろうか。そこに描かれている、直接的な言葉にはしないが互いを思いやる家族の心情を読み取らせたい。また、情景描写や方言が効果的に用いられていることにも気付かせたい。

〈主体的・対話的で深い学びの視点からの授業改善ポイント／言語活動の工夫〉

物語をどのように読むかを最後に決めるのは個人にゆだねたい。しかしながら、だからといってどんな読み方も許容されるわけではない。全体で確実に内容を読み取る場面と、個人の発想を生かして読む場面をバランスよく授業に取り入れたい。本単元においては、時間の流れ、場所、登場人物の設定などは、全体で確認する。その上で、登場人物の心情を読み取ったり、作品の魅力を考えたりする場面では、多様な視点からの読みを推奨する。また、それぞれの読みを交流する場面を設定することで、読みの根拠が適当かどうかについて考えさせる機会としたい。

単元計画

時	学習活動	学習内容	評価
1	1．既習事項を振り返る。 2．学習を見通し、通読する。 3．初発の感想を書き、交流する。	○これまでの授業で扱った作品や学んだことについて全体で共有する。 ○印象に残った表現に線を引きながら通読する。 ○これまでの学習を思い出しながら初発の感想を書き、交流を通して考えを広げる。	❸
2	4．あらすじを以下の観点で整理する。 ・時間 ・場所 ・登場人物	○冒頭から終末まで何日（何時間）経過したかを考える。 ○物語の舞台となっている場所はどこかを考える。 ○登場人物の設定について考える。	❶
3	5．物語の一部を、父親を語り手にしてリライトする。	○物語の語り手を確認する。 ○リライトの仕方を理解する。 ○物語の一部をリライトする。 ○リライトした作品を交流する。	❷
4	6．作品の魅力について、本文を引用しながらまとめる。 7．作品の魅力についてグループで話し合う。 8．学習を振り返り、文学作品の読み方についてまとめる。	○初発の感想や前時までの学習を踏まえ、印象に残った本文を引用しながら、作品の魅力についてまとめる。 ○作品の魅力についてグループで交流し、考えを広げたり深めたりする。 ○どこに着目して読み、何が分かったのかを振り返り、文学作品の読み方としてまとめる。	❸

評価規準

知識・技能	思考・判断・表現	主体的に学習に取り組む態度
❶登場人物の言動や情景を表す語句に着目し、物語の時間の流れ、場所や登場人物などの設定を捉えている。 (1)エ	❷「読むこと」において、場面の状況を踏まえて登場人物の言動の意味を考え、人柄や心情を読み取っている。 C(1)イ	❸積極的に登場人物の言動の意味などについて考え、交流を通して作品の魅力について考えを広げたり深めたりしようとしている。

〈指導と評価の一体化を図る見取りのポイント〉

生徒が作品をどのように理解し解釈しているかを見取るためには、何らかの表出が必要となる。本単元においては、初発の感想、あらすじの整理、父親を語りとしたリライト、作品の魅力のまとめという表出の機会を設定している。リライトでは、父親の心情を適切に読み取り表現しているか、作品の魅力では、叙述に基づいて自分なりの読み方が表現できているかを見取る。

盆土産

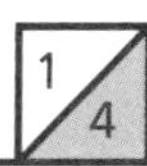

この小説を読んでどのような感想をもちましたか。これまでの学習を生かして考えましょう。

目標

これまでの学習を生かして初発の感想をもつことができる。

評価のポイント

❸これまでの学習を生かして進んで初発の感想を書き、交流を通して、考えを広げたり深めたりしようとしている。

準備物　・1年時の教科書やノートなど

ワークシート・ICT 等の活用や授業づくりのアイデア

○初発の感想を書く際には、これまでの学習を生かして書く。

＊生徒にこれまでにどのようなことを学んできたかを問うと、教材名で答えることが多い。そのような場合は、教科書やノートを見返して、その教材を通して何を学んだのかを問い返すとよい。そして、その学びは実生活にもつながることを意識させたい。

1 導入（学習の見通しをもつ）

〈既習事項を振り返る〉

T:「盆土産」という作品を読みながら、小説を適切に理解し、豊かに味わう方法を学びます。まずは、これまでの学習を振り返ります。どのようなことを学びましたか。

・「シンシュン」や「少年の日の思い出」を読みました。

・「星の花が降るころに」の続編を書きました。

2 展開

〈既習事項を整理する〉

＊これまでの学習についての発言は以下の三つに大別できる。

①「シンシュン」や「少年の日の思い出」のような教材名

②感想の交流や続編の執筆などの活動

③心情の変化や登場人物の設定など指導事項に関わること

これらはどれも間違いではない。しかし、実生活で生きて働く力として考えると、③が最も有効である。ただし、抽象的な知識にとどまると実際に活用することは難しい。そこで、①や②のような発言に対しては、その教材や活動を通してどのようなことを学んだのかを問い返す。③のような発言に対しては、具体例を挙げさせるとよい。具体を伴った抽象的な知識を繰り

3 終末（学習を振り返る）

〈学習を振り返り、単元の見通しをもつ〉

T:既習事項を意識して、初発の感想を書くことはできましたか。「星の花が降るころに」で学習した「象徴」を意識して、「えびフライ」の意味について考えた人もいたようです。次回からは「盆土産」について、登場人物の言動に着目しながら理解を深め、その魅力について考えましょう。

効果的な板書例

「盆土産」　三浦　哲郎

【学習目標】
・登場人物の言動や情景を表す語句に着目し、作品に与える影響を考える。
・場面の状況を踏まえて登場人物の言動の意味を考え、人柄や心情を読み取る。

【今日のめあて】これまでの学習を生かして、初発の感想を書こう。

◆既習事項（「読むこと」物語・小説）
○「シンシュン」
・場面の展開　・山場
○「大人になれなかった弟たちに……」
・行動や情景の描写
○「星の花が降るころに」
・場面や描写を結びつける
・象徴・比喩の効果
○「少年の日の思い出」
・情景描写　・語り手
○「アイスプラネット」
・登場人物の設定　・心情を表す語句

返し活用しながら積み重ねていくことで、授業の学びが、実生活で生きて働く力となる。

T：「シンシュン」や「少年の日の思い出」などの教材や「続編を書く」などの活動を通してどのようなことを学びましたか。

＊思い付かない生徒には、１年時の教科書やノートを確認するように促す。

＊各学年の教科書の巻末に掲載されている「文学的な文章を読むために」も適宜参照する。

○１年時の教科書やノートを確認しながら、既習事項をまとめる。

・「星の花が降るころに」で続編を書くことで、場面や描写を結び付けて読むと、小説の理解が深まることを学びました。

T：具体的に印象に残っている場面や描写はありますか。

・銀木犀の描写が印象に残っています。小説の冒頭で「木に閉じ込められた」と言っていた「私」が、結末で「木の下をくぐって出た」ことから、夏実との関係に捕らわれていた「私」が新たな一歩を踏み出したことが分かりました。

T：銀木犀は二人の関係を象徴していると言えますね。

＊全体で確認しながら板書で整理する。既習事項を全てを網羅することよりも、生徒の意見をより多く引き出し、これまでの学びを自覚させることを重視する。

〈通読する〉

T：これから、「盆土産」を読みます。読めない漢字はチェックしておきましょう。また、印象に残った表現に線を引きましょう。

〈初発の感想を書き、交流する〉

T：線を引いた部分と先ほど確認した既習事項を意識して初発の感想を書きましょう。

○初発の感想について交流する。

・「えびフライ」がとてもおいしそうでした。その裏には、語り手の少年や父親の家族に対する愛情が込められていると思います。

盆土産

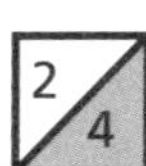

主発問 **作品中の時間の流れ、場面設定、登場人物はどのように書かれていますか。**

目標

回想場面や父親の帰省に関わる描写に注意して読み、作品の舞台や時間の流れについて捉えることができる。

評価のポイント

❶登場人物の言動や情景を表す語句に着目し、小説の時間の流れ、場所や登場人物の設定を捉えている。 (1)エ

準備物 ・特になし

ワークシート・ICT 等の活用や授業づくりのアイデア

○あらすじを、いつ（時間の流れ）、どこ（場面設定）、だれ（登場人物）という観点でまとめる。

＊小説を読む際、最終的な解釈や自分の考えの形成については、それぞれの考えを尊重するが、あらすじについては確実に押さえておく。どの作品でも同じ観点で整理することで、初読の作品でも適切に読み取れる力を育みたい。

1 導入（学習の見通しをもつ）

〈本時の見通しをもつ〉

T：今回は「盆土産」のあらすじをまとめます。あらすじはどのような観点で整理するとよいですか。

・いつ、どこで、誰が、何をした。

T：その通りですね。今回の授業では、時間の流れ、場面設定、登場人物についてまとめましょう。

2 展開

〈時間の流れを整理する〉

T：それでは、この小説の冒頭から結末まで、何日間が経過しているか、叙述を基に考えてください。

＊「時間の流れが分かる叙述に線を引きなさい」という指示を出してしまうと、その後の活動は、線を引いたところの答え合わせに終始して、生徒の思考は活性化しない。そこで、このような発問をすると、何通りかの答えが出てくることが多く、なぜそのような日数になるのだろうかという疑問を生み、生徒の思考を活性化することができる。

○個人で考えた内容を基に、グループで交流する。

T：それでは、グループで交流した結果を発表してください。

・8月12日と13日の二日間です。

3 終末（学習を振り返る）

〈学習を振り返り、次回の見通しをもつ〉

T：「盆土産」には何日間のどんな場所での出来事が描かれていましたか。

・盆入り前日からの二日間です。

・東京から離れた東北地方の山間部です。

T：次回は、登場人物に焦点を当て、その言動の意味を考え、人柄や心情を読み取る学習をします。

効果的な板書例

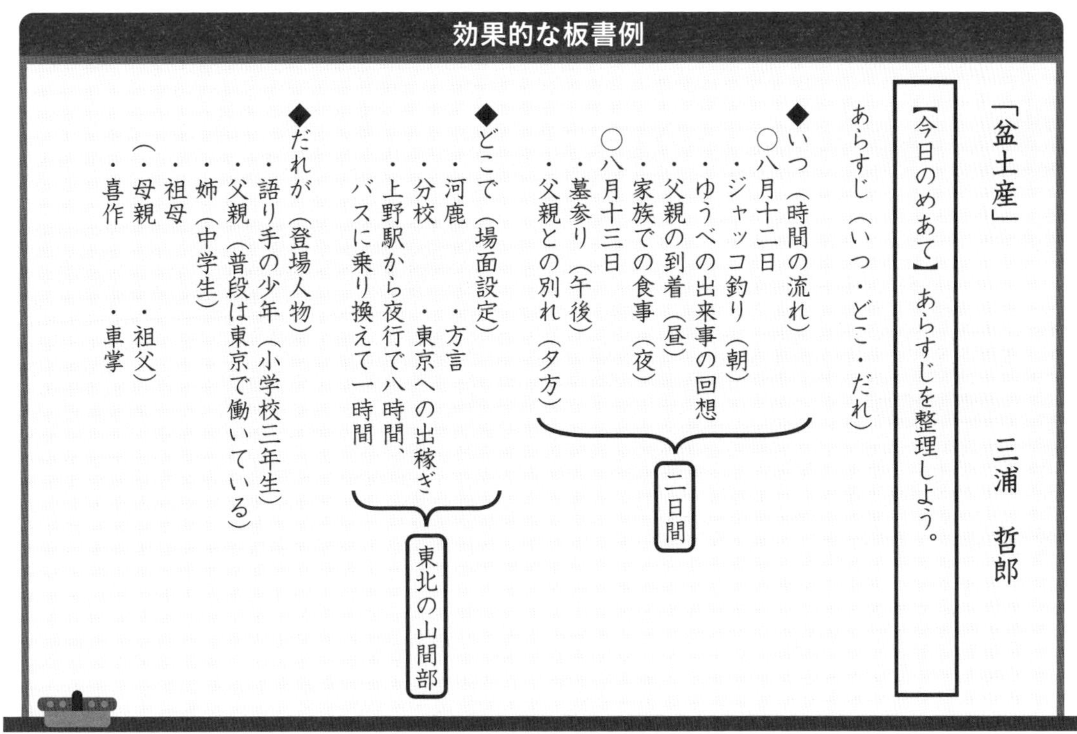

T：根拠となる叙述を教えてください。

・冒頭はジャッコ釣りの場面で、p.93 19行目の「ゆうべ」という部分からp.95 1行目「とだけ言った。」までは回想場面です。

・ジャッコ釣りのあと、父親が帰郷して、その日の夕食までが、p.100 19行目までに描かれています。

・p.101 1行目「翌朝」とあるので、ここから8月13日になります。

・午後からみんなで墓参りに行って、父親はその日の夕方、東京に戻ります。

・p.101 3行目に「一日半しか休暇をもらえなかった」とありますが、父親が家族と一緒にすごせるのが一日半だという意味だと思います。

〈場面設定を整理する〉

T：この小説の舞台となっている場所はどの辺りか、叙述を基に考えてください。

○個人で考えた内容を基に、グループで交流する。

T：それでは、グループで交流した結果を発表してください。

・河鹿が鳴いているから、山間部だと思います。

・少年が分校に通っていることからも、町からは離れているのではないでしょうか。

・方言を使う地方です。

・上野駅から夜行に乗るということは、東北地方かもしれません。

・そういえば、作者は青森県出身だから、自分の子供のころの記憶を基に書いたとも考えられます。

＊交通手段や通信機器が発達した現代と比較し、小学校３年生がえびフライを知らないという時代や場所という作品の設定を読み取らせる。

〈登場人物を整理する〉

T：この小説の登場人物は誰ですか。

＊少年や姉の年齢や父親が出稼ぎに行っていることなど大まかな設定を確認する。

盆土産

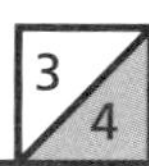

主発問 **家に着いたとき、夕食の場面、東京に戻るバス停までの間、父親はどのようなことを思っていたのでしょうか。**

目標

父親の言動の意味、心情や人柄などを考えながら、父親を語り手にして作品の一部をリライトすることができる。

評価のポイント

❷場面の状況を踏まえて父親の言動の意味を考え、人柄や心情を読み取っている。 C(1)イ

準備物 ・ICT 端末 ・本文テキストデータ

ワークシート・ICT 等の活用や授業づくりのアイデア

〇本文の記述を利用できるようにテキストデータを配付する。

＊リライトはドキュメントなどで作成し、コメント機能を活用すると交流をスムーズに行うことができる。タイピングが苦手な生徒が多い場合は、原稿用紙と付箋を使用してもよい。

＊小説の語り手を変えたリライトは他の教材でも実践できる言語活動である。

1 導入（学習の見通しをもつ）

〈本時の見通しをもつ〉

T：この作品の語り手は小学３年生の少年です。今回は語り手を「父親」に変えて、作品の一部をリライトします。この二日間の出来事は、父親の目にはどう映ったのでしょうか。

＊「語り手」についての補足説明が必要であれば、１年教科書 p.212を参照する。

2 展開

〈リライトの仕方を理解する〉

T：父親を語り手にしたリライトの条件は以下の通りです。

＊板書で示しながら説明する。

T：例えば、p.93で父親からの速達について「帰るなら、もっと早くに知らせてくれれば」と語っていますが、東京にいる父親の視点で考えると、「盆には帰れぬと思っていたが、急遽休みが取れたので、慌てて速達を出した。」という語りになるかもしれません。

T：「少年」の名前は分からないので、「息子」と呼ぶことにしましょう。

T：リライトする場面は、以下の三つから一つ選んでください。

＊板書で示しながら説明する。

〈物語の一部をリライトする〉

T：父親の言動の意味を考え、人柄や心

3 終末（学習を振り返る）

〈学習を振り返り、次時の見通しをもつ〉

T：リライトして気付いたことはありますか。

・父親の言動から、家族に対する愛情を読み取ることができました。

・さりげなく書かれている部分もしっかりと読むと様々な意味が読み取れることが分かりました。

T：次回は、作品の魅力について考えます。

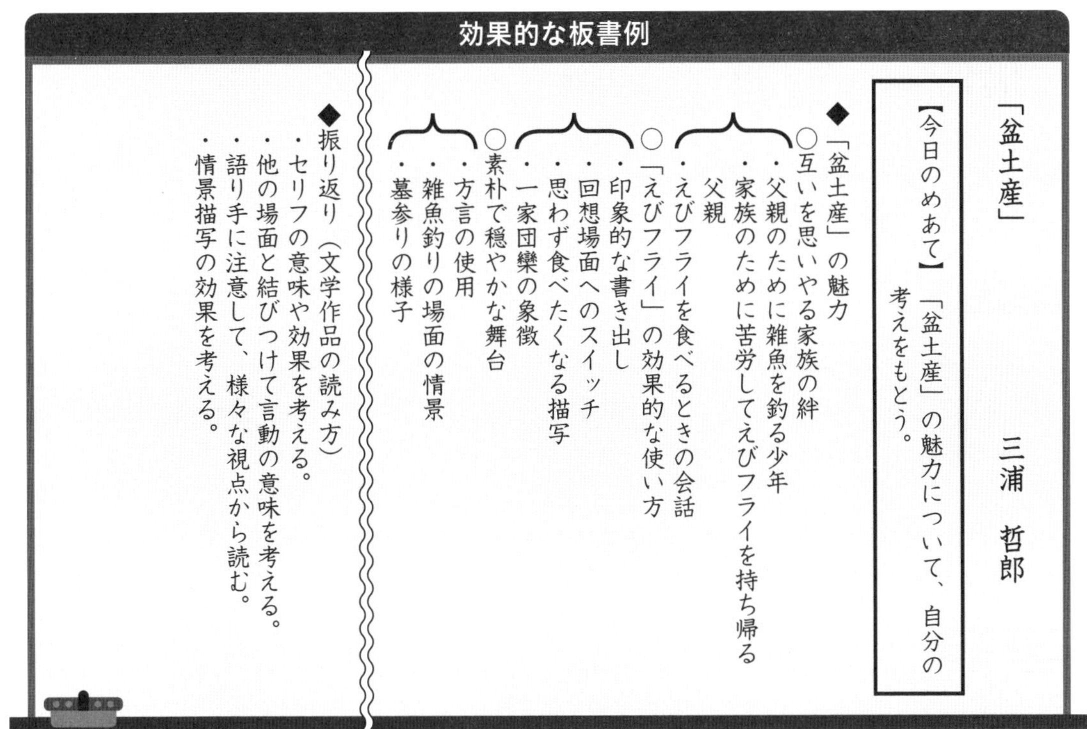

の効果に関わる魅力を挙げる生徒もいることが予想される。どちらの魅力にも目を向けるように促す。

＊引用の仕方として「」を付けることを確認する。

〈作品の魅力について交流する〉

T：四人１グループで、それぞれが考えた魅力について交流します。そこで出された意見は、コメント機能を使ってドキュメント上に書き加えてください。

＊交流の様子（例）

・この作品の魅力は家族の絆にあると思いました。父親は「一日半しか休暇をもらえなかった」のに、家族の元に戻っていて、本当に家族を大切にしていることが分かりました。

・えびフライを家族で食べる場面からも、めったにない一家団欒を皆が楽しんでいる様子が伝わってきました。

・その一方で、家族が一緒にいられない寂しさも感じました。別れの場面で少年がつぶやいた「えびフライ」という言葉からは、父親への感謝の気持ちと、別れの寂しさが感じられました。

〈学習を振り返り、文学作品の読み方についてまとめる〉

T：この単元では、どこに着目して読み、何が分かりましたか。今後につながる文学作品の読み方としてまとめましょう。

○学習を振り返り、文学作品の読み方についてまとめる。

・セリフに方言が使われていることで、作品の舞台を想像することができました。セリフの意味や効果を考えることが大切だと思います。

・「父親は薄く笑って」の意味が後から分かるように、ちょっとした言動も、他の場面と結び付けて考えると、深い意味になることが分かりました。

＊具体的な発言は抽象化してまとめ、抽象的な発言に対しては具体例を確認する。具体を伴った抽象化された知識として整理することが望ましい。

4 人間のきずな

字のない葉書（3時間扱い／読むこと）

指導事項：〔知技〕(3)エ　〔思判表〕C(1)エ
言語活動例：随筆の味わいについて考えたことを伝え合う。

単元の目標

(1)日常の読書に生かせるように随筆の味わい方について考えることができる。
〔知識及び技能〕(3)エ

(2)文章の構成や、人物や出来事を語るときの表現から、筆者の思いを考えることができる。
〔思考力、判断力、表現力等〕C(1)エ

(3)言葉がもつ価値を認識するとともに、読書を生活に役立て、我が国の言語文化を大切にして、思いや考えを伝え合おうとする。
「学びに向かう力、人間性等」

単元の構想

〈単元で育てたい資質・能力／働かせたい見方・考え方〉

生徒に日頃どのようなジャンルの本を読んでいるかを尋ねたときに、随筆（エッセイ）という答えが返ってくることはまれである。そこで本単元を、生徒が随筆の魅力に気付き日常の読書の幅を広げるためのきっかけとしたい。そのために、作品の背景を踏まえ、筆者が伝えたい内容と表現の工夫について、前半と後半との比較を通して読み取らせたい。また、筆者の思いと自分の経験を重ね合わせることが、自分の考えを広げたり深めたりするきっかけになることに気付かせたい。

〈教材・題材の特徴〉

数多くのホームドラマの脚本を手がけた筆者らしく、父親の人物像が目の前に浮かんでくるように、生き生きと描き出されている。例えば、前半は父の人となりを「暴君であったが、反面照れ性でもあった」と直接的に表現しているのに対して、後半は、「やせた妹の肩を抱き、声を上げて泣いた」とその行動で間接的に表現するなどの工夫がされている。また、文末表現の違いに着目することで、父親の実際の行動と、そこから筆者が抱いた思いを区別して読み取ることもできる。前半の手紙と後半の葉書という思い出の品で二つの話題をつなげている構成も巧みである。

〈主体的・対話的で深い学びの視点からの授業改善ポイント／言語活動の工夫〉

随筆は物語と異なり現実での出来事を元にしている。したがって、作品の背景を調べることも有効な読み方と言えよう。一人一台端末が整備された状況においては、教師が資料を提示するのではなく、生徒自らが調べる場面を設定したい。調べた内容については、全体で交流しながら作品への理解につなげていく。また、随筆は身近なことが話題になることが多いため、自分の経験と比較しながら考えをもつことができる。それぞれが作品の内容や魅力について考えたことを明確にして交流することで、随筆の読み方やものの見方を広げることにつなげたい。

単元計画

時	学習活動	学習内容	評価
1	1．既習事項を振り返る。 2．学習を見通し、通読する。 3．作品の背景について調べる。 4．作品に描かれている出来事を確認する。	○１年時に学習した随筆の味わい方を確認する。 ※１年教科書 p.219「随筆を味わう」参照。 ○随筆の味わい方を意識しながら通読する。 ○作品の舞台となった場所や時代、作者の経歴などについてインターネットを用いて調べる。 ○作品に描かれているテーマを一言で書き表す。 ○作品に描かれている出来事を、前半と後半に分けてまとめる。	❸
2	5．前半と後半を比較しながら表現の効果について考える。	○前半で父の人物像が読み取れる部分に線を引く。 ○線を引いた部分から読み取った内容を整理する。 ○後半で父の人物像が読み取れる部分に線を引く。 ○線を引いた部分から読み取った内容を整理する。 ○前半と後半の父の描かれ方を比較し、気付いたことを話し合う。	❷
3	6．筆者の父に対する思いを、自分の考えと比較しながら捉える。 7．随筆の魅力について考え伝え合う。	○作品に描かれている父をどう思うかについて話し合う。 ○筆者は父についてどう思っているかについて話し合う。 ○これまでの学習を振り返り、随筆にはどのような魅力があるかを考え、グループで交流する。	❶ ❷ ❸

評価規準

知識・技能	思考・判断・表現	主体的に学習に取り組む態度
❶日常の読書に生かせるように随筆の味わい方について考えている。 ⑶エ	❷「読むこと」において、文章の構成や、人物や出来事を語るときの表現から、筆者の思いを考えている。 C⑴エ	❸積極的に表現の効果について考え、これまでの学習を生かして、随筆の魅力について伝え合おうとしている。

〈指導と評価の一体化を図る見取りのポイント〉

文学的な文章を授業で扱う際には、教材の内容や活動のみに意識が向きがちなので、これまで学んだことをどう生かすか、これから何を学ぶのか、それを次の学びにどうつなげるのかを示しながら授業を展開したい。そのために、既習事項を確認したときの反応や、教科書に線を引く様子などから、生徒の理解度を見取り、状況によっては、全体で丁寧に確認することも考えられる。また、交流時の様子については、「ねらいにそった発言ができている／発言しているがねらいに沿っていない／発言できていない」を見取り、それぞれにあった指導言を事前に準備しておくとよい。

字のない葉書

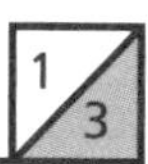

主発問 **「字のない葉書」という随筆は、何をテーマにしてどのような出来事を描いているでしょうか。**

目標

作品のテーマを意識して、描かれている出来事を前半と後半に分けて捉えることができる。

評価のポイント

❸これまでの学習を生かして、随筆の魅力について考えながら、作品のテーマや内容について考えようとしている。

準備物　・1年時の教科書　・ICT端末　・ワークシート①⬇01

ワークシート・ICT等の活用や授業づくりのアイデア

○生徒にとって馴染みの薄い随筆というジャンルについては、1年教科書p.219を参照する。

＊題材は新しい作品を扱うが、随筆を味わうという学習内容については、これまでの学びの継続であることを意識させる。

○一人一台端末を活用して、インターネットで作品の背景について調べる。

1 導入（学習の見通しをもつ）

〈既習事項を振り返り、単元の見通しをもつ〉

T：「字のない葉書」という作品を読みながら、随筆の味わい方について学びます。随筆とは文学のジャンルの一つですが、どのようなものですか。

・出来事や思い出などを書いたもの。

T：随筆については、1年生のときにも学習しているので確認してみましょう。

2 展開

〈随筆の味わい方を意識して通読する〉

T：随筆の味わい方を意識しながら「字のない葉書」を読みましょう。

＊範読後、読めなかった漢字に仮名を振らせる。

T：それぞれどのような感想をもちましたか。周りの人と交流してみましょう。

＊交流が難しいようであれば、ノートに感想を書かせ、それを読み合うなどの方法も考えられる。「隣の人」、「四人一組」など、グループを指定する方法もある。

〈作品についてインターネットで調べる〉

T：随筆は実際にあった出来事について書かれています。作品の背景や筆者について調べてみましょう。

・筆者が13歳だった、昭和17年の生活について調べてみると、家族の中の父親の存在が、現代とは大きく異なって

3 終末（学習を振り返る）

〈学習を振り返り、作品の内容を確認する〉

T：この作品は、父親に対する思いを、手紙と葉書にまつわる出来事を通して描いていますが、筆者はいつの時点でこの随筆を書いていますか。

・後半の出来事から31年後。

T：当時の父の年齢を超えた筆者が当時の思い出を語った随筆です。

効果的な板書例

「字のない葉書」　向田　邦子

【学習目標】
・日常の読書に生かせるように随筆の味わい方を考える。
・文章の構成や、人物や出来事を語るときの表現から、筆者の思いを考える。

【今日のめあて】作品のテーマを意識して、描かれている出来事を前半と後半に分けて捉えよう。

◆随筆 → 経験や見聞きしたことを基に、自分にとっての意味や考えを書いたもの。

◆作品の背景や作者について
・女学校一年…昭和十七年。筆者が十三歳の思い出。
・終戦の年…昭和二十年。筆者が十五・六歳の思い出。

◆テーマ　父　家族　絆

◆出来事
・前半 → 「私」が初めて親元を離れたとき、父親が三日にあげず手紙をよこした。
・後半 → 疎開をした末の妹に、父は宛名だけを書いた葉書を持たせた。

いることが分かりました。

・疎開について調べてみると、戦時中の苦しい生活の様子を知ることができました。

＊筆者や作品の背景について知ることの意味に気付かせたい。

〈作品のテーマを捉える〉

T：この作品の中で筆者が書きたかったテーマを一言で書いてみましょう。

・父　　・家族　　・絆

T：皆さんは家族に対してどのような思いを抱いていますか。

・自分を支えてくれる大切な存在です。

・身近過ぎてありがたみを忘れがちです。

＊家族というテーマは現代にも通じている。作品の内容と、自分が生きている現実を比較することで、自分の考えの形成につなげる。

〈前半と後半に描かれている出来事をまとめる〉

T：この作品には、父親に関わる出来事が二つ書かれています。それぞれ簡単にまとめましょう。

・前半は、女学校時代に父親から送られてきた手紙に関する思い出が書かれています。

・後半は、疎開した末の妹に持たせた葉書にまつわるエピソードが書かれています。

T：後半は終戦の年の出来事です。先ほど調べて分かったように、筆者は東京大空襲を経験しています。戦争という大きな出来事の影には、こうした家族の現実があったことが伝わってきます。

＊生徒が調べた内容と関連付けてまとめることで、より深い理解につなげたい。

T：前半の出来事と後半の出来事はどのようにつながっていますか。

・前半の手紙、後半は葉書というように、あるものにまつわる出来事を通して父親について語っています。

＊「盆土産」のえびフライと比較し、父親との思い出を象徴していることに気付かせる。

字のない葉書

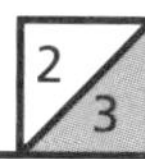

主発問 作品の中で、父親はどのように描かれているでしょうか。

目標

表現の効果を意識して、父親の人物像を捉えることができる。

評価のポイント

❷文章の構成や、人物や出来事を語るときの表現から、筆者の思いを考えている。 C(1)エ

準備物 ・ワークシート②02

ワークシート・ICT等の活用や授業づくりのアイデア

○父親の人物像を読み取れる部分を確認する際には、電子教科書等を大画面に映すなどの工夫が考えられる。

○教材CDのテキストデータを活用して全文を掲載したファイルを作成し、共同編集機能を使って、グループで活動を進めることもできる。

1 導入（学習の見通しをもつ）

〈前時を振り返り、本時の見通しをもつ〉

T：前回は前半と後半の出来事をまとめました。それぞれ、何に関する出来事が語られていましたか。

・前半は手紙で、後半は葉書です。

T：今回は、前半と後半で、父親の人物像がどのように描かれているかを読み取り、比較します。

2 展開

〈父親の人物像を読み取る【前半】〉

T：父親の人物像が読み取れる表現に線を引きましょう。

○教科書に線を引きながら、父親の人物像について考える。

＊迷っている生徒が多い場合は、例を一つ示して全体で確認するなどの支援が考え得る。

○線を引いた部分と、そこから読み取れる人物像について交流する。

T：グループで交流した結果を発表してください。

・「筆まめな人」とあるので、几帳面な人だと思いました。

T：その通りですね。ところで、「筆まめ」という表現がありますが、他にも「筆」という言葉を使った表現はありませんか。

3 終末（学習を振り返る）

〈学習を振り返り、作品の内容を確認する〉

T：筆者の父親はどのような人物でしたか。

・日頃は暴君だけど、娘に対する愛情は深い人だと感じました。

T：このような父親をどう思いますか。

・今どきこんな父親はいないと思います。

T:：次回は、自分の考えと比較しながら、作品を味わいます。

効果的な板書例

「字のない葉書」　向田　邦子

【今日のめあて】表現の効果を意識して、父親の人物像を捉えよう。

◆前半（手紙にまつわるエピソード）

・「筆まめな人」→几帳面

・「三日にあげずに手紙をよこした」→娘が心配

・「ふんどし～手を上げる父」→現実の父・暴君

・「威厳と愛情にあふれた非の打ちどころのない父」

→手紙の父・他人行儀

◎直接的な表現が多い。

・暴君ではあったが、反面照れ性でもあった父

◆後半（葉書にまつわるエピソード）

・「父はおびただしい～言ってきかせた」→娘が心配

・「この日は何も言わなかった」→妹に対する優しさ

・「はだしで表へ飛び出した」

→妹に対する思いの強さ

・「声を上げて泣いた」→抑えきれない様々な感情

◎行動や様子の描写で表現している。

・妹の肩を抱き、声を上げて泣いた。

＊教科書 p.111「言葉を広げる」も参照して確認する。

T：他にグループで交流した結果を発表してください。

・「三日にあげず手紙をよこした」とあるので、せっかちな人だと思いました。

・確かにせっかちな人かも知れませんが、それだけ娘のことを心配していたとも読み取れます。

T：確かに、遠く離れた娘のことが心配で、せっせと手紙を書く父親の姿が想像できます。ところで「三日にあげず」の意味は分かりますか。

＊注意が必要な語句については、事前に予習として調べておくように指示し、授業ではその都度取り上げて確認する。

〈父親の人物像を読み取る【後半】〉

T：前半の内容を参考に、父親の人物像が読み取れる表現に線を引きましょう。

○教科書に線を引きながら、父親の人物像について考える。

○線を引いた部分と、そこから読み取れる人物像について交流する。

T：グループで交流した結果を発表してください。

・「父はおびただし～言ってきかせた」という部分から幼い妹を心配していることが分かります。

〈前半と後半の父親の描かれ方を比較する〉

T：ここまで、父親の人物像について読み取ってきましたが、前半と後半ではその描き方に違いがあります。どのように違うか考えてみましょう。

○個人で考えた後、グループで交流する。

T：グループで交流した結果を発表してください。

・前半は「暴君」「照れ性」など、父親の人柄を直接表現している。

・後半は父親の行動や様子から、その人柄を伝えている。

＊教科書 p.110「学習の窓」も参照して確認する。

字のない葉書

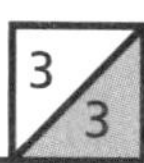

主発問 **随筆にはどのような魅力がありますか。**

目標

筆者の父親に対する思いを、自分の考えと比較しながら捉え、随筆の魅力について考え伝え合うことができる。

評価のポイント

❶日常の読書に生かせるように随筆の味わい方について考えている。 (3)エ

❷文章の構成や、人物や出来事を語るときの表現から、筆者の思いを考えている。 C(1)エ

❸これまでの学習を生かして、随筆の魅力について伝え合おうとしている。

準備物 ・1年時の教科書　・ワークシート③ 03

ワークシート・ICT 等の活用や授業づくりのアイデア

○父親を扱った他の作品を紹介する。

◆三浦哲郎（2001）『母の微笑』講談社

◆壇ふみ（2000）『まだふみもみず』幻冬舎

◆さくらももこ（1993）『たいのおかしら』集英社

＊随筆にはどのような作品があるのかをインターネットで調べる活動も、日常の読書につなげるきっかけとなる。

1 導入（学習の見通しをもつ）

〈前時を振り返り、本時の見通しをもつ〉

T：前回は父親の人物像について、描写を基に考えました。どんな父親でしたか。

・暴君。　・照れ性。

・娘に愛情をもっている。

T：このような父親をあなたはどう思いますますか。また、筆者は、このような父親をどう思っていたのでしょうか。

2 展開

〈作品中の父親について自分の考えをもち、話し合う〉

○前回読み取った内容を基に、このような父親をどう思うか自分の考えをワークシートにまとめる。

＊第１時に調べた当時の父親像を踏まえ、現代の父親と比較して考えるなどの観点を示してもよい。

＊自分の父親だったらどう思うか問いかけ、身近な話題として考えるように促すこともできるが、生徒の家庭環境に配慮する必要がある。

○ワークシートにまとめた内容についてグループで話し合う。

・確かに、「暴君」だよね。でも、照れ性で表現できないだけで娘に対する愛情はもっているので、ときおり見せる優しさで、少しは好きになるかも。

3 終末（学習を振り返る）

〈学習を振り返り、読書生活につなげる〉

T：今回学習したように、随筆は自分の考えを豊かにするためのきっかけになります。「字のない葉書」と同じように父親や家族を扱った他の随筆を読み比較してみると、新しい発見があるかもしれません。

○父親を扱った他の作品を紹介する。

効果的な板書例

「字のない葉書」　向田　邦子

【今日のめあて】・筆者の父親に対する思いを、自分の考えと比較しながら捉えよう。
・随筆の魅力について考え伝え合おう。

◆作品に描かれている父親をどう思うか。
・一見ひどい人に見えるけど、娘に対する愛情は強い人。
・いくら娘に対する愛情があっても暴力は許せない。
・今の時代にはあまりいない、昔ながらの父親。

◆筆者は父親をどう思っているか。
・基本的にはひどい父親だと思っているが、時折見せた娘への愛情が印象深く心に残っている。
・当時の父親に近い年になると、横暴な振る舞いの裏にある照れ性な一面も理解できる。

◆随筆の魅力
・様々な表現から筆者の思いを読み取ることができる。
・筆者の思いにふれ、自分の考えを広げることができる。

＊話し合う前に、全員がワークシートに記述してることを確かめ、全員が発言できるようにする。

＊話し合いの内容が本文から離れていると感じたら、本文の叙述に基づいて話し合うように促す。

○グループからの発表を整理し、板書する。

＊グループで話し合っている様子を観察し、指名計画を立てておくとスムーズにまとめることができる。

〈筆者は父親をどう思っているかについて自分の考えをもち、話し合う〉

T：この作品は、当時の父親の年を超えた筆者の目線で語られています。筆者は父親をどう思っていたのでしょうか。

○自分の考えと比較しながら、筆者は父親をどう思っているかをワークシートにまとめる。

＊本文の叙述に基づいて考えるように促す。

○ワークシートにまとめた内容についてグループで話し合う。

・「この手紙もなつかしい」と書いてあるので、当時は「暴君」に思えた父親も今ではなつかしい思い出になっていると思う。

・でも、「この手紙の中だけである」とわざわざ書いているから、やっぱりひどい父親だったと思っているのではないか。

○グループからの発表を整理し、板書する。

〈随筆の魅力について自分の考えをもち、交流する〉

T：ここまで「字のない葉書」という随筆を読み進めてきましたが、どのようなところに魅力を感じましたか。またどのようなところに着目すると、作品を味わうことができると思いますか。

○ワークシートに自分の考えをまとめ、交流する。

＊書き出せない生徒には、１年教科書 p.219を参照するように促す。

○グループからの発表を整理し、板書する。

4 人間のきずな

聞き上手になろう　質問で思いや考えを引き出す

（１時間扱い／話すこと・聞くこと）

指導事項：〔知技〕(1)ア　〔思判表〕A(1)エ
言語活動例：説明や提案など伝えたいことを話したり、それらを聞いて質問や助言などをしたりする活動。

単元の目標

(1)言葉には、相手の行動を促す働きがあることに気付くことができる。　〔知識および技能〕(1)ア
(2)話の構成や展開に注意して相手の思いや考えを受け止め、明確で具体的な質問をすることができる。　〔思考力、判断力、表現力等〕A(1)エ
(3)言葉がもつ価値を認識するとともに、読書を生活に役立て、我が国の言語文化を大切にして、思いや考えを伝え合おうとする。　「学びに向かう力、人間性等」

単元の構想

〈単元で育てたい資質・能力／働かせたい見方・考え方〉

聞く行為は日常的に行っていること。しかし、いざ目的をもって聞くとなれば、高い意識と多様な技能が必要となってくる。また、相手の話を受けて質問をするには、しっかりと耳を傾け（傾聴）、誠実な態度で聞く姿勢が求められる。質問をする場合には、相手が答えやすいよう明確で具体的な質問を準備しなければならない。さらには、相手が望んでいるような質問を想定して用意すること、聞きながら生まれた疑問や感想を基にその場で質問を考えることも聞き手にとって大切な要素である。

〈教材・題材の特徴〉

インタビュー形式による対話学習がコンパクトに仕組まれた好教材である。インタビューを受ける人（一人）、インタビューをする人（一人）、聴衆役（一から二人）と、四人一組のグループ構成もミニ対話活動として適正である。無活動で終わってしまう存在がでない。事前準備として、どんなことを話したいか（話し手の立場）、話し手がどんなことを話したいのか（聞き手の立場）という話し手の思いをくみ取った質問の２面を考えさせる。「話し手の思いを想定して聞く」「話し手の立場に立って聞く」という態度が「聞き上手」の要諦と言える。

〈主体的・対話的で深い学びの視点からの授業改善ポイント／言語活動の工夫〉

対話活動では、グループ構成とともに題材の選択が重要な要素をもつ。題材の選択に当たっては、互いに共通した話題を考えさせたい。相手がまったく関心のない話題では意欲的で活発な聞き取り活動が望めない。また、聞き手にとって未知な話題ではその解説に多くの時間を要してしまい、間延びした時間になってしまいがちになる。

単元計画

時	学習活動	学習内容	評価
1	1．学習を見通し、「聞くこと」に関心をもつ。 2．インタビューの準備をする。 3．インタビューをする。 4．学習の振り返りをする。	○「学習の窓」で聞くことの意義と技能を理解する。 ○話材メモ、聞き取りメモに情報を整理する。 ○四人一組となって、役割分担の順番を決める。 ○インタビュアーチェックリストを確認する。 ○インタビュー活動をする。 ○それぞれの立場から気付いたことや考えたことを出し合い、学習を振り返る。	❸ ❷ ❶❹

評価規準

知識・技能	思考・判断・表現	主体的に学習に取り組む態度
❶言葉には、相手の行動を促す働きがあることに気付いている。　(1)ア	❷「話すこと・聞くこと」において、話の構成や展開に注意して相手の思いや考えを受け止め、明確で具体的な質問をしている。　A(1)エ	❸学習の意義、目的を理解して積極的に学習活動に取り組もうとしている。 ❹話し手が話す内容に応じて、聞きながら生まれた疑問や感想を組み入れながら質問をしようとしている。

〈指導と評価の一体化を図る見取りのポイント〉

インタビューは、一対一を基本とする対話活動である。しかし、一対一だけの個別の活動では細部に行きわたった指導と評価は難しい。そこで、グループ学習を取り入れて相互評価をさせる。声のトーンや話し手に対する聞き手のうなずき、豊かな表情など当事者間ではなかなか観察できないような点について聴衆役がしっかりと指摘して伝えさせる（態度面）。話し手にとって「それを聞いてほしかったんだ」と期待する質問、「それはどういうことですか」、「それはなぜですか」と話題を発展させる質問、「それは〜ということなんですね」と確認する質問などを準備させる（内容面）。これらの大切さは生徒自らが気付くことで習得でき、別の機会で生かす技能となる。あらかじめ教師がチェック項目を用意するのではなく、インタビューをするに当たって心がけるべき態度や内容、技能を生徒全体で出し合った上で、それらの観点を整理し、題材に応じたチェック表（自己・相互評価表）を提示してやることが大切である。この手順が実の場で生かされ、場の雰囲気づくりや相手の言葉を受け止めて的確な質問を返したり、話の展開を見定めて話題を広げたり深めたりする態度や技能が育成される。評価表は学習の振り返りに活用する。習得した技能や課題を自分自身で確かめることができる。総合的な「教師評価」のほかにも、活動中における「他者評価」、活動後における「自己評価」を充実させることで確かで、次につながる学習成果が挙げられる。

聞き上手になろう

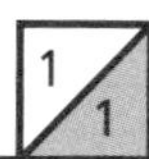

主発問 **相手の思いや考えを引き出す、よきインタビュアーになりましょう。**

目標

「聞き上手」の意味を理解して、和やかで充実したインタビュー活動をすることができる。

評価のポイント

❶相手の受け応えに対して、適切な応答をしている。 (1)ア

❷相手が話しやすいような質問や、話したいような問いかけをしたりしている。 A(1)エ

❸聞くことの意義について理解しようとしている。

❹聞きながら生まれた疑問などを組み入れながら質問を加えようとしている。

準備物 ・ワークシート[ダウンロード]01

ワークシート・ICT 等の活用や授業づくりのアイデア

○インタビュアーのためのチェックリスト例―〔技能・内容〕答えやすいような質問をしている。話題を広げようとしている。相手が聞いてほしいことを質問している、など。〔態度・音声〕相手の話に耳を傾け、誠実な態度で聞いている。質問メモを読まないで話そうとしている。適切な音量、速さ、間を踏まえて話している、など。

1 導入（学習の見通しをもつ）

〈学習の見通し〉

T：黒柳徹子さんや加藤浩次さんがゲストに対して当意即妙で軽妙な問いかけをして、ゲストの話題をうまく発展させている対談番組があります。インタビューをするために大切な事柄を知ることができます。今日は友達同士でインタビューをし合いながらその極意を考えましょう。

2 展開

〈インタビューとは〉

T：インタビューとは、一対一、一対多の形式で、相手から情報を得ることを目的として様々な質問することです。聞き手の力量で話題が広がったり、深まったりします。「学習の窓」には、そのポイントが書かれていますが、この他にもいろんな観点が考えられます。インタビューをするときに気を付けなければいけない点をみんなで出し合って考えましょう。

＊TV 番組「徹子の部屋」のアーカイブ配信が視聴できる。

〈注意点〉

○学級全体で出し合った項目を整理して、あらかじめ作成していたチェックリストを示す。

＊評価する側からの「チェックリスト」

3 終末（学習を振り返る）

T：インタビューをする機会は今後多くはないでしょうが、人との対話において気を付けたいことや配慮を学びました。よりよいコミュニケーションについて実感できたのではないでしょうか。これからの生活に生かしていってください。

＊校外学習などで聞き取り活動をする計画がある場合もある。

効果的な板書例

聞き上手になろう

【学習目標】
和やかで充実したインタビューをする。

【今日のめあて】
○インタビューをするための留意点を知ろう。
○よきインタビュアーになろう。

よきインタビュアーになるために

○技能・内容面
・話題に沿う質問
・話題を広げる質問
・聞き手の意向を推測した質問

○態度・音声面
・声の調子
・表情やうなずき
・話し方や間の取り方

キーワード
「当意即妙」、「軽妙」

である。活動中の自己評価は難しい。

〈インタビューの準備〉

T：では、四人一組になってインビューの準備をしましょう。

○①話し手の準備、②聞き手としての準備、③チェックリストの確認、④役割分担と順番。

＊話し手の準備として「話材メモ」を、聞き手の準備としてインタビュアーのための「チェックリスト」を用意する。

〈インタビューの実際〉

T：では、グループでインタビューに入りましょう。

○話し手にとって聞いてほしかったことについて、「実は、それを聞いてほしかったんです」というコメントを入れさせる工夫がある。話題の核心をインタビュアーに伝えることで、さらに話題を発展させられるからである。

＊時間配分は一人５分程度を目安とし、タイムキーパーは教師がする。グループ相互の声が入り交じらないようグループ間を離すなど配慮する。各々のインタビューが終わるたびに相互評価をする。音声言語学習における評価は、その場、その時が鉄則である。

〈振り返り〉

T：和やかなインタビューができましたか。学習のまとめとして、話し手、聞き手それぞれの立場から、インタビューをするうえで大切なことや気付いたことについてまとめていきましょう。

＊「インタビューの極意は、軽妙・当意即妙である」という言葉を教えることで豊かな語彙を獲得させたい。

○時間に余裕があれば、各グループの中で評価が高かった組に出てきてもらって、学級の前で発表してもらう場があっていい。確認し合ったインタビューのポイントを、実際に確かめられることとともに、なごやかな雰囲気で授業を終えることができる。

4 人間のきずな
表現を工夫して書こう　手紙や電子メールを書く
（3時間扱い／書くこと）

指導事項：〔知技〕(1)ア、カ　〔思判表〕B(1)ウ
言語活動例：社会生活に必要な手紙や電子メールを書くなど、伝えたいことを相手や媒体を考慮して書く活動。

単元の目標

(1)言葉には、相手の行動を促す働きがあることに気付くことができる。　〔知識および技能〕(1)ア
(2)敬語の働きについて理解し、手紙や電子メールの中で適切に使うことができる。
〔知識および技能〕(1)カ
(3)筋道立てて説明したり具体例を示したりして、表現の効果を考えて自分の考えが伝わるよう工夫した文章を書くことができる。　〔思考力、判断力、表現力等〕B(1)ウ
(4)言葉がもつ価値を認識するとともに、読書を生活に役立て、我が国の言語文化を大切にして、思いや考えを伝え合おうとする。　「学びに向かう力、人間性等」

単元の構想

〈単元で育てたい資質・能力／働かせたい見方・考え方〉

はがきを含む手紙文は、通信手段が多様になった現代の生活からは疎遠なものになりつつある。改まった文章を書くことや一定の決まりごとのあることへの抵抗感が、こうした風潮をさらに助長させている。学校現場では、職場体験の依頼状や礼状、文化発表会への招待状など、様々な機会を利用して手紙文を書く学習を用意している。書く力の育成だけでなく、手紙文やフォーマルなメール文の決まりごとや形式を学ぶ場となるほか、文法で学ぶ敬語を使う、貴重な実の場ともなる。

〈教材・題材の特徴〉

職場体験の礼状を書くという設定であるが、小学校の先生への近況報告、転校した友達や遠方の親族に対する挨拶文などの題材にも置き換えられる。ほとんど交わすことがない大人との文面でのやりとりは、改まった言葉遣いを考える貴重な学習の場になる。なお、シャープペンや鉛筆書きはマナーに反する。メール文では、前文を省き、件名につなげた本文とし、簡潔で端的な内容にすることが求められる。

〈主体的・対話的で深い学びの視点からの授業改善ポイント／言語活動の工夫〉

「主体的な学び」の実現には、生徒自身が目的や必要性を意識して取り組むことが必要となる。必然性のある題材は、実社会や実生活を踏まえた言語活動の学習を支えるものとなる。推敲という活動も大切な言語活動である。この学習の直後に収載している「推敲」を並行して組み入れたい。

単元計画

時	学習活動	学習内容	評価
1	1．学習を見通し、手紙や電子メールを書くことについての関心をもつ。 2．手紙とメール文を比較して活用場面を考える。	○手紙と電子メールの特徴を比較する。 ・手紙の前文や電子メールの件名など、簡単な形式を知る。友達同士のメールではなく、改まった相手や目的におけるメールであることを押さえる。	❶
2	3．取り組む課題を設定する。 4．手紙を書く上での決まりごとを確認する。	○同じ職場で活動したメンバーが集まって、印象に残った体験などを出し合い、書こうとする内容を想起する。 ・集材シートを用意する。 ○教科書巻末資料などを基に手紙文の形式や決まりごとを確認する。 ○敬語についての復習をする。 ○構成を考えて下書きをする。	❸ ❷
3	5．実際にお礼状を書く。	○チェック表を基に下書きを相互批正する。 ・観点を区別するために色ペンを使う。 ○ペンを使って清書をする。	❸❹

評価規準

知識・技能	思考・判断・表現	主体的に学習に取り組む態度
❶言葉には、相手の行動を促す働きがあることに気付いている。 (1)ア ❷敬語の働きについて理解し、手紙や電子メールの中で適切に使っている。(1)カ	❸「書くこと」において、筋道立てて説明したり具体例を示したりして、表現の効果を考えて自分の考えが伝わるよう工夫した文章を書いている。 B(1)ウ	❹お世話になった気持ちを文面にしっかりと表して書くために、相手意識を明確にしながら積極的に取り組もうとしている。また、相互批正の助言をしっかりと受けとめ、推敲に生かそうとしている。

〈指導と評価の一体化を図る見取りのポイント〉

書く活動は、相手意識が重要な要素になる。わけても、手紙文では読み手が明確であることで、相手の立場や思いを理解した書き方が求められる。相互批正の際、相手の立場に立った助言を心がけさせたい。不適切な点を指摘するだけではなく、いいところや学ぶべき点などにも注目させたい。

実際の体験を通じて丁寧に教わったこと、新鮮な驚き、それらから学んだことをできるだけ具体的に書き表すことで感謝の気持ちが十分に伝わる。「読み手を意識した推敲」の勘所である。手紙文は相手意識や目的意識を明確にさせて書く力を育成する絶好の学習材となる。

表現を工夫して書こう

主発問 **手紙を書くうえで大切なことを考えましょう。**

目標

手紙と電子メールを比較して、それぞれの特徴をつかみ、活用場面を考えることができる。

評価のポイント

❶手紙と電子メールの使われる場面を知り、その特徴について理解している。 (1)ア

準備物 ・手紙や電子メールの実物（あれば） ・ワークシート ・国語辞典

ワークシート・ICT 等の活用や授業づくりのアイデア

○手紙文と電子メール文について比較することで、それぞれの特徴や留意点を理解することができる。

＊届くまでの速さ、やり取りのしやすさ、相手に与える印象、形式、活用場面、伝えたい内容、伝えたい気持ち、伝える内容などを観点に比較するとよい。

1 導入（学習の見通しをもつ）

T：みなさんの生活の中で手紙を書いたことのある人はそれほど多くはないと思います。しかし、社会生活では、改まった手紙やフォーマルな電子メールを書く場面が出てきます。今日は、社会人の入り口にさしかかっている年代として手紙や電子メールの決まりごとやマナーについて学んでいきましょう。

2 展開

〈学習のねらい〉

T：手紙や電子メールが主な通信文と言われるものです。年賀状などもそうですが、だんだんと出す人は減少していっているようです。これらには、社会人として習得しておくべき独特の決まりごとやマナーがあります。そんな知識や心得を学ぶことで、的確に情報を伝えることや人への敬意を表すことの大切さを学んでいきましょう。

＊手紙の書き方を知ることを最終的な学習の目的にしてはいけない。必要な事項を的確に書き表す技能と他者に対して敬意を示す表現の必要性を学ばせることが最終的な学習のねらいである。

〈通信文の種類〉

T：教科書 p.272～p.273でいろんな文種の通信文のあることを確かめましょう。

3 終末（学習を振り返る）

T：手紙の書き方を学びました。みなさんにとっては堅苦しく感じられるでしょうが、相手に対する敬意を大切にしようとする考え方であみ出された形式です。本文も同じく、読み手を意識した表現の工夫や配慮が求められます。次時では、先日の職場体験学習でお世話になった職場の方々に向けて手紙を書きます。

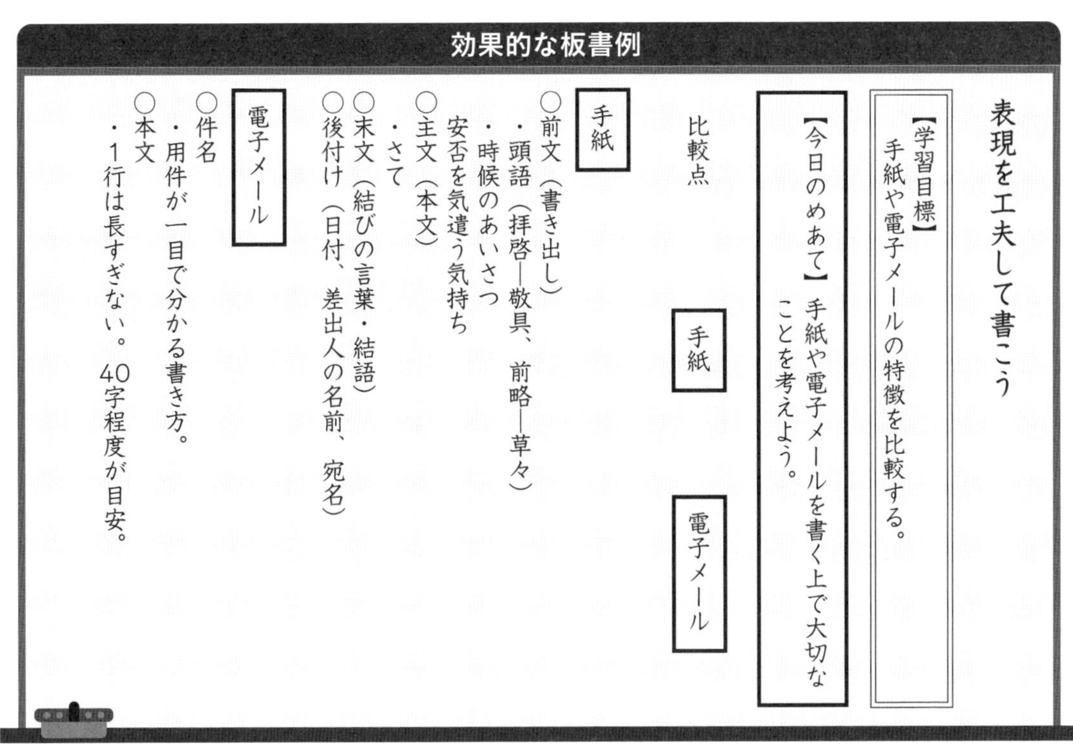

○それぞれの通信文を使った経験を発表。

〈手紙の様式〉

○手紙の実物を提示（配布）する。

T：手紙の項立て（p.115、p.272）を確認していきます。「前文」とは、決まった様式の書き出し、頭語とは最初の書き出し言葉です。「拝啓」はちょっと堅苦しく感じられますが、目上の人への手紙ならばルールに沿うほうが望ましいでしょう。「拝啓」を使えば手紙の末尾は「敬具」とします。結語と言います。

＊家族や友人など親しい間柄であれば、「○○さん、こんにちは」でよい。

T：時候の挨拶です。今なら○○などが当てはまるキーワードになるでしょう。

＊季節ごとに全体で挙げてみるのもいい。

T：続いて「主文」がきます。本文です。締めくくりが末文、結びです。だれかと別れるときに発する気持ちで書くといいでしょう。最後は「後付け」。日付、差出人名、宛名です。書く位置や文字の大きさに注意しましょう。

○気付いたことや感想を発表させる。

〈電子メールの場合〉

T：電子メールは、頭語など形式的な書き方はありません。「件名」が重要となります。それにつなげる本文とすることで、伝えたい意図や内容を滞りなく端的に記すことができます。本文以下は手紙の場合に準じます。

＊本授業は手紙を想定した学習であるが、あわせて電子メールについてもふれておきたい。早く伝えなければならない場合や多用な相手の状況など相手のおかれている状況を考えて、電子メールの方が適する場合もある。一概に、手紙に比べて電子メールは礼儀にかなっていないとは言えない。

○気付いたことや感想を発表させる。

○手紙と電子メールの特徴をワークシートにまとめさせる。

表現を工夫して書こう

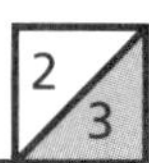

主発問 **お世話になった職場の方に喜んでもらえるようなお礼状を書きましょう。**

目標

○礼状を書くときに留意すべきことを考えることができる。

○書きたい話材を基に下書きを書くことができる。

評価のポイント

❷敬語の働きを理解して適切に使っている。　(1)カ

❸具体例を挙げて感謝の気持ちを表す手紙の下書きを書いている。　B(1)ウ

準備物　・便せん　・集材シート01

ワークシート・ICT 等の活用や授業づくりのアイデア

○作文指導における記述前の過程は、①動機付け、②主題設定、③取材(集材、選材)、④構想、構成、⑤主題の確定である。書きたい話材を考えさせる「集材シート」を準備する。

1 導入（学習の見通しをもつ）

T：本時では、先日の職場体験学習でお世話になった職場の方々にお礼状の下書きを書いてみましょう。書くに当たって、同じ職場で活動した友達同士がグループになって活動してきたことや職場の方々から教わったことなどを思い出しながら、書く話題集めをします。集材シートに書き込みながら伝えたいことを整理します。

2 展開

〈集材・選材〉

T：グループ内で、印象に残った仕事や作業、心に残った職場の人の動きや言葉などを出し合いましょう。

○話し合いの中で出てきた話題は集材シートにメモさせる。

＊この形式の集材シートは、意見文などすべての文種における作文指導に応用できる。グループ構成は同じ職場で活動したメンバーとする。共通した状況が多いことで、より具体的に再現することができ、受けとめたことを共有することができる。人数構成は三〜五人が望ましい。

T：グループで出し合った事柄を参考に、自分自身が一番印象に残った仕事や心に残った職場の方々の言動を一つ挙げて、そこから学んだことを選んで

3 終末（学習を振り返る）

T：どんな文章を書くにしても、目的意識とともに相手意識をもつことが大切です。中でも手紙は、読み手が明確であることから、読み手を十分に意識した書き方が求められます。下書きを書き上げることで、相手意識の大切さが実感できたことでしょう。

効果的な板書例

表現を工夫して書こう

【学習目標】
お礼状を書くための留意点を踏まえて下書きを書く。

【今日のめあて】○礼状を書くための留意点を考えよう。
○書きたい話材を基に手紙の下書きを書こう。

お礼状を書くときの留意点

○読み手に分かりやすい表現で書く。（相手意識）
○具体的な事柄を書く。（感謝の気持ち）
○敬語を適切に使う。（敬意）
○丁寧な文字で書く。（読みやすさ）
○手紙の決まりごとや形式に従って書く。（書式）

ノートに整理しましょう。

〈主文の指導〉

T：手紙の決まりごとや形式は前時に学習をしましたが、主文は特に形式や決まりごとはありません。しかし、書く上で大切なことがあります。みんなで考えていきましょう。

＊自分の気持ちや伝えたい用件が正確に、分かりやすく表現されていることなどが挙げられる。他にも、誤字脱字や文字の丁寧さなども出てくるだろう。

T：書こうとしている手紙はお礼状です。感謝の気持ちを伝えることが目的です。そのためには、どんな要件が必要となってくるかをさらに考えてみましょう。

＊敬語や敬意を表す言葉遣いとともに、具体的な事例を挙げてそこから学んだことを書くことが最大の感謝の意を表すことになる。

〈記述（下書き）〉

T：お礼状の下書きをします。

○教科書 p.115の文例を参考に構成や内容を考えさせる。机は元に戻させて個人学習に切り替える。

＊市販の便せんを用いることでリアルな感じが出てきて手紙を書く実感が味わえるであろうが、罫線を引いた用紙、あるいは罫線を引いた用紙を下敷きにして白紙の用紙に書かせても問題はない。書き方は縦書きが望ましい。

○適宜、机間巡視をしながら個々に指導する。

＊個々への指導の中で、全体でも確認しておきたい注意点があれば、その都度一斉指導する。

〈学習のまとめ〉

T：学習のまとめをノートに整理しましょう。

〈次時の予告〉

T：今日書き上げた下書きを、次時で推敲します。グループ内で読み合いながら修正点を指摘し合ったりアドバイスし合ったりして、読んでいただく職場の方々に喜んでもらえるようなお礼状にしていきます。ペン書きをします。これも手紙を書く心得の一つです。

表現を工夫して書こう

主発問 しっかりと校正をして清書を仕上げましょう。

目標

手紙の形式や決まりごとを踏まえつつ、お礼の気持ちが相手に伝わるような手紙を書くことができる。

評価のポイント

❸表現の効果を考えたり、具体例を示したりして、相手に感謝の気持ちが伝わるように書いている。 B(1)ウ

❹チェック表を基に校正、推敲しようとしている。

準備物 ・ノート ・チェックリスト ・黒ペン

ワークシート・ICT等の活用や授業づくりのアイデア

○記述後の指導過程は、批正と推敲から始まる。

〔形式〕頭語―結語、後付けは適切か、時候の挨拶や相手の安否を気遣う一文はあるか。

〔記述〕誤字脱字はないか、送り仮名は適切か、主従のねじれはないか、敬語が適切に使われているか。

〔内容〕具体例が書かれているか、感謝の気持ちが表現されているか。

1 導入（学習の見通しをもつ）

T：いよいよお礼状の清書です。前時で確認したように、大切なことは①読み手に分かりやすい表現で書くこと、②具体的な事柄を書くこと、③敬語を適切に使うこと、④丁寧な文字で書くこと、⑤手紙の決まりごとや形式に従って書くことなどです。グループになって読み合ってお互いにアドバイスをしていきます。

2 展開

〈記述（相互批正）〉

T：グループになってお互いの下書きを読み合ってチェックリストを参考に確認し合いましょう。まずは内容面です。この表現でしっかりと相手に感謝の気持ちや状況が伝わるか、敬意や礼儀が払われているかといった観点で見ていきましょう。

○色ペン（青）を使って修正すべき箇所に傍線を引いたり傍注したりして相互批正をする。

T：次は、形式・記述面です。手紙の決まり事や形式は適切か。誤字や脱字、漢字や仮名遣いなど言葉の使い方に間違いはないかといった観点での校正です。

○色ペン（赤）を使って注記させる。

＊色を区別することで、観点別に手直しができる。

3 終末（学習を振り返る）

T：今後、手紙を書く機会に出会うかも知れません。今回の授業を思い起こしてみることで慌てずに書けるでしょう。また、手紙の形式や決まりごとなどを知ることだけでなく、表現する言葉選びや工夫がいかに大切なことであるかも分かったことでしょう。今年のお正月は親類などに年賀状を書いてみてはどうでしょうか。

効果的な板書例

表現を工夫して書こう

【学習目標】
お礼の気持ちを込めてお礼状を書く。

【今日のめあて】〇友達のアドバイスを参考に手紙を書き上げよう。

本時学習の手順

①グループ内で、各自の下書きを読み合い、互いにアドバイスをする。
②アドバイスを参考に清書をする。
③書き上げた手紙をもう一度相互に点検する。
④電子メールについて学ぶ。
⑤本単元で学んだことをノートにまとめる。

メール文の注意点

〇簡潔な文章が求められる。
（ダラダラ文に注意）
〇一メール一用件が原則。

〈記述（清書）〉

T：友達からの修正点を参考に下書きを練り直しましょう。加筆訂正が終わった人から清書に取りかかります。

〇便せん代わりにA4サイズに罫線を引いた用紙を配布する。筆記具は黒ペン。鉛筆やシャープペンシルは手紙文ではマナーに反するので不適切である。できるだけ丁寧な文字で書くことが大切だと伝える。

＊清書を仕上げた段階で、再びグループになって最後の相互批正をさせてもよい。

〈電子メール〉

T：ここで、もう一つの通信手段である電子メールについて学習しましょう。日頃、家族間や友達同士でメールで連絡し合っていることでしょう。しかし、教科書で扱っているものは私的なメールのことではなく、改まった場面や相手へのメールを指します。

〇教科書 p.115、p.273の例を参考に確かめる。

T：いちばん上は「宛先」、相手のアドレスが入ります。次が「件名」。初めて送る相手には自分の名前や所属などを入れます。誰からのメールであるのか、まずは相手に認識してもらうことが大事だからです。２回目以降であれば、具体的な用件を入れます。「１メール１用件」が原則です。第１時でふれているように、この時に用件に続く形で本文をつなげていきます。「本文」では、簡潔さと明確さが求められます。したがって、言葉選びも手紙以上に吟味しなければなりません。メールもまた、文章力が問われてきます。書き出しは１字下げは不要です。１行の長さは30〜35字程度で改行して読みやすくします。

〈学習のまとめ〉

T：これまで３時間にわたって手紙や電子メールの特徴や書き方を学び、また実際に礼状も書きました。一連の学習を通じて学んだことをノートにまとめてみましょう。

4　人間のきずな

［推敲］表現の効果を考える（1時間扱い／書くこと）

指導事項：〔知技〕(1)カ　〔思判表〕B(1)エ
言語活動例：社会生活に必要な手紙や電子メールを書くなど、伝えたいことを相手や媒体を考慮して書く。

単元の目標

(1)敬語の働きについて理解し、手紙や電子メールの中で適切に使うことができる。
〔知識および技能〕(1)カ
(2)読み手の立場に立って、表現の効果などを確かめて、文章を整えることができる。
〔思考力、判断力、表現力等〕B(1)エ
(3)言葉がもつ価値を認識するとともに、読書を生活に役立て、我が国の言語文化を大切にして、思いや考えを伝え合おうとする。「学びに向かう力、人間性等」

単元の構想

〈単元で育てたい資質・能力／働かせたい見方・考え方〉

推敲とは、詩や文章をよくしようと何度も考え、作り直すというのが本来の意味である。誤字脱字を見つけて文字や表記の正しさを修正することは「校正」という。本来の順序は推敲が先にあって、その後に校正がくる。

この単元では、小学校の恩師に出す手紙の下書きを学習材としている。まずは、推敲という観点で文章を検討させたい。主語・述語の呼応や敬語の適切な使用等を確認させることとともに、小学校の恩師という相手意識をしっかりともたせて、現在の成長した姿や、今ある自分を育ててくれた恩師に対する感謝の気持ちがしっかりと表せているかを見直させることが大切である。

〈教材・題材の特徴〉

小学校の恩師への招待状の下書きを学習材として推敲する学習である。手紙文では、相手意識が特に重要となるが、読み手である小学校の恩師に思いを巡らせながら下書きを推敲させる。

推敲するにあたっては、チェックリストを示して確認をさせておく。小学校の恩師という読み手を意識して効果的な表現をしているかといった内容上の視点と表記上の問題点とを区別したチェックリストを準備しておくことが大切である。

〈主体的・対話的で深い学びの視点からの授業改善ポイント／言語活動の工夫〉

題材となる「小学校の恩師への招待状」という場面設定は、生徒自身が学習の目的や意義を意識して取り組める学習活動と言える。手紙文は、まさに届ける相手との、文面を媒体とした「対話」にほかならない。このことは、生徒が文章を通して伝えることの大切さと難しさを知る端緒となろう。そのためには、借りものではない自分自身の言葉で伝えることとともに、礼節と年齢相応の言葉遣いを促す指導が必要である。

単元計画

時	学習活動	学習内容	評価
1	1．学習を見通し、文章を推敲することの大切さを理解する。 2．推敲と校正の違いについて理解する。 3．手紙文の下書きを読んで、推敲部分を確認する。 4．職場体験の礼状を推敲する。 5．学習の振り返りをする。	○学習の見通しを確認する。 ○単に誤字脱字や表記上の問題点を見つけることだけが推敲ではないことを知る。 ○前時で書いた自分の手紙文を推敲する。 ・チェックリストを示す。 ○相互批正をする。	❷❸ ❶

評価規準

知識・技能	思考・判断・表現	主体的に学習に取り組む態度
❶敬語の働きについて理解し、手紙文の中で適切に使っている。 (1)カ	❷「書くこと」において、読み手の立場に立って、表現の効果などを確かめて、文章を整えられている。 B(1)エ	❸読み手の立場や思いを意識して、心のこもった文章に書き表そうとしている。

〈指導と評価の一体化を図る見取りのポイント〉

学習の意義を見通し、課題に向かわせることで文章の吟味能力が育成される。学習材となる招待状は単なる招待状ではない。かつての恩師へのそれである。「書くこと」の学習では、相手意識をもつことが求められる。ここでは、伝えるべき内容を分かりやすく簡潔に書き表すことのほかにも、相手に対しての感謝や気遣い、今ある自分の成長ぶりなどを伝える文章でありたい。具体的な内容を示すだけの招待状ではなく、真情あふれた手紙文でなければならないということを押さえたい。「どんな言葉選びをすれば、読み手にとってよく分かる内容になるだろうか」、「この言葉遣いは幼い感じがする。もっと適切な言葉や語彙はないか」、「恩師への感謝を表すエピソードは具体的で適切か」、「部活動など、今がんばっていることを分かりやすく報告できているか」。これらの視点を明確にさせて推敲することが大切である。そのためには、教科書にある技能面のほかにも情意面の観点をも加えた、具体的で細やかな「自己評価表」を用意しなければならない。単なるチェックリストを並べただけのシートではなく、「工夫した表現」、「案出した言葉」といった項目を設けて記述させることで、意識をもって書き上げたことが実感でき、肯定的な自己評価につながっていく。内容や表現を吟味する態度は、文学的文章の読解や詩歌の鑑賞の学習において一つ一つの言葉や表現に着目して読む学習、鑑賞する学習とも相互に連関している。

[推敲] 表現の効果を考える

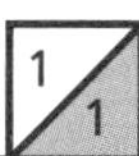

主発問 **モデル文を読んで、手紙文として改善していかなければならない箇所を見ていきましょう。**

目標

表現の効果を考えたり、敬語を適切に使ったりしている文章に整えることができる。

評価のポイント

❶推敲することの大切さを理解している。 (1)カ

❷推敲の観点を参考に文章を適切に推敲している。 B(1)エ

❸推敲を行うことで、より思いの伝わる文章に書き表そうとしている。

準備物 ・国語辞典

ワークシート・ICT 等の活用や授業づくりのアイデア

教科書の単元構成は、手紙を書くことと推敲を区別して配当している。しかし、書き上げた下書きとそれを推敲することは一連の流れであると考えれば連動させた学習としたい。また、自分の手紙文を推敲させることは実際的で大切だが、多様な推敲の観点を盛り込んだモデル文を教師が作成し、生徒全体で推敲し合うことも考えられる。

1 導入(学習の見通しをもつ)

T：前時では職場体験のお礼状を書いて、友達同士で読み合って加筆訂正をしました。読み手がはっきりとしている手紙文などではとても大切なことです。本時では、小学校の恩師に対して近況報告と演奏会への招待とを目的としたモデル文を使って推敲の観点を確認していきます。

2 展開

〈推敲の意味〉

T：「推敲」とは故事成語の一つです。1年次に学習しています。単に、誤字脱字や表記上の問題点を見つける「校正」と区別します。文章表現や言葉選びなどの観点で見直して、よりよい文章にしていきます。

＊故事成語の「推敲」についてふれたい。

〈推敲の観点－①表現〉

T：では、教科書 p.116の推敲する観点を使ってモデル文を見ていきましょう。

＊電子黒板などモデル文を映し出す機器や拡大コピー機があれば活用したい。

○漢字・仮名遣いは説明だけに終わらず、手元の国語辞典で一つ一つ確認させることが大切である。「鑑賞・観賞」、「勤める・務める・努める」など

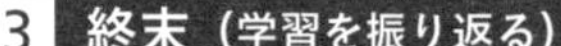

3 終末(学習を振り返る)

T：手紙文という文種を学習材として、様々な観点から学習しました。みなさんの生活の中では疎遠な文種だと思いますが、その学習を通じて、改めて文章作りや表現の工夫について大切なことを学びました。これからの書くことの学習活動や実生活に生かしていってください。

効果的な板書例

［推敲］表現の効果を考える

【学習目標】表現の効果を考えたり、敬語を適切に使ったりした手紙文に整えることができる。

【今日のめあて】〇推敲の観点に沿ってモデル文を推敲しよう。

推敲の観点

①表現
〇仮名遣いや漢字の使い方
・正しい仮名遣い
・漢字や送り仮名の誤り
〇言葉の使い方や意味
・主述のねじれ、副詞の呼応
・適切な熟語、慣用句、ことわざ
・書き言葉
〇文章の書き方
②表現の工夫
〇読む相手への配慮
・一文の長さ
・適切な敬語
・中学生に相応した表現

語彙の習得と意識付けのよい機会となる。

＊１文の長さは、40字～60字が適当だとされている。80字ぐらいを最大としたいが、モデル文では94字である。主述のねじれの原因である。

〇副詞の呼応は、文法の学習を再確認させる。

〈推敲の観点－②表現の工夫〉

Ｔ：推敲の観点で、あと一つ大切な事柄があります。小学校の恩師への近況報告をする手紙であることを手がかりに考えましょう。

＊意見交流をさせて考えさせる。感性的思考である。中学生にとってかつての小学校の恩師に対して、現在の活躍している様子を伝えることは実に誇らしい気持ちとなるだろう。この観点は、まさに単元名「人間のきずな」を具現するものと言えよう。

〈推敲の実際〉

Ｔ：単に、現在の様子を伝えるだけの文章では小学校の恩師に響くものがありません。表現や言葉遣いの端々に成長の一端をのぞかせる手紙文でありたいですね。モデル文の傍線アの部分に注目してみましょう。中学２年生としてふさわしい表現を考えてみましょう。

＊「張り詰めた毎日」、「身の引き締まる思い」、「緊張が走る日々」、「重圧感でいっぱい」などの表現が考えられる。中学生として成長した姿を見てもらうための言葉遣いを考えさせたい。「すごく」は話し言葉と考えられるため、「とても」などが適切と言える。推敲の観点には「書き言葉と話し言葉の区別」についても加えておきたい。

〈学習のまとめ〉

Ｔ：手紙文という文種を学習材として、様々な観点から学習しました。最後に、学習の振り返りとして、文章を推敲することの大切さについて感想や考えをノートにまとめましょう。

4 人間のきずな

言葉２ 敬語（1時間扱い）

指導事項：〔知技〕(1)カ
言語活動例：敬語の働きを理解して、手紙や電子メールの文章の中で適切に使って書く活動。

単元の目標

(1)敬語の働きについて理解し、手紙や電子メールの中で適切に使うことができる。
〔知識および技能〕(1)カ

(2)言葉がもつ価値を認識するとともに、読書を生活に役立て、我が国の言語文化を大切にして、思いや考えを伝え合おうとする。「学びに向かう力、人間性等」

単元の構想

〈単元で育てたい資質・能力／働かせたい見方・考え方〉

敬語は、相手や話の中に出てくる人に対して敬意を表すために用いる言葉である。しかし、目の前の生徒たちの現状を見ていると、正しく敬語を使いこなしていないことや、敬語を使う必要性をほとんど感じない様子が日常生活に見受けられる。しかし、職場体験学習や手紙文の学習などで、敬語の必要性について直面することになる。こうした場面で敬語への理解と認識を深めることで、円滑な人間関係が構築できることが実感できよう。敬語がもつ役割には、年齢や立場が上の人との円滑なコミュニケーションが図れること、改まった場で適応できることがある。しかし、「言葉は立ち居を表す」という言い回しがあるように、実はその人自身の「品格」が表されるという観点も見逃してはならない。敬語の学習は、知識理解の範囲に留まってはいけない。実の場で生きて働く技能の習得とともに、自分自身を高めることにつながるという認識を育てる学習でありたい。そのためにも、実の場に結び付く身近な例文を用意することが大切である。

〈教材・題材の特徴〉

本教材は、敬語の基本的な種類を紹介している。また、尊敬語と謙譲語との比較表も示されており、分かりやすく分類の相違をみることができる。しかし、これらに依拠するだけでなく、生徒が敬語を身近な言葉として捉えるきっかけとなるような、日常生活を想定した学習材を用意したい。

教科書教材では扱われてはいないが、日常会話の中で頻繁に使われる「〜させていただく」や「とんでもございません」といった誤用にもふれておきたい。品詞の分解など文法学習における格好の発展学習となろう。

〈主体的・対話的で深い学びの視点からの授業改善ポイント／言語活動の工夫〉

生徒自身が目的や必要性を意識して取り組める学習活動を仕組みたい。単に、知識として敬語を覚えるだけではなく、生徒の学ぶ意欲が高まるような、実社会、実生活に生きて働く学習材を用意しなければならない。この指導手順を踏むことで、生徒自らの学びを自覚することを促し、自己評価につなげることができる。

単元計画

時	学習活動	学習内容	評価
1	1．教科書を読んで敬語の働きと種類について理解する。 2．敬語の種類や使い方について理解を深める。 3．敬語の正しい使い方について理解の定着を図る。	○日常の言語生活において敬語を使う場面を想起する。 ○敬語の効果とその大切さを理解する。 ・敬語を使った場合と使わなかった場合の印象について考え、その特性や重要性について理解する。 ○尊敬語、謙譲語、丁寧語の区分やその内容について理解する。 ・普段の言語生活における場面を想定し、実際に話す活動を組み入れる。 ○敬語の重要性についての認識を深め、今後の実生活に生かしていく態度を確認する。	 ❶❷ ❶❷

評価規準

知識・技能	主体的に学習に取り組む態度
❶敬語の働きについて理解し、文章や会話の中で適切に使っている。 (1)カ	❷学習の意義や目的を意識して、自らの実生活に生かそうとしている。

〈指導と評価の一体化を図る見取りのポイント〉

丁寧語、尊敬語、謙譲語の例文は、生活の場面を想定した文を提示する。また、練習材として、誤りのある例文を示し、どこが誤りなのか、訂正するにはどうすればいいのかを答えさせることで理解が深まる。本教材は書く活動の中で敬語を学ぶ学習である。しかし、先生との会話や職員室への出入りなど、敬語は書く活動以上に話す活動が普段の生活において実際に多く使う場となっている。つまり、顕在カリキュラムだけでは不十分で、潜在カリキュラムにおいても大切な評価の場となることを認識したい。授業ではペーパーでの学習を終えたあと、具体的な場面を設定して問答を通して一人一人声に出させ、その場で敬語の使い方について確認をさせたい。音声言語学習の評価は、その場で即時に行うことが基本である。

敬語は海外諸国の言語にも見受けられるが、我が国独特の言語文化と言える。その歴史は、古代にまでさかのぼることができることで文語文法とも連関している。授業に余裕があれば、古文の学習を踏まえた指導計画を組み入れたい。

言葉2　敬語

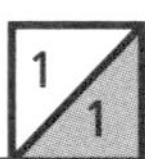

主発問　「ご覧になられましたか」は、何がおかしいのでしょうか。

目標

○敬語の働きと種類を理解することができる。
○敬語の誤用について理解することができる。

評価のポイント

❶敬語の役割や種類、その効果を理解し、適切に使っている。　(1)カ
❷敬語の誤用について理解しようとしている。

準備物　・ワークシート（敬語対照表）

ワークシート・ICT 等の活用や授業づくりのアイデア

○尊敬語と謙譲語の対照表を作らせる、日常会話のほか、ビジネス敬語、人称語も区別しなければならない。
〔日常会話編〕
　普通の語（言う・する・食べる・行く）
　尊敬語（おっしゃる・される・召し上がる・いらっしゃる）
　謙譲語（申し上げる・いたす・いただく・参る）

1　導入（学習の見通しをもつ）

T：普段の生活の中で、敬語を使う場面はありますか。
○学校生活では、先生との会話、職員室への出入りの言葉、部活動での先輩との会話、日常生活では、買い物をするときの店員との会話などが挙げられる。
T：本時では、改めて敬語の基本的な知識やその役割について考えていきましょう。

2　展開

〈敬語の役割〉

T：まず、敬語の果たす役割について考えていきます。
○学級全体で意見を出し合う。
T：みんなの考えを整理してみましょう。
○①立場をわきまえて表する相手への敬意。②改まった（＝パブリックな）場における適応。③円滑なコミュニケーション。
T：一般的に考えられる敬語が果たす役割ですね。でも、実はもう一つの視点があるんです。考えてみてください。
○「自分の評価を高める」などといった意見が出てくることが予想される。
T：敬語を自然に使った会話には、その人の人となり、品性が見えてくるものです。敬語には、相手に敬意を払う言葉である一方、自らの品性を高める言

3　終末（学習を振り返る）

T：敬語の3分類などを学びました。しかし、知っているだけでは意味がありません。日頃からの実生活における会話場面では自然体で敬語を使いたいものです。授業の始めにも学んだように、敬語や礼儀正しい言葉遣いにはその人の人となり、品格・品位が表れてくるものです。ぜひ、普段から心がけてください。

効果的な板書例

敬語

【学習目標】
○敬語の働きと種類を理解する。
○敬語の誤用を見極める。

【今日のめあて】実生活に生かせる敬語の力を付けよう。

敬語とは
○相手への敬意を示す言葉遣い
○改まった場での言葉遣い
○円滑なコミュニケーションを助ける言葉遣い

尊敬語…相手を高める（敬う）表現をすることで相手に敬意を払う。

謙譲語…相手に対して自分を低める表現をすることで相手に敬意を払う。

丁寧語…相手に対して丁寧な表現をすることで相手に敬意を払う。

葉でもあるのです。

＊枕草子の「心劣りするもの」を紹介して、千年以上も前に生きた清少納言の価値観や言葉への感性が現代でも共有できることを伝える。

〈敬語の３分類〉

T：敬語についての基本的な知識から始めます。

○尊敬語、謙譲語、丁寧語の３分類について説明する。

＊平成19年に文化審議会が発表した「敬語の指針」では、謙譲語が二つに分類されている。しかし、中学生にとって複雑な区分けであることから深く言及しない方がいいだろう。

○３分類の説明が終わった後、丁重語と美化語にふれて説明する。ワークシート「敬語対照表」を配布して、空欄に書き込ませる。

T：いろんな場面を想定して敬語が適切に使われているかを確かめてみましょう。

○敬語を使った場合と使わなかった場合とを比較してみる。

○先生と生徒、客と店員など具体状況を設定して実演する。敬語の働きが実感できる。

＊具体的な状況と役割を明確にして、二人一組が前に出てきて実演させる。レストランで注文するときなどが想定される。

T：敬語の誤用について見ていきます。「先生はもうご覧になられましたか」は、何がおかしいでしょうか。

○考えを発表させる。二重敬語であることを確認する。

T：次の言葉遣いはどうですか。

①「させていただきます」…使役の助動詞
②「とんでもございません」…形容詞
③（部下が上司に）「了解しました」…不適切
④（娘から先生のことを）「伺っております」…謙譲語の誤用

〈学習のまとめ〉

T：敬語の学習から学んだことや感想などノートにまとめて学習の振り返りをしましょう。

4 人間のきずな

漢字２　同じ訓・同じ音をもつ漢字／漢字に親しもう３

（１時間扱い）

指導事項〔知技〕(1)ウ、エ

言語活動例：同訓異字・同音異義語の使い分けを問う問題を作成して解く。

単元の目標

(1)第１学年までに学習した常用漢字に加え、その他の常用漢字のうち350字程度から450字程度までの漢字を読むことができる。また、学年別漢字配当表に示されている漢字を書き、文や文章の中で使うことができる。　〔知識及び技能〕(1)ウ

(2)抽象的な概念を表す語句の量を増すとともに、類義語と対義語、同音異義語や多義的な意味を表す語句などについて理解し、話や文章の中で使うことを通して、語感を磨き語彙を豊かにすることができる。　〔知識及び技能〕(1)エ

(3)言葉がもつ価値を認識するとともに、読書を生活に役立て、我が国の言語文化を大切にして、思いや考えを伝え合おうとする。　「学びに向かう力、人間性等」

単元の構想

〈単元で育てたい資質・能力／働かせたい見方・考え方〉

本単元では、同訓異字・同音異義語の漢字を正しく使い分けながら文や文章の中で使うことができる力を育てるとともに、第１学年までに学習した常用漢字に加え、その他の常用漢字のうち一定数の漢字を読んだり、学年別漢字配当表に示されている漢字を書いたりできるようになることを目指す。また、コンピュータの文字変換など、日常生活の中で同訓異字や同音異義語の使い分けが必要になる場面を意識することで、漢字学習全般への関心を高めさせたい。

〈教材・題材の特徴〉

生徒たちは、具体的な漢字や熟語と合わせて教材文を読むことで、同じ訓・同じ音をもつ漢字についての知識を習得するとともに、その使い分けの重要さを感じていくだろう。漢字・熟語の意味だけを示すのではなく、その使い方を確認することで、同じ訓・同じ音の漢字・熟語を比較して整理することができ、文脈に合わせて使い分けることを学んでいける教材である。

〈主体的・対話的で深い学びの視点からの授業改善ポイント／言語活動の工夫〉

導入として、パソコンで漢字を変換する様子を表す教科書のイラストや教師が作成した誤変換が多い文章を示し、漢字学習への関心を喚起させたい。その上で、既習内容や既有の知識と関連させながら同じ訓・同じ音をもつ漢字について理解し、練習問題に取り組んで漢字を読んだり書いたりする力、特に同訓異字・同音異義語の漢字を正しく使い分ける力を高めて、日常生活の中で使える

ようにしたい。そこで、単元の終末に同訓異字・同音異義語の使い分けを問う問題を生徒たちが作成して解き合う学習活動を位置付けて、グループや学級全体で楽しみながら学習に取り組むことができるようにした。

単元計画

時	学習活動	学習内容	評価
1	1．教材文を読み、同じ訓・同じ音をもつ漢字について確認する。	○教科書のイラスト、教師が作成した文書を見て、感想を交流する。 ○具体的な漢字・熟語と照らしながら、教材文を読む。	❶
	2．練習問題に取り組む。	○辞書を活用したり仲間と相談したりしながら、練習問題に取り組む。	❷
	3．同訓異字・同音異義語の使い分けを問う問題を作成して解き合う。	○同訓異字「暑い」「熱い」「厚い」や同音異義語「機会」「機械」のように、使い分けに注意が必要な漢字・熟語を取り上げて問題を作成して解く。	❸

評価規準

知識・技能	主体的に学習に取り組む態度
❶第1学年までに学習した常用漢字に加え、その他の常用漢字のうち一定数の漢字を読んでいる。また、学年別漢字配当表に示されている漢字を書き、文や文章の中で使っている。　(1)ウ ❷同訓異字・同音異義語について理解し、話や文章の中で使っている。　(1)エ	❸学習課題に沿って、積極的に同音異義語を理解し、漢字を読んだり書いたりしようとしている。

〈指導と評価の一体化を図る見取りのポイント〉

同じ訓・同じ音をもつ漢字について、練習問題への取り組みの様子から知識が定着しているかを適切に評価することが大切である。読んだり書いたりすることはできていても、意味や用例の理解が十分でないと、正しく使い分けながら文や文章で適切に使うことはできにくい。パソコン入力時の漢字変換等、日常生活と関連させた具体的な場面を想起しながら学習を進められるようにしたい。

同じ訓・同じ音をもつ漢字／漢字に親しもう３

主発問 **漢字を書くとき、パソコンで漢字に変換するときには、どんなことに注意すればよいのでしょうか。**

目標

同訓異字・同音異義語に注意しながらに漢字を読んだり書いたりして、漢字を正しく使い分けることができる。

評価のポイント

❶教材文や練習問題の漢字を読んだり書いている。 (1)ウ

❷同訓異字・同音異義語の使い分けを考えながら、問題を作って解いている。 (1)エ

❸学習課題に沿って、積極的に同音異義語を理解し、漢字を読んだり書いたりしようとしている。

準備物 ・ワークシート⊻01

ワークシート・ICT 等の活用や授業づくりのアイデア

○教科書のイラストや教師が作成した誤変換が多い文章を示す際には、デジタル教科書や書画カメラを用いる。

○同訓異字・同音異義語の使い分けを考える際には、実際のパソコンの文字入力・変換の画面を共有して、関心を高める。

○問題を作成する際には、Classroom のコメント機能を活用する。

1 導入（学習の見通しをもつ）

〈本時の言語活動を知る〉

T：漢字には同じ訓・同じ音をもつものがあります。漢字を書くとき、パソコンで漢字に変換するとき、このような間違いを起こさないために、どんなことに注意すればよいかを考えましょう。

○教師が作成した誤変換の含まれる文書を書画カメラ等で提示する。

2 展開

〈教材文を読む〉

T：同じ訓・同じ音をもつ漢字の使い分けのイメージをもちましょう。イラストにある電子メールの場合、それぞれどれが正しいか分かりますか。

○デジタル教科書を用いて、イラストをスクリーン等に示す。

T：「暑い」「熱い」「厚い」、「機会」「機械」だけでなく、使い分けが必要な漢字について、教科書を見ながら、ワークシートの空欄に言葉を入れて確認しましょう。

○ワークシートを配付する。

○書画カメラ等を活用して、ワークシートをスクリーン等に示す。

＊教材文を示しながら、同訓異字や同音異義語の使い分けや迷う場合は辞書で確認することを具体的に説明する。

3 終末（学習を振り返る）

〈作成した問題を解く〉

T：作成した問題を解きましょう。

○ Classroom の画面をスクリーン等に示す。

＊ ICT 端末が利用できない場合は、短冊等に書いたものを書画カメラ等で示す。

T：普段の生活で漢字を書いたり、パソコンで漢字に変換したりするときに正しく使い分けができるようにしましょう。

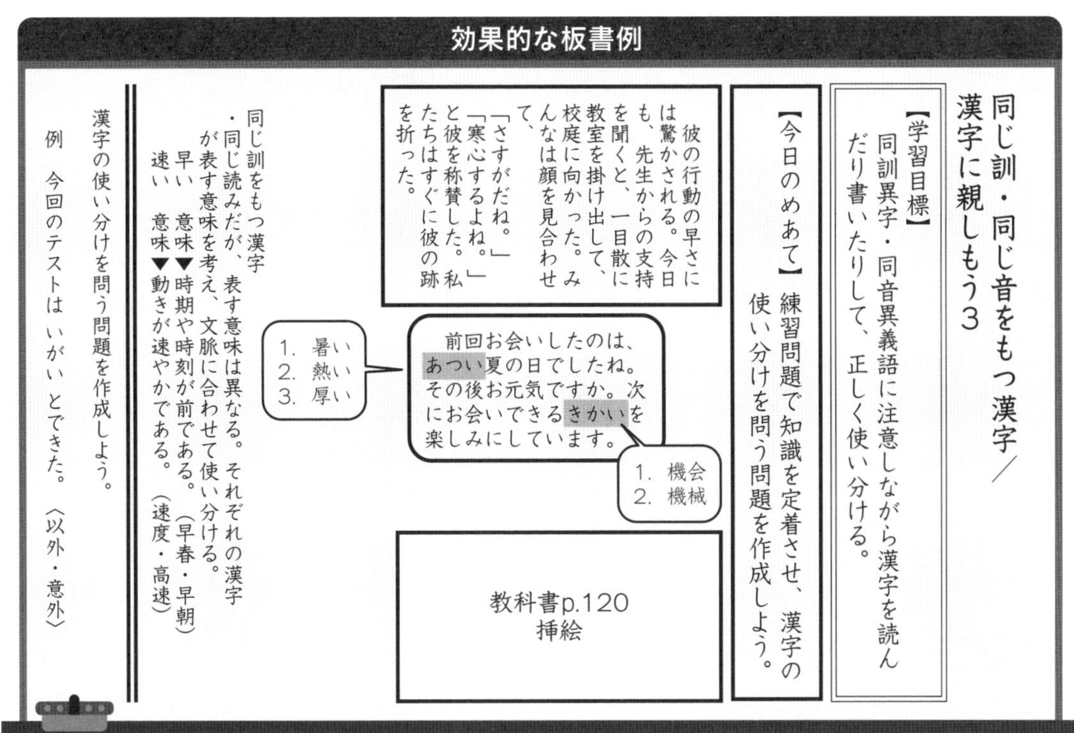

〈練習問題に取り組む〉

T：教科書の練習問題に取り組みましょう。まずは、各文に合う漢字を選ぶ問題のみにします。辞書やICT端末を利用してよいです。友達と相談してもよいです。

○デジタル教科書を用いて、練習問題をスクリーン等に示す。

○答えを確認する。

＊練習問題の各文を入力したパソコン画面をスクリーン等に示して、変換の際には練習問題の選択肢以外にも多くの候補語が挙がり、使い分けの必要性があることを実感できるようにする。

・①法案を倫理委員会に　図る／諮る／量る／計る／測る

T：次に、選ばなかったもう一方の漢字を使って短文を作る問題に、グループで取り組みましょう。

＊グループごとに考える問題を指定して、学習を効率的に進めてもよい。

○解答例を確認する。

＊誤った使い方をしている場合は、他の熟語を思い浮かべたり漢字の意味を確認したりして修正するようにする。

〈漢字の使い分けを問う問題を作成する〉

T：練習問題のように、漢字を使い分ける場面は日常生活の中でもよくあります。例えば、テストの振り返りをするときに「今回は意外とできた」と書くところを「以外とできた」と書いていることを目にします。今から、使い分けに注意が必要な漢字・熟語を取り上げて、問題を作成しましょう。問題は、Classroomのコメント欄に書き込みましょう。最後に問題を解き合うので、答えは書かなくてよいです。辞書やICT端末を利用してよいです。友達と相談してもかまいません。

・書物をあらわす　〈表す・現す・著す〉

・責任をついきゅうする〈追究・追求・追及〉

5 論理を捉えて

モアイは語る―地球の未来（4時間扱い／読むこと）

指導事項：〔知技〕(2)ア 〔思判表〕C(1)エ、オ
言語活動例：文章の構成や論理の展開の効果について話し合い、自分の考えを文章にまとめる。

単元の目標

(1)意見を裏付けるための、適切な根拠のあり方について理解することができる。
〔知識及び技能〕(2)ア

(2)自分の知識や考えと比べながら、文章の構成や論理の展開を吟味することができる。
〔思考力、判断力、表現力等〕C(1)エ、オ

(3)言葉がもつ価値を認識するとともに、読書を生活に役立て、我が国の言語文化を大切にして、思いや考えを伝え合おうとする。
「学びに向かう力、人間性等」

単元の構想

〈単元で育てたい資質・能力／働かせたい見方・考え方〉

意見と根拠の関係に着目し、文章の中で筆者が主張とそれを裏付けるための根拠とをどのように結び付けているかを捉え、筆者がどのように文章を構成したり、論理を展開させたりしながら読者に伝えようとしているかを考えさせたい。また、自分の知識や考えと比べながら検討したり、他の生徒と話し合ったりすることを通して、筆者の主張とそれを支える文章の構成や論理の展開の効果について吟味し、文章を批判的に読んだり評価したりする姿勢につなげていきたい。

〈教材・題材の特徴〉

本教材は、序論から本論にかけて、「モアイの秘密」（教科書 p.125 5行目）について述べた上で、「イースター島のこのような運命は、私たちにも無縁なことではない。」（p.128 17行目）として、イースター島の歴史と地球の現状とを結び付けながら自己の主張を述べている。モアイについての四つの問いと答え、根拠のつながりや、モアイの秘密と地球の未来についての筆者の主張とのつながりなど、様々な意見と根拠の関係について考えることができる教材である。

また、SDGs（持続可能な開発目標）など他教科等の学習を通して生徒がもっている知識や考えと結び付けながら読むことを通して、文章の構成や論理の展開の効果、筆者の主張の妥当性や独自性について吟味することができると考える。

〈主体的・対話的で深い学びの視点からの授業改善ポイント／言語活動の工夫〉

「イースター島のこのような運命は、私たちにも無縁なことではない。」という筆者の主張について検討する学習課題を設定し、グループで検討しながら、自分の考えをまとめる活動を行う。モアイについての情報を確認したり、SDGsなどについての知識や情報、自己の考えなどを意識させたりすることで、学習課題について当事者意識をもって取り組むよう促していきたい。

単元計画

時	学習活動	学習内容	評価
1	1．学習の見通しをもつ。 2．文章を通読する。	◯世界遺産としての「ラパ・ヌイ国立公園」について、インターネットから情報を得る。モアイ像には様々な謎があることを確認する。SDGs についてこれまで学んだことなどを想起させる。 ◯問いと答えを示す部分に線を引きながら読む。 ◯文章全体を序論・本論・結論に分ける。	 ❷
2	3．問いと答え、根拠を整理する。	◯序論の問い、その答え、根拠を表にまとめる。 ◯問い、答え、根拠の関係について、グループで確認する。	❷
3	4．「イースター島のこのような運命は、私たちにも無縁なことではない。」（p.128 17行目）に着目し、筆者がそう考える理由をグループで検討する。	次の四点を個→グループで検討する。 ◯筆者が考えるイースター島と地球との共通点を整理する。 ◯筆者がイースター島を例として示した理由を考える。 ◯モアイの秘密から地球の未来を語る筆者の論理の展開について考える。	 ❶ ❹
4	5．筆者の主張について、自分の考えをまとめる。 6．互いの考えを交流し、単元の学習を振り返る。	◯筆者の主張について、自分の知識や経験と重ねてどうすべきか、200字程度にまとめる。 ◯筆者の論理の展開に着目しながら、互いの考えを交流する。	❸

評価規準

知識・技能	思考・判断・表現	主体的に学習に取り組む態度
❶意見と根拠の関係に注意しながら読み、意見を裏付けるための、適切な根拠のあり方について理解している。 (2)ア	❷「読むこと」において、筆者の意見と根拠に注意しながら文章を読み、文章の構成や論理の展開について考えている。 C(1)エ ❸「読むこと」において、自分の知識や考えと比べながら文章を読み、考えを広げたり深めたりしている。 C(1)オ	❹学習課題に沿って、粘り強く文章を読み、文章の構成や論理の展開について考えようとしている。

〈指導と評価の一体化を図る見取りのポイント〉

文章に書かれた問い・答え・根拠、筆者の主張と根拠について、それらの関係を整理したノートやワークシート、文章の構成や論理の展開について自分の考えをまとめた文章から、生徒の学習の状況を把握し、適切に指導の手立てを行うことが大切である。

モアイは語る―地球の未来

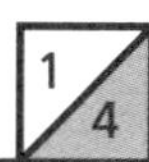

主発問 筆者はどのように文章を構成しているのでしょうか。

目標

問いと答えに注意しながら文章を読み、文章全体の構成を捉えることができる。

評価のポイント

❷問いと答えを示す部分に線を引きながら文章を読み、序論・本論・結論に分けている。　C(1)エ

準備物　・全文プリント

ワークシート・ICT 等の活用や授業づくりのアイデア

○文章の全体を俯瞰して捉えたり、気付いたことや考えたことを書き込めるように全文プリントを用意する。

＊生徒が書き込みをしやすいよう、A3の用紙を使い、行間や余白を広くとるとよい。

＊全文プリントは教材 CD のテキストデータを用いてワークシート化するとよい。

1 導入（学習の見通しをもつ）

〈単元の学習の目標と流れを確認する〉

T：この単元では、自分の知識や考えと比べながら、文章の構成や論理の展開を吟味する力を身に付けることを目指します。「文章の構成」「論理の展開」がキーワードです。文章の構成や論理の展開を捉えるだけでなく、それについて自分の考えをもてるようにしていきましょう。

2 展開

〈題名読みをする〉

T：今回の授業では「モアイは語る」という文章を読みます。皆さん「モアイ」とは何か知っていますか？

・イースター島にあります。

・石でできた大きな像です。

・テレビで見たことがあります。

T：インターネットにはモアイについて様々なことが書かれています。Chromebook で検索してみましょう。

・「ラパ・ヌイ国立公園」が世界遺産です。

・モアイには謎があります。

T：そのモアイが「語る」「地球の未来」とはどのようなことなのでしょうか。皆さんは SDGs についてもこれまでに学習してきたと思います。

＊ SDGs について、小学校からこれまで

3 終末（学習を振り返る）

〈次回は問いと答えを整理しながら読んでいくことを確認する〉

T：今日の授業では、「モアイは語る」を読んで、簡単な内容や構成を確認しました。次回は、「モアイの秘密」に着目して読んでいきます。具体的には、四つの問いについて、その答えと根拠を整理します。

効果的な板書例

「モアイは語る　―地球の未来」
安田　喜憲

【学習目標】
自分の知識や考えと比べながら、文章の構成や論理の展開を吟味する。

【学習の見通し】
①文章を通読する。
②問いと答え、根拠を整理する。
③筆者の主張について考えをまとめる。
④互いの考えを交流し、学習を振り返る。

【今日のめあて】問いと答えに注意しながら文章を読み、文章全体の構成を捉えよう。

○モアイ……イースター島　世界遺産
ラパ・ヌイ国立公園
はっきり分かっていない謎がある

○「モアイの秘密」を確かめる
・誰が作ったのか？
・どうやって運んだのか？
・何があったのか？
・モアイを作った文明はどうなったのか？

○文章全体の構成
序論：形式段落1〜2
本論：形式段落3〜15
結論：形式段落16〜20

学習してきたことを想起させる。

〈通読する〉

T：モアイについての情報を確かめたり、地球の未来についてもこれまでの学習を振り返ったりしました。それらを踏まえて、教科書の文章を読んでみましょう。

＊一人一文読みで漢字の読みなどを確認しながら進める。

〈問いと答えに印を付ける〉

T：文章の中には、いくつかの「モアイの秘密」が書かれていました。モアイについての謎、つまり問いとその答えが書かれているところを確かめてみましょう。皆さんに全文プリントを配布します。問いの部分を囲んでください。そして、その答えが書かれている部分に線を引いてください。

＊個人で進める。机間指導を行う。

＊作業が終わった生徒同士、内容を確認するように促す。

〈問いと答えを確認する〉

T：モアイの秘密にはどのようなことがありましたか。
・誰が作ったのか。
・どうやって運んだのか。
・何があったのか。
・モアイを作った文明はどうなったのか。

＊板書で確認する。

〈文章全体を序論・本論・結論に分ける〉

T：文章の序論・本論・結論はどのように分けられるでしょうか。グループで形式段落の番号を付け、三つに分けてみましょう。

＊グループで話し合い、序論・本論・結論に分ける。

◯序論：形式段落１～２
本論：形式段落３～15
結論：形式段落16～20
となることを確認する。

モアイは語る—地球の未来

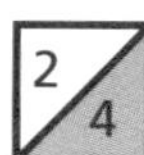

筆者は「モアイの秘密」についてどのように問いとその答え、答えの根拠を述べているか。

目標

筆者が示している問いとその答え、答えの根拠を表にまとめることができる。

評価のポイント

❷筆者が示している問いとその答え、答えの根拠を表にまとめている。　C(1)エ

準備物　・表で整理するワークシート01

ワークシート・ICT 等の活用や授業づくりのアイデア

◯四つの問いとその答え、答えの根拠をまとめるための表の枠を示したワークシートを配布する。

＊教科書の「学習」にあるものを基に作成する。

＊ Classroom やロイロノートを活用して、クラス全体で共有できるようにするとよい。

1 導入（学習の見通しをもつ）

〈本時の学習活動を簡潔に示す〉

T：前回の授業では、「モアイは語る」を読み、簡単に内容や文章の構成を確認しました。筆者は、序論と本論で「モアイの秘密」として四つの問いについて述べています。今日は、その四つの問いについて、問いとその答え、答えの根拠を表にまとめていきます。

2 展開

〈前時の内容を確認する〉

T：前回の授業のノートを見てください。筆者がモアイについて挙げている問いはどのようなものがありましたか。

・誰が作ったのか？
・どうやって運んだのか？
・何があったのか？
・モアイを作った文明はどうなったのか？

〈本時の活動を確認する〉

T：ワークシートを配布します。四つの問いについて、その答えと根拠を整理するための枠があります。前回の授業に配布した全文プリントには、問いと答えについて、線を引いてあると思います。それに加えて、答えの根拠として、筆者がどのような事実を述べているかを表に整理しながら確かめてみましょう。

＊個人で取り組ませ、机間指導を行う。

3 終末（学習を振り返る）

〈次回は、本論から結論につながる筆者の論理の展開を捉えることを伝える〉

T：Classroom にみなさんの整理した表がアップされています。今日は序論と本論の内容を問いと答え、答えの根拠についてまとめながら確認してきました。次回は、本論から結論へつながる筆者の論理の展開を検討していきます。

効果的な板書例

「モアイは語る ―地球の未来」
安田 喜憲

【学習目標】
自分の知識や考えと比べながら、文章の構成や論理の展開を吟味する。

【今日のめあて】
筆者は「モアイの秘密」についてどのように問いとその答え、答えの根拠を述べているか表に整理しよう。

	1	2	3	4
問い	誰が作ったか？	どうやって運んだのか？	何があったのか？	モアイを作った文明はどうなったのか？
答え	西方から島伝いにやって来たポリネシア人	ヤシの木をころとして使った	森が消滅した	食糧危機、部族間抗争で、イースター島の文明は崩壊した
根拠				

手が止まっている生徒に対しては、まずはそれぞれの問いの答えがどこに書かれているか指摘させる。その後、なぜどのような答えに至ったかを読んで確かめるよう促す。一人で取り組むのが難しい生徒については、周りの生徒と協働的に取り組ませる。

〈問いの答えを確認する〉

T：みなさん答えのところまでは、表が埋まっているようです。ここで、答えについて全体で確認したいと思います。それぞれの問いの答えにどのようなことを書いたか教えてください。

1：西方から島伝いにやって来たポリネシア人
2：ヤシの木をころとして使った
3：森が消滅した
4：食糧危機、部族間抗争で、イースター島の文明は崩壊した

＊板書して全体で確認する。活動の合間に確認することで、自分の書いたことに自信がない生徒も安心して活動に取り組むことができる。

〈グループで活動を行う〉

T：これまでは個人で取り組んできましたが、根拠の部分はグループで行います。ここは、答えの根拠として挙げられている事実を抜き出すだけでなく、短い文に要約して書くことが重要です。どのような経緯で答えに至ったのか、まずは事実として述べられていることを挙げ、要約して書いてみましょう。グループで話し合いながら進め、最後は個人でまとめましょう。

＊２～４の問いは、答えに至る経緯を要約することが必要となる。答えに至るまでの事実の流れを整理するように指導する。
例：モアイを運ぶには木のころが必要不可欠→現在は森は全くない→５世紀頃の土の中からヤシの花粉が大量に発見→人間が移住する前はヤシの森に覆われていた。

◯個人のワークシートの画像を Classroom またはロイロノートを活用し、全体で共有する。

モアイは語る―地球の未来

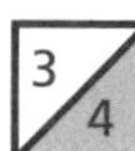

主発問　**「イースター島のこのような運命は、私たちにも無縁なことではない」という筆者の主張に納得できますか。**

目標

「イースター島のこのような運命は、私たちにも無縁なことではない」と筆者の考える理由を検討することができる。

評価のポイント

❶筆者の主張と根拠の関係に注意しながら文章を読み、主張を裏付けるための適切な根拠のあり方について理解している。　(2)ア

❹モアイの秘密から地球の未来を語る筆者の論理の展開について考えようとしている。

準備物　・前時に提出させたワークシートの例

ワークシート・ICT 等の活用や授業づくりのアイデア

○個人で考えをまとめたノートの画像を Classroom で共有し、互いに閲覧できるようにする。

＊本単元の学習は、個人で考え、ワークシートやノートにまとめることを中心としている。グループで話し合うほかに、他のワークシートやノートを共有し、自由に閲覧することで、個の学びを深めることができる。

1　導入（学習の見通しをもつ）

〈本時の学習活動を簡潔に示す〉

T：前回は序論と本論の内容を問いと答え、答えの根拠について表にまとめながら確認しました。今日は、本論から結論へつながる筆者の論理の展開を検討していきます。今日から学習目標の自分の知識や考えと比べながら、文章の構成や論理の展開を吟味する中心的な活動に入ります。

2　展開

〈前時の内容を確認する〉

T：前回の授業で個人でまとめた表を Classroom に提出し、みんなで共有しました。内容を読んで私が皆さんに紹介したいものがあります。

＊根拠の要約の部分について、必要な内容が盛り込まれ、簡潔にまとめているものをいくつか示しながら、序論・本論の内容について確認する。

〈「学習の窓」を読んで、「論理の展開を吟味する」について理解する〉

T：前回までに読んできた本論の内容から筆者は自分の主張を述べる結論へとつなげています。今日はその論理の展開を吟味します。「論理の展開を吟味する」というのはどのようなことか教科書の「学習の窓」で確認しましょう。

＊論理の展開が筋道の通った考えの進め

3　終末（学習を振り返る）

〈ノートに書いた内容を共有する〉

T：今日は、文章の論理の展開について検討してきました。まだ不十分という人もいると思いますが、今日のノートを Classroom に提出してください。次回は、筆者の主張について自分の考えを200字くらいの文章にまとめます。

＊提出させたノートを次時までに確認する。

効果的な板書例

「モアイは語る　―地球の未来」
安田　喜憲

【学習目標】
自分の知識や考えと比べながら、文章の構成や論理の展開を吟味する。

【今日のめあて】
「イースター島のこのような運命は、私たちにも無縁なことではない」という筆者の主張に納得できるかを考えよう。

論理の展開……意見や主張を導くための、筋道の通った考えの進め方

「イースター島のこのような運命は、私たちにも無縁なことではない」（形式段落16）

①筆者が考えるイースター島と地球の共通点は？
②筆者は、なぜ自分の主張の根拠としてイースター島を例に示したのか？
③モアイの秘密から地球の未来を語る筆者の論理の展開についてどう考えるか？

方であること。意見と根拠の結び付きに着目し、根拠（本論）から無理なく意見（主張）が導かれているかを確かめながら読むことが大切であることを押さえる。

〈学習課題について留意点とともに確認する〉

T：本論までで「モアイの秘密」について述べた後、形式段落16で「イースター島のこのような運命は、私たちにも無縁なことではない」と述べ、自分の主張を述べる結論に結び付けています。この筆者の論理の展開がどうか、みなさんに吟味してもらいます。そのために、次の三つのことを検討してください。
①筆者が考えるイースター島と地球との共通点は？
②筆者は、なぜ自分の主張の根拠としてイースター島を例に示したのか？
③モアイの秘密から地球の未来を語る筆者の論理の展開についてどう考えるか？
まずは、個人で考えます。その後、グループで話し合いながら検討します。この3点について、ノートに考えをまとめてみましょう。

◯全文プリントの形式段落17〜20に考えたことなどを書き込みながら個人で読む。前時にまとめた表を参考にしながら、本論の内容との結び付きを中心に考えていく。

＊生徒の学習の様子を観察する。

〈グループで検討する〉

T：個人で考えたことを基にグループで考えましょう。

＊全文プリントやノートへの記述の状況を確認し、必要に応じて、次のような指導を行う。
①人口と農耕地、森林資源の点からイースター島と地球を比べてみましょう。
②筆者が主張したいことの中心は何か？　最後の２文にあることを確認する。
③筆者の主張とその根拠（論理の展開）に納得できますか？それはなぜですか？

モアイは語る―地球の未来

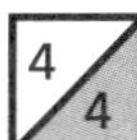

主発問 筆者の論理の展開についてあなたはどう考えますか。

目標

自分の知識や考えと比べながら筆者の論理の展開を捉え、考えを広げたり深めたりすることができる。

評価のポイント

❸自分の知識や考えと比べながら筆者の主張を捉え、考えを広げたり深めたりしている。　C(1)オ

準備物　・前時に提出させたノートの例

ワーク シート・ICT 等の活用や授業づくりのアイデア

○自分の考えを文章にまとめる際に、互いの文章の共有や考えの交流を円滑に行うため、ドキュメントを活用する。

＊手元の Chromebook で作成中の文章を閲覧することができるため、生徒の進捗状況や内容を即時的に確認することができる。

1 導入（学習の見通しをもつ）

〈本時の学習活動を簡潔に示す〉

T：前回は筆者の論理の展開を検討しました。今日でこの単元の学習は最後です。筆者の主張について自分はどう考えるか、自分の知識や考えと比べながら文章にまとめましょう。文章の構成や論理の展開を吟味しながら、自分の考えを広げたり深めたりすることが大切です。

2 展開

〈前時の内容を確認する〉

T：前回の授業で個人でまとめたノートを Classroom に提出してもらいました。内容を読んで、皆さんと共有したいものをいくつか紹介します。

＊前時の課題①については、ポイントをしっかりと押さえて簡潔にまとめているものを１・２点示す。課題②③については、違う視点から考えを述べたものを２～３点ずつ示す。前時の内容を確認するとともに、本時でまとめる自分の考えを広げたり深めたりできることを選ぶ。

○自由に他の生徒のノートを見る時間を取る。

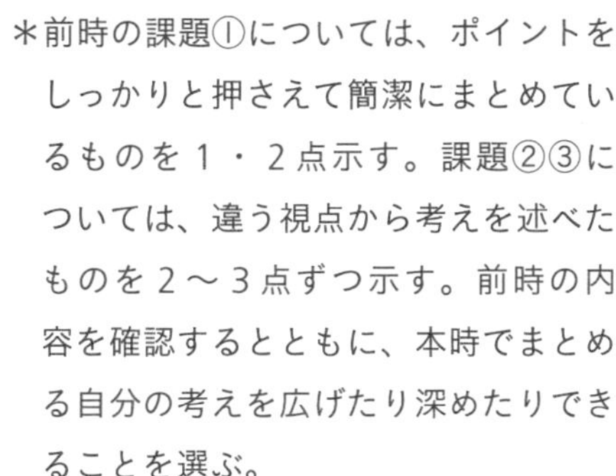

〈筆者の主張を確認する〉

T：「モアイは語る」で述べられている筆者の主張はどのようなことですか。

3 終末（学習を振り返る）

〈次の学びへの見通しをもたせる〉

T：文章の構成や論理の展開を吟味する力を身に付ける学習を行いました。「文章の構成」「論理の展開」などは、今後の読むことの学習だけでなく、話すこと・聞くことや書くことの学習でも大切になってきます。今後の学習でさらに力を付けていきましょう。

効果的な板書例

「モアイは語る ―地球の未来」
安田 喜憲

【学習目標】
自分の知識や考えと比べながら、文章の構成や論理の展開を吟味する。

【今日のめあて】
自分の知識や考えと比べながら筆者の論理の展開を捉え、考えを広げたり深めたりしよう。

〇前時の整理
①森によって支えられていること。人口が急増していること。
②現在の地球とイースター島は共通点が多く、地球の森を破壊し尽くすと、イースター島と同じ飢餓地獄になるから。
③納得できる／一部納得できる／納得できない

【筆者の主張】
「私たちは、今あるこの有限の資源をできるだけ効率よく、長期にわたって利用する方策を考えなければならない。それが、人類の生き延びる道なのである。」

〇筆者の主張について考えを二〇〇字程度でまとめる。
①筆者の主張だけでなく、文章全体で述べられている論理の展開を踏まえる。
②ＳＤＧｓ等これまでの学習で得た知識や経験などと重ねて考える。

・最後の２文「私たちは、今あるこの有限の資源をできるだけ効率よく、長期にわたって利用する方策を考えなければならない。それが、人類の生き延びる道なのである。」

〈筆者の主張について自分の考えをまとめる〉

T：筆者の主張について、皆さんはどう考えますか。次の２点を押さえて、自分の考えを200字程度の文章にまとめましょう。

①筆者の主張だけでなく、文章全体で述べられている論理の展開を踏まえる。

② SDGs 等これまでの学習で得た知識や経験などと重ねて考える。

〇ワープロソフト（ドキュメント）を使って文章を作成する。

＊前時のノートにまとめたものを基に書くように促す。机間指導で生徒の様子を観察したり、Chromebook で生徒の記述の状況を確認したりする。手が止まっている生徒に対しては、共有している他の生徒のノートや、記述している途中の文章を閲覧して、参考にさせる。

〈互いの文章を読み合う〉

T：文章が書き終わったら、お互いに文章を読み合い、考えを交流しましょう。

〇 Classroom から他の生徒の作成したドキュメントの文章を選んで読み、コメントを付ける。

＊書き終わる時間は生徒によって異なるため、書き終わった生徒から随時、交流の活動に移っていくようにする。

〈本時の学習についてグループで交流しながら振り返る〉

T：この単元全体の学習を振り返りを行います。学習の目標は「自分の知識や考えと比べながら、文章の構成や論理の展開を吟味する。」ということでした。この目標について自分の学習はどうだったか、グループで話し合いながら振り返りましょう。

5 論理を捉えて

思考のレッスン2　根拠の吟味（1時間扱い）

指導事項：〔知技〕(2)ア
言語活動例：意見と根拠のつながりについて考える。

単元の目標

(1)意見と根拠、具体と抽象など情報と情報との関係について理解することができる。

〔知識及び技能〕(2)ア

(2)言葉がもつ価値を認識するとともに、読書を生活に役立て、我が国の言語文化を大切にして、思いや考えを伝え合おうとする。「学びに向かう力、人間性等」

単元の構想

〈単元で育てたい資質・能力／働かせたい見方・考え方〉

学習指導要領解説国語編では、「根拠とは、考えや言動の拠り所となるもののことを指す」と示されている。このことを意識しながら、主観や思い込みを根拠としていないか、挙げられた根拠に例外はないか、意見と根拠の結び付きは弱くないかなど根拠の適切さを吟味する方法を学ぶ機会としたい。また、この学習を通して学んだことを生かしながら、今後の生活の中で情報を受け取ったり、発信したりする習慣を身に付ける態度を育成したい。

〈教材・題材の特徴〉

本教材では、生徒が学習に取り組みやすいように、中学生の日常生活に関連した話題を具体的に取り上げている。生徒は実際に提案する立場になったり、情報を受け取る立場になったりして考える活動を通して、根拠の適切さを吟味したり、意見と根拠のつながりを意識したりしながら、情報と情報との関係について理解をすることができる教材である。

〈主体的・対話的で深い学びの視点からの授業改善ポイント／言語活動の工夫〉

個人で学習を進めたり、指導者が説明したりするだけでは、情報の受け取り方は多様であることや情報が示せる内容は限定的であることに気付きにくいことが予想される。そのため、学習課題に対して自分の考えをもち、グループで検討したり、交流したりする場面を設定した。話し合いでは、主観や思い込みを根拠としていないか、挙げられた根拠に例外はないか、意見と根拠の結び付きは弱くないかなど根拠の適切さを吟味する際の観点をしっかりと意識させ、情報と情報との関係について理解させたい。

単元計画

時	学習活動	学習内容	評価
1	1．本時の目標を知り、既習事項を振り返る。	○１年次に学習した「意見と根拠」について振り返り、本時の目標を理解する。	
	2．意見に対する根拠の適切さを考える。	○教科書に挙げられている意見について、考えられる根拠を複数挙げる。	
		○グループで、考えた根拠について、適切なものとそうでないものに分類しながら、根拠を吟味する際の観点について話し合う。	❷
		○問題１に取り組む。	❶
	3．意見の説得力を高めるための方法を考える。	○教科書の例を基に、「意見と根拠をつなぐ考え」として、他の考えがないかを考える。 「意見と根拠２をつなぐ考え」の例 ・文化祭は日常の学習の成果を発表する場でもあるから。 ・限られた準備期間で取り組むには、経験者が多い方が取り組みやすいから。	
		○問題２を参考にしながら、自分の意見と根拠を書き、根拠の挙げ方についてグループで交流する。	❶
	4．学習を振り返る。	○本時の学習を振り返り、学んだことやこれからの生活でどのように生かしていきたいかを考え、まとめる。	

評価規準

知識・技能	主体的に学習に取り組む態度
❶意見と根拠、具体と抽象など情報と情報との関係について理解している。 ⑵ア	❷今までの学習を生かして、積極的に意見と根拠の関係について理解しようとしている。

〈指導と評価の一体化を図る見取りのポイント〉

根拠の適切さを交流する際には、根拠の適否の判断で終わるのではなく、そのように判断した理由を述べさせたり、どのような情報を根拠として挙げるとよいかなどを考えさせたりすることが大切である。自分の判断基準を明確にしたり、他者の判断基準を知ったりすることで、情報を受け取ったり、情報を発信したりするなど、情報と情報との関係を考える場面で役立てることができる。

思考のレッスン２　根拠の吟味

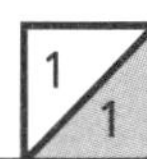

主発問　**根拠の適切さを吟味したり、意見に説得力をもたせましょう。**

目標

意見と根拠、具体と抽象など情報と情報との関係について理解することができる。

評価のポイント

❶意見と根拠、具体と抽象など情報と情報との関係について理解している。　(2)ア

❷今までの学習を生かして、積極的に意見と根拠の関係について理解しようとしている。

準備物　・特になし

ワークシート・ICT 等の活用や授業づくりのアイデア

○個人で学習を進めたり、教師が説明するだけでは、情報の受け取り方は多様であることや情報が示せる内容は限定的であることに気付きにくいことが予想されるため、学習課題に対して自分の考えをもち、グループで検討したり、交流したりする場面を設定するとよい。

1　導入（学習の見通しをもつ）

〈本時の目標を説明する〉

T：１年時に根拠の示し方や意見と根拠をつなぐ考えを明らかにすることの大切さなどを学習しました。本時は、文章を読んだり、話を聞いたりする際に、根拠を把握し、その根拠に説得力があるかどうかを吟味する方法を学習していきます。

2　展開

〈意見に対する根拠の適切さを考える〉

T：「私たちのクラスは、今年の文化祭で、ダンスに取り組むべきだ」という意見について、考えられる根拠を挙げましょう。

○個人で意見に対する根拠を考える。

・ダンスがいちばん盛り上がる。

・みんな、ダンスが好き。

・劇以外のものに取り組みたいという声が多かった。

・ダンスはみんなで取り組める、など。

T：ではグループで、考えた根拠について、適切なものをそうでないものに分類し、根拠を吟味する際に、どんな観点で評価すればよいか、話し合いましょう。

＊主体的な話し合いにするため、自分の考えをしっかりともたせる。

3　終末（学習を振り返る）

〈学習を振り返り、まとめをする〉

T：本時の学習を振り返り、学んだことやこれからの生活でどのように生かしていきたいかをまとめましょう。

＊学習前の自分と比較して考えさせるとよい。

効果的な板書例

思考のレッスン2　根拠の吟味

【学習目標】
意見と根拠との関係について理解することができる。

【根拠を吟味する際の観点】
・主観や思い込みを根拠としていないか。
・挙げられた根拠に例外はないか。
・意見と根拠の結び付きが弱くないか。

【意見の説得力を高めるためには】
・客観的な事実や、信頼性の高い情報・データを示す。
・意見と根拠のつながりを明確にする。
・複数の事実や統計資料などを根拠として示す。

T：グループでの話し合ったことを発表し、根拠を吟味する際の観点について全体で共有しましょう。

・主観や思い込みを根拠としていないか。
・挙げられた事実に例外はないか。
・意見と根拠の結び付きが弱くないか。

＊教師がグループの発表をまとめ、観点を全体で共有する。

T：では、今まとめた観点を参考に、教科書の問題１に取り組みましょう。

○問題１に取り組み、自分の考えをノートに書く。

＊全体で考えを発表させながら、確認する。

〈意見の説得力を高めるための方法を考える〉

T：意見の説得力を高めるにはどのようにすればよいか、これまでの学習などを振り返って考え、ノートにまとめましょう。

＊生徒の発表をまとめながら、全体で共有し、教科書 p.133を読んで確認する。

T：教科書の例を基に、意見と根拠のつながりを明確にすることについて考えましょう。意見と根拠２をつなぐ考えとして、他の考えがないかを考えましょう。

・文化祭は日常の学習の成果を多くの人に見てもらう機会だから。
・限られた準備期間で取り組むには、経験者が多い方が取り組みやすいから、
・ダンスを学習している人が多く、教え合うことで、クラスがよりまとまるから。

T：学習したことを生かして、教科書の問題２に取り組みましょう。

○問題２に取り組み、自分の考えをノートに書く。

＊全体で考えを発表させながら、確認する。

5 論理を捉えて

根拠の適切さを考えて書こう　意見文を書く（4時間扱い／書くこと）

指導事項：〔知技〕⑵ア　〔思判表〕B⑴ウ
言語活動例：多様な考え方ができる事柄について意見文を書き、新聞に投書する。

単元の目標

⑴自分の意見を支えるためのより適切な根拠の在り方について考えることができる。
〔知識及び技能〕⑵ア

⑵適切な根拠を選び、示し方や構成を工夫して、自分の意見が効果的に伝わる文章を書くことができる。
〔思考力、判断力、表現力等〕B⑴ウ

⑶言葉がもつ価値を認識するとともに、読書を生活に役立て、我が国の言語文化を大切にして、思いや考えを伝え合おうとする。
「学びに向かう力、人間性等」

単元の構想

〈単元で育てたい資質・能力／働かせたい見方・考え方〉

学習指導要領の改定の趣旨では、伝えたい内容や自分の考えについて根拠を明確にして書くことに課題があると指摘されている。意見と根拠を適切に結び付けて説得力のある文章を書く力は実生活において不可欠な力と言えよう。根拠の適切さを考える上では、他者の存在が重要となる。そもそも適切な根拠というものに明確な定義はない。事実としての確かさや意見との整合性とともに状況に応じて相手が納得するかどうかが、その根拠が適切かどうかを判断する規準となる。本単元においては、相手や目的を常に意識して、ときには他者の意見を取り入れながら、適切な根拠の在り方を考え、文章に書き表す力を育みたい。

〈教材・題材の特徴〉

意見文を書く流れが例を用いてスモールステップで示されており、生徒はこの流れに沿って意見文を書き進めることができる。生徒の実態に応じたより身近な話題を例に加えるなどの工夫も考えられる。また、関係する他のページも細かく示されているので、そちらも活用したい。

〈主体的・対話的で深い学びの視点からの授業改善ポイント／言語活動の工夫〉

授業において、生徒は学習のために書いているという意識に陥りがちである。そこで、新聞に投書するという実の場を設定することで、投書を選ぶ新聞社の方、そしてその先にいる読者に、中学生である自分が考えた課題とそれに対する意見を伝えるという目的を明確にする。実際に書く過程においては、それぞれのペースを保障することが重要である。全体の授業の流れとしては、課題の設定から清書まで一方通行で進んでいくが、個別の活動としては、根拠を考える段階で意見を修正するなど、行きつ戻りつすることを推奨する。また、ペアやグループでの交流も積極的に取り入れ、根拠の適切さを判断するためには他者の視点が重要であることに気付かせたい。

単元計画

時	学習活動	学習内容	評価
1	1．学習の見通しをもつ。 2．既習事項を振り返る。 3．課題を決め、情報を集める。	○新聞の投書を読み、学習の見通しをもつ。 ○意見と根拠の関係について既習事項を振り返る。 ※１年教科書 p.138「根拠を示して説明しよう」や２年教科書 p.132「根拠の吟味」を参照する。 ○課題を決め、新聞やインターネットを用いて情報を集める。	❸
2	4．情報を整理し、立場を決め意見を明確にする。 5．意見を支える適切な根拠を考える。 6．反論を想定して、それに対する意見を考える。	○情報を整理し、課題に対して自分の立場を決め、意見としてまとめる。 ○意見を支える根拠を考える。必要に応じて、更に情報を集め根拠を補強する。 ○グループで交流し、根拠に説得力があるか考える。 ○グループで出た意見を参考に、予想される反論とそれに対する意見を考える。	❶
3	7．構成を考える。 8．下書きをする。 9．推敲する。	○構成の仕方（統括型／尾括型／双括型）を理解する。 ○これまで考えた内容をどのような順序で書くか構成を考え、下書きをする。 ※２年教科書 p.136「学習の窓」を参照する。 ○個人で推敲した後にペアで推敲し合う。	❸
4	10．清書する。 11．意見文を読み合い、互いに評価する。	○新聞の投書の字数に合わせて清書する。 ○グループで意見文を読み合い、根拠の適切さについてよいところや改善点を伝え合う。	❷ ❸

評価規準

知識・技能	思考・判断・表現	主体的に学習に取り組む態度
❶自分の意見を支えるためのより適切な根拠の在り方について考えている。 (2)ア	❷「書くこと」において、適切な根拠を選び、示し方や構成を工夫して、自分の意見が効果的に伝わる文章を書いている。 B(1)ウ	❸進んで相手や目的を意識して適切な根拠について考え、意見文を書こうとしている。

〈指導と評価の一体化を図る見取りのポイント〉

書くことの授業は生徒の思考が表出される場面が多くあるので、見取りはしやすい。しかし、一方で個人差が大きく表れる領域とも言える。課題の設定、意見の確立、情報収集、構成、下書き、推敲、清書とそれぞれの場面でワークシートを回収するなどして進捗状況を把握し、その程度に応じて、書き方を助言したり、具体的に書く内容を示したりして、全員が少しでも書けるように粘り強く支援する。また、適切に書けている生徒の例を全体に示すなどの支援も有効である。

根拠の適切さを考えて書こう

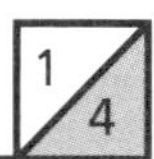

主発問 投書する意見文にどのような課題を取り上げますか。

目標

相手や目的を意識して課題を決め、その課題についての情報を集めることができる。

評価のポイント

❸進んで相手や目的を意識して適切な根拠について考え、課題を決めて情報を集めようとしている。

準備物 ・新聞（投書） ・ワークシート①01 ・ICT 端末

ワークシート・ICT 等の活用や授業づくりのアイデア

○生徒が学習の見通しをもてるように、新聞の投書を用意する。同年代が書いた身近な話題のものがよい。

＊可能であれば、生徒にも新聞を持参させるとよい。どのような投書が載っているか確認したり、課題を考えるときの資料にしたりすることができる。

＊投書は字数が決められているので、授業でもそれに合わせて意見文を書く。

1 導入（学習の見通しをもつ）

〈新聞の投書を読み、学習の見通しをもつ〉

○新聞の投書を読む。

T：皆さんが地域や社会で問題を感じていることの中から課題を決め、それに対する意見文を書き、実際に投書します。

＊ゴールを明確に示し、学習の見通しをもたせる。また、実際に投書することを伝え、意欲や相手・目的意識を高める。

2 展開

T：新聞には「ニュース」、つまり読者にとって「新しい情報」が掲載されます。投書も同じです。一般論ではなく、中学生であるあなた自身が考えることこそ、読者にとって価値があるのです。課題を自分事として捉え、あなたなりの意見を書きましょう。

＊「書くこと」の授業では、生徒が学習のために書いているという意識に陥りがちである。毎回、相手や目的を確認し、常に意識するように継続して指導することが大切である。

＊投書に条件があれば、ここで示しておく。

〈意見と根拠の関係について既習事項を振り返る〉

T：意見を述べるためには適切な根拠が必要です。適切な根拠とはどのようなものですか。

3 終末（学習を振り返る）

〈学習を振り返り、次時の見通しをもつ〉

T：新聞に投書する意見文の課題を決めることはできましたか。次回は、その課題に対する意見や根拠を考えます。次の時間まで課題についての情報を集めておきましょう。必要であれば、本などの資料も準備しておきましょう。

＊図書館の利用も促す。

効果的な板書例

根拠の適切さを考えて書こう
〜意見文を書く〜

【学習目標】
・自分の意見を支えるためのより適切な根拠の示し方について考える。
・適切な根拠を選び、示し方や構成を工夫して、自分の意見が効果的に伝わる文章を書く。

【今日のめあて】新聞に投書する意見文の課題を決め、情報を集めよう。

◆○○新聞への投書
・相手→新聞社の方、読者
・目的→中学生が考える課題とそれに対する意見を伝える。

◆適切な根拠とは
・客観的な事実。
・信頼性の高い情報。
・多角的な視点で集めている。
・意見と無理なく結び付いている。

◆学習の流れ
①課題を決め、分析する。
(例) SNSとの付き合い方
②立場を決めて考えをまとめる。
③反論を想定して、構成を考える。
④意見文にまとめる。

・根拠は、客観的な事実や信頼性の高い情報であることが大切です。
・意見との結び付きを考えることも重要です。
・一つの根拠に頼るのではなく、複数の視点から考えることも必要だと思います。
＊1年教科書 p.138「根拠を示して説明しよう」や2年教科書 p.132「根拠の吟味」を参照する。

〈課題を決める〉

○持参した新聞やインターネットで地域や社会の問題について調べる。
T：新聞に投書する意見文の課題を考えます。自分事として意見を述べることができる課題にしましょう。
＊意見が一般論に陥らないように、自分なりの考えがもてる課題を選ぶように促す。
○教科書 p.134を読み、課題を決める。
T：課題が思い付かない場合、思考を広げるにはどうしたらよいでしょうか。
・マッピングを使うと発想が広がります。
○教科書 p.9「思考の地図」を参考に、マッピングをしながら思考を広げる。

〈情報を集める〉

○インターネットを用いて情報を集める。
T：課題が決まったら、自分の意見をもつために情報を集めましょう。その際、先ほど確認した「適切な根拠」を意識して、情報を選びましょう。
・SNS はどれくらいの人が使っているのか、総務省の資料を参考にしよう。
＊インターネットは手軽に情報を集めることができる一方、情報の信頼性は様々である。いつ、誰が、何のために発信したのかを確認したり、複数の情報を比較するなどして、信頼性を判断するように促す。
＊情報を集めている段階で、別の課題を発見した場合は変更してもよい。一つの考えにとらわれず柔軟な発想をもつことを推奨する。

根拠の適切さを考えて書こう

主発問 あなたの意見を支える根拠はどのようなものですか。

目標

意見を明確にし、それを支える適切な根拠を考えることができる。

評価のポイント

❶自分の意見を支えるためのより適切な根拠の在り方について考えている。 (2)ア

準備物 ・ワークシート②02 ・ICT 端末

ワークシート・ICT 等の活用や授業づくりのアイデア

○情報の整理や自分の考えをまとめるためのワークシートを用意する。

＊ドキュメントなどを活用してもよい。

○必要であれば、フォームなどを活用してアンケート調査を実施し、根拠となる資料を集める。

＊アンケートへの回答が負担にならないように、対象や質問内容を調整する。

1 導入（学習の見通しをもつ）

〈学習の見通しをもつ〉

T：前回は、新聞に投書する意見文の課題を決め、情報を集めました。その後、新しい情報は見つかりましたか。今回は、情報を整理した上で、課題に対する意見を明確にし、それを支える根拠を考えます。相手や目的を意識して、適切な根拠を考えましょう。

2 展開

〈情報を整理する〉

T：教科書 p.135を参考に、課題についての情報を整理しましょう。

※以下、「SNS との付き合い方」を課題として取り上げた生徒の例を示す。

・SNS の使用率、中学生の状況、社会問題という観点で長所と短所を考えてみよう。

＊長所も裏を返せば短所になることが多い。一方的な情報で判断せずに、常に多角的に考えるように促す。

＊整理の仕方は教科書 p.9「思考の地図」も参考になる。

〈自分の立場を決め、意見としてまとめる〉

T：意見を述べるときには、自分の立場を明確にすることが重要です。先ほど整理した情報を基に、課題について賛成なのか反対なのか、もしくは○○す

3 終末（学習を振り返る）

〈学習を振り返り、次時の見通しをもつ〉

T：自分の意見を明確にして、適切な根拠を考えることはできましたか。まだ、不十分だと感じている人は、次回までに考えておきましょう。

＊ワークシートを回収するなどして進捗状況を見取り、状況によっては個別に支援をして次回に備える。

効果的な板書例

根拠の適切さを考えて書こう
〜意見文を書く〜

【今日のめあて】・意見を支える適切な根拠を考えよう。
・反論を予想し、それに対する意見を考えよう。

◆学習の流れ
○情報の整理　→　観点ごと／長所と短所
○立場の決定　→　賛成／反対／○○すべき
○予想される反論
○反論に対する意見

◆交流の観点
○根拠は客観的な事実か。
○情報の信頼性は確かか。
○意見と根拠の結び付きに無理はないか。
○根拠の質と数は適当か。

多角的に考える

べきという提案があるのか、簡潔に書きましょう。

・SNSとの付き合い方について、学校の授業でもっと取り上げるべきだ。

＊自分の意見を書き出せない生徒には、賛成・反対、肯定・否定などの選択肢を示し、立場を明確にするよう促す支援が有効である。

〈意見を支える根拠を考える〉

T：次は、自分の意見を支える根拠を考えます。前回の授業で確認した意見を明確に伝えるための適切な根拠とはどのようなものかを意識して考えましょう。

・総務省の2016年の調査によると10代で何らかのSNSを使う割合が81.4％に上っている。これだけ多くの人が利用しているのであれば、中学生のうちに正しい知識を学ぶ必要がある。

T：必要があれば、さらに情報を集め根拠を補強しましょう。

・全校の実態をアンケートで調査しよう。

○意見を支える根拠をワークシートにまとめる。

〈意見と根拠についてグループで交流する〉

○ワークシートを読み合い、納得できる内容になっているかを話し合う。

＊前回の授業を確認しながら交流の観点を説明する（上記板書例参照）。

・確かに、多くの中学生がSNSを利用していたとしても、個人的に利用するものだから、学校の授業でこれ以上扱う必要はないと思います。

・自分とは関係ないところでトラブルに巻き込まれてしまった人もいるので、SNSの問題は、個人だけの問題ではありません。皆で考える必要があると思います。

〈予想される反論とそれに対する意見を考える〉

T：意見文では、反論を想定して書くことで、自分の意見をより明確にしたり、深めたりすることができます。グループで出された意見を参考に、考えましょう。

根拠の適切さを考えて書こう

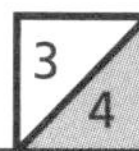

主発問 **意見を明確にして投書の下書きをしましょう。**

目標

頭括型・双括型・尾括型の特徴を理解し、意見を明確に伝えるための構成を考え、下書きを書くことができる。

評価のポイント

❸進んで相手や目的について意識して適切な根拠の示し方について考え、意見文を書こうとしている。

準備物 ・ワークシート③ ⤓03 ・原稿用紙 ・辞書 ・ICT 端末

ワークシート・ICT 等の活用や授業づくりのアイデア

○構成メモを書くためのワークシートを用意する。三段構成の枠を設けておく。
＊ドキュメントなどを活用してもよい。
○下書き用に原稿用紙を配付する。生徒が気軽に書き直しできるように、多めに用意しておくとよい。
＊ドキュメントなどを活用すると修正が容易にできる。

1 導入（学習の見通しをもつ）

〈学習の見通しをもつ〉

T：前回は、自分の意見を明確にして、それを支える適切な根拠を考えました。今回は、意見と根拠、反論に対する意見をどのような順序で書くか構成を考えます。そして、その後の下書きの完成が目標です。
＊ゴールを示し、見通しをもたせる。

2 展開

〈構成の仕方を考える〉

T：自分の意見を明確に伝えるためには、どのような順序で書くとよいですか。
・自分の立場を最初に示すと分かりやすいと思います。
T：その通りですね。意見の示し方には、三つの構成の仕方があります。
○教科書 p.136を参照し、構成のしかたについて説明する。
T：それでは、前回までに考えた自分の意見や根拠をどのような順序で書くか、構成メモにまとめましょう。
・構成メモの例

【意見】
SNS との付き合い方について、学校の授業でもっと取り上げるべきだ。
【根拠】
総務省の2016年の調査によると10代で

3 終末（学習を振り返る）

〈学習を振り返り、次時の見通しをもつ〉

T：意見を明確に伝えるための構成を考え、それを生かして下書きをすることはできましたか。また、相手を意識して推敲することはできましたか。次回は清書をして、完成した意見文を読み合います。
＊下書きが完成していない生徒には、個別に助言をし、次回までの宿題にする。

効果的な板書例

根拠の適切さを考えて書こう
〜意見文を書く〜

【今日のめあて】・意見を明確に伝えるための構成を考えよう。
・下書きを書こう。

◆構成のしかた
○頭括型　意見→根拠
○尾括型　根拠→意見
○双括型　意見→根拠→意見

◆下書きのポイント
○意見（立場）は明確か。
○根拠は適切か。
○反論を想定しているか。

◆推敲のポイント
○仮名遣いや漢字の使い方
○言葉遣いや意味
○読む相手への配慮

何らかのSNSを使う割合が81.4%に上っている。

アンケートの結果、全校で8割の生徒が利用していて、そのうちの6割が過去にトラブルを経験していることが分かった。

【予想される反論】

個人的に利用するものだから、学校の授業でこれ以上扱う必要はない。

【反論に対する意見】

SNSのトラブルは個人の力だけでは解決できないことが多い。

【意見】

SNSとの適切な付き合い方は、程度の差はあるかもしれないが、全ての人が考える問題だと思うので、中学校の授業でもっととりあげるべきだ。

＊机間指導では、根拠の質や数に説得力があるかを問いかける。

〈下書きをする〉

○教科書 p.136「学習の窓」を参照し、下書きをするときに注意することを説明する。

＊書き出せない生徒には、修正はいつでもできるので、まずは書き出してみるように助言する。構成メモを見ながら、書き出しの一文を例示するなどの支援も考えられる。

〈推敲する〉

T：推敲するときにはどのような点に注意するとよいですか。

・誤字脱字　　・主語、述語の対応

○教科書 p.116を参照し、推敲の仕方について説明する。

T：新聞社の方や読者の方にとって、読みやすい文章になっているか確認してください。

○下書きに赤ペンで書き込みながら推敲する。

＊必要な生徒がいつでも使えるように辞書を用意しておく。

○隣同士で下書きを交換し、青ペンで書き込みながら推敲する。

＊ドキュメントで下書きをした場合は、コメント機能を活用する。

根拠の適切さを考えて書こう

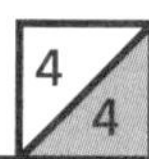

主発問 **他の人の意見文を読み、根拠の適切さについてどのように考えましたか。**

目標

完成した意見文を読み合い、根拠の適切さについてよいところや改善点を伝え合うことができる。

評価のポイント

❷適切な根拠を選び、示し方や構成を工夫して、自分の意見が効果的に伝わる文章を書いている。
B(1)ウ

❸進んで互いの意見文を読み合い、根拠の適切さについて伝え合おうとしている。

準備物 ・原稿用紙 ・付箋 ・ICT 端末

ワークシート・ICT 等の活用や授業づくりのアイデア

○そのまま投書できる形式の原稿用紙を用意する。

○完成した意見文はコピーを取り、全て新聞社に送ることを確認する。

＊送る前に目を通し、不適切な表現があれば書き直させる。

＊ドキュメントなどで作成している場合は、推敲時のコメントを削除して提出させる。

1 導入（学習の見通しをもつ）

〈学習の見通しをもつ〉

T：前回は、構成を考え、下書きをし、推敲まで終わらせました。今回は、清書をして完成した意見文を読み合い、根拠の適切さについて、説得力があると思ったところや、改善点を交流します。

2 展開

〈清書する〉

T：前回、推敲した下書きを基に清書します。隣の人が修正してくれた部分について直すか直さないかは自分で判断してください。確認したいことがあれば、聞いても構いません。

・意見文の例

　中学校に入ってから SNS に関わるトラブルを目や耳にすることが多くなった。私自身も当事者として悩んだこともある。そこで、SNS との付き合い方について、学校の授業でもっと取り上げるべきだと考えた。

　実際に SNS がどれほど使われているか調べてみると、総務省の2016年の調査によると10代で何らかの SNS を使う割合が81.4％に上っていた。さらにアンケート調査の結果、私が通う

3 終末（学習を振り返る）

〈学習を振り返る〉

T：自分の意見が効果的に伝わる文章を書くときのポイントはつかめましたか。今後の学校生活や社会生活で、自分の意見を述べる場面があれば、ぜひ今回の学習を思い出して生かしてください。なお、みなさんが書いた意見文は新聞社に送りますので、採用されるかどうか楽しみに待っていてください。

効果的な板書例

根拠の適切さを考えて書こう
～意見文を書く～

【今日のめあて】意見文を書き上げ、互いのよいところや改善点を伝え合おう。

◆清書→○○新聞への投書
・相手→新聞社の方、読者
・目的→中学生が考える課題とそれに対する意見を伝える。

◆根拠の適切さについて
○説得力があると思ったところ
・意見と根拠の結び付きに無理がない。
・複数の根拠が多角的に示されている。
・具体的な数値で事実を伝えている。
●改善点
・根拠となる事実は具体的に書く。
・一般論のように感じられた。
・一方的な意見のように読める。
・初めと終わりで意見にずれがある。

学校でも8割の生徒が利用していて、そのうちの6割が過去にトラブルを経験していることがわかった。このように、私たちの日常に定着しているにもかかわらず、SNSについて学校で学ぶ機会は少ない。確かに、SNSは個人的に利用するものだから、学校の授業でこれ以上扱う必要はないと考える人もいるかも知れない。しかし、SNSのトラブルは個人の力だけでは解決できない。皆が一緒に学ぶことで、より適切な付き合い方を身に付けることができるのではないだろうか。

SNSの利用が当たり前の社会に出て行く私たちが、中学生のうちにその付き合い方について授業を受けることは大いに価値があると考える。

〈意見文を読み、よいところや改善点を伝え合う〉

○四人一組のグループを作り、意見文を書いた原稿用紙を時計回りに回していく。意見文を読んで、説得力があると思ったところや、改善点を付箋に書いて貼る。自分の意見文が自分の手元に戻ってきた段階で、付箋に書かれたコメントを読み、書かれた内容について交流する。

・総務省のデータやアンケート結果など、客観的な事実が具体的な数値で示されていて分かりやすかった。

・トラブルの内容がもう少し詳しく書かれていると、学校の授業で扱う意義が強調されるのではないか。

〈交流を振り返り、自分の考えをまとめる〉

○交流を通して考えた根拠の適切さについて自分の考えをまとめる。

T：まとめたことを発表してください。

・客観的な事実や信頼性の高い情報を具体的に示すと説得力が高まることが分かりました。

・自分の経験を根拠として示す場合は、意見との結び付きが明確になるように、具体的に書くべきだと思いました。

＊発表された意見は、今後につながるように整理して板書する。

5 論理を捉えて

漢字に親しもう４（１時間扱い）

指導事項：〔知技〕(1)ウ
言語活動例：文脈にあった漢字の読み書きを考えて、練習問題を解く。
同じ読みの漢字、同じテーマ（生活など）など、観点を決めて漢字や言葉を集める。

単元の目標

(1)第１学年までに学習した常用漢字に加え、その他の常用漢字のうち350字程度から450字程度までの漢字を読むことができる。また、学年別漢字配当表に示されている漢字を書き、文や文章の中で使うことができる。 〔知識及び技能〕(1)ウ

(2)言葉がもつ価値を認識するとともに、読書を生活に役立て、我が国の言語文化を大切にして、思いや考えを伝え合おうとする。 「学びに向かう力、人間性等」

単元の構想

〈単元で育てたい資質・能力／働かせたい見方・考え方〉

漢字は、文字自体が音と意味とを表している。同じ読み方の漢字、字形が似ている漢字なども多いため、生徒は似た漢字を混同したり、意味に応じた漢字の使い分けを間違えたりしやすいという面もある。一方で、同じ読みなのに漢字が異なっていたり、同じ部首だったり、共通の部位をもった漢字があったりすることは、漢字が互いにつながって一つのネットワークをつくっているということでもある。こうした漢字がもつ体系的なつながりを理解し、漢字同士を連関させて捉えることで、文字から読み方や大体の意味を推測しやすくなる。一つ一つの漢字を切り離して闇雲に覚えるのではなく、漢字全体がつながりあって一つの言語文化をつくり上げていることにも気付かせたい。

〈教材・題材の特徴〉

本教材では、漢字の読み書きや、熟語やことわざなどの中で使われている漢字を書く問題が設定されている。ただし、問題が羅列されているのではなく、同じ読みの漢字、一つの漢字の複数の読み方、同じ部首の漢字など、テーマを設定した問題群となっている。同じ群の中にある漢字の共通項に注意することで、漢字同士のつながりに気付き、まとまりとして漢字を学んだり、語彙を増やす手がかりとしたりすることができる。また、学校生活や歴史などのテーマや、ことわざといった表現形態なども、語彙を増やす際の観点となるだろう。

〈主体的・対話的で深い学びの視点からの授業改善ポイント／言語活動の工夫〉

単に小テストや練習問題を通して漢字を覚えるのでは、漢字への関心をもたせにくい。生徒の主体性を引き出すために、教材に設定された小見出しをもとに自分たちで漢字や語句を探して作問したり、互いに解き合ったりする活動も考えられる。また、漢字や熟語の共通項や特徴を考えるなど、漢字自体を対象として、その特徴を探るような学習活動も設定できる。

単元計画

時	学習活動	学習内容	評価
1	1．練習問題を解く。	○教科書の練習問題を解くことを通して、文脈の中で漢字の読み書きを行う。	❶
	2．観点を決めて漢字や言葉を集め、短文を作る。	○同じ読み方をする漢字、同じ部首の漢字、複数の音読みをもつ漢字、食生活に関連する言葉など、観点を決めて漢字や言葉を集める。 ○集めた字や言葉を使って短文を作る。	❶❷

評価規準

知識・技能	主体的に学習に取り組む態度
❶第１学年までに学習した常用漢字に加え、その他の常用漢字のうち350字程度から450字程度までの漢字を読んでいる。また、学年別漢字配当表に示されている漢字を書き、文や文章の中で使っている。 (1)ウ	❷漢字の長所や価値を認識するとともに、漢字という言語文化を大切にして、漢字を活用して思いや考えを伝え合おうとしている。

〈指導と評価の一体化を図る見取りのポイント〉

主体的に学習に取り組むようにするために、漢字がもつ面白さに生徒が気付くような学習活動を取り入れることも一案である。漢字は、部首が意味の一部を表す（「さんずい」がつく字は水に関連する、など）、同じ読みでも漢字によって意味の違いを表すことができる（「計る」「測る」「量る」の使い分け）など、文字からいろいろな情報を読み取ることができる。こうした漢字の特徴を調べたり、同じ観点で漢字を集めたりしようとしているかが、「主体的に学習に取り組む態度」を見取る際のポイントとなる。

また、練習問題を解くだけでなく、自分たちで言葉を集めたり、問題をつくるといった活動を取り入れたりすることで、漢字についての知識や語彙を増やしたり、漢字を使って表現したりする場面を仕組むことができる。漢字についての知識・技能としては、文字を正しく表記するだけでなく、文脈に合った漢字を使えるかを見取るようにすることが大切である。

漢字に親しもう 4

主発問 **教科書の問題に取り組みましょう。また、語句の意味や用例についても確認しましょう。**

目標

新出漢字の読み方を理解すると共に、国語辞典や漢和辞典を活用して、意味や用例を確認することができる。

評価のポイント

❶新出漢字の読み方理解し、国語辞典や漢和辞典を活用して、意味や用例を確認している。　(1)ウ

❷自ら進んで国語辞典や漢和辞典を活用し、新出漢字の読み方を理解したり、意味や用法を確認したりしようとしている。

準備物　・ワークシート 01　・国語辞典　・漢和辞典

ワークシート・ICT 等の活用や授業づくりのアイデア

○教科書に書き込ませると復習しづらくなるので、ワークシートを用意する。

＊年間を通して使う、意味調べ用のノートを用意させ、語句の意味はそこに書くようにすることで、語彙の蓄積につなげる。

＊語句の意味を調べるときは、辞典とインターネットを比較するなどの活動も考えられる。

1 導入（学習の見通しをもつ）

〈本時の目標を確認する〉

T：中学校を卒業するまでに、約二千文字の常用漢字について学びます。今回は、「漢字に親しもう 4」の問題に取り組みながら、新出漢字を中心に、漢字についての理解を深めます。また、漢字を覚えるだけでなく、意味や用例を確認して、語彙を豊かにしましょう。

2 展開

〈教科書の問題❶❷に取り組む〉

T：まずは❶と❷に取り組んでみましょう。初めは何も使わずに最後までやります。そのあと、分からなかった字については辞書を使って調べてみましょう。あわせて、意味の分からなかった言葉についても調べて、語句の意味を語句ノートに書いておきましょう。

＊教師は机間指導をしながら、生徒がどの程度読めているかを確認する。分からない問題で止まっている場合は先に進み、最後にまとめて辞書で調べるように促す。

〈問題❶❷の答えを確認する〉

○生徒を指名しながら、解答を板書する。

T：それでは「陣頭」の意味は分かりますか。

＊時折言葉の意味を尋ねる。既に調べている生徒がいた場合は発表させる。い

3 終末（学習を振り返る）

〈本時の学習を振り返る〉

T：新しく出てきた漢字を中心に、漢字の読み方を正しく理解することはできましたか。漢字の成り立ちや部首など、漢字に関する知識を生かすことで、より正確に読んだり書いたりすることができます。また、語句の意味についても理解を深め、語彙を豊かにして日常の表現に生かしていきましょう。

効果的な板書例

漢字に親しもう4

【今日のめあて】漢字の読み方を理解し、辞典を活用して、意味や用例を確認する。

❶①かまくらじだい　②こふん　③じんとう
④かいたく　⑤しゅりょう　⑥ぼっぱつ
⑦こんせき

❷①ア臆病　イ記憶　②ア階段　イ楷書
③ア抵抗　イ邸宅　④ア骸骨　イ該当

※形声文字 ｛・音符→音を表す部分　・意符→意味を表す部分

❸①いしょく　②じゅばく　③しさ　④のどもと

※部首が〈ロ〉の漢字→味　告

❹①お歳暮　②衣装　③至難の業　④暴露

◎語句調べ
・陣頭…先頭。（用例）陣頭で指揮をとる。
・楷書…漢字の書体の一つ。点画を正確に書く。

　ない場合は、このあと調べておくように促す。状況によっては、教師から説明してもよい。

○❷について形声文字の音符と意符について説明する。

T：問題となっている漢字の成り立ちは何ですか。

＊問題となっている漢字には同じ部分があることに気付かせ、形声文字であることを確認する。このように、これまでの学習を関連させることで、漢字に関する知識をより確かなものにしたい。

〈教科書の問題❸❹に取り組む〉

T：続いて❸と❹に取り組みましょう。初めは何も使わずに最後までやり、そのあと、分からなかった字については辞書を使って調べてみましょう。あわせて、意味の分からなかった言葉についても調べて、語句の意味を語句ノートに書いておきましょう。

〈問題❸❹の答えを確認する〉

○生徒を指名しながら、解答を板書する。

○部首が口の漢字を書く。

T：ここに出ている漢字以外で部首が口の漢字を1分以内で思い付くだけ書いてください。

＊漢字の学習は単調になりがちなので、時折ゲームのような活動も取り入れて生徒の意欲を高めたい。

＊漢字の部首に関しても1年時に学習しているので、それについても確認する。漢和辞典を使うと漢字についての理解はより深まる。

〈国語辞典を活用して言葉の意味や用例を調べる〉

T：どんな言葉の意味を調べましたか。

・陣頭　　・楷書

○いくつかの言葉を取り上げ、意味や用例を板書する。

○意味が分からない語句や普段あまり使わない語句について意味や用例を調べる。

＊日常生活において手軽に語句の意味や用法を調べる手段としてインターネットも考えられる。辞典との違いを理解した上で使えるようにしたい。

5 論理を捉えて

［討論］異なる立場から考える（1時間扱い／話すこと・聞くこと）

指導事項：〔知技〕(2)ア　〔思判表〕A(1)オ
言語活動例：それぞれの立場から考えを伝えるなどして、討論をする。

単元の目標

(1)意見と根拠、具体と抽象など情報と情報との関係について理解することができる。
〔知識及び技能〕(2)ア

(2)互いの立場や考えを尊重しながら話し合い、結論を導くために考えをまとめることができる。
〔思考力、判断力、表現力等〕A(1)オ

(3)言葉がもつ価値を認識するとともに、読書を生活に役立て、我が国の言語文化を大切にして、思いや考えを伝え合おうとする。「学びに向かう力、人間性等」

単元の構想

〈単元で育てたい資質・能力／働かせたい見方・考え方〉

本単元では、情報と情報との関係について、得られた情報からどのような意見を導き出すことができるのか、また意見と根拠の関係は適切かといった意見と根拠の関係について理解を深める機会としたい。そして、同じテーマについて異なる立場から考えることを通して、同じ情報を基にして考えても立場が異なれば違った意見が導かれることもあることに気付き、自分と異なる立場や考えの人がいることを理解し、実際の話し合いの質を高めることにつなげていきたい。

〈教材・題材の特徴〉

本教材の特徴は、一つのテーマについて二つの異なる立場に立って考えることを通して、同じ情報を基に考えたり同じ観点を立てて考えたりしても、立場や見方を変えると違った意見が導かれることがありうるということに気付き、自分と異なる立場や考えを想定して話し合うことの大切さを考えることができるところにある。また本教材は、次の単元の話し合い（討論）の学習において、互いの立場を尊重しながら話し合うための練習的な教材になっている。

〈主体的・対話的で深い学びの視点からの授業改善ポイント／言語活動の工夫〉

得た情報を根拠に自ら二つの異なる立場に立って考えることや、様々な考えに触れることを通して、自分とは異なる立場や考えがあることに気付かせたい。そこで、真ん中にテーマを書き入れてその両側の欄に賛成・反対それぞれの意見と理由を書き込むバタフライチャートという思考ツールを用い、双方の立場を視覚的に比較しやすくする。他の生徒と交流する際には、自分の意見と根拠を述べるとともに、他の生徒の意見を色ペンで付け加えることで、根拠と意見の関係や考えの多様性を視覚的に確認できるようにする。これらの活動を通して、自分と異なる立場や考えを想定することへの理解を深め、この後行う話し合いを質の高いものにすることにつなげていきたい。

単元計画

時	学習活動	学習内容	評価
1	1．学習の見通しをもつ。 2．「中学生にスマートフォンは必要か」というテーマについて、賛成・反対それぞれの立場で考える。 3．考えた意見や気付いたことを交流する。 4．今回の学習を話し合いの中でどのように生かしていきたいかを考える。	○本授業では、話し合いの学習の前段階として異なる立場から意見を考えることを確認する。 ○教科書 p.139の事実を基に賛成・反対それぞれの意見を根拠とともに記入する。 ○グループで自分の考えたことを根拠とともに話し合い、他の生徒が考えたことからも学ぶ。 ○自分と異なる立場や考え方があることについて理解したことを中心に、質の高い話し合いをするために生かしたいことや大切にしたいことをまとめる。	❶ ❷ ❸

評価規準

知識・技能	思考・判断・表現	主体的に学習に取り組む態度
❶意見と根拠、具体と抽象など情報と情報との関係について理解している。 (2)ア	❷「話すこと・聞くこと」において、互いの立場や考えを尊重しながら話し合い、結論を導くために考えをまとめている。 A(1)オ	❸粘り強く互いの立場や考えを尊重しながら話し合うことについて考え、学習課題に沿って実際の話し合いに生かせることをまとめようとしている。

〈指導と評価の一体化を図る見取りのポイント〉

話し合い（討論）を行う際には自分とは異なる立場や考えを想定し、それぞれの立場や考えを尊重しながら自分の考えを伝えることが大切である。そのために本単元の授業では、同じ情報を基に賛成・反対それぞれの立場から意見を考えていく。意見と根拠の関係については、思考ツールを用いてどの事実を根拠として意見を導き出したのかを視覚的に分かりやすく整理させることで、意見と根拠の適切さについて考えさせ見取っていく。そして、自ら二つの異なる立場に立って考えることによって異なる立場や考えの存在に気付かせ、その中で自分が考えたことを他の生徒に伝えたり、他の生徒の考えを聞いて自分では考え付かなかったことを色ペンで書き加えたりして、自分とは異なる立場や考えについての学びを深めていく。授業の最後に話し合いの中で今回の学習で学んだことをどのように生かしていきたいかをまとめさせることで、自分と異なる立場や考えを尊重しながら話し合うことの大切さを考えさせ見取っていく。

[討論] 異なる立場から考える

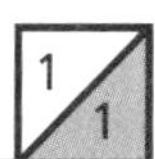

主発問 **「中学生にスマートフォンは必要か」というテーマについて、賛成・反対それぞれの立場で根拠を検討しましょう。**

目標

異なる二つの立場で考え、互いの立場や考え方を尊重し話し合うことの大切さを考えることができる。

評価のポイント

❶賛成・反対それぞれの意見と根拠をバタフライチャートにまとめている。 (2)ア

❷異なる立場で考えたことを基に話し合いに生かせることをワークシートに書いている。 A(1)オ

❸他の生徒との交流を通して考えを深めようとしている。

準備物 ・ワークシート(バタフライチャートを印刷)

ワークシート・ICT 等の活用や授業づくりのアイデア

○賛成・反対それぞれの立場に立って意見と根拠を比較できるようにバタフライチャートを用いる。

＊ICT 端末を活用して「平成29年度青少年のインターネット利用環境実態調査」(内閣府)のサイトを見ると、教科書に載っている事実以外の情報も得られ、応用できる。

1 導入(学習の見通しをもつ)

〈本単元の授業展開とゴールの説明〉

T:話し合い(討論)の練習として一つのテーマについて賛成・反対のそれぞれの立場に立って意見と根拠を考えます。授業を終えるときには、様々な立場や考えがあることを理解するとともに、実際の話し合いに生かせることを見つけられるとよいですね。

2 展開

〈賛成・反対それぞれの立場で考える〉

T:今回は「中学生にスマートフォンは必要か」というテーマについて、賛成・反対それぞれの立場で考えます。教科書 p.139に挙げられている事実を根拠としてバタフライチャートにそれぞれの意見をまとめましょう。バタフライチャートの真ん中にはテーマが書かれています。右には「賛成」と「大賛成」、左には「反対」と「大反対」があります。根拠として挙げる事実の番号(①〜⑧)と意見を書きましょう。「賛成」「大賛成」とあるように強さについても考えてみましょう。

○賛成・反対それぞれの意見と根拠をバタフライチャートを用いてまとめる。

＊ICT 端末を活用して教科書 p.139にある調査結果のサイトから他の情報を根

3 終末(学習を振り返る)

〈学習したことをどのように話し合いに生かしていきたいかを考える〉

T:物事には様々な捉え方や考え方があることが分かりましたね。それでは、学んだことを実際の話し合いにどのように生かしていきたいかを考えましょう。

○考えをワークシートに記述する。

＊話し合いを行う際に振り返らせるとよい。

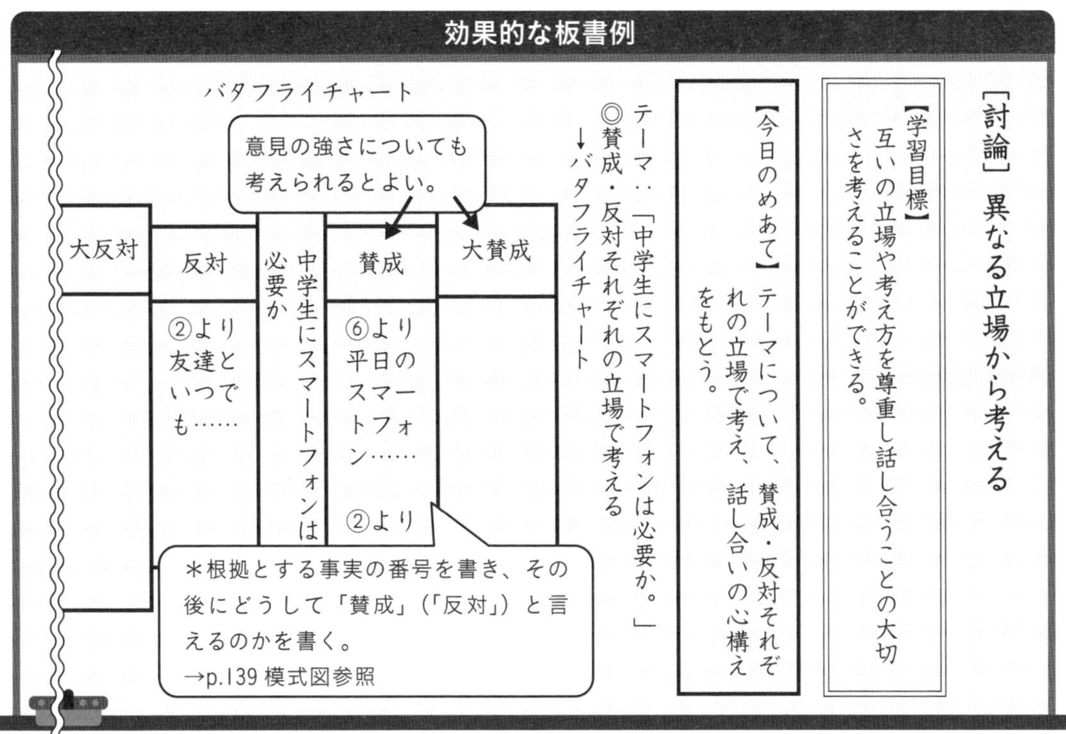

拠として集めることも考えられる。

＊生徒がバタフライチャートにまとめている様子を机間指導によって支援する。

〈考えたことを班で話し合う〉

T：学習班で、バタフライチャートにまとめたことを交流しましょう。順番に①根拠とした事実の番号、②その根拠から導いた意見を発表していってください。まとめる中で気付いたことを発表してもよいです。前に発表した人と関連付けたり、比較したりしながら自分の考えを発表できるとよいですね。また、根拠として挙げた事実と意見の関係が適切な関係かどうかについて注目して発表を聞き、交流ができるとよいですね。他の人の意見を聞いて自分とは違ったり、考えが深まったりしたことについては赤ペンで付け加えましょう。

○グループで考えたことを交流する。

＊教師はグループ間を回って様子を観察。

＊他の生徒の考えにふれることで、同じ情報を基にしても考えが異なることに気付かせたい。

〈全体で共有する〉

T：班の中で出た意見を発表してください。

○班で出た意見を代表が発表していく。

・【賛成の立場】②より友達や家族と待ち合わせていて遅れそうになった時に連絡ができ、心配させずに済む。

・【反対の立場】②より友達といつでもどこでも連絡が取れるので連絡が来たらすぐに返信しなくてはならず、勉強に集中できない。

・【気付いたこと】同じ情報を得ても「賛成」か「反対」かの立場によって捉え方が変わることに気付いた。

＊時間によって発表させる班の数を変える。

＊できるだけ多様な意見が出るようにどのグループに発表させるかグループを回っている際に決めておく。

＊様々な考え方があることを理解させ、それぞれの立場を尊重する姿勢をもたせる。

5 論理を捉えて

立場を尊重して話し合おう　討論で多角的に検討する

（4時間扱い／話すこと・聞くこと）

指導事項：〔知技〕(2)ア　〔思判表〕A(1)ア、オ
言語活動例：それぞれの立場から考えを伝えるなどして、討論を行う。

単元の目標

(1)立場を明確にして、適切な根拠とともに意見を述べることができる。　〔知識及び技能〕(2)ア
(2) 互いの立場や考えを尊重しながら話し合うことができる。〔思考力、判断力、表現力等〕A(1)ア、オ
(3)言葉がもつ価値を認識するとともに、読書を生活に役立て、我が国の言語文化を大切にして、思いや考えを伝え合おうとする。　「学びに向かう力、人間性等」

単元の構想

〈単元で育てたい資質・能力／働かせたい見方・考え方〉

意見と根拠について、幅広く情報を集め整理するとともに、根拠として用いる情報が自分の立場や考えを支えるものとして適切かどうかを考えることで意見と根拠の関係について学ぶ機会としたい。そして、異なる立場の考えを想定し、具体的な反論や意見に備えるとともに、それぞれの立場を尊重しながら結論をまとめていくような話し合いの力を育てていきたい。

〈教材・題材の特徴〉

本教材で、生徒たちは社会生活の中から話題を決め討論を行う。その際、異なる立場や考えを想定しながらどのように自分の考えを伝えるかを考え、それぞれの立場や考えを尊重しながら討論を行うことが大切である。本教材は適切な根拠とともに自分の考えを述べ、物事を多角的に見て互いの考えの共通点や相違点を整理しながら論点を整理して話し合うことを通して、相手を尊重しながら互いの知見を広げ深めることにつながる話し合いの仕方を学べる教材である。

〈主体的・対話的で深い学びの視点からの授業改善ポイント／言語活動の工夫〉

テーマを決めて討論を行うことを通して、自分とは異なる立場や考えの人を想定して伝える内容や伝え方を決め、互いの考えを尊重しながら話し合うことが、互いの考えを広げ、深めることにつながることを理解させたい。そこで、自らが日常生活を送る中で感じる社会との関わりについて生徒自身に討論するテーマを決めさせ、討論を自分事として捉えさせ、学習に取り組ませていく。そして、討論をする際には自分たちの考えを適切に伝えるとともに、相手の考えを理解しようとする姿勢を大切にする。そうすることで、相手の考えを理解しながら話し合うことが自分の考えの正しさにこだわるよりも考えを広めたり深めたりすることにつながることを理解させたい。また、討論の後に話し合いを通してどのような考えの変容があったかを話し合うことで、お互いを理解しよう

としながら話し合うことの意義について気付くことにもつなげることができる。

単元計画

時	学習活動	学習内容	評価
1	1．学習の見通しをもち、テーマを決める。 2．情報を集め、整理する。	○学校や地域、社会で話題になっていることからクラスで一つテーマを決める。 ○書籍やインターネットなどで情報を集め付せんに記入し、観点別に整理する。	❷
2	3．立場を決め、自分の考えをまとめる。 4．異なる立場からの反論を想定し、答えを考える。 5．同じ立場の人で話し合う。	○整理した情報を基に自分の立場を決め、情報から適切な根拠となるものを選び、意見をまとめる。 ○異なる立場の考えを想定し反論を予想し、その反論に対してどのように答えるかを考える。 ○同じ立場の人でグループになり話し合う。	❶ ❷
3	6．グループで討論を行う。	○進行や時間配分、役割を確認し討論を行う。	❸
4	7．討論を通してどのように考えが広がったり深まったりしたかをまとめる。 8．単元の振り返りを行う。	○討論後にテーマについて再度考え、討論を通して自分の考えがどのように変化したかについてまとめ、グループで交流する。 ○討論について単元で学習したことを振り返る。	❸ ❹

評価規準

知識・技能	思考・判断・表現	主体的に学習に取り組む態度
❶意見と根拠、具体と抽象など情報と情報との関係について理解している。　(2)ア	❷「話すこと・聞くこと」において、目的や場面に応じて、社会生活の中から話題を決め、異なる立場や考えを想定しながら集めた材料を整理し、伝え合う内容を検討している。　A(1)ア ❸「話すこと・聞くこと」において、互いの立場や考えを尊重しながら話し合い、結論をまとめている。　A(1)オ	❹粘り強く互いの立場や考えを尊重しながら話し合い、結論をまとめ、学習の見通しをもって話し合い、結論をまとめようとしている。

〈指導と評価の一体化を図る見取りのポイント〉

テーマを決めた後すぐに立場を決めるのではなく、情報を集め整理し、その整理された情報を吟味して自分の立場を決めることが大切である。意見と根拠の関係については、集めた情報を付せんに書き出し整理させ、自分の立場を決めて根拠とともに考えをワークシートに記述させる。そのワークシートに適切な根拠をもって自分の意見を導き出していることが表れているかに注目し見取る。そして互いの立場や考えを尊重しながら話し合うことについては、話し合う前に反論を想定して伝える内容を考えてから話し合いを行うことで相手を理解しながら話し合うことにつなげていく。そして、話し合い後にテーマについて再度考えたことをワークシートに記述させる。ワークシートに異なる立場の人の考えを理解した上で考えをまとめていることが表れているかに注目し見取る。

立場を尊重して話し合おう　討論で多角的に検討する

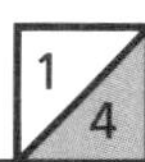

主発問　**話し合うテーマについてどのような情報があり、どのように分類できるでしょう。**

目標

社会生活の中から話し合うテーマを決め、そのテーマに関する情報を書籍やインターネットで集め、観点別に整理することができる。

評価のポイント

❷学校や地域、社会で話題になっていることに目を向けて話し合うテーマを決め、情報を集め整理している。　A(1)ア

準備物　・付せん　・ワークシート（付せんを貼るなど）　・ICT 端末

ワークシート・ICT 等の活用や授業づくりのアイデア

○自ら話し合うテーマを決めさせ、様々な方法で情報を集められる環境を整える。

＊テーマがなかなか決まらないようであれば、ICT 機器などで調べる時間を設けてもよい。

＊生徒の必要に応じて ICT 機器や学校図書館が使用できる環境を整える。

1　導入（学習の見通しをもつ）

〈4回の授業展開とゴールを説明〉

T：話し合い（討論）の仕方を学びます。授業を終えるときに、自分たちの伝えたいことを相手にきちんと伝えられる方法を学ぶとともに、考えが広がったり深まったりする質の高い話し合いに必要なことを見つけられるとよいですね。

2　展開

〈話し合うテーマを決める〉

T：それでは、話し合うテーマを決めます。六人班になって話し合いたい（討論したい）テーマを一つ決めてください。テーマは学校や地域、社会で話題になっていることなど自分や周りの人に関わるものにしましょう。

○六人グループで話し合い、テーマを一つ決める。

・中学生に宿題や定期テストは必要か。
・この地域に大きなショッピングモールは必要か。
・すべての車を電気自動車にするべきか。

……など

＊賛否や是非が分かれるものにする。

＊考えるのが難しそうであれば、ICT 端末を使って調べさせてもよい。

3　終末（学習を振り返る）

〈授業の振り返りと次時の予告〉

T：多くの情報を集め、整理できましたか。次は整理した情報を基に自分の考えをまとめます。そして、同じ考えの人と話し合い考えを深めていきます。

＊できればワークシートにこの段階での立場（賛成・反対）を書かせ、それぞれの人数を把握し、グループ分けに備える。

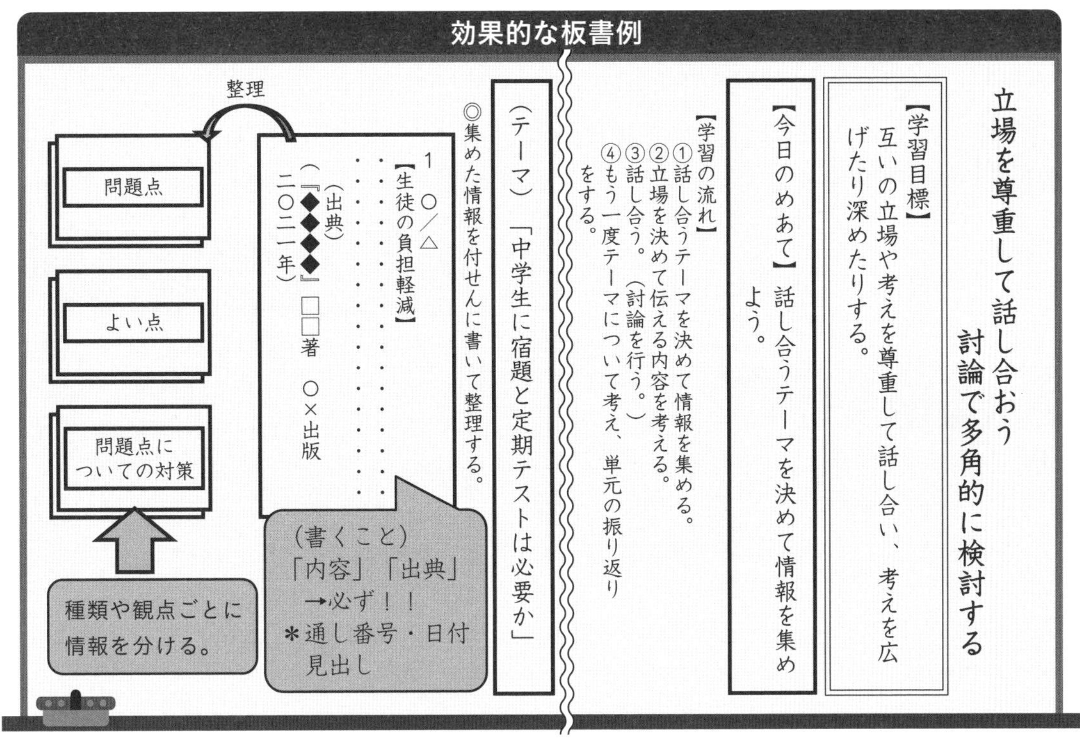

＊テーマを決めさせる前に討論について説明する。

＊テーマは、教師が生徒の様子や状況を見ていくつか候補を挙げ、その中から生徒に選ばせてもよい。

T：それでは、１班から順番にテーマとそのテーマを話し合いたい理由を言ってください。その後、話し合うテーマを決めます。

○全部の班が述べた後、多数決等で話し合うテーマを決める。

T：それでは、テーマは「中学生に宿題や定期テストは必要か」に決まりました。

＊今回は「中学生に宿題や定期テストは必要か」をテーマとする。

〈情報を集め、整理する〉

T：それでは情報を集めます。できるだけ幅広く集め、付せんに書き込みましょう。

○情報を集め付せんに記入する。

＊学校図書館などを利用し、書籍やICT機器で情報を集めさせる。

＊付せんには「内容」「出典」を必ず書かせる。

T：情報が集まったら、付せんを「問題点」「よい点」「問題点についての対策」など同じようなことが書かれていることをグループにして情報を整理しましょう。

○情報カードを分類する。

＊観点を立てるのが難しい生徒には「賛成」と「反対」の立場から情報を分類させるところから始めると分類しやすい。

＊分類はあまり細かくしすぎないようにする。

＊情報を付せんに書くことで、同じ種類や観点の情報をまとめやすく、視覚的に分かりやすく整理ができる。

＊情報を種類や観点ごとに整理することによって、同じテーマについて様々な立場や考え方があることに気付かせたい。様々な立場や考え方に気付いているような発言があったら、授業の最後に取り上げ、全員で共有させる。

立場を尊重して話し合おう　討論で多角的に検討する

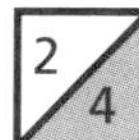

異なる立場の人にも伝えるためには、どのように根拠と意見をまとめればよいでしょうか。

目標

自分の立場を決め根拠と意見をまとめ、異なる立場の考えを想定して伝える内容を考えることができる。

評価のポイント

❶整理した情報を根拠として、自分の立場を決めて考えをまとめている。　(2)ア

❷異なる立場の考えを想定しながら話し合いで伝える内容を考えている。　A(1)ア

準備物　・ワークシート（意見と根拠をまとめるなど）　・同じ立場のグループで反論や質問をまとめるプリント

ワークシート・ICT 等の活用や授業づくりのアイデア

○適切な根拠を明確にして自分の考えをまとめるとともに、反論を想定させて話し合いで伝える内容を考えさせる。

＊反論を想定させるときは、同じ立場のグループで意見を出し合い、広い視野で考えさせるようにする。また、ICT 機器を活用して同じ立場全員で共有できるようにしてもよい。

1　導入（学習の見通しをもつ）

〈前時を振り返り、今日の目標を確認する〉

T：前回は話し合うテーマを決め、情報を集めて整理しました。今回は自分の立場を決め、話し合いで伝える内容を決めていきます。今回は「討論」という異なる立場の人同士で話し合いますので、違う人に自分の考えを理解してもらえるように伝える内容を考えていきましょう。

2　展開

〈立場を決め、意見と根拠をまとめる〉

T：それでは、集めた情報を基に自分の立場を決めましょう。

○付箋に書かれた情報を見ながら自分の立場をワークシートに記入する。

＊教師は机間指導をしながら、それぞれの立場の人数を把握する。

＊人数に開きがあれば調整を行う。

T：自分の立場が決まったら、意見と根拠をまとめます。集めた情報を取捨選択し、自分の意見を支える根拠として適切な情報を選び、まとめましょう。討論の最初に自分の意見を述べる時間があります。その時に話すようにまとめましょう。

○自分の意見と根拠をまとめる。

＊根拠と意見のつながりが明確になるようにまとめさせる。

＊根拠は事実や経験など複数示せるよう

3　終末（学習を振り返る）

〈伝える内容をまとめる〉

T：今日の学習を基にもう一度伝える内容を見直し、必要なところは色ペンで修正しましょう。次回は話し合いを行います。

＊司会の生徒には次回の授業までに司会のやり方について個別に指導する。「学習指導書 2 下」p.86の資料を基にプリントを作成して指導するとよい。

効果的な板書例

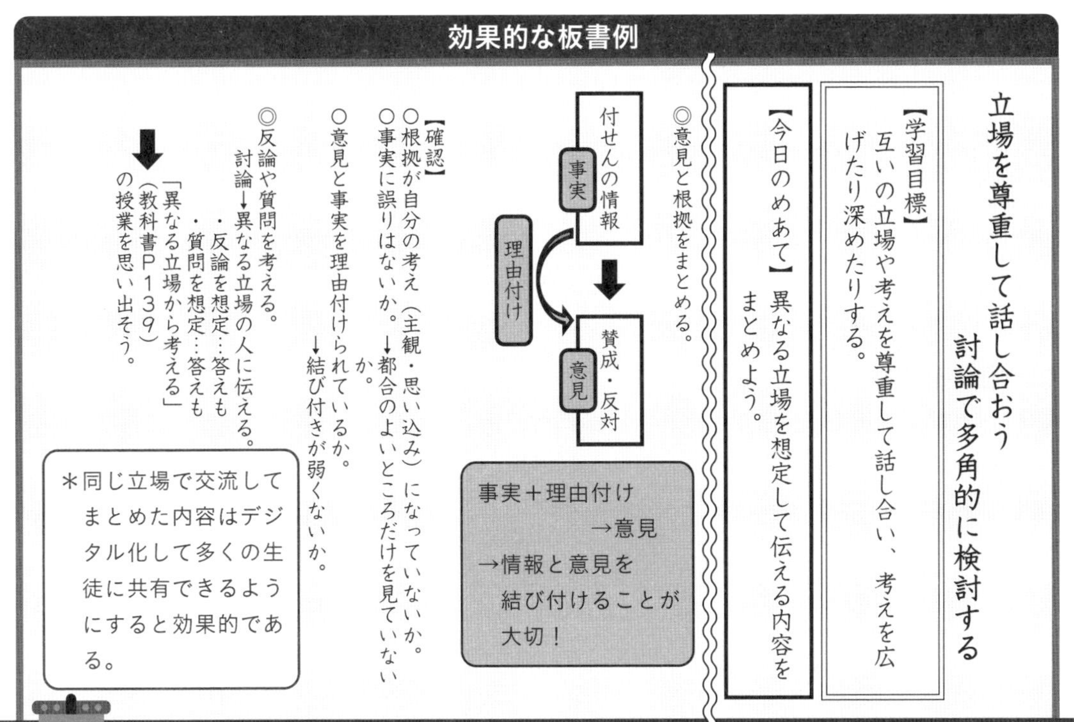

にしたい。

＊根拠として選んだ情報が意見を支えるのに適切かどうかにも留意させる。

＊書き終わった生徒は自分の意見に対してどのような意見や質問が出るかを考えさせる。

〈反論や質問を考える〉

T：今回の話し合いは「討論」です。異なる立場の人と話し合います。そのためには、異なる立場の人から出てくる反論や質問を想定し、自分の伝える内容を決めていく必要があります。自分の立場にはどのような反論や質問が想定できるか考えましょう。また、そのような反論や質問に対しての答えも考えましょう。

○想定される反論や質問とその答えを考える。

＊反論や質問はどのような情報を基に考えられるか、反論や質問への答えはどの情報を基に答えればよいかなど答える根拠も考えさせる。

＊ここまでで話し合い（討論）をするグループを決めておく。

〈グループを作り、同じ立場の人と交流する〉

T：討論グループを発表します。話し合いはそれぞれの立場三名（二名）ずつ、司会一名で行います。（発表）。同じ立場の人同士で交流し、討論の準備をしましょう。討論グループ2班で交流してください。交流する内容は自分が伝える内容、反論や質問とその答えです。討論に向けて他に話したいことがあれば交流してください。反論や質問とその答えについては交流した班で1枚にまとめてください。

○同じ立場の人で考えたことを交流する。

＊司会についてもふさわしい人物を決める。クラスの実態によっては立候補や生徒同士で決めることも考えられる。

＊司会の生徒には司会の役割を伝える。

「学習指導書2下」p.86の資料を活用するとよい。

＊グループでまとめたプリントはデジタル化（写真に撮る・ICT機器を活用して作成するなど）してクラスや学年で共有させてもよい。

立場を尊重して話し合おう　討論で多角的に検討する

主発問　どのような話し合いにすれば、考えが広がったり深まったりするでしょう。

目標

互いの立場を尊重しながら、考えが広がったり深まったりする話し合いをすることができる。

評価のポイント

❸それぞれの立場の共通点や相違点、話し合う論点を踏まえて話し合っている。　A(1)オ

準備物　・ワークシート（話し合いメモを書くなど）01　・タイマー

ワークシート・ICT 等の活用や授業づくりのアイデア

○自分の考えを述べて終わらせるのではなく、反対意見や疑問に思ったことなどをワークシートにメモしながら話し合うようにする。

＊ビデオやパソコン・タブレットなどで録画して次時の振り返りに生かすことも考えられる。

1　導入（学習の見通しをもつ）

〈討論の進行や時間配分、役割の説明〉

T：今日は実際に話し合い（討論）を行います。時間は40分です。詳しい説明はワークシートに書きましたので、確認してください。

＊時間を短縮するために詳しい説明はワークシート等に書くなど工夫する。

2　展開

〈同じ立場同士で最終確認をする〉

T：それでは、討論をするグループの同じ立場の仲間同士で、発表の順番や時間配分、発表の内容などを確認しましょう。司会の人は司会の人同士で集まり、配布した司会の仕方プリントを確認し合い、分からないことがあれば聞きに来てください。

○同じ立場の生徒同士で最終確認を行う。

＊一人が意見を述べる時間はある程度均等にさせるようにするが、立場ごとの時間を設定し、その中で調整させるようにする。

＊話し合い（討論）を行うポイントを板書しておき、いつでも見られるようにしておく。スライドにしてスクリーンに映してもよい。

3　終末（学習を振り返る）

〈話し合いを振り返る〉

T：話し合いを終えて、自分の伝えたいことは相手に伝わったでしょうか。次回は単元の学習の振り返りを行います。特に最後のまとめで発言したことはメモしておき、次回の単元の学習の振り返りに生かしましょう。

効果的な板書例

立場を尊重して話し合おう
討論で多角的に検討する

【学習目標】
互いの立場や考えを尊重して話し合い、考えを広げたり深めたりする。

【今日のめあて】互いの立場を尊重して話し合おう。

◎話し合いの進行
時間：20分
①テーマと流れの確認　1分
②各立場から発表　4分（各立場2分ずつ）
③討論　10分
④各立場からのまとめ　3分
⑤司会によるまとめ　2分

＊進行やポイントはスライドを作成し、スクリーンに映すと時間短縮にもなり、効果的である。

【話し合い（討論）のポイント】
〈全員〉相手の話を理解しようとして聞く。＝聞く姿勢
〈司会〉
・中立の立場で討論を進める。
・それぞれの意見を聞き取り、要点や論点をまとめる。
〈討論者〉
・互いの意見の共通点と相違点を意識しながら話し合う。
↓メモも忘れずに！
・論点を意識し、「誰に対して」「何に対して」の質問・意見なのかを明確にする。
○討論者によるまとめは、自分の考えが変化したことなど立場を超えて自由に述べる。

〈話し合い（討論）をする〉

T：20分で話し合い（討論）を行います。討論グループをAとBに分けます。Aは前半で話し合いをします。Bは前半はAの話し合いを聞きます。後半はBが話し合いを行い、Aが聞きます。話し合いの際は、自分の意見を言うだけになったり自分の意見を認めさせたりするのではなく、反対の立場の意見にも耳を傾けながら考えを広げたり深めたりする話し合いにしましょう。そのためにも質問や意見などメモを取りながら話し合いましょう。

○20分ずつの話し合い（討論）を行う。

＊グループを二つ（A・B）に分け、他のグループの話し合いを聞いて学ぶ場を設ける。

＊話し合いがうまく進まなかったら、司会に助言する。司会の仕方プリントにあらかじめ想定される問題と対処法を載せておくとよい。

＊質問や反論は事前に想定させておきたいが、出てこなければ、同じ立場で話す時間をとってもよい。

○反論や質問の例

・根拠に対して反論・質問する。

生徒A：自主的に学ぶようになるから宿題や定期テストはなくした方がよいとおっしゃっていましたが、全く学ばない人もでてきてしまい、身に付けるべきことが身に付かないこともでてきてしまうのではないかと思います。

・別の視点から反論・質問する。

生徒B：基礎学力を定着させるためには、宿題や定期テストは必要なものですね。しかし、その知識を活用することについてはどうでしょうか。宿題や定期テストでは、終わることが目的になってしまい、その後に活用しようという意識が薄くなってしまうと思います。

＊具体的な発言や情報、意見を指摘して反論や質問をさせるようにする。また、相手の考えを受け入れた上で反論や質問をさせる。

＊まとめの発言では自分の考えの変化など考えが広がったり深まったりしたことを自由に述べさせる。

立場を尊重して話し合おう　討論で多角的に検討する

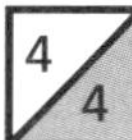

主発問　**話し合いの意義は何ですか。**

目標

話し合い（討論）を振り返り、話し合い（討論）の意義について考えることができる。

評価のポイント

❸異なる立場の考えを踏まえて自分の考えをまとめている。　A(1)オ

❹お互いの意見を尊重して話し合い、考えをまとめるために工夫したことや単元で学んだことを基に単元の学習を振り返ろうとしている。

準備物　・ワークシート（振り返りを書くなど）

ワークシート・ICT 等の活用や授業づくりのアイデア

○話し合い（討論）を通して学んだことを基に改めて自分の考えをワークシートにまとめるとともに、学習を振り返り、話し合い（討論）の意義を考え交流する。

＊ビデオやパソコン・タブレットなどで録画していれば必要に応じて見返しながら振り返るとよい。

1　導入（学習の見通しをもつ）

〈授業の見通しをもつ〉

T：今日は改めてテーマについて考え、単元の学習の振り返りを行います。前回のワークシートを見て、話し合い（討論）を行って学んだことを振り返りましょう。

2　展開

〈改めてテーマについて考える〉

T：前回の話し合い（討論）で他の立場からの意見を聞いて、改めて「中学生にとって宿題や定期テストは必要か」というテーマについて考えをまとめましょう。

○改めてテーマについて考えたことをワークシートに書く。

＊前回のワークシート（話し合いのメモ）を見て、自分の考えが変化したり深まったりした点はどこかを考えながらまとめるように促す。

＊この後、数名を指名して発表をさせ全体で共有を図る。その際、机間指導をしながら、考え（立場）が変化した表れと考え（立場）が強化された表れのある記述をしている生徒を探し、発表させる。

〈話し合い（討論）を通して学んだことや気付いたことをまとめ、グループで交

3　終末（学習を振り返る）

〈単元の学習を振り返る〉

T：最後に異なる立場の人と話し合い、考えをまとめるために工夫したことや単元の学習で学んだこと振り返りましょう。

＊今後の学習や自分の生活に生かせることについて考えられるとよい。

効果的な板書例

立場を尊重して話し合おう
討論で多角的に検討する

【学習目標】
互いの立場や考えを尊重して話し合い、考えを広げたり深めたりする。

【今日のめあて】
話し合いを振り返り、学んだことや話し合いの意義について振り返ろう。

◎改めてテーマについて考えをまとめる。
○前回の話し合いのメモを見て、もう一度テーマについて考えよう。
↓考えの変化に着目してみよう！
※「考えの変化」とは「立場が変わること」だけではありません。自分の考えが強まったり、深まったりすることも含みます。

◎話し合いを通して学んだことや気付いたことをまとめよう。
○次のことに注目してみよう。
・自分の考えがどのように広がったり、深まったりしたか。
↓「話し合い前の考え」と「話し合い後の考え」を比較する。
・話し合いをする意義はなんだろう。
↓話し合いをしてよいことは何かを具体的に考える。
・話し合いをするときに大切なことはなんだろう。
↓話し合いでうまくいったところはどこだっただろう。うまくいかなかったところはどのように改善すればよいのだろう。

流する〉

T：１人で考えるよりも他の立場の人と話し合うことで自分の考えが広がったり深まったりしている様子が分かりましたね。それでは、話し合い（討論）を通して学んだことや気付いたことをまとめましょう。話し合いを通して、自分の考えにどのような変化が生まれたのかに注目して書けるとよいですね。

○討論を通して学んだことや気付いたことをワークシートにまとめる。

＊生徒に注目させるところとしては次のことが挙げられる。
①自分の考えがどのように広がったり、深まったりしたか。
②話し合いをする意義は何か。
③話し合いをするときに大切なことは何か。

＊教師はワークシートを書く様子を机間指導をしながら支援する。

T：学習班（四人）で交流します。意見を交流しながら話し合いとはどのようなものであるかを考えましょう。また、他の人の意見で参考になるものは色ペンで書き加えていきましょう。

○意見を交流する

＊様々な意見を聞くことによって話し合いの意義やよりよい方法について考えを深めさせる。

＊生徒の意見から、
・どちらの立場にも正しさがある。
・異なる立場から考えることで自分の考えが広がる。
→話し合いによる自分の考えの変化
・異なる立場の意見を理解しようとして聞こうとする姿勢が大切だ。
・話し合いによって新たな考えが生まれた。

など、話し合いの意義や今後の話し合いの質の向上につながる意見を見出し、全体で共有してよい点を指摘すると効果的であり、生徒も実践しようという気になる。

5 論理を捉えて

音読を楽しもう　月夜の浜辺（1時間扱い／読むこと）

指導事項：〔知技〕(1)エ　〔思判表〕C(1)エ
言語活動例：詩特有の言葉の響きやリズムを意識しながら朗読する。

単元の目標

(1)抽象的な概念を表す語句の量を増すとともに、類義語と対義語、同音異義語や多義的な意味を表す語句などについて理解し、話や文章の中で使うことを通して、語感を磨き語彙を豊かにすることができる。〔知識及び技能〕(1)エ

(2)観点を明確にして文章を比較するなどし、文章の構成や論理の展開、表現の効果について考えることができる。〔思考力、判断力、表現力等〕C(1)エ

(3)言葉がもつ価値を認識するとともに、読書を生活に役立て、我が国の言語文化を大切にして、思いや考えを伝え合おうとする。「学びに向かう力、人間性等」

単元の構想

〈単元で育てたい資質・能力／働かせたい見方・考え方〉

表現技法の効果を考え、言葉の響きを味わいながら、詩を朗読し、詩に対する理解を深め、語感を磨く機会としたい。なにげなく並んでいる語が作者によって選び抜かれたものであることや、朗読を通じて新たな発見があることを実感させ、文学的文章に登場する語句全般や、音声言語への関心を高めていきたい。また、作者の実人生など作品外の情報については特に示さず、生徒たちが思い描く情景や世界観を大切にすることで、想像力を発揮しながら主体的に作品に向き合う読みの姿勢を育てていきたい。

〈教材・題材の特徴〉

中原中也の代表作の一つで、美しい情景の中に孤独に裏打ちされた物悲しさが漂う詩である。七音と五音による反復、字下げによる表記など、詩特有の表現による効果を理解させながら、他の言語形式とは異なる魅力を味わわせたい。ある程度の物語性は示されつつも、読者の想像力に委ねられた部分が多い詩であるため、生徒一人一人の読みを促せる教材である。その読みをどうやって聞き手に伝えるか、という立場から工夫や注意点について考え朗読する過程で、表現することの難しさや伝わる喜びを実感させ、他の単元の学習にもつなげたい。

〈主体的・対話的で深い学びの視点からの授業改善ポイント／言語活動の工夫〉

生徒の日常にはあまり馴染みのない詩という形式について、発見や疑問点を他の生徒と共有し、対話（話し合い）を通じて理解を深めていくよう促したい。情景を具体的に想像する手段として、箇条書き以外に、簡単なイラストを描く、BGM を設定するといった方法を示すのもよい。朗読の工夫の書き込みは、脚本を作るようなイメージで取り組ませたい。また、この詩を歌詞とする合唱

曲の音源を利用して、詩の多様な味わい方や楽しみ方を紹介することで、日常との距離を縮めるとともに、作品との新たな対話の可能性を引き出す手立てとした。

単元計画

時	学習活動	学習内容	評価
1	1．各自で音読する。 2．気付いたことや疑問点を書く。 3．発見や疑問点を発表し合う。 4．情景を想像して書く。 5．思い描いた情景を表現するために効果的な朗読の方法について考える。 6．詩の味わい方をまとめる。	○「リフレイン」に着目して、音読する。 ○構成や展開、表現方法などについて、気付いたことや疑問点を書く。 ○発表し、意見交換する。 〈発表内容の例〉 ①七音と五音の連なりによる心地よさ ②反復の多用 ③第三連の字下げ ④最終連の「？」 ○人物設定などを想像し、箇条書きでまとめる。 〈例〉 ・どうして「ボタン」が捨てられないのか？ ○声の大きさや読む速度、強調したい部分など、朗読する上での工夫や注意点について考え、余白に書きこむ。 ○実際に朗読する。 ○詩特有のリズムや言葉の響き、表現方法などを振り返る。 ○「月夜の浜辺」を歌詞とした合唱曲を聴く。 ○詩の多様な味わい方を確認する。	 ❶❸ ❷

評価規準

知識・技能	思考・判断・表現	主体的に学習に取り組む態度
❶抽象的な概念を表す語句に注目し、実際に声に出して読むことを通じて、語感が磨かれ語彙の豊かさが増している。 (1)エ	❷「読むこと」において、観点を明確にして詩と他の表現形式を比較するなどし、詩の構成や展開の仕方、表現の効果について考えている。 C(1)エ	❸詩特有のリズムや言葉の響きを味わい想像を広げながら音読するとともに、思い描いた情景をより良く表現するための工夫を考えようとしている。

〈指導と評価の一体化を図る見取りのポイント〉

詩という形式や描かれている情景に関心をもち、具体的な読みを基にして、一つ一つの言葉を大切にした朗読がなされることが重要である。構成や展開、表現方法について詳細に分析するというよりも、生徒が何を受け取り、何を表現したいのかに重点を置く姿勢を示さねばならない。

月夜の浜辺

あなたがこの詩から想像した情景を朗読によって表現するために、どのような読み方の工夫が必要だと思いますか。

目標

詩の表現技法の効果について理解を深めるとともに、描かれた情景を自由に想像し、その内容を朗読によって表現するための工夫を考えることができる。

評価のポイント

❶抽象的な概念を表す語句に注目し、その意味を考えながら声に出して読んでいる。 (1)エ

❷詩という表現形式の構成や展開の仕方、表現の効果などについて考えている。 C(1)エ

❸描かれた情景を想像し、表現しようとしている。

準備物 ・ワークシート

ワークシート・ICT 等の活用や授業づくりのアイデア

○情景を想像したり、朗読の仕方の工夫を考えるために、「ワークシート」を用意する。

＊詩の構成や展開、表現技法などについて、グループごとに気付いたことや疑問点をまとめたものを共有する際には、ICT 端末を活用するとよい。

1 導入（学習の見通しをもつ）

〈本時の授業展開とゴールを説明〉

T：詩という表現形式について学び、魅力を味わいましょう。詩独自の工夫や表現に注目すると、さらに豊かな想像が広がります。その内容を朗読で表現することで、新たな発見もあるでしょう。授業を終えるときには、詩がみなさんにとって親しみやすい存在になっているはずです。

2 展開

〈音読する〉

T：今回は「月夜の浜辺」という詩を読みます。詩は、独特の書かれ方をしていますね。声に出して読むことで新たな発見があるのも魅力です。では、描かれている情景を頭の中でイメージしながら、音読してみましょう。

○各自で音読する。

＊生徒の音読する様子を観察する。

〈詩の表現技法について班で話し合う〉

T：詩という表現形式がもつ特徴について確認していきます。音読しながら、どのようなことに気付きましたか。疑問点が見つかった、という人は、それもあわせて書いてください。構成や展開の仕方、表現方法などに注目しながら、各自で書き出してみましょう。

○ワークシートに記入する。

3 終末（学習を振り返る）

〈詩の味わい方をまとめる〉

T：表現形式への理解や、情景の想像により、最初の音読とは異なる読み方ができたのではないでしょうか。では最後に、朗読を一歩進めた表現方法を紹介します。

○「月夜の浜辺」の合唱曲の一部を流す。

T：選び抜かれた言葉がもつ豊かさを、ぜひ声に出して味わっていってくださいね。

効果的な板書例

「月夜の浜辺」　中原中也

【学習目標】
詩の特性や作者による表現の工夫に着目して、声に出して読むことで詩の魅力を味わう。

【今日のめあて】
詩の表現技法などについて理解を深めるとともに、描かれた情景を想像し、朗読しよう。

◎「月夜の浜辺」の表現形式について気付いたこと・疑問点は？
（構成・展開の仕方・表現技法……）

各班の発表メモ（例）
・七音と五音→短歌・俳句と同じ。
・「？」→読者を驚かせ、考えさせる。

◎情景を想像してみよう
「僕」とはどのような人物？
どうして浜辺に？
どうしてボタンを捨てられないの？

◎朗読で表現するためには？
声の強弱・読む速度
リフレインの読み方
最後の「？」の行の読み方

＊教師は、生徒が書き出している様子を観察し、机間指導によって支援する。

T：学習班で、それぞれが書き出した内容を交流しましょう。そして、どのような効果をもたらしているか、ということについて話し合ってみてください。書記役の人は、1枚の用紙にまとめてください。

〇各グループで意見交流をする。

＊教師はグループ間を回って様子を観察。

〈詩の表現技法についてまとめる〉

〇発表の様子

生徒 a：僕たちの班は、七音と五音の連続に注目しました。短歌や俳句と同じリズムです。内容が自然に頭に入ってくる効果があります。

生徒 b：私たちの班は、同じ言葉の繰り返しについて、自問自答している感じをリアルに伝える効果があると考えました。

生徒 c：僕たちは、最終連に急に「？」が登場していることについて話しました。読者をどきっとさせて、考えさせる効果があると思います。

T：多くの発見がありましたね。このように、詩とは、作者が表現技法や構成・展開に対する工夫を駆使し、選び抜かれた言葉を配置することではじめて成り立つ表現形式なのです。

〈描かれている情景を想像する〉

T：また、詩は読者が自由に想像を広げられる表現形式でもあります。最後に各自で「僕」の設定を考えて、詩の世界をより具体的に想像しましょう。新たな発見があるかもしれません。

〇ワークシートに記入する。

＊教師は、生徒の記入内容を確認しつつ、机間指導によって支援する。

〈想像した情景を朗読によって表現する〉

T：想像した情景を朗読で表現するとすれば、どのような工夫や注意点が考えられますか？具体的に書き込み、実際に朗読してみましょう。

〇ワークシートに記入後、各自で朗読する。

読書生活を豊かに

季節のしおり　秋（1時間扱い）

指導事項：〔知技〕(1)エ
言語活動例：文学作品を音読したり、暗唱したりする。
単元の学習内容と関連付けたり、表現の素材として活用したりする。
季節の言葉を集めるなど、四季折々の学習の資料とする。

単元の目標

(1)抽象的な概念を表す語句の量を増すとともに、類義語と対義語、同音異義語や多義的な意味を表す語句などについて理解し、話や文章の中で使うことを通して、語感を磨き語彙を豊かにする。
〔知識及び技能〕(1)エ

(2)言葉がもつ価値を認識するとともに、読書を生活に役立て、我が国の言語文化を大切にして、思いや考えを伝え合おうとする。 「学びに向かう力、人間性等」

単元の構想

〈単元で育てたい資質・能力／働かせたい見方・考え方〉

私たちは、季節を感じる様々な言葉を通して、四つの季節のイメージを心の中に蓄えてきた。季節感とは、五感を通して感じ取れるものだけでなく、季節と結びついた様々な言葉から連想されるイメージによって形作られている面もある。それゆえ、季節と結びついた言葉を増やすことは、その季節の中で営まれる生活に対する生徒の見方を豊かにすることにもつながっていく。また、文学作品の中に置かれた言葉を通して季節の情景を思い浮かべたり、季節の風情を感じ取ったりすることは、生徒の感性を豊かにし、想像力をかきたてるだろう。

〈教材・題材の特徴〉

本教材は、それぞれの季節を題材とした、短歌・俳句を中心とする短詩型の文学作品２～３編と、季節の行事と暦を表す言葉で構成されている。教材のリードでは、それぞれの文学作品に描かれた情景、匂い、音などを表す表現が示され、作品を豊かに想像する手がかりになっている。とりわけ短歌・俳句などの定型詩では、くり返し声に出して読むことで、言葉の響きを感じ取ることができるだろう。様々な作品や言葉に触れることで季節感を豊かにするとともに、日本語の豊かさを感じ、情景と結び付けて詩情を読み取るおもしろさを感じとらせたい。

〈主体的・対話的で深い学びの視点からの授業改善ポイント／言語活動の工夫〉

本教材は配当時数がなく、単元の導入で季節の言葉や作品を紹介する、詩や短歌・俳句の補充教材として提示する、表現活動の素材として示すなど、他の学習活動と結び付けて活用することが想定される。また、文学作品を朗読・暗唱したり、季節の言葉集めといった帯単元を仕組む際のモデルとして位置付けたりすることもできるだろう。学習の中で適宜活用しながら、折に触れて季節を感じさせる作品や言葉を紹介し、季節の言葉に触れる場面を持たせるようにするとよい。

単元計画

時	学習活動	学習内容	評価
1	1．文学作品を音読したり、暗唱したりする。 2．単元の学習内容と関連付ける。 3．季節の言葉を集める。	○作品を声に出して読み、描かれている情景や、感じ取った季節感を交流する。 ○表現活動の素材・題材として「季節のしおり」を活用する。 ○書籍、雑誌、教科書、新聞、インターネットなど、様々な媒体から季節と結つく言葉を探し、ファイルにしたり、発表し合ったりする。 ・その季節ならではの事象や出来事など、これまで知らなかった季節に関わる新しい語彙を集める。 ・動詞・形容詞など名詞以外の言葉にも広げる。	❷ ❶ ❶

評価規準

知識・技能	主体的に学習に取り組む態度
❶抽象的な概念や季節を表す語句の量を増すとともに、話や文章の中で使うことを通して、語感を磨き語彙を豊かにしている。(1)エ	❷季節を表す言葉について関心を持ち、言葉を集めたり、表現の中で使ったりしようとしている。

〈指導と評価の一体化を図る見取りのポイント〉

音読や暗唱などの活動では、ただ声に出して読むだけでなく、言葉のリズムが伝わるように音読を工夫したり、句切れなどに気をつけて朗読の仕方を工夫したりすることが大切である。言葉のリズムは、何度もくり返して読むことで自然とつかめることもある。「主体的に学習に取り組む態度」の評価としては、そうした「声を出す」ことに対する取り組みへの積極性を見取るようにする。

手紙や創作など単元内の学習活動の資料として教材を活用するのであれば、教科書の言葉以外に、自分なりの季節感を表す言葉を使ったり、集めたりしようとしているかが、「主体的に学習に取り組む態度」を見取るポイントとなる。「知識・技能」については、学習過程の中に季節を感じさせる言葉を集める取材活動や、集めた言葉を使って表現するという条件を組み入れておくことで、語句の量を増し、語彙を豊かにしているかを見取ることができる。

季節のしおり　秋

主発問　**描かれている情景や感じ取った季節を交流し、暗唱しましょう。**

目標

抽象的な概念や季節を表す語句の量を増すとともに、音読を通して、語感を磨き語彙を豊かにすることができる。

評価のポイント

❶抽象的な概念や季節を表す語句の量を増すとともに、話や文章の中で使うことを通して、語感を磨き語彙を豊かにしている。　(1)エ

❷季節を表す言葉について関心をもち、言葉を集めたり、表現の中で使ったりしようとしている。

準備物　・国語辞典や歳時記　・ワークシートなど

ワークシート・ICT 等の活用や授業づくりのアイデア

○本教材は、配当時数がないため、帯単元として扱ったり、家庭学習と関連させたりすることが考えられる。例えば、季節の言葉を集める、冬を題材とした俳句・短歌を紹介する、暗誦するなどを週毎に変えながら、季節の言葉に触れる場面を作ることができる。また、家庭学習用のワークシートを作成してもよい。

1　導入（学習の見通しをもつ）

〈目標を確認し、学習活動を説明する〉

T：今回は、教科書にある俳句・詩に描かれている情景や感じ取った季節を交流し、気に入った作品を暗唱する活動を行います。

2　展開

〈教科書を読み、作品を選ぶ〉

T：教科書の俳句・詩を読むので、情景をイメージしながら聞きましょう。

○教師の範読を聞く。

T：読み方の分からない漢字はありませんでしたか。それぞれの作品の初読の感想を聞いてみましょう。

・音だけを聞いていると、葡萄をイチゴのように食べているのかと初め思ったが、言葉の一語一語のごとくという比喩の意味を考えてみたい。

・琴を擬人法を用いて表現しているが、「琴線に触れる」という言葉があるので、自分の心を表しているのではないだろうか。

・私は周りの人があまり気にならないから、どうして隣の人のことが気になるのだろうか不思議に思った。

3　終末（学習を振り返る）

〈学習を振り返り、次の学習を説明する〉

T：お気に入りの作品を暗誦することができましたね。次回からは季節の言葉を集める学習を行います。例えば、新聞やカレンダーなどの身の回りのものの中から秋の言葉を探します。

効果的な板書例

季節のしおり　秋

【学習目標】
抽象的な概念や季節を表す語句の量を増すとともに、話や文章の中で使うことを通して、語感を磨き語彙を豊かにすることができる。

【学習の見通し】
①三つの作品の中から作品を一つ選ぶ。（本時）
②家庭学習で描かれている情景や季節をまとめる。
③グループで交流する。
④お気に入りの作品を暗誦する。

【家庭学習】
・選んだ作品
・どのような情景が描かれていたか。
・感じたことや考えたこと

T：では、この中から作品を一つ選びましょう。選ぶのは第一印象でかまいません。共感できるものを選んでもよいですし、分からないから挑戦するのもよいです。ノート（ワークシート）に選んだ作品を視写して、どのような情景が描かれているか、どのようなことを感じたか、または考えたか。家庭学習でまとめましょう。

＊学校図書館や国語辞典、歳時記、インターネットの検索などを使ってもよいこと、また教師に質問してもよいことを伝える。

○家庭学習で課題をまとめる。

〈グループで交流する〉

T：今日は家庭学習のでまとめてきたことをグループで交流し、暗唱する作品を決めます。

＊グループは三つの作品が含まれるように編成する。

○グループでそれぞれの考えを交流する。

T：交流が終わったようですね。では、友達の考えを踏まえて、自分が気に入った作品を選びましょう。自分がはじめに選んだ作品から変更してもかまいません。次回からその作品を暗唱します。

＊生徒がまとめたノート（ワークシート）を回収し、学習の様子を把握する。また、よいものは全体に紹介してもよい。

〈暗唱をする〉

T：今日はペアでお互いに聞き合いながら、暗唱をしましょう。

＊個人で取り組ませたり、同じ俳句・短歌を選んだ生徒でグループにしてもよい。

○ペアでお互いに作品を読み合いながら、暗誦に取り組む。

6 いにしえの心を訪ねる

源氏と平家／音読を楽しもう　平家物語

（1時間扱い）

指導事項：〔知技〕(3)ア、イ
言語活動例：繰り返し音読して七五調のリズムを体感する。斉読や群読等を行う。

単元の目標

(1)作品の特徴を生かして朗読するなどして、古典の世界に親しむことができる。

〔知識及び技能〕(3)ア

(2)現代語訳や語注などを手掛かりに作品を読むことを通して、古典に表れたものの見方や考え方を知ることができる。

〔知識及び技能〕(3)イ

(3)言葉がもつ価値を認識するとともに、読書を生活に役立て、我が国の言語文化を大切にして、思いや考えを伝え合おうとする。

「学びに向かう力、人間性等」

単元の構想

〈単元で育てたい資質・能力／働かせたい見方・考え方〉

資料などから「平家物語」という作品全体について知ること（授業外での調べ学習も可能）も大切であるが、ここでは既習事項である「音読に必要な文語のきまりや訓読の仕方」の学習を踏まえ、作品がもつ特徴的なリズムや表現などを体感させたい。そのために、暗唱を目途とした音読を繰り返すことで、七五調のリズムが身体に入っていくようにする。同時に、言葉の意味を知り、冒頭部分に述べられている無常観を理解し、朗読に生かせるようにしたい。また、他者の朗読を聞いたりすることで、古典の世界への興味・関心を高め、古典に親しめるようにする。

〈教材・題材の特徴〉

「平家物語」は鎌倉時代前期に成立した軍記物語で、平家一門を中心として、その興亡が語られている。物語全般が「無常観」を基調としているが、それは冒頭部分において明確に語られている。また、琵琶法師によって「平曲」という芸能として武士階級や庶民に語り継がれた「平家物語」は、全編、音読を通して古文特有のリズムを体感するのに適している。特に冒頭部分は漢語を交えた力強い文体であり、平安文学とはまた異なる魅力を知ることができる。これは「平家物語」の主題である「諸行無常」という仏教の理を説くもので、構造を同じくする四つの句で構成されており、漢語の対句と和語の対句で、これから始まる物語を包括している「無常観」がはっきりと描かれている。七五調の特有のリズムを体感していく学習に適している。

〈主体的・対話的で深い学びの視点からの授業改善ポイント／言語活動の工夫〉

現代語訳を行うことを目途とするのではなく、古語の意味を知ることで古人の思いに近づき、朗読することができるようになることを目指したい。また、それを聞き合う、あるいは斉読することで、さらに古典への興味・関心を抱かせることが大切である。そのための手立てとして、暗唱を目途として音読の機会を多くとり、七五調のリズムを自覚的に体感させるようにする。諸行無常を思う古人の想いを味わいながら、物語を読み進めていく態勢を調えるようにする。

単元計画

時	学習活動	学習内容	評価
1	1.「平家物語」について概要を知る。 ・歴史的な背景や、登場人物や場面、エピソードについて調べてくる。 ・個々に調べてきたものを共有する。	○教科書だけでなく興味を持ったことや人物について授業前までに調べておく。 ・次の単元の学習時にも生かす。 ・プリントで配布したり掲示したりする。	❷❸
	2.冒頭部分の音声データを聞く。	○琵琶法師による「平曲」を聞くことで、朗読のイメージをつかむ。	❸
	3.冒頭部分を音読する。	○音読を繰り返し、暗唱できるようにする。	❶
	4.冒頭部分の内容を知る。	○冒頭部分の現代語訳を読み、その内容を理解する。	
	5.朗読を聞き合い、斉読をする。	○内容を理解したうえで朗読をしたり斉読を行ったりして、古人の想いを想像する。	❶

評価規準

知識・技能	主体的に学習に取り組む態度
❶作品の特徴を生かして朗読するなどして、古典の世界に親しんでいる。 (3)ア ❷現代語訳や語注などを手掛かりに作品を読むことを通して、古典に表れたものの見方や考え方を知っている。 (3)イ	❸進んで古典に表れたものの見方や考え方を知り、学習課題に沿って朗読しようとしている。

〈指導と評価の一体化を図る見取りのポイント〉

まず、「平家物語」について興味をもつことができたかは、事前の調べ学習とその共有を通して見取ることができる。次に、冒頭部分の黙読からの音読、暗唱、現代語訳を読んだ上での朗読を個人として主体的に取り組めているかという点、暗唱できたかどうかということも、一つのポイントとなる。ただし、完全に暗唱できなくても、ここでは取り組む姿勢により重きを置きたい。さらに、斉読への取り組みや、朗読を聞き合うときの態度や達成度からも主体性を見取ることができる。

源氏と平家／音読を楽しもう　平家物語

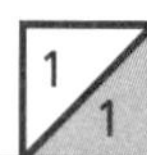

主発問　**瀬戸内の海に沈んだ平家一門を鎮魂する気持ちになって、冒頭部分を朗読しましょう。**

目標

作品の特徴を生かして朗読するとともに、古典の世界に親しむことができる。

評価のポイント

❶作品の特徴を生かして朗読し、古典の世界に親しんでいる。　(3)ア

❷現代語訳や語釈などを手がかりに作品を読み味わっている。　(3)イ

❸人々のものの見方や考え方を理解しようとしている。

準備物　・DVD 教材（琵琶演奏家による語り）

ワークシート・ICT 等の活用や授業づくりのアイデア

○「源氏」と「平氏」の系譜をたどる

清和天皇から続く源氏、桓武天皇から続く平氏、それぞれの系譜を系図に示して歴史を語りたい。歴史の授業で既習の武士の起こりや天皇、貴族同士の争乱などもあわせて思い出させて授業の話材とすることで、いっそう親しみやすく読めるだろう。

1　導入（学習の見通しをもつ）

T：栄華と権勢を極めながらも没落し、最後は源氏との戦いに敗れ、瀬戸内の海に沈んだ平家一門の栄枯盛衰を描いたドラマ、それが『平家物語』です。作者はよく分かってはいませんが、平家一門の鎮魂のために書かれたとも言われています。物語は、盲目の僧形琵琶法師が琵琶の調べとともに人々に語りました。

2　展開

〈平家物語の性格〉

T：最初にお話ししたように全国に点在していた琵琶法師が、哀調を帯びた語り口で人々に語って聞かせました。お寺の本堂で聞いた民衆たちは、一日の労働を終えた疲れを癒していたに違いありません。

〈冒頭部分について〉

T：この時間は、有名な冒頭部分を朗読することで味わってみましょう。そのためには、内容をきちんと理解しておくことが大切です。

＊範読に続けて斉読をさせる。

T：（１節め）「祇園精舎に鳴る鐘の音には、万物すべてが移り変わっていくものだ、という響きがある」。祇園はどこにあると思いますか。京都の祇園でも、博多の祇園山笠のことでもありま

3　終末（学習を振り返る）

T：鎮魂のために書かれたという説は納得できますね。ところで、「源氏と平家」。どうして、「平氏物語」ではないんでしょうか。実は、平氏の中でも、特に「清盛一門」だけを「平家」と言っているんです。源氏方についた平氏もいたんですよ。史実をもとにした平家物語は、歴史年表を横において読むのもおもしろいですよ。

効果的な板書例

源氏と平家

【学習目標】
○作品の特徴を生かして朗読するなどして古典の世界に親しむ。

【今日のめあて】○平家一門の栄枯盛衰を思って、冒頭部分を朗読しよう。

□平家物語とは
○鎌倉時代に成立した**軍記物語**。
○作者は不詳。
○平家の栄枯盛衰を史実をもとに描かれたドラマ。
○**琵琶法師**によって語り継がれた語り物（**平曲**）。

□平家物語のキーワード
○この世は常に変わりゆき
＝**諸行無常**
○どんな人も必ず滅びていくものだ
＝**盛者必衰・栄枯盛衰**
という**仏教的無常観**に基づいた思想
○平家物語に描かれた人物たち
〜戦乱に生きる人物たち〜
・平清盛、平知盛、平敦盛
・建礼門院徳子
・熊谷次郎直実
・源義経、源義仲

せん。インドのコーサラ国にあります。そこの精舎、お寺ですね。その一角に末期患者の施設がありました。いまでいうホスピスです。そこの鐘の音が諸行無常、この世のすべてのものは移り変わっていくものだという響きがあるというのです。

T：（２節め以降）「沙羅双樹の花の色は、盛んな者もいつかは必ず衰える。おごり高ぶる人もその栄華は長く続くことはない。人の世というものは、まるで春の夜の夢のようにはかないものだ。勇猛な者もやがては滅び去ってしまう。それはまったく、風に飛ばされる塵と同じだ」。あれほどまでに隆盛を極めた平家一門の時代が終わり、世の中もあっという間に変わってしまうということです。それでは、意味を理解しながら、もう一度みんなで音読をしましょう。

＊範読に続けて斉読をさせる。

〈音読から朗読へ〉

T：音読とは、「内容を理解するために、声に出して読むこと」です。一方、朗読とは「自分で作品を解釈し、イメージした内容を、聞き手に正確に伝えることを目的として読むこと」です。今日の授業は朗読がテーマです。平家一門の歴史を思いながら読みましょう。ここで、現代の琵琶演奏家による語りを聴いてみます。

＊国語科準備室に保管されている映像メディアの他に、手元のスマートフォンで YouTube が簡単に視聴できる。準備の手間が省けるので簡便である。

〈朗読の実際〉

T：平家一門の哀愁、哀調が伝わってきましたね。ここで、一人一人が受けとめた冒頭部分を、それぞれの思いを込めて朗読しましょう。

＊二人一組で相互に朗読し合った後、やってみたいという生徒を指名して、朗読をさせてもよい。どこを、どんなふうに受けとめて読んだのか問いかけてみることで、学級全体として、内容理解をさらに深めるものとなる。

6 いにしえの心を訪ねる

扇の的（3時間扱い／読むこと）

指導事項：〔知技〕(3)ア、イ 〔思判表〕C(1)イ
言語活動例：繰り返し朗読し、登場人物の心情や考え方を伝え合う。

単元の目標

(1)作品の特徴を生かして朗読するなどして、古典の世界に親しむことができる。
〔知識及び技能〕(3)ア

(2)現代語訳や語注などを手掛かりに作品を読むことを通して、古典に表れたものの見方や考え方を知ることができる。
〔知識及び技能〕(3)イ

(2)登場人物の言動の意味などについて考えて、内容を解釈することができる。
〔思考力、判断力、表現力〕C(1)イ

(4)言葉がもつ価値を認識するとともに、読書を生活に役立て、我が国の言語文化を大切にして、思いや考えを伝え合おうとする。
「学びに向かう力、人間性等」

単元の構想

〈単元で育てたい資質・能力／働かせたい見方・考え方〉

作品に表れたものの見方や考え方を知る上で、現代語訳や語注、別のエピソードなどが手掛かりとなる。これらを生かして作品を読むことによって、そこに描かれている情景や登場人物の言動の意味、心情などを想像できるようにしていく。さらに、それぞれの学習者が自分自身の考えもしっかりもって、互いに交流し、様々な角度から作品を捉えることで、語り手の考えに思い至らせたい。

〈教材・題材の特徴〉

「平家物語」の中でも、よく知られている場面の一つである。源氏と平家が対峙する緊迫した場面であり、弓の名手ではあるが源氏の武士としての誇りを一身に任された那須与一、射ることを命じた源義経、固唾を呑む源氏方と平家方の武将達それぞれの立場の人々の言動を通して、心情を読み解いていける。さらに、弓流しの場面を加えて読むことで、当時の武士の矜持がどんなものであるかが分かりやすい。また、作品全体を包括している、その一貫した無常観を、「あ、射たり」からよく読むことができる。

〈主体的・対話的で深い学びの視点からの授業改善ポイント／言語活動の工夫〉

登場人物それぞれの心情や考え方を個々に、あるいはグループで交流し、全体で共有することで、作品への理解を深める。また、関連する本や文章などを紹介したり、音声や映像メディアを活用したりするなどの工夫により、広く読書活動へも繋げていける。なお、作品を読む際には、小学校から継続的に取り組んでいる音読や暗唱などを効果的に取り入れることも考えられる。ことに、作品理解の一助として群読をつくりあげることにも、この教材は適している。音声データを聞かせ

るだけでも生徒たちの心をよく捉えることができるだろう。

単元計画

時	学習活動	学習内容	評価
1	1．全文を通読する。 2．音読する。	○語注に触れ、現代語訳も読むことで、作品の内容を理解する。 ○歴史的仮名遣いの読み方を確認する。 ○古典の文章独特の調子や響きに気付かせる。	❶❷
2	3．登場人物の言動から心情を考える。	○那須与一、源義経、源氏方の武将達、平家方の武将達の言動を取り出し、その心情を考える。 ○「あ、射たり。」「情けなし。」それぞれの立場の人々の想いを考える。 ○「弓流し」に描かれている、源義経の武士としての矜持を理解し、それぞれの心情を考えさせる。 ○個人で取り組んだり、グループで話し合ったりする。	❸❹
3	4．「敦盛の最期」を読み、武士の生き方や価値観について考える。	○登場人物の心情を知った上で、自分の考えをまとめ、全体で共有し合う。	❹

評価規準

知識・技能	思考・判断・表現	主体的に学習に取り組む態度
❶作品の特徴を生かして朗読するなどして、古典の世界に親しんでいる。 (3)ア ❷現代語訳や語注などを手掛かりに作品を読むことを通して、古典に表れたものの見方や考え方を知っている。 (3)イ	❸「読むこと」において、登場人物の言動の意味などについて考えて、内容を解釈している。 C(1)イ	❹進んで登場人物の言動の意味について考えようとしている。

〈指導と評価の一体化を図る見取りのポイント〉

まず、源義経、那須与一、源氏、平家双方の武将達の言動を取り出し、それぞれの心情を考える。「扇の的」に併せて「弓流し」を読むことで、当時の武士の矜持を知り、武将達を慮ることがさらにできるようになる。また、「敦盛の最期」を加えることで、若い敵将に我が子を重ねながらも討ち取り、やがては出家をする直実の心情に触れることで、作品への理解が深まる。

扇の的

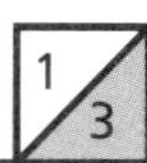

主発問　**この場面はどういう状況であるか、人物の言動に着目して考えましょう。**

目標

音読で古典のリズムを楽しむとともに人物の言動に着目してこの場面の内容を捉えることができる。

評価のポイント

❶作品の特徴を活かして朗読するなどして、古典のリズムを楽しめている。　⑶ア

❷現代語訳や語注などを手掛かりにこの場面を読むことを通して、その内容を捉えている。　⑶イ

準備物　・原文部分の全文プリント

ワークシート・ICT 等の活用や授業づくりのアイデア

○どの人物のどんな言動に着目しているのかを一覧にして可視化できるように原文部分の「全文プリント」を用意する。

＊全文プリントは教材 CD のテキストデータを用いてワークシート化するとよい（デジタル教科書にはあらかじめ PDF ファイルが用意されている）。

1　導入（学習の見通しをもつ）

〈3 回の授業展開とゴールを説明する〉

T：まず、この場面の背景と、現代語訳を読むことで内容を把握します。次に、音読して、古文のリズムを楽しんでください。そして、登場人物の言動を通して、この場面の状況を読み、さらにもう一場面を併せて読んでいくことで、この世界のものの考え方を理解していきましょう。

2　展開

〈通読する〉

T：今日読んでいくのは「平家物語」の中の有名なエピソードの一つです。まず、この場面の背景と現代語訳を読んでいきます。

○適宜補足しながら読み進めていく。現状が、海に敗走した平家方が船上におり、追う源氏が浜辺に陣を敷いていることを確認する。

〈登場人物を確認する〉

T：さて、この場面で登場した人物を挙げてみましょう。また、それぞれはどんな役割だったでしょうか。

・那須与一

弓の名手で、大将義経の命令で、源氏を代表して扇と平家方の男を射る

・源義経

源氏方の大将で、与一に扇と舞う男を

3　終末（学習を振り返る）

〈物語の場面を理解し、音読で古文のリズムを楽しめたか〉

T：「扇の的」の場面を理解したうえで、原文の音読を楽しむことができましたか。次回は、登場人物の心情を通して物語を読んでいきましょう。

＊音読は次回も行うこととし、練習をしてくるように指示をする。

効果的な板書例

扇の的

【学習目標】
登場人物の言動の意味を考え、そこに表れたものの見方や考え方を捉える。

【今日のめあて】
音読を楽しみ、人物の言動を通し場面の状況を理解しよう。

◎場面
海へ敗走した平家と陸から追う源氏が対峙している中で、平家方が波に揺られる扇を射るように挑発する。それを受けて与一は見事射落とすが、義経の命で舞を舞う男を射倒す。その後の戦いで波間に弓を落とした義経は命がけで拾った。

◎登場人物
・那須与一…若いが弓の名手。義経の命令で扇と平家方の男を射る。
・源義経…源氏方の大将。与一に扇と男を射るように命じる。また、敵前に流した弓を命がけで拾う。
・伊勢三郎義盛他、源氏方
・扇を置いた女房や舞を舞って射られた男他、平家方

■音読
・微音読
・追いかけ読み
＊古文のリズムを味わう

射るように命じる
・伊勢三郎義盛
義経の命令を那須与一に伝える
・平家方の女房
船の舳先に扇を置く
・平家方の男
舞を舞い、与一に射られる
＊言葉の意味調べは事前の自宅学習を指示しておく。
＊社会科の学習とリンクさせたり、図書館司書と相談して関連図書を図書室や教室に特設したりできると学習の幅が広がる。

〈原文を音読する〉

T：それでは、古文の原文の部分を範読しますので、古文のリズムを感じてくださいね。また、読み方や言葉のまとまりなど、プリントに書き込みながら聞いていてください。
○プリントに書き込みながら範読を聞く。
T：では、着席したままで微音読を行ってください。
＊授業者は机間支援によって読み誤り等を支援する。
＊なめらかに音読できるように、数回繰り返すように指示をする。
T：それでは、着席したままで結構ですから、声を合わせて音読しましょう。
○まず、追いかけ読みを行い、数回繰り返して音読する。
＊読む姿勢やプリントの持ち方など、声が出やすいように指示をする。
＊読みづらい箇所は、取り出して繰り返し音読する。
T：では、皆さん起立してください。お互いの声を聞きながら、声を重ねてリズムや響きを感じながら音読をしましょう。
○時間いっぱい音読を繰り返し、原文の古文のリズムを楽しむ。

扇の的

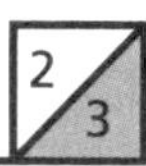

主発問　**登場人物の言動から、それぞれの立場の人々の心情を考えましょう。**

目標

登場人物の言動を抜き出し、人々の心情を考えることができる。

評価のポイント

❸登場人物の言動の意味などについて考えている。
C(1)イ

❹進んで登場人物の言動の意味について考えようとしている。

準備物　・全文プリント　・人物が一覧できるワークシート

ワークシート・ICT 等の活用や授業づくりのアイデア

○物語の進行が俯瞰できる全文プリントに併せて、人物とその人物の言動、及びその人物の人となりが分かる描写を抜き書きし、その心情を考えて書き込めるワークシートを用意する。

＊全文プリントと並べることで、その人物を巡る情景も分かり、ワークシートに書き込むことによって人物の心情に焦点化しやすくなる。

1　導入（学習の見通しをもつ）

〈前時を振り返り音読し、今日の目標を確認する〉

T：前回は「扇の的」の内容を共有して、音読しました。今日も、場面の状況を思い出しながら音読しましょう。

＊1、2回、声が出るように起立して音読させる。

T：今日は、人物の心情を読んでいきましょう。

2　展開

〈原文の前の部分から〉

T：まず、原文の前の部分から与一、義経、源氏方の心情が分かる部分を抜き出してみましょう。

・与一

「てまえの力では及びませぬ」、辞しがたく「仰せのとおりつかまつりましょう」…まず、大将の命令は絶対であったこと。以後の「黒のたくましい馬に鞍を置いて～」の描写から、一度は断っているが、全く自信がないわけではないことが読み取れる。

・義経、源氏の人々

「かの若者ならば、確かに射当てるに相違ない。」…堂々とした後ろ姿

＊まず、個々に考えさせる。その後4名程度で確認し合う。

＊あまり時間をかけなくてもよい。

3　終末（学習を振り返る）

〈次回は「敦盛の最後」を読み、武士の生き方や価値観を考えることを予告する〉

T：今日、読んだ与一や義経、源氏方平家方の人々それぞれの思いを通して、武士である彼等が大切にしていたものが伝わってきました。次回は、もう一つのエピソードを読んで、さらに武士の生き方や価値観について考えていきましょう。

効果的な板書例

扇の的

【今日のめあて】「扇の的」の人物の言動から心情を考え、前回までの学習と併せて武士の生き方について考えよう。

◎心情
・与一…大将である義経からの「御定」は命をかけてやりとげる。
・義経…挑戦には応じる。さらに、戦いの最中であることを思い知らせる。

〈源氏方〉
与一への大きな期待
与一への賞賛
与一への賞賛
・よく射た
・心ないことだ

〈平家方〉
◇与一が扇を射る前
半信半疑、恥をかかせよう
◇与一が扇を射落とす
与一への賞賛、舞を舞う
◇与一が男を射倒す
音もなく静まりかえる

◆弓を流す
義経は、自分の弓一つで源氏全体が侮られることをよしとしなかった。

大将の命令は絶対で敵に背中を見せない誇り高さ
…命よりも大切

〈原文についてグループで確認し発表し共有〉

T：これからグループで、与一が扇を射る前から男を射倒すまでの、与一と義経の心情と、それぞれの場面での源氏方、平家方の人々の様子をまとめましょう。

生徒 a：与一から出し合おう。「これを射損ずるものならば、弓切り折り自害して、人に二度面を向かふべからず」って、命がけってこと？

生徒 b：決して失敗することは許されないってことだよね。

生徒 c：すごく緊張したと思うけど、堂々としている。「よつぴいてひやうど放つ」「浦響くほど長鳴りして」「ひいふつとぞ射切ったる」なんて、弓の名手って感じ。本領発揮だ。

生徒 d：でも、与一の腕前に感動して舞った男を「しゃ頸の骨をひやうふつと射て、舟底へ逆さまに射倒す。」んだ。何かひどい。

生徒 a：与一は大将の義経の命令に従っただけだよ。伊勢三郎義盛が「御定ぞ、つかまつれ」って言っている。

生徒 b：義経の心情を想像すると、「弓流し」の場面だけど、「嘲弄せんずるが口惜しければ、命にかへて取るぞかし」、つまり誇りにかけて命がけで弓を拾ったってある。戦におけるふるまい方を大切に思っていたのかも。

○源氏方
・平家に源氏の力を見せて欲しい
・扇によく当てた、よくやり遂げた
・舞う男を射たことは、よく射たと言う者と心ないことをしたと言う者がいた

○平家方
・射れるものなら射てみよ
・すばらしい腕前だ、敵ながらあっぱれ
・戦での敵に対する残酷さを再認識した

〈登場人物のものの見方や考え方〉

T：与一や義経が大切にしていることはどんなことでしたか。

・武士としての矜持や誇りです。

扇の的

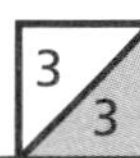

「扇の的」に「敦盛の最期」を併せて読んで、武士の生き方や価値観を考えましょう。

目標

「敦盛の最期」の人物の言動から心情を考え、前回までの学習と併せて武士の生き方について考える。

評価のポイント

❹進んで登場人物の言動の意味について考えようとしている。

準備物　・全文プリント　・ホワイトボード（各班用）

ワークシート・ICT 等の活用や授業づくりのアイデア

○グループごとに２枚ずつホワイトボードを用意する。１枚は直実と敦盛の言動から考えられる心情を出し合って書く。もう１枚は、それを見ながら武士の生き方や価値観についてのそれぞれの考えをまとめるために用いる。

＊ロイロノートやクラスルームを活用することもできる。

＊最終感想をロイロノートで回収可能。

1 導入（学習の見通しをもつ）

〈前時を振り返り、武士の生き方について考えることを示す〉

T：今日は、前回読んだ「扇の的」に加えて、「敦盛の最期」を読んでいきます。熊谷次郎直実と若武者、平敦盛のそれぞれの心情を併せて読んで、武士の生き方や価値観を考えていきましょう。

2 展開

〈「敦盛の最期」の内容を理解する〉

T：それでは、現代語訳を読んでいきましょう。

＊時間が許せば原文を音読する。

〈グループごとに直実と敦盛の心情について考えて、出し合い、発表する〉

○平家の若武者をとらえた直実が名のある相手と知りながら殺すことをためらった理由に着目する。

○グループでの交流

（直実が若武者を手にかけるのをためらったこと）

・直実の心の動きが読み取れます。最初、若武者を見つけたときには、身分のありそうな、倒すのにふさわしい相手だと考えていましたが、殺すことをためらうようになってしまいます。

・身分が高いほど、報奨金が高かったは

3 終末（学習を振り返る）

〈人物の言動から心情を読み、武士の生き方や価値観を考えたことで、どんな感想をもったかを書く〉

T：この３時間で登場人物に着目して、心情を考えていきました。そして、複数のエピソードから武士の生き方や価値観について考えました。この学習を通して、もった感想や考えを書いてください。

効果的な板書例

敦盛の最期

【今日のめあて】「敦盛の最期」の人物の言動から心情を考え、前回までの学習と併せて武士の生き方について考えよう。

◎直実が若武者を手にかけるのをためらったこと
・倒すのに相応しい相手
↑
・若武者を息子に重ねてしまった
＝ 父親の立場、心情

◎結局助けられないため、自らの手にかけ、戦の後、出家して供養をした。

◎敦盛は、敵である直実に命乞いはしない。
＝ 武士の誇り

命よりも大切な「誇り」を持って生きていた人々について感じたり考えたりしたことを書こう。

○ホワイトボードを適宜掲示する

ずだし、戦場なんだからどうしてためらったのか、最初読んだときには、疑問に思いました。

（若武者を息子と重ねてしまったこと）

・離れていたときには、直実は若武者のことを、ただ敵、としか思っていなかったけれど、実際に組み合ってみて近くで若々しい顔を実際に見て、息子と重ねてしまった。
・自分の息子と重なってしまったら、なかなか殺すことはできないのは分かる。
・直実は、父親としての自分の思いを若武者の父親の思いと、思いを重ねてしまったから、父親として息子を殺すことはできなくなったのだと思います。

（結局、手にかけてしまうこと）

・何とかして助けたいと思っても、源氏の軍勢が追いついてきているから、ただの報奨金が高い敵だとみられて殺されてしまう。ひどい扱いを受けさせるくらいなら、自分の手で供養をすると言っています。
・息子と重ねた上で自分で手にかけたからものすごくつらかったと思います。
・夜の戦場に流れていた笛の音を若武者が吹いていたと知ったことも、敦盛の人間性に触れた感じで、ますますつらかったと思います。
・だから、戦が終わった後で、出家したのだと思います。

○敦盛の心情

・直実は、あくまでも敵であり、捕らえられた自分は、もう、生き恥はさらせない。

＊出された考えは、ホワイトボードに書いて、それを掲示して全体で共有できる。

〈武士の生き方や価値観を考える〉

T：二つの話から武士の生き方や価値について考えてみましょう。義経と与一の関係性、弓流しで義経の思い、直実の思い、敦盛の思いをそれぞれもう１枚のホワイトボードにまとめてください。

＊書き終えたら掲示し、意見を出し合わせる。

6 いにしえの心を訪ねる

仁和寺にある法師―「徒然草」から

（3時間扱い／書くこと・読むこと）

指導事項：〔知技〕⑶ア、イ　〔思判表〕B⑴イ　C⑴オ
言語活動例：「仁和寺にある法師」を読み、作者が伝えようとしたことについて話し合う。

単元の目標

⑴古典の文章を朗読してその表現に慣れ、作品を読み味わうことができる。〔知識及び技能〕⑶ア
⑵現代語訳や語注などを手掛かりに作品を読むことを通して、古典に表れたものの見方や考え方を知ることができる。〔知識及び技能〕⑶イ
⑶伝えたいことが分かりやすく伝わるように、段落相互の関係などを明確にし、文章の構成や展開を工夫することができる。〔思考力、判断力、表現力等〕B⑴イ
⑷登場人物の行動に着目し、作者のものの見方や考え方について考え、自分の考えを広げたり深めたりすることができる。〔思考力、判断力、表現力等〕C⑴オ
⑸言葉がもつ価値を認識するとともに、読書を生活に役立て、我が国の言語文化を大切にして、思いや考えを伝え合おうとする。「学びに向かう力、人間性等」

単元の構想

〈単元で育てたい資質・能力／働かせたい見方・考え方〉

現代語訳や語注などを手がかりとして内容を捉え、作品がもつリズムや表現などを生かして朗読することを通して、作品を読み味わい、古典の世界へ親しむことをねらいとする。内容を捉える際に、登場人物の行動やそれに対する作者の記述に着目することで、古典の作者のものの見方や考え方について考えることを目指す。

〈教材・題材の特徴〉

『徒然草』は、序段と243段の本文からなる日本の代表的な随筆集の一つである。鎌倉時代末期の社会や世相、人々の逸話や教訓、自然や人生について、兼好法師の自由なものの見方で書かれている。「仁和寺にある法師」（第92段）は、独り合点に陥った登場人物（法師）のおかしさが描かれ、生徒にとっても親しみのもてる内容である。また、文章のポイントになるところが係り結びによって強調されていたり、兼好法師の感想が最後の一文に書かれていたりする点を意識して朗読をさせることで、作品を読み味わい古典に親しむことができる教材である。

〈主体的・対話的で深い学びの視点からの授業改善ポイント／言語活動の工夫〉

「仁和寺にある法師」について、文章の特徴を踏まえて内容を捉えたり、自分の経験と結び付けながら考えたりしながら、繰り返し朗読をすることで、自分の解釈を踏まえた朗読ができるように

する。その上で、互いの朗読の仕方を交流し、それぞれの考えをより確かなものとすることを促す。

また、教科書に掲載されたもの以外の『徒然草』の章段に触れ、兼好法師がどのような人物か想像しながら話し合うことで、生徒と古典の世界との距離を縮めることを目指す。

単元計画

時	学習活動	学習内容	評価
1	1．学習の見通しをもつ。 2．冒頭部分、「仁和寺にある法師」を音読する。 3．「仁和寺にある法師」の内容を確認する。	◯目標や評価規準、学習の流れを確認する。「音読」と比べながら、「朗読」について確認する。 ◯歴史的仮名遣いに注意しながら、繰り返し音読する。 ◯現代語訳や語注から内容を確認し、音読する。 ◯法師の勘違いについて、原文や教科書の図などを使って説明する。	❶
2	4．「仁和寺にある法師」の表現を手がかりに、作者のものの見方・考え方を捉える。	◯「係り結び」を確認し、作者が法師の勘違いをどのように捉えているか、自分の経験と結び付けながら話し合う。 ◯グループの中で朗読し、どのようなことに気を付けたかを交流する。	❷❹
3	5．「徒然草」の他の章段にふれ、兼好法師のものの見方や考え方について話し合う。 6．兼好法師がどのような人物か文章にまとめる。	◯資料 p.288–289を活用して、「徒然草」の他の章段の内容を確認する。 ◯兼好法師がどのような人だと想像するか考えを交流した上で、自分の考えをまとめる。	❺ ❸

評価規準

知識・技能	思考・判断・表現	主体的に学習に取り組む態度
❶古典の文章をよく理解して、朗読に表現し、作品を読み味わっている。 ⑶ア ❷現代語訳や語注などを手掛かりに読むことを通して、古典に表れたものの見方や考え方を知っている。⑶イ	❸「書くこと」において、伝えたいことが分かりやすく伝わるように、段落相互の関係などを明確にし、文章の構成や展開を工夫している。 B⑴イ ❹「読むこと」において、登場人物の行動に着目し、作者のものの見方や考え方について考え、自分の考えを広げたり深めたりしている。 C⑴オ	❺繰り返し朗読したり、話し合ったりすることを通して、作者のものの見方や考え方について考えようとしている。

〈指導と評価の一体化を図る見取りのポイント〉

単元の学習の中で、作品の音読を繰り返し行い、音読・朗読の仕方について生徒に記述させる。作品の特徴や内容を捉え、作品や作者について考えが深まっていく過程を、音読・朗読の仕方の変化によって見取ることができる。

仁和寺にある法師—「徒然草」から

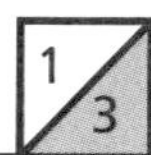

主発問 法師はどんな勘違いをしたのでしょうか。

目標

古典の文章を音読してその表現に慣れ、作品を読み味わうことができる。

評価のポイント

❶古典の文章を音読してその表現に慣れ、作品を読み味わっている。 (3)ア

準備物 ・全文プリント

ワークシート・ICT 等の活用や授業づくりのアイデア

◯文章の特徴や内容について、思ったことや考えたこと、朗読の仕方について書き込めるよう全文プリントを用意する。

＊教科書に掲載された原文を、行間や余白を広くとって示す。

＊プリントは教材 CD のテキストデータを用いてワークシート化するとよい。

1 導入（学習の見通しをもつ）

〈単元の学習の目標と流れを確認する〉

T：この単元では、「徒然草」を読んで、作者のものの見方や考え方について考えることを目指します。3時間の単元ですが、文章に読み慣れるよう音読をしたり、文章の内容や作者について話し合ったりして、最後には、作者がどのような人物かを文章にまとめます。

2 展開

〈「徒然草」について確認する〉

T：まずは教科書を読んで、「徒然草」がどのような作品かを確認しましょう。

・鎌倉時代末。兼好法師。

・日本の代表的な随筆文学。

＊「随筆」について、枕草子で学習したことを想起させる。

〈冒頭部分を朗読する〉

T：教科書には冒頭部分が掲載されています。声に出して読んでみましょう。

◯範読を聞く→追いかけ読みをする。

T：朗読は、思ったことや考えたことを踏まえ、聞き手に伝えようと表現性を高めて文章を声に出して読むことです。現代語訳を読んで、全文プリントに思ったことなどを書き込み、繰り返し朗読しましょう。

◯ペアで読み方を確認する→個人で繰り

3 終末（学習を振り返る）

〈次回は作者に注目して読んでいくことを確認する〉

T：いかがでしたか。文章の内容を基にして朗読することができましたか。今日の授業では、「徒然草」の内容を確認して朗読をしました。次回は、作者である兼好法師に着目して読んでいきたいと思います。

効果的な板書例

「仁和寺にある法師——「徒然草」から」
兼好法師

【学習目標】
古典の文章を読んで、作者のものの見方や考え方について考える。

【学習の見通し】
①冒頭部分、「仁和寺にある法師」を音読する。
②「仁和寺にある法師」の内容をまとめる。
③「仁和寺にある法師」の表現から作者の見方や考え方を考える。
④兼好法師がどのような人物か文章にまとめる。

【今日のめあて】「仁和寺にある法師」の勘違いの内容を理解しよう。

○「徒然草」…鎌倉時代末。作者＝兼好法師。随筆。
日本の代表的な随筆文学の一つ。
自然や人間についての鋭い考えや感想、見聞
無常観に基づく人生観や美意識。

○「朗読」…思ったことや考えたことを踏まえ、聞き手に伝えようと表現性を高めて、文章を声に出して読むこと。

仁和寺にある法師
登場人物…法師、かたへの人。
石清水八幡宮は本当は山の中にあるのに法師は、ふもとにある極楽寺や高良を石清水だと勘違いした。

返し朗読する→一斉朗読の順で進める。

〈「仁和寺にある法師」を朗読する〉

T：次に、「仁和寺にある法師」を声に出して読んでみましょう。

◯範読する→追いかけ読みをする。

T：意味を取るのが難しいところには、語注が付けられています。これを見て、内容を確認しながら音読してみましょう。

◯ペアで確認→個人で音読→一斉音読の順で朗読する。

＊机間指導をして、朗読を確認する

〈「仁和寺にある法師」の内容を確認する〉

T：登場人物は誰ですか？
・(仁和寺にある) 法師
・かたへの人

T：文章の中では、法師がある勘違いをしていたことが書かれています。文章と教科書p.159の図を見ながら確認してみましょう。

＊個人で考えさせる。机間指導を行いながら、必要に応じて、周りと相談するように促す

〈ペアで内容を説明し合う〉

T：法師がどのような勘違いをしたのか、教科書の図を使いながら、ペアで説明し合いましょう。聞いている人は、分かりやすく説明しているか、相手の人に伝えてあげましょう。

＊机間指導をする。法師の勘違いについて適切な内容を分かりやすく説明している生徒を見つけ、後で全体にも説明するよう声をかけておく。

T：分かりやすく説明できましたか。説明の様子を見ていて、Aさんと Bさんの説明が分かりやすかったので、みんなに説明してもらいます。聞きながら法師の勘違いを確認しましょう。

〈全体で朗読する〉

T：最後に冒頭部分と「仁和寺にある法師」を全体で朗読しましょう。

仁和寺にある法師―「徒然草」から

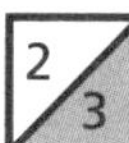

主発問 作者は、法師の勘違いをどのように捉えているか。

目標

文章を読んで、作者のものの見方や考え方について考えることができる。

評価のポイント

❷現代語訳や語注などを手掛かりに読むことを通して、作者のものの見方や考え方を捉えている。 (3)イ

❹登場人物の行動に着目し、作者のものの見方や考え方について考えている。 C(1)オ

準備物 ・全文プリント

ワークシート・ICT 等の活用や授業づくりのアイデア

○第１時に引き続き、全文プリントを活用する。登場人物の行動に着目した前回に続き、作者に着目して考えたことを書き込ませる。

＊文章の内容についての理解や自分の考えを深めることができる。

＊グループで朗読を交流する際、全文プリントに記入したことを交流することで考えの違いを明確にできる。

1 導入（学習の見通しをもつ）

〈本時の学習活動を簡潔に示す〉

T：前回の授業では、「徒然草」の内容を確認して朗読をしました。今回は、作者である兼好法師に着目して読んでいきたいと思います。まずは、前回の学習を思い出しながら、冒頭部分と「仁和寺にある法師」を全体で音読しましょう。

2 展開

〈係り結びについて確認する〉

T：教科書 p.160下段の「係り結び」の説明を読んで、「係り結び」がどのようなものかを確認しましょう。

・作者や登場人物の感動や疑問の気持ちなどを、より強調するときに用いられる。

・「ぞ」「こそ」によって事象や行為が強調され、文末が変化する。

〈係り結びから内容の理解を深める〉

T：「仁和寺にある法師」では、係り結びが用いられているところが２ヶ所あります。どこでしょうか。

・尊くこそおはしけれ。

・〜とぞ言ひける。

T：作者の兼好法師がなぜこの部分を強調したのか話し合ってみましょう。また、話し合いながら考えたことを全文

3 終末（学習を振り返る）

〈次回は作者がどのような人物か文章にまとめることを確認する〉

T：今回は、作者の兼好法師に着目して、話し合いながら、「仁和寺にある法師」を読んできました。次回は、兼好法師がどのような人物か自分の考えを文章にまとめていきます。

効果的な板書例

「仁和寺にある法師——「徒然草」から」
兼好法師

【学習目標】
古典の文章を読んで、作者のものの見方や考え方について考える。

【学習の見通し】
①冒頭部分、「仁和寺にある法師」を音読する。
②「仁和寺にある法師」の内容をまとめる。
③「仁和寺にある法師」の表現から作者の見方や考え方を考える。
④兼好法師がどのような人物か文章にまとめる。

【今日のめあて】
文章を読んで、作者は法師の勘違いについて、どのように捉えているかを考えよう。

○「係り結び」…
作者や登場人物の感動や疑問の気持ちなどを強調する時。
「ぞ」「こそ」（係りの助詞）→文末が変化する。

・尊くおはしけり。→尊くこそおはしけれ。
☆「尊い」ということが強調される。

・～と言ひけり。→とぞ言ひける。
☆その前の法師の言葉が強調される。

少しのことにも、先達はあらまほしきことなり。
少しのことでも、その道の先導者はあってほしいものだ。
＝他者の見方・考え方

プリントに書き込みましょう。

＊グループで話し合う。

・法師が石清水を心から尊く思っていることを強調したかった。
・石清水八幡宮を見ていないのに、「尊い」と言って感動している法師のことを印象に残そうとしている。
・法師の見当外れの言葉を強調して、法師の勘違いのおかしさを伝えようとしている。
・法師が勘違いに気付かず仲間に得意そうに話している様子を強調している。

〈作者がどのように見ているか確認する〉

T：この法師の勘違いについて、作者はどのように見ていますか。
　・少しのことにもその道の先導者はあって欲しいものである。

〈自分の経験を話し合う〉

T：みなさんも、これまでにこの法師のように勘違いをしてしまったり、兼好法師のようにそのような話を聞いたりしたことはありませんか。自分の経験や聞いたことなどについてグループで話し合いましょう。また、そのような経験をしてどのように感じたか、今どのように思うかなど、自分の考えも合わせて交流しましょう。

〈作者の見方を踏まえて朗読する〉

T：この文章を書いた作者のことを想像しながら、「仁和寺にある法師」を朗読しましょう。

＊グループ内で一人一人朗読する。また、朗読する際にどのようなことに気を付けたか、全文プリントへの書き込みを基にして交流する。

仁和寺にある法師―「徒然草」から

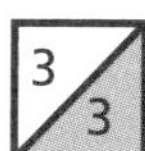

主発問 兼好法師はどのような人物だと考えますか。

目標

作者がどのような人物か考えたことを文章にまとめることができる。

評価のポイント

❸伝えたいことが分かりやすく伝わるように、段落相互の関係などを明確にし、文章の構成や展開を工夫している。 B(1)イ

❺繰り返し朗読したり、話し合ったりすることを通して、作者のものの見方や考え方について考えようとしている。

準備物 ・全文プリント ・ICT 端末

ワークシート・ICT 等の活用や授業づくりのアイデア

○兼好法師がどのような人物かについて自分の考えを、Chromebook を活用して、文章にまとめる。

＊手書きに比べ、文章の修正を簡単に行うことができる。

＊共有ドライブを活用して、生徒同士が文章を参照することができる。また、教師用の端末で、生徒一人一人の進捗状況を見ることができる。

1 導入（学習の見通しをもつ）

〈本時の学習活動を簡潔に示す〉

T：前回は、作者の兼好法師に着目して、作者が強調しようとしたことを話し合いながら、「仁和寺にある法師」を読みました。今回は、他の章段も読んで、兼好法師のものの見方や考え方について考えを深め、兼好法師はどのような人物か自分の考えを文章にまとめます。

2 展開

〈第55段、第117段を読む〉

T：徒然草には、序段と243の章段があります。教科書 p.288～289に二つの章段が掲載されています。これを読んで、兼好法師がどのような人物か、ものの見方や考え方について理解を深めましょう。

＊範読を聞く→追いかけ読み→現代語訳を確認→個人で音読→一斉音読の順で二つの章段を読む。読みながら、気付いたことをノートにメモさせる。

〈兼好法師のものの見方や考え方について話し合う〉

T：二つの章段を読んで、兼好法師のものの見方や考え方について、考えたことをグループで交流しましょう。この後、それぞれ文章にまとめます。自分がどのようなことを書くか、話し合い

3 終末（学習を振り返る）

〈次の学びへの見通しをもたせる〉

T：古典の作品には、登場人物や作者など様々なものの見方や考え方が書かれています。今回の学習では、「徒然草」のいくつかの章段を読んで、作者がどのような人物か考える学習を行いました。古典の作品はたくさんのものがあります。他の作品も読んでいけると良いですね。

効果的な板書例

「仁和寺にある法師―「徒然草」から」
兼好法師

【学習目標】
古典の文章を読んで、作者のものの見方や考え方について考える。

【学習の見通し】
①冒頭部分、「仁和寺にある法師」を音読する。
②「仁和寺にある法師」の内容をまとめる。
③「仁和寺にある法師」の表現から作者の見方や考え方を考える。
④兼好法師がどのような人物か文章にまとめる。

【今日のめあて】
作者がどのような人物か考えたことを文章にまとめよう。

○第五十五段、第百十七段を読んで、兼好法師のものの見方や考え方について、考えたことをノートにメモする。

○兼好法師がどのような人物か文章にまとめる。
・兼好法師の特徴を簡潔に一文でまとめる。
「兼好法師は、○○な人物である。」
・構成を工夫して、三百字程度にまとめる。
・最後に自分の考えや感想を入れる。
・書いた文章をドライブにアップする。

ながら、ノートにメモを取るなどして考えをまとめていきましょう。

＊グループで話し合う。

〈兼好法師がどのような人物か文章にまとめる〉

T：兼好法師がどのような人物か自分の考えを文章にまとめましょう。文章はChromebookを使って書きます。次のポイントを押さえて、書きましょう。教科書p.161に例があるので、参考にするとよいでしょう。

①兼好法師の特徴を簡潔に一文でまとめる。
「兼好法師は、○○な人物である。」
②構成を工夫して、三百字程度にまとめる。
③最後に自分の考えや感想を入れる。
④書いた文章をドライブにアップする。

＊ Chromebookを使って文章を書かせる。教師用の端末で、生徒一人一人の文章の進捗状況を確認し、手が止まっている生徒については、机間指導でアドバイスをする。また、必要に応じて、共有ドライブにある他の生徒の文章を参考にするように伝える。

〈互いの文章を読み合う〉

T：文章が書き終わったら、共有ドライブで他の人の文章を読んでみましょう。文章を読んだら、感想をコメントとして書き込んで、相手に伝えましょう。

＊文章を書き終えた生徒は随時、他の生徒の文章を読み、感想をコメントをして伝える。

〈本時の学習について振り返る〉

T：この単元全体の学習を振り返りを行います。学習の目標は「古典の文章を読んで、作者のものの見方や考え方について考える」ということでした。この目標について自分の学習はどうだったか、近くの人の文章を読んで思ったことなどを踏まえて、振り返りましょう。

6 いにしえの心を訪ねる

漢詩の風景（3時間扱い／読むこと）

指導事項：〔知技〕(3)ア 〔思判表〕C(1)エ
言語活動例：漢詩を読み、表現や内容について感じたことを伝え合う。

単元の目標

(1)漢詩を朗読し、独特の言葉遣いや調子を生かして読み味わうことができる。
〔知識及び技能〕(3)ア

(2)漢詩に歌われている情景を想像し、いにしえの人の心情に触れることができる。
〔思考力、判断力、表現力等〕C(1)エ

(3)言葉がもつ価値を認識するとともに、読書を生活に役立て、我が国の言語文化を大切にして、思いや考えを伝え合おうとする。「学びに向かう力、人間性等」

単元の構想

〈単元で育てたい資質・能力／働かせたい見方・考え方〉

古典作品の表現を味わうためには、実際に声に出して読むことが欠かせない。第2学年の指導で重視されている朗読は、聞き手がいることを前提とする。漢詩がもつ特徴的なリズムや表現などを生かして朗読の仕方を工夫したり、他の生徒の朗読を聞いたりすることは、漢詩についての新たな発見をしたり作品世界への興味や関心を高めたりすることになる。漢詩特有の形式、押韻や対句などの技法を知ることが作者の心情に迫るなど、作品をより深く味わうために不可欠であると意識させたい。

〈教材・題材の特徴〉

本教材では、3編の漢詩（五言絶句が2編、七言絶句が1編）とともに、それぞれの漢詩の特徴を生かした解説文が添えられている。「春暁」では、起承転結の漢詩の構成に沿った鑑賞の仕方が述べられている。「絶句」では、色を表す漢字を取り上げ、表意文字としての漢字の力に目を向けさせ、南国の春景色を想像させるとともに、故郷に帰れない作者の悲しみにも筆が及んでいる。「黄鶴楼にて」では、風景と心情とのつながりや、作者の目にどのように風景が映っているのか（視点）についての説明がなされている。それぞれの解説文の特徴を生かしながら、漢詩の世界に親しませたい。また、教科書p.168には五言律詩「春望」が掲載されている。資料集なども活用しながら、漢詩のルールを整理できる構成となっている。

〈主体的・対話的で深い学びの視点からの授業改善ポイント／言語活動の工夫〉

古典の指導においては、作品世界を豊かにイメージするために、資料集や視聴覚教材などを有効に活用したい。朗読CDに含まれている中国語による朗読を聞かせたり、ICT端末を活用して作品の舞台となった風景をスクリーンに投影したりするなどの工夫が考えられる。朗読の指導においては、第１学年で学習した訓点の種類や用法について、適宜、確認するようにしたい。

単元計画

時	学習活動	学習内容	評価
1	1. 単元のねらいや進め方をつかみ、学習の見通しをもつ。 2. 全文を通読し、３編の漢詩の内容の大体をつかむ。 3. ３編の漢詩を繰り返し音読・朗読し、独特のリズムに親しむ。	○教科書 p.162に示された［目標］を確認することで、本単元で身に付ける資質・能力や、学習の流れを意識させる。 ○漢詩に描かれた世界のイメージを捉えやすくするために、資料集に掲載されている写真や、ICT 機器を活用する。 ○３編の漢詩を音読する中で気付いた特徴的な表現については、教科書に傍線を引かせる。	❶
2	4. ３編の漢詩に歌われている季節、情景、作者の心情を、解説の文章を手がかりにまとめる。 5. 読み取った情景や心情を踏まえて、３編の漢詩を朗読する。	○ワークシートを用いて、３編の漢詩の特徴を整理する。その際、「季節、情景、作者の心情」を共通の観点としながらも、生徒自身が見いだした漢詩の表現の特徴も合わせて記入できるようにする。 ○ペアやグループなど、聞き手がいる状態で朗読させる。	❷
3	6. ３編の中から好きな漢詩を選び、気に入った表現とともに紹介し合う。 7. 単元の学習を振り返る。	○「気に入った表現」については、その表現を指摘するだけでなく、「なぜ気に入ったのか」を明確にして交流させる。	❸

評価規準

知識・技能	思考・判断・表現	主体的に学習に取り組む態度
❶作品の特徴を生かして朗読するなどして、古典の世界に親しんでいる。 (3)ア	❷「読むこと」において、観点を明確にして漢詩を比較するなどし、漢詩の構成や表現の効果について考えている。 C(1)エ	❸進んで作品の特徴を生かして朗読し、学習課題に沿って漢詩を選び、その理由を述べようとしている。

〈指導と評価の一体化を図る見取りのポイント〉

［知識・技能］①の評価規準が実現した状況を、特徴的な表現に注意して漢詩を音読・朗読している姿として捉え、第１時に観察と教科書への書き込みによって評価する。

［思考・判断・表現］②の評価規準が実現した状況を、３編の漢詩の特徴を整理している姿として捉え、第２時にワークシートの記述によって評価する。

［主体的に学習に取り組む態度］③の評価規準が実現した状況を、気に入った表現とともに、好きな漢詩を紹介しようとしている姿として捉え、第３時に観察とノートの記述によって評価する。

漢詩の風景

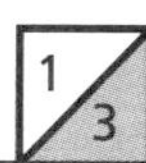

主発問　**3編の漢詩を音読・朗読する中で、特徴的な表現だと感じた言葉には、どのようなものがありますか。**

目標

3編の漢詩を音読・朗読し、独特の表現に親しむことができる。

評価のポイント

❶独特の言葉の使い方や調子を生かして音読し、漢詩の世界に親しんでいる。　(3)ア

準備物　・i-pad　・プロジェクタ　・スクリーン等

ワークシート・ICT 等の活用や授業づくりのアイデア

○古典の授業では、生徒の声が教室を包む学習活動を組織したい。効果的な音読・朗読は、古典に親しむ態度を育成することにつながる。

○漢詩の訓読文を黒板に提示する際には、拡大コピーをしたものを掲示したり、i-pad 等を用いてスクリーンに投影したりすることなどが考えられる。

1　導入（学習の見通しをもつ）

〈本単元で身に付ける資質・能力を説明〉

T：漢詩の学習に入ります。教科書には、3編の漢詩とそれぞれを解説した文章が載せられています。教科書を開いて、漢詩と写真を眺めてみましょう。では、p.162の【目標】を確認しましょう。

＊漢詩や写真を眺めたときの印象を、数名の生徒に発表させるとよい。

2　展開

〈動画等を用いて漢詩の世界に親しむ〉

T：これから漢詩の世界に親しむために、動画を視聴します。中国語での発音や日本の文学に与えた影響も解説されています。

＊NHK の「10min. ボックス　漢詩」には、孟浩然、李白、杜甫の漢詩が取り上げられている。国語便覧などの資料集を用いることも考えられる。

〈教科書を通読する〉

T：これから教科書「漢詩の風景」を通読します。範読を聞きながら、印象に残った言葉などには、傍線を引いてください。

＊指導においては、詳細な漢詩の解釈ではなく、内容の大体をつかませることを意識する。通読後は、傍線を引いた言葉を中心に、ペアやグループで印象を交流させるとよい。

3　終末（学習を振り返る）

〈本時の学習と次時の学習をつなぐ〉

T：次の授業では、3編の漢詩を解説の文章を手がかりにして読み深めていきます。漢詩特有のルールを知ると、さらに深く読むことができるようになります。家庭学習でも、漢詩の音読を続けましょう。

＊音読を家庭学習の課題としたり、暗唱できるように指示したりするのも効果的である。

効果的な板書例

「漢詩の風景」　石川　忠久

【学習目標】
漢詩を音読し、漢詩に歌われている情景を想像したり、いにしえの人の心情に触れることができる。

【今日のめあて】三編の漢詩を音読・朗読して、その世界に親しもう。

○漢詩・・・唐の時代に多くつくられた。
○代表的な詩人と作品
孟浩然「春暁」、杜甫「絶句」
李白「黄鶴楼にて孟浩然の広陵に之くを送る」
など

春暁　孟浩然

春眠不覚暁
処処聞啼鳥
夜来風雨声
花落知多少

漢詩をスクリーンへ投影したもの。訓読文にする。

〈3編の漢詩を、繰り返し音読・朗読する〉

T：では、3編の漢詩を何度も音読します。独特のリズムに親しみましょう。黒板には、訓点のついた漢詩を示しています。最初は教科書の書き下し文を頼りにしてもよいですが、慣れてきたら黒板の漢文を見ながら音読しましょう。

＊第1学年での「送り仮名」「返り点」などの学習を想起させながら指導にあたる。

＊黒板には、拡大印刷をした漢詩を掲示したり、i-pad 等を用いて漢詩をスクリーンに投影することも考えられる。

＊教師の後に続けて読む「追い読み」をスタートにして、次第に生徒同士で音読を確認し合う学習へとシフトしていく。

＊生徒同士での音読がスタートした後は、教師は机間指導を行い、評価規準①の実現状況を、生徒の活動の観察を行うことで評価する。

＊「努力を要する」状況（C）と判断した生徒には、教師が一緒に音読したり、他の生徒と音読を確認し合うように助言したりする。

〈音読・朗読で気付いたことを可視化する〉

T：3編の漢詩を音読・朗読する中で印象に残った言葉や、特徴的な表現だと感じた言葉には傍線を引いたり、コメントを書き込んだりしましょう。

＊教師は、机間指導で教科書への書き込みを確認しながら、評価規準①の実現状況を評価する。

＊教科書への記入が進まない生徒は、「努力を要する」状況（C）と判断し、印象に残った言葉を具体的に指摘させて、その言葉を足場として「なぜ、印象に残ったのか」を考えさせたり、クラスメイトの教科書への書き込みを参考にさせたりする。

〈特徴的な表現などについて交流する〉

T：音読を通して気付いた特徴的な表現や印象に残った語句について、ペアやグループで交流しましょう。

＊数名の生徒を指名して、発表させてもよい。

漢詩の風景

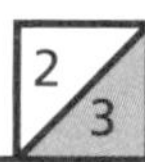

3編の漢詩には、それぞれどのようなことが歌われているでしょうか。「季節」「情景」「作者の心情」を観点にしてまとめましょう。

目標

3編の漢詩に歌われている季節、情景、作者の心情をまとめることができる。

評価のポイント

❷ワークシートに示した観点を基にして、漢詩に歌われた情景や作者の思いなどを捉えている。

C(1)エ

準備物　・ワークシート01

ワークシート・ICT等の活用や授業づくりのアイデア

○個人で考えたことと、グループ交流の中で気付いたことを明らかにするために、ペンの色を変えて記入する。
○クラス全体に考えを発表する場面では、生徒のワークシートをi-pad等を用いて撮影し、スクリーンに投影することが考えられる。

1 導入（学習の見通しをもつ）

〈本時に身に付ける資質・能力を説明〉

T：前時は、3編の漢詩を繰り返し音読・朗読しました。本時は、解説の文章を手がかりにして、漢詩を読み深めていきます。家庭学習を生かして、3編の漢詩を音読しましょう。
＊ペアやグループで3編の漢詩を正確に読むことができるかを確認させてもよい。

2 展開

〈3編の漢詩を読み深める〉

T：これから、3編の漢詩を読み深めていきます。配付したワークシートを見てください。それぞれの漢詩について「季節」「情景」「作者の心情」をまとめる枠があります。教科書の解説の文章を基にまとめましょう。また、3編の漢詩は、それぞれ異なった視点から解説されています。解説の文章を比較してみましょう。
＊ワークシートにまとめる前に、どのような視点で解説の文章を読むのかを明確にする。
＊解説の文章は、
・春暁：漢詩の形式や構成から
・絶句：色彩や表意文字としての漢字の性質から
・黄鶴楼にて：作者の視点の描写から

3 終末（学習を振り返る）

〈本時の学習と次時の学習をつなぐ〉

T：本時は、3編の漢詩について、解説の文章を基に読み深めました。3編の漢詩には、それぞれによさがあります。みなさんは、どの漢詩が好きですか。次時は、好きな漢詩を取り上げて、気に入った表現を紹介し合ってもらいます。家庭学習でも、音読を続けてください。

効果的な板書例

「漢詩の風景」　石川　忠久

【今日のめあて】3編の漢詩に歌われた内容をまとめよう。

漢詩	春暁	絶句	黄鶴楼にて…
季節			
情景			
作者の心情			
解説文の特徴			

解説の文章が、それぞれの漢詩の特色を生かしたものとなっていることに気付かせたい。

＊教師は、机間指導を行い、ワークシートへの記入の状況から、評価規準②の実現状況を確認する。「努力を要する」状況（C）と判断した生徒には、季節・情景・作者の心情の一つの観点を取り上げてまとめさせるなどの考え方の道筋を示す。

〈ワークシートにまとめた内容を基に、グループで交流する〉

T：グループで、ワークシートに記入した内容を基に、3編の漢詩の特徴を交流しましょう。交流の中で気付いたことや考えたことは、ペンの色を変えて追記しましょう。

＊教師は、机間指導を行いながら、生徒の学習状況を把握する。

＊交流の中で気付いたことや考えたことはペンの色を変えて追記させ、自身の学習の過程を認識しやすいようにする。

〈読み深めた内容について発表する〉

T：では、ワークシートに記入した内容をまとめます。黒板に示したそれぞれの枠に記入をしてもらいます。書いてくれる人はいますか？

＊黒板に示した枠に記入させる方法以外にも、生徒のワークシートを i-pad で撮影し、スクリーンに投影しながら発表させる方法も考えられる。

＊適宜、教科書 p.168や国語便覧等の資料集を用いて、漢詩の形式やルールについて確認する。

〈本時の学習を踏まえて、3編の漢詩を音読・朗読する〉

T：本時の学習で読み深めたことを踏まえて、3編の漢詩をグループ内で音読・朗読し合いましょう。

＊ペアやグループなど「聞き手がいる状態」で活動させる。

＊活動後は、前時と本時とで音読・朗読の仕方がどのように変わったのかを交流させる。

漢詩の風景

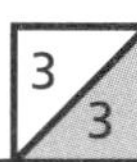

好きな漢詩の気に入った表現を伝え合うことで、気付いたことや考えたことは、どのようなことですか？

目標

３編の中から好きな漢詩を選び、気に入った表現を理由とともに説明することができる。

評価のポイント

❸漢詩の特徴を生かした音読・朗読や、他の生徒との交流を通して、自分の考えを広げたり深めたりしようとしている。

準備物　・ワークシート

ワークシート・ICT 等の活用や授業づくりのアイデア

○単元末には、自己の変容を言葉にして認識する活動を設定したい。本単元では、交流後にワークシートを記入する学習を設定している。ノートや教科書の記述を基にして、生徒が自身自分の学習を振り返ることが重要である。

○朗読 CD の活用方法として、単元末に使用するアイデアもある。

1　導入（学習の見通しをもつ）

〈本時に身に付ける資質・能力を説明〉

T：本時では、３編の漢詩の中から好きなものを選び、気に入った表現とともに紹介し合う学習を行います。前時までに読み深める中で考えたことを伝え合いましょう。

＊前時までの学習と異なり、自分の考えを伝え合う学習であることを意識させる。

2　展開

〈グループ内で考えを伝え合う〉

T：本時の学習は、二つの段階に分けて行います。まずは、普段のグループで好きな漢詩と表現を伝え合います。次に他のグループのメンバーと考えを伝え合います。

＊グループ内で好きな漢詩と表現を伝え合う活動では、漢詩を朗読した後に、好きな表現を理由とともに伝えるように指示する。

＊交流を通して、気付いたことや考えたことは、ワークシートに記入するように指示する。

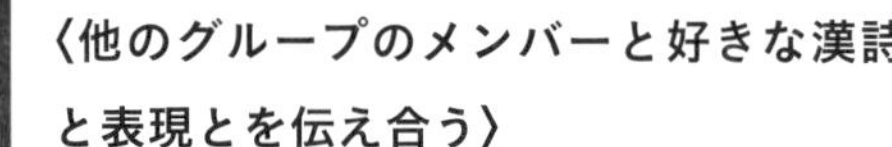

〈他のグループのメンバーと好きな漢詩と表現とを伝え合う〉

T：では次に、他のグループのメンバーと好きな漢詩と表現とを伝え合います。ここでも、気付いたことや考えた

3　終末（学習を振り返る）

〈学んだことを日常生活とつなげる〉

T：日本人は、漢詩をはじめ中国の文字や文学から多くのものを学んできました。今回の漢詩の学習で、いにしえの人の心情にふれる中で考えたことは多くあるはずです。興味がある人は、学校図書館の本などを読んでみるのもよいと思います。

効果的な板書例

「漢詩の風景」

石川　忠久

【学習目標】
漢詩を音読し、漢詩に歌われている心情を想像したり、いにしえの人の心情にふれることができる。

【今日のめあて】好きな漢詩の、気に入った表現を紹介しよう。

【交流の仕方について】
①普段のグループのメンバーと紹介し合う。
↓
②他のグループのメンバーと紹介し合う。

（留意点）
＊漢詩を朗読した後に、気に入った表現を理由とともに伝えること。

【単元の学習を通して身に付けた力や、考えの広がりや深まり】

〇〇〇〇〇〇〇〇〇〇〇〇〇〇〇〇〇〇〇〇〇〇〇〇〇
〇〇〇〇〇〇〇〇〇〇〇〇
〇〇〇〇〇〇〇〇〇〇〇〇〇〇〇〇〇〇〇〇〇〇〇〇〇
〇〇〇〇〇〇〇〇〇〇〇〇

ことは、ワークシートに記入しましょう。

＊他のグループのメンバーとの交流は、次の図のように、四人グループを作り、同じ班から複数名が参加しないようにする。

【四人グループの構成】

＊グループについては、同じ漢詩を選んだメンバーによって編成することも考えられる。生徒の状況に応じて、２～３セット行ってもよい。

＊評価規準③の実現状況は、交流の場面での活動を観察することによって判断する。

〈グループに戻り、他の班のメンバーと交流した内容を伝え合う〉

Ｔ：他の班のメンバーとの交流はどうでしたか？　新たに気付いたことや考えたことがありましたか？　元のグループでそれらを伝え合いましょう。

＊記入したワークシートを基にして、考えたことを伝え合う場を設定することで、自分の考えの広がりや深まりを認識させる。

〈考えの広がりや深まりを記述する〉

Ｔ：漢詩の学習を通して身に付けた力や、交流を通しての考えの広がりについてワークシートに記述しましょう。

＊数人の生徒に発表させ、学習による変容を認識させる。

〈３編の漢詩を音読する〉

Ｔ：それでは、これまでの学習を踏まえて、３編の漢詩をクラス全員で音読しましょう。

＊コメントを記入した教科書やワークシートを手元に置き、朗読 CD を聞かせてもよい。

7 価値を語る
君は「最後の晩餐」を知っているか／「最後の晩餐」の新しさ
（4時間扱い／読むこと）

指導事項〔知技〕(2)ア、イ 〔思判表〕C(1)イ、エ
言語活動例：評論や解説などの文章を読み、理解したことや考えたことを説明したり文章にまとめたりする。

単元の目標

(1)文章における具体と抽象の関係、情報と情報との関係の表し方を理解することができる。
〔知識及び技能〕(2)ア、イ
(2)観点を明確にして文章を比較し、その分析を基に構成や表現の効果を考えることができる。
〔思考力、判断力、表現力等〕C(1)イ、エ
(3)言葉がもつ価値を認識するとともに、読書を生活に役立て、我が国の言語文化を大切にして、思いや考えを伝え合おうとする。
「学びに向かう力、人間性等」

単元の構想

〈単元で育てたい資質・能力／働かせたい見方・考え方〉

「最後の晩餐」を題材にした評論と解説を、文種や構成、表現の仕方などの様々な違いに着目して読むことで、それぞれの述べ方の効果や筆者の意図といった観点を明確にしながら文章を比較して読むことを学ぶ機会としたい。また、事実を根拠として自らの考えを述べることで説得力のある文章になっている点、抽象的な言葉で言い表した内容を具体的に説明している点など、文種の違いを越えた二つの文章の特徴を捉えて、生徒が表現する際の観点として役立てたい。

〈教材・題材の特徴〉

「君は『最後の晩餐』を知っているか」で、筆者・布施英利氏が「かっこいい」という抽象的な言葉を切り口にして語る絵画の魅力に生徒は興味をもつだろう。そして、題名に象徴される筆者からの語りかけの口調や専門用語に添えられている具体的な描写、「まるで〜」という比喩表現など、内容の理解を容易にしている工夫に目を向けるだろう。さらに、解説「『最後の晩餐』の新しさ」と比較することで、それぞれの文章の構成や表現が生む効果を学ぶことができる教材である。

〈主体的・対話的で深い学びの視点からの授業改善ポイント／言語活動の工夫〉

「君は『最後の晩餐』を知っているか」と、「『最後の晩餐』の新しさ」を比較して、それぞれの文章の構成や表現の効果を明らかにすることが中心となる言語活動であることを生徒たちに強調したい。比較する際には、観点を示して二つの文章を読み、それぞれの文章の特徴を発見して共有する活動を位置付けて、生徒たちが主体的かつ協働的に文章を読むことができるようにした。

単元計画

時	学習活動	学習内容	評価
1	1．学習を見通し、「君は『最後の晩餐』を知っているか」を通読する。 2．文章の内容や構成を整理し、筆者が述べる「最後の晩餐」の魅力をまとめる。	○図版と結び付けて内容を確認したり、「かっこいい」という抽象的な印象がどのように説明されているかを考えたりしながら本文を通読する。 ○デジタル教科書収録の動画コンテンツを視聴し、ワークシートに文章の内容をまとめる。 ○筆者の感動が最も表れている表現を指摘する。	❶
2	3．「君は『最後の晩餐』を知っているか」と比較しながら「『最後の晩餐』の新しさ」を通読する。 4．二つの文章の特徴や共通点・相違点を表にまとめる。	○評論と解説の違いを確認して、「『最後の晩餐』の新しさ」を通読し、「君は『最後の晩餐』知っているか」との違いをグループで出し合う。 ○教科書「学習の窓」を基に観点を決めて文章を比較し、「テーマ」「着眼点」「構成」「表現の特徴」などを表に整理する。	❷❸
3	5．それぞれの文章の構成や表現の特徴について、比較して発見したことを発表する。	○前時の学習を踏まえて、各グループで新たな観点を決めて文章を比較する。 ○それぞれの文章の構成や表現の特徴について、叙述を挙げながらグループで話し合う。	❹
4	6．二つの文章の構成や表現の効果について、単元の学習を踏まえて自分の考えをまとめる。	○それぞれの文章の構成や表現の効果について、目的や筆者の意図と結び付けて考える。 ○単元の学習を振り返り、自分の好きな作品について、そのよさを伝える評論または解説を書く。	❺

評価規準

知識・技能	思考・判断・表現	主体的に学習に取り組む態度
❶文章における具体と抽象の関係を理解している。(2)ア ❷二つの文章の特徴を理解して表に整理している。(2)イ	❸「読むこと」において、観点を明確にして文章を比較し、それぞれの特徴を考えている。C(1)イ ❹「読むこと」において、文章の構成や表現の特徴について、二つの文章を比較して発見したことを発表している。C(1)エ	❺粘り強く観点を明確にして文章を比較し、今までの学習を生かして考えたことを文章にまとめようとしている。

〈指導と評価の一体化を図る見取りのポイント〉

観点を決めて文章を比較する際には、比較することの目的を明らかにして学習活動に取り組むことができるようにすることが大切である。今回は、比較によって整理したそれぞれの文章の表現の特徴がどのような効果を生み出しているかを考えられるようにしたい。また、生徒が評論・解説にどのような文章の特徴を取り入れているのかを具体的に評価したい。

君は「最後の晩餐」を知っているか／「最後の晩餐」の新しさ

主発問 「君は『最後の晩餐』を知っているか」で筆者の感動が表れている表現を指摘しましょう。

目標

文章の内容や構成を整理し、筆者が述べる「最後の晩餐」の魅力をまとめることができる。

評価のポイント

❶「かっこいい」という抽象的な印象を述べて、順にその理由を説明していく構成を捉えて、文章の内容をワークシートにまとめている。 (2)ア

準備物 ・ワークシート ・全文プリント

ワークシート・ICT等の活用や授業づくりのアイデア

○「最後の晩餐」への関心を高めるために、教科書の図版やデジタル教科書収録のコンテンツを活用する。

○文章の構成や内容を整理するために、デジタル教科書収録のワークシートを活用する。

○筆者の感動が表れている表現を指摘する際には、デジタル教科書収録の全文プリントを用いる。

1 導入（学習の見通しをもつ）

〈本時の言語活動を知る〉

T：スクリーンを見ましょう。この絵画作品を知っていますか。レオナルド・ダ・ヴィンチの「最後の晩餐」です。今回は、この作品の魅力・新しさを語る二つの文章を比較して読みましょう。

○デジタル教科書を用いて、「最後の晩餐」の画像をスクリーン等に示す。

2 展開

〈評論「君は『最後の晩餐』を知っているか」を通読する〉

T：まず、「君は『最後の晩餐』を知っているか」を読みましょう。途中で教科書にある「最後の晩餐」の図版と文章とを照らしながら読み進めると、内容が捉えやすくなります。この文章は、はじめに「最後の晩餐」への筆者・布施英利氏の印象が一言で示されています。そして、そう考える理由が三つの観点で説明されています。内容に加えて、筆者の論理の展開にも着目して読みましょう。

○デジタル教科書を用いて、教材文をスクリーン等に示す。

＊デジタル教科書の動画コンテンツ「布施さんからの問いかけ」を視聴してから通読してもよい。

3 終末（学習を振り返る）

〈筆者の感動が表れている表現を探す〉

T：最後に、筆者の感動が表れていると考える表現に印を付けて、理由を添えて指摘しましょう。

○全文プリントを配付する。

T：比喩表現、断定的な言葉遣いなどから、筆者の感動が伝わってきます。次回は、もう一つの文章を読みましょう。

効果的な板書例

君は「最後の晩餐」を知っているか／「最後の晩餐」の新しさ

【学習目標】
観点を明確にして文章を比較し、その分析を基に構成や表現の効果を考える。

【今日のめあて】文章の内容や構成を理解し、筆者が述べる「最後の晩餐」の魅力をまとめよう。

筆者の印象「かっこいい。」
（理由）
・解剖学
たくさんの手、心の動きを表す
人体の解剖を通して骨格や筋肉の研究
人の体の仕組みを知り尽くしていた
↓顔の表情や容貌も、一人一人の心の内面までもえぐるように描くことができた。
・遠近法
壁がだんだん狭くなっている
タピスリーも奥にいくほど小さくなる
↓部屋に奥行きが感じられるようになる

教科書p.173～174
挿絵

筆者の感動が表れている表現を探そう。
・「なんと、その点の位置が、キリストの額なのだ。」
・「あたかも本物の食堂の延長にあるようにすら見える。」
・「本当の『最後の晩餐』は、二十一世紀の私たちが初めて見たのかもしれない。」
・「芸術は永遠なのだ。」

T：作品への筆者の印象はどんな言葉で表されていましたか。また、そう考える理由をどんな観点から説明していましたか。

・「かっこいい。」

・「解剖学」「遠近法」「明暗法」

＊抽象的な言葉で印象を述べて、具体的な分析を加えていく文章の特徴を捉えやすくするために、デジタル教科書を用いて、教材文をスクリーン等に示すなどして、既習の「思考のレッスン１　具体と抽象」を想起させる。

〈図版や画像・動画と照らしながら読む〉

T：スクリーンの画像や教科書の図版を見て、筆者のように「かっこいい。」という印象をもつか、「解剖学」「遠近法」「明暗法」がどのように使われているのかを確認しましょう。

・図版と文章を結び付けて読む。

T：「最後の晩餐」の価値や文章に出てくる修道院の様子を紹介する動画や HP があるので視聴しましょう。

○デジタル教科書を用いて、関連する動画をスクリーン等に示す。また、イタリア政府観光局の HP などを示す。

・視聴する。

＊イタリア政府観光局の HP は光村図書出版の教材別資料一覧のリンク集を参照するとよい。

＊内容への興味・関心を高めるために、具体的な資料を重ねて提示する。

〈文章の内容・構成を捉える〉

T：次に、文章の構成や内容を整理するために、教科書を見ながら、ワークシートの空欄に言葉を入れて確認しましょう。友達と相談してもよいです。

○ワークシートを配付する。

○デジタル教科書を用いて、ワークシートをスクリーン等に示す。

・全体で確認する。

＊ワークシートはデジタル教科書に収録されている PDF ファイルを用いるとよい。

君は「最後の晩餐」を知っているか／「最後の晩餐」の新しさ

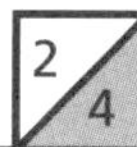

主発問 **「君は『最後の晩餐』を知っているか」と「『最後の晩餐』の新しさ」にはどのような違いがあるのでしょう。**

目標

「君は『最後の晩餐』を知っているか」と「『最後の晩餐』の新しさ」を比較しながら読み、それぞれの特徴や共通点・相違点を捉えることができる。

評価のポイント

❷「テーマ」「着眼点」「文章の構成」「表現の特徴」など観点を明確にして文章を比較し、二つの文章の情報を表にまとめている。 (2)イ

❸目的をもって文章を比較しながら読んでいる。 C(1)イ

準備物 ・ワークシート⬇01 ・ホワイトボード ・表

ワークシート・ICT 等の活用や授業づくりのアイデア

○二つの文章の違いをグループで出す際には、協働的な学びが展開できるように、ホワイトボードを用いる。

○比較の観点を絞るために、教科書の「学習の窓」を基に観点を決める。

○二つの文章の違いを短い言葉で表現する際には、即時的に共有できるように、Classroom のコメント機能を活用する。

1 導入（学習の見通しをもつ）

〈前時を振り返り本時の言語活動を知る〉

T：前回は「君は『最後の晩餐』を知っているか」の内容をまとめて、最後に筆者の感動が表れている表現を指摘しました。今回は、「最後の晩餐」の解説「『最後の晩餐』の新しさ」を読んで、二つの文章を比較して、それぞれの特徴や共通点と相違点を捉えましょう。

2 展開

〈解説「『最後の晩餐』の新しさ」を通読する〉

T：これから「『最後の晩餐』の新しさ」を読みましょう。教科書に年表やレオナルド以前の「最後の晩餐」が載っています。文章と照らし合わせながら読み進めて、内容を捉えていきましょう。

○デジタル教科書を用いて、教材文をスクリーン等に示す。

〈文章の内容・構成を捉える〉

T：文章の構成や内容を整理するために、教科書を見ながら、ワークシートの空欄に言葉を入れて確認しましょう。友達と相談してもよいです。

○ワークシートを配付する。

○デジタル教科書を用いて、ワークシートをスクリーン等に示す。

・全体で確認する。

3 終末（学習を振り返る）

〈二つの文章の違いを短い言葉で表す〉

T：二つの文章の違いを短い言葉で表現して、Classroom のコメント欄に書き込みましょう。

・Classroom で交流する。

T：観点を明確にして比較することができました。次回は比較したことを踏まえて、それぞれの特徴を説明しましょう。

効果的な板書例

君は「最後の晩餐」を知っているか／「最後の晩餐」の新しさ

【学習目標】
観点を明確にして文章を比較し、その分析を基に構成や表現の効果を考える。

【今日のめあて】二つの文章を比較しながら読み、二つの文章の違いを短い言葉で表そう。

教科書 p.173～174 挿絵

教科書 p.180 挿絵

文章の種類	評論	解説
テーマ		
取り上げている観点		
文章の構成		
表現（述べ方）の特徴		

（評論）君は「最後の晩餐」を知っているか
（解説）「最後の晩餐」の新しさ

二つの文章の違いを短い言葉で表現しよう。

書き方の例
・「　　」について、「君は『最後の晩餐』を知っているか」は……となっているが、「『最後の晩餐』の新しさ」は……となっているという違いがある。

＊ワークシートはデジタル教科書に収録されているPDFファイルを用いるとよい。

〈二つの文章を違いを見つける〉

T：前回読んだ「君は『最後の晩餐』を知っているか」は「評論」と呼ばれるもので、物事の価値などを評価し、自分の見方を論じる文章です。一方、今回の「『最後の晩餐』の新しさ」は「解説」で、物事の要点や意味などを分かりやすく説明した文章です。二つの文章は、同じ「最後の晩餐」について述べたものですが、異なる種類の文章なので、文章の構成や表現の特徴に違いがあります。二つの文章にはどのような違いがあるでしょうか。グループで追究して、二つの文章の違いをホワイトボードに書きましょう。

○ホワイトボードを配付する。

・「君は『最後の晩餐』を知っているか」は、初めに作品への印象が示されて、そう考える理由が三つの観点で説明されている。

・「『最後の晩餐』の新しさ」は、レオナルドとそれ以前の作品を比べて、レオナルドの作品の新しさを説明している。

・全体で確認・共有する。

＊ホワイトボードの内容を画像として保存する。

〈二つの文章の情報を表にまとめる〉

T：「学習の窓　観点を明確にして文章を比較する」を確認しましょう。文章を比較するときには、観点を明確にして情報を整理すると、それぞれの特徴を見つけやすくなります。今回は、「文章の種類」「テーマ」「着眼点」「文章の構成」「表現の特徴」という観点で比較して、文章の情報を表にまとめましょう。

○表を配付する。

・全体で確認する。

＊表はデジタル教科書に収録されているPDFファイルを用いるとよい。

君は「最後の晩餐」を知っているか／「最後の晩餐」の新しさ

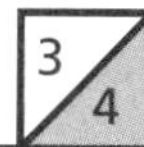

「君は『最後の晩餐』を知っているか」と「『最後の晩餐』の新しさ」それぞれの特徴を説明しましょう。

目標

「君は『最後の晩餐』を知っているか」と「『最後の晩餐』の新しさ」それぞれの特徴について、叙述を挙げながら説明することができる。

評価のポイント

❹文章の構成や表現の特徴について、二つの文章を比較して発見したことを発表したり、文章にまとめて説明したりしている。 C(1)エ

準備物 ・ワークシート ・ホワイトボード

ワークシート・ICT 等の活用や授業づくりのアイデア

○前時のホワイトボードや表、Classroom のコメント欄を提示する。

○二つの文章をグループで比較する際は、協働的な学びが展開できるように、ホワイトボードを用いる。

○それぞれの文章の特徴をまとめる際には、書き出しや文章の型を示したワークシートを用意し、必要に応じて活用できるようにする。

1 導入（学習の見通しをもつ）

〈前時を振り返り本時の言語活動を知る〉

T：前回は「『最後の晩餐』の新しさ」を読みました。そして、観点を明確にして「君は『最後の晩餐』を知っているか」と比較して、それぞれの特徴や共通点と相違点を捉えました。今回は、比較したことを踏まえて、それぞれの特徴を説明しましょう。

2 展開

〈二つの文章の違いを確認する〉

T：前回は、二つの文章の違いをこのように考えました。

○前時のホワイトボードの画像をスクリーン等に示す。

T：また、「文章の種類」「テーマ」「着眼点」「文章の構成」「表現の特徴」という観点で比較したことをこのように表にまとめました。

○書画カメラ等を活用して、前時にまとめた表をスクリーン等に示す。

T：最後に、二つの文章の違いを、このように短い言葉で表現しました。

・「君は『最後の晩餐』を知っているか」は筆者の感動が表現されていて、「『最後の晩餐』の新しさ」は事実が簡潔に書かれている。

○前時の Classroom のコメント欄をスク

3 終末（学習を振り返る）

〈それぞれの文章の特徴をまとめる〉

T：最後に、それぞれの文章の特徴をまとめましょう。ワークシートの裏面に書き出しや文章のパターンを示したので、必要な人は活用してください。

・ワークシートを配付する。

T：それぞれの文章の特徴に迫ることができました。次回は単元のまとめです。

効果的な板書例

君は「最後の晩餐」を知っているか／「最後の晩餐」の新しさ

【学習目標】
観点を明確にして文章を比較し、その分析を基に構成や表現の効果を考える。

【今日のめあて】二つの文章の特徴について、叙述を挙げながら説明しよう。

「君は『最後の晩餐』を知っているか」と「『最後の晩餐』の新しさ」を比較しよう。
・新しい比較の観点を決める。
・具体的な叙述を挙げて考える。
・追究したことはホワイトボードに整理する。

ホワイトボード

二つの文章の特徴をまとめよう。

書き方の例
・「　　」について比較すると、「君は『最後の晩餐』を知っているか」は「………」という叙述があって………という印象を与えている／効果がある。一方、「『最後の晩餐』の新しさ」は「………」という叙述があって………という印象を与えている／効果がある。

リーン等に示す。

＊この後のそれぞれの文章の特徴を追究する活動の前提となる二つの文章の違いを確認できるように、具体物を示して前時を想起できるようにする。

〈二つの文章の特徴を追究する〉

T：二つの文章の違いは、それぞれの文章の特徴につながっていきます。これから前回の学習を踏まえて、グループで新しい観点を決めて文章を比較しましょう。具体的な叙述を挙げながら考えていくことで、それぞれの文章の特徴が見えくるはずです。追究したことは、ホワイトボードに書いて整理しましょう。

○ホワイトボードを配付する。

・「作品の紹介の仕方」を観点に比較すると、「君は『最後の晩餐』を知っているか」は絵を前にした感動や疑問を最初に述べて、そこから描かれ方を分析している。「『最後の晩餐』の新しさ」は過去の作品との違いを述べて、描かれているものを紹介している。

・「読者への語りかけ」を観点に比較すると、「君は『最後の晩餐』を知っているか」は題名を含めて問いかけや語りかける表現が繰り返されていて、筆者とともに作品を読み解いていくような感じがする。「『最後の晩餐』の新しさ」は語りかける表現は少ないが、作品の新しさが分かりやすく書かれている。

＊新しい観点を決める際には、前時の学習を想起して、さらに詳しく比較したいことを挙げるように声かけする。また、必要に応じて「作品の紹介の仕方」「読者への語りかけ」「比喩表現」「文末表現」など追究する観点を提示できるようにしておく。

・全体で確認・共有する。

＊全体の前で発表する際は、デジタル教科書を用いて、具体的な叙述をスクリーン等に示して確認できるようにする。

＊ホワイトボードの内容を画像として保存する。

君は「最後の晩餐」を知っているか／「最後の晩餐」の新しさ

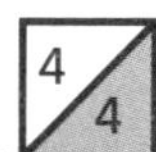

「君は『最後の晩餐』を知っているか」「『最後の晩餐』の新しさ」のいずれかの表現の特徴を取り入れて、好きな作品について論じてみましょう。

目標

「君は『最後の晩餐』を知っているか」「『最後の晩餐』の新しさ」の表現の特徴を捉えて、自分の表現に生かすことができる。

評価のポイント

❺観点を明確にして文章を比較して読んで考えたことを生かして、好きな作品のよさをまとめようとしている。

準備物　・原稿用紙

ワークシート・ICT 等の活用や授業づくりのアイデア

○前時のワークシートを PDF ファイルにして、ICT 端末で見られるようにする。

○デジタル教科書収録の動画コンテンツを視聴する。

＊二次元コードを取り込むことで、必要に応じて生徒が聞き直すこともできる。

○自分の考えをまとめる際には、原稿用紙ではなくドキュメントを用いることも認める。

1　導入（学習の見通しをもつ）

〈前時を振り返り、本時の言語活動を知る〉

T：前回は、「君は『最後の晩餐』を知っているか」と「『最後の晩餐』の新しさ」それぞれの特徴を説明しました。今回は、単元のまとめとして、これまでの学習を振り返って、自分の好きな作品について、そのよさを伝える文章を書きましょう。

2　展開

〈二つの文章の特徴を確認する〉

T：前回は、二つの文章の特徴をこのように考えました。

○前回のホワイトボードの画像をスクリーン等に示す。

T：個人でそれぞれの文章の特徴を説明したものは、PDF ファイルにしています。この後の活動で必要な場合は、ICT 端末を活用して閲覧できます。

＊ PDF にした前時の生徒のワークシートは、事前に Classroom のストリームに投稿しておく。

＊ ICT 端末が利用できない場合は、口頭で発表したり、プリントにまとめて配付したりして共有する。

〈文章の目的や筆者の意図を探る〉

T：それぞれの文章の特徴には、それぞれの文章が書かれた目的や筆者の意図

3　終末（学習を振り返る）

〈単元の学習を振り返る〉

T：観点を明確にして二つの文章を比較することで、文章の構成や特徴を捉えることができました。また、文章が書かれた目的や筆者の意図と結び付けることでその効果に迫ることができました。この単元で学習したことをこれからの表現活動にも取り入れていきましょう。

効果的な板書例

君は「最後の晩餐」を知っているか／「最後の晩餐」の新しさ

【学習目標】
観点を明確にして文章を比較し、その分析を基に構成や表現の効果を考える。

【今日のめあて】自分の好きな作品のよさを伝える評論または解説を書こう。

「君は『最後の晩餐』を知っているか」の特徴
・感動や疑問を最初に述べて、そこから描かれ方を分析。
・問いかけや語りかける表現が繰り返されている。
↓筆者とともに作品を読み解いていくような感じ。
「『最後の晩餐』の新しさ」の特徴
・過去の作品との違いを述べて、描かれているものを紹介。
・作品の新しさが分かりやすく書かれている。
◎「なぜこのような書き方をしたのか」
「文章全体にどのような印象を与えているのか」
↓書かれた目的や筆者の意図を探る。
↓文章の構成や表現の効果に迫ることができる。

好きな作品のよさを伝えましょう。
（条件）
・二つの文章いずれかの表現の特徴を取り入れる。
・文章の種類は評論または解説
評論　物事の価値などを評価し、自分の見方を論じる文章
解説　物事の要点や意味などをわかりやすく説明した文章
・四百字詰め原稿用紙一枚
※グーグルドキュメントで作成してもよい。

が反映されています。「筆者はなぜこのような書き方をしたのか」と考えることで、追究を深めることができます。さらに、文章全体にどのような印象を与えているかを考えることで、文章の構成や表現の効果に迫ることができます。

＊この後の学習活動に生かすことができるように、板書で整理しておく。

T：「君は『最後の晩餐』を知っているか」の筆者・布施英利氏が評論を書くことについて話している動画を視聴しましょう。

○デジタル教科書を用いて、動画コンテンツ「布施さんにきく―評論を書くということ」をスクリーン等に示す。

T：「『最後の晩餐』の新しさ」について、このように筆者・藤原えりみ氏の考えにふれることはできませんが、やはり布施氏同様に、目的をもってこの解説を書いているはずです。

＊藤原氏の著書などを紹介してもよい。

T：この後、これまでの学習を振り返って、自分の好きな作品について、そのよさを伝える文章を書きます。そのために、布施さん、または藤原さんの文章から自分の書く文章に取り入れることができそうな表現の特徴を考える時間を取ります。教科書に印を付けましょう。自分と同じ文章を選んだ友達と相談してもよいです。

＊好きな作品をあらかじめ選んでおくようにする。

＊好きな作品として教師が提示するものから選ぶようにしてもよい。

〈評論または解説を書く〉

T：好きな作品について、そのよさを文章にまとめましょう。文章の種類は、評論または解説です。分量は400字詰め原稿用紙１枚を原則とします。題名も付けましょう。

○原稿用紙を配付する。

＊ICT 端末を利用して、ドキュメントで文書を作成してもよい。

＊書いた文章の中に取り入れた表現の特徴について印を付けるように声かけする。

7 価値を語る

魅力を効果的に伝えよう　鑑賞文を書く（2時間扱い／書くこと）

指導事項：〔知技〕(1)エ　〔思判表〕B(1)ウ、オ
言語活動例：美術作品について、自分の感じた魅力を書く。

単元の目標

(1)抽象的な概念を表す語句の量を増すとともに、語感を磨き、語彙を豊かにすることができる。
〔知識及び技能〕(1)エ
(2)説明や具体例を加えたり、表現の効果を考えて描写したりして、作品の魅力が伝わる文章になるように工夫することができる。〔思考力、判断力、表現力等〕B(1)ウ
(3)表現の工夫とその効果などについて、助言を踏まえ、自分の鑑賞文のよい点や改善点を見いだすことができる。〔思考力、判断力、表現力等〕B(1)オ
(4)言葉がもつ価値を認識するとともに、読書を生活に役立て、我が国の言語文化を大切にして、思いや考えを伝え合おうとする。「学びに向かう力、人間性等」

単元の構想

〈単元で育てたい資質・能力／働かせたい見方・考え方〉

読み手に自分の感じた魅力を伝えるためには、作品を多角的に分析し、その中から何を取り上げるのかを明確にして、具体的に記述する力やどのような言葉や表現を用いれば、作品の魅力が効果的に伝わるかなど表現の効果を考えて書く力を育てていきたい。また、自分が伝えようとすることにぴったりと合う抽象的な言葉を類語辞典や国語辞典を使って探し、比較するなどして、語彙を豊かにする機会としたい。

〈教材・題材の特徴〉

生徒は、美術作品を選ぶ際に直感的に「美しい」「すばらしい」と感じていると思われるが、作品や自分との対話を通して、様々な観点から作品の特徴、自分が「美しい」「すばらしい」と感じた理由を分析的に鑑賞し、魅力を明確にしていくことになるだろう。そして、鑑賞文を書く際には、伝えたい魅力を具体的に記述したり、効果的に伝える言葉や表現を考えて書いたりすることを学んでいくことができる教材である。

〈主体的・対話的で深い学びの視点からの授業改善ポイント／言語活動の工夫〉

美術作品を鑑賞する際には、様々な観点からその作品を分析することが大切であるが、指導者が教科書にある例などを示すのではなく、作品を見て気付いたことや印象に残ったことを交流し、指導者が分類しながら観点を見つけていくことで、主体的に学習に取り組むことが期待できる。また、読み手を具体的に想定することで、どのような事柄を取り上げるのか、どのように表現するかを生徒が意図的に考えることが期待できる。

単元計画

時	学習活動	学習内容	評価
1	1．目標を確認し、学習の見通しをもつ。 2．作品を鑑賞する観点を知る。 3．鑑賞する作品を選ぶ。 4．作品を鑑賞する。 5．鑑賞文に書く内容を決め、表現の効果を考える。	○目標を理解し、鑑賞文を書くための学習活動の見通しをもつ。 ○教科書の例を見て、気付いたことや印象に残ったことを分類しながら、鑑賞する際の観点を知る。 ○複数の作品の中から鑑賞したい作品を選ぶ。 ○鑑賞する観点を基に、作品の具体的な特徴を付せんに書き、分類する。 ○鑑賞文で取り上げる内容を決め、具体的に記述することを考え、より適切な言葉や表現を検討する。	❶
2	6．鑑賞文を書く。 7．グループで鑑賞文を読み合い、交流する。 8．学習を振り返る。	○鑑賞文を書く。 ○読み手の立場に立って、鑑賞文を推敲する。 ○グループで、自分の鑑賞文の工夫点や他者の感想文のよい点や改善点を交流する。 ○学習を振り返り、今後の書く活動に生かしたいことをまとめる。	❷ ❹ ❸

評価規準

知識・技能	思考・判断・表現	主体的に学習に取り組む態度
❶抽象的な概念を表す語句の量を増すとともに、語感を磨き語彙を豊かにしている。 (1)エ	❷「書くこと」において、説明や具体例を加えたり、表現の効果を考えて描写したりして、作品の魅力が伝わる文章になるように工夫している。 B(1)ウ ❸「書くこと」において、表現の工夫とその効果などについて、助言を踏まえ、自分の鑑賞文のよい点や改善点を見出している。 B(1)オ	❹進んで説明や具体例を加えたり、表現の効果を考えて描写したりして、今までの学習を生かして鑑賞文を書こうとしている。

〈指導と評価の一体化を図る見取りのポイント〉

鑑賞文を書く際に、読み手の立場に立って、具体的な説明を加えた方がよい部分を考えたり、選んだ言葉や表現を吟味したりさせていくことが大切である。例えば、クラスの友達や身近な大人などの具体的な読み手を想定させることが考えられる。また、言葉や表現を吟味させる際には、類語辞典や国語辞典を用いて言葉を比較させたり、新たな言葉を探させたりすることが考えられる。

魅力を効果的に伝えよう　鑑賞文を書く

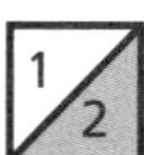

主発問　**観点を決めて作品を鑑賞し、表現の効果を考えましょう。**

目標

観点を決めて作品を鑑賞し、表現の効果を考えることができる。

評価のポイント

❶作品の魅力を伝える表現について考え、より効果的な語句や表現を考えている。　(1)エ

準備物　・鑑賞する絵画　・付せん　・国語辞典　・類語辞典など

ワークシート・ICT 等の活用や授業づくりのアイデア

○美術作品を準備する際には、美術家の学習と関連させ、美術の教科書を利用するなどが考えられる。

○美術作品を鑑賞する観点については、美術の学習を想起させたり、作品を見て気付いたことや印象に残ったことを交流し、教師が分類しながら観点を確認したりするとよい。

1　導入（学習の見通しをもつ）

〈単元の学習計画を説明する〉

T：本単元では、美術作品を鑑賞し、その魅力が伝わるように、鑑賞文を書いて伝える活動を行います。鑑賞文に書く内容を決め、鑑賞文に使う言葉や表現について考えることができるとよいですね。

2　展開

〈作品を鑑賞する観点を知る〉

T：それでは、鑑賞する際の観点を確認しましょう。「富嶽三十六景　駿州江尻」の絵を見て、気付いたことや印象に残った琴を発表しましょう。

＊絵を提示する際は、ICT 端末などを活用して、表示してもよい。

○絵を見て、気付いたことや印象に残ったことを発表する。

・笠や紙が飛んでいる。

・人々が風で笠が飛ばされないように押さえている。

・大きな木と富士山が中心より左に描かれている。

・手前に描かれている人やものは慌てていたり、風の影響を受けているが、富士山は全く影響を受けずどっしりとした印象を受ける。　など

3　終末（学習を振り返る）

〈学習を振り返り、次時の予告をする〉

T：鑑賞文に書く内容や鑑賞文に使う言葉や表現を考えることができましたか。次の時間は、今日考えたことを基に鑑賞文を書き、鑑賞文の交流を行います。準備が必要な人はしっかり準備しておきましょう。

＊学習のつながりを意識させるとよい。

効果的な板書例

魅力を効果的に伝えよう　鑑賞文を書く

【学習目標】
説明や具体例を加えたり、表現の効果を考えて描写したりするなど、作品の魅力が伝わる文章になるように工夫することができる。

【学習の見通し】
①観点を決めて作品を鑑賞し、表現の効果を考える。
②鑑賞文を書き、グループで読み合い、交流する。

【今日のめあて】
観点を決めて作品を鑑賞し、表現の効果を考えよう。

【鑑賞の観点】
・描かれているもの…人、笠、紙、木
・構図・配置…中心より左に富士山や木、人は下全体
・素材…風の動き、旅人の様子
・色彩…空の色が赤く、不安な印象
・音（会話）…強く吹く風の音、気が揺れる音
・におい・タッチ　など

T：では、皆さんの発表を分類しながら、鑑賞の観点を確認しましょう。他にも美術の学習を思い出して挙げてみましょう。

＊生徒の発言を教師が分類しながら、観点を全体で確認する。

〈作品を選び、鑑賞する〉

T：準備した作品の中から、自分が鑑賞する作品を選んで、今確認した鑑賞の観点を基に、作品を鑑賞しましょう。具体的な特徴や感じたこと、想像したことなどを付せんに書き出し、観点ごとに分類しましょう。また、魅力を一文で書いておきましょう。

＊ ICT 端末の付せん機能を活用してもよい。

○作品の特徴などを付せんに書き出し、作品の魅力をまとめる。

＊教師は机間指導によって、支援する。

〈書く内容を決め、表現の効果を考える〉

T：書き出した付せんの中から、鑑賞文で取り上げる内容を決めましょう。内容が決まったら、魅力が効果的に伝わるように、より具体的に説明した方がよいところを考えたり、より適切な表現を検討したりしましょう。表現を検討する際には、教科書 p.185にある感じたことを表す言葉を参考にしたり、類語辞典などを使って新たな言葉を調べたりして、言葉を比較しましょう。

＊類語辞典や国語辞典を用いて言葉を比較させたり、新たな言葉を探させたりして、自分の伝えたいことに適した言葉や表現を吟味させる。その際、吟味した言葉などを記録せておくと、評価などに活用できる。

＊教師は机間指導によって、支援する。

魅力を効果的に伝えよう　鑑賞文を書く

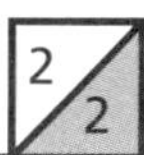

鑑賞文を書き、グループで読み合い、表現の工夫とその効果などについて交流しましょう。

目標

作品の魅力が伝わるように工夫して鑑賞文を書き、表現の工夫とその効果などを交流することができる。

評価のポイント

②作品の魅力が伝わるように、作品に描かれている様子などを具体的に説明している。　B(1)ウ

③友達からの助言を踏まえ、自分の鑑賞文のよい点や改善点を見出している。　B(1)オ

④進んで説明や具体例を加えたり、表現の効果を考えて描写したりして、今までの学習を生かして鑑賞文を書こうとしている。

準備物　・ICT 端末　・類語辞典や国語辞典など

ワークシート・ICT 等の活用や授業づくりのアイデア

○ ICT 端末を活用して鑑賞文を作成させると、記述や推敲などの際に情報の変更や書き直しがしやすく、情報を共有する際にも時間の短縮ができる。

1　導入（学習の見通しをもつ）

〈単元の学習計画を説明する〉

T：本時は、考えたことを基に鑑賞文を書き、鑑賞文の交流を行います。鑑賞文を書く際には、説明や具体例を加えたり、表現の効果を考えて描写したりして読み手に魅力が伝わる文章を書く力を身に付けられるとよいですね。

2　展開

〈鑑賞文を書く〉

T：教科書 p.185の鑑賞文の構成を、参考にして三百字程度で鑑賞文を書きます。その際、次の点に留意しましょう。

【留意点】

・作品の様子や場面、人物の動きなどを具体的に描写する。

・鑑賞文に使った言葉や表現が、適しているかどうかを考える。

・読み手の立場に立って、魅力が伝わるかどうかを考える。

＊すぐに書き直したり、共有したりできるので、ICT 端末を活用したい。

○鑑賞文を書く。

＊鑑賞文を書いている生徒を机間指導によって支援する。また、早く書き終えた生徒には、推敲するように指示する。

〈グループで鑑賞文を読み合い、交流す

3　終末（学習を振り返る）

〈学習を振り返り、次時の予告をする〉

T：グループでの読み合いや感想の交流を通して考えたことを基に、学習を振り返りましょう。また、学んだことを今後の書く活動にどのように生かしていきたいかをまとめましょう。

＊学習のつながりを意識させるとよい。

効果的な板書例

魅力を効果的に伝えよう　鑑賞文を書く

【今日のめあて】作品の魅力が伝わるように工夫して鑑賞文を書き、表現の工夫とその効果などについて交流しよう。

【鑑賞文を書く際の留意点】
・作品の様子や場面、人物の動きなどを具体的に描写する。
・鑑賞文に使った言葉や表現が、適しているかどうかを考える。
・読み手の立場に立って、魅力が伝わるかどうかを考える。

【交流の手順】
①鑑賞文の工夫した点と鑑賞文を読み、コメントをまとめる。
・工夫点についてのコメント
・それ以外のよい点や改善点など
②友達のコメントを読む。
③友達のコメントを踏まえて、交流する。
・コメントを受けて書き手から読み手に感想を伝える

る〉

T：鑑賞文を書き終えましたね。グループでの交流の前に、鑑賞文で工夫した点を簡潔にまとめましょう。

＊交流を深めるために、自分の工夫した点を明確にさせる。ICT 端末の付せん機能やコメント機能を使ってまとめ、鑑賞文と一緒に読めるようにする。

・私は作品の魅力を～と感じ、魅力が伝わるように、～の部分を具体的に説明した。

・私は、鑑賞文に○○という表現を使ったが、○○という言葉と比較して、～の意味があり、～という印象を与えることができるので、この表現を使った。

T：グループになって、鑑賞文を読み合い、交流します。交流の手順は次のようにします。

①鑑賞文の工夫した点と鑑賞文を読み、コメントをまとめる。

②友達のコメントを読む。

③友達のコメントを踏まえて、交流する。交流の手順は確認できましたか。司会者はグループのみんなが発言できるように進行をお願いします。

＊交流しているグループを机間指導によって支援する。

○グループで交流する。

7 価値を語る

漢字に親しもう５（1時間扱い）

指導事項：〔知技〕(1)ウ
言語活動例：辞書を活用して、同じ声符をもつ漢字を集める。

単元の目標

(1)第１学年までに学習した常用漢字に加え、その他の常用漢字のうち350字程度から450字程度までの漢字を読むことができる。また、学年別漢字配当表に示されている漢字を書き、文や文章の中で使うことができる。 〔知識及び技能〕(1)ウ
(2)言葉がもつ価値を認識するとともに、読書を生活に役立て、我が国の言語文化を大切にして、思いや考えを伝え合おうとする。 「学びに向かう力、人間性等」

単元の構想

〈単元で育てたい資質・能力／働かせたい見方・考え方〉

新出の漢字を学習する中で、練習問題に用いられている漢字と同じ声符をもつ漢字を集める活動を行うことで、漢字の性質を意識しながら学習を進める姿勢を育みたい。単なる知識の吸収としてではなく、今後の生活や学習の中で場面に応じて読んだり書いたりできるように、活用場面を意識させるような働きかけをしていきたい。

〈教材・題材の特徴〉

新出の漢字の書き方や音訓を学び、それらを用いた熟語を知ることで、活用できる語彙として身に付けられるように実践的な問題演習まで設定されている単元である。新しく覚えた漢字の知識をすぐに用いて生徒がもつ語彙を豊かに耕していくことが期待される教材である。

〈主体的・対話的で深い学びの視点からの授業改善ポイント／言語活動の工夫〉

個人学習が中心となる単元ではあるが、既習の漢字との関連に話題を広げたり、該当する漢字を含む熟語を出し合ったりするなど、授業内に教室で扱うからこそ行える学習も展開できる。機械的に暗記をさせるのではなく、どの部分が義符で、どの部分が声符かを板書で整理したり、別の部首に替えるとどの漢字になるか考えさせたりするなど、生徒が主体的に関わりながら新出漢字を学んでいけるような教師の働きかけをしていきたい。

単元計画

時	学習活動	学習内容	評価
1	1．新出漢字を確認する。 2．練習問題に取り組む。	◯漢字の音訓、部首、送り仮名などの既習事項を思い出させる。 ・言葉の意味が分からないときは、教科書掲載の資料ページや国語辞典等で調べさせるとよい。	❶❷

評価規準

知識・技能	主体的に学習に取り組む態度
❶学年別漢字配当表に示されている漢字について、文や文章の中で使い慣れようとしている。 (1)ウ	❷言葉がもつ価値を認識し、進んで漢字を読んだり書いたりするなどして、言語文化に関わろうとしている。

〈指導と評価の一体化を図る見取りのポイント〉

言語に関する領域の学習では、日常の言葉について理解を深め、言葉に関心をもたせるようにしていくことを目指したい。単に熟語が読める、という段階にとどまるのではなく、どのような組み立てから成り立っている熟語なのか、どのような語源があるのか、など日常的に言葉に対して関心をもてるような生徒の育成を目指したいものである。

ここでは、新出漢字の部首や音訓、その漢字を用いた熟語について知ろうとしたり、新出の漢字を進んで読んだり書いたりしている生徒の姿を「概ね満足できる状況」として設定している。

漢字に親しもう 5

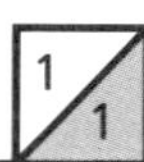

主発問 新しく学んだ漢字を使って何ができるでしょうか。

目標

新出漢字について学習しながら漢字に対する理解を深め、言語文化への関心を高めることができる。

評価のポイント

❶学年別漢字配当表に示されている漢字について、文や文章の中で使っている。 (1)ウ

❷言葉がもつ価値を認識し、進んで漢字を読んだり書いたりするなどして、言語文化に関わろうとしている。

準備物 ・特になし

ワークシート・ICT 等の活用や授業づくりのアイデア

○単なる新出漢字の暗記や、問題演習のみで終わらないように、生徒の言語文化に関する興味を引き出すような手立てを講じたい。慣用句・ことわざについても、教科書の演習問題に取り組むだけでなく、「動物」が入るものや、「体の一部」が入るものなど、テーマに沿ったことわざや慣用句を集める活動が考えられる。

1 導入（学習の見通しをもつ）

T：今回の授業は、漢字について学習していきます。新出の漢字の部首や、その漢字を用いた慣用句やことわざにはどのようなものがあるかを考えていきましょう。

2 展開

〈新出漢字の確認をする〉

T：それでは、新出漢字の書き方、読みの確認をしていきましょう。まずは書き方の確認からです。書き順も意識しながら、板書に合わせてノートに練習しましょう。

T：練習ができたら、この漢字を使ったことわざや慣用句を探したり、例文を使って書いたりしてみましょう。できたら発表してください。

・「鬼に金棒」や「鶴の一声」ということわざや慣用句で新出漢字が使われています。

・「洞」も「窟」もよく見ると、「同」と「屈」に偏や冠が付いてできた漢字です。

〈練習問題に取り組む〉

T：教科書 p.186にある練習問題に取り

3 終末（学習を振り返る）

〈本時のまとめ〉

T：この授業では、新出漢字を学習し、漢字の演習問題にも取り組みました。これからも日頃自分が使う言葉や漢字に意識を向けていってください。

効果的な板書例

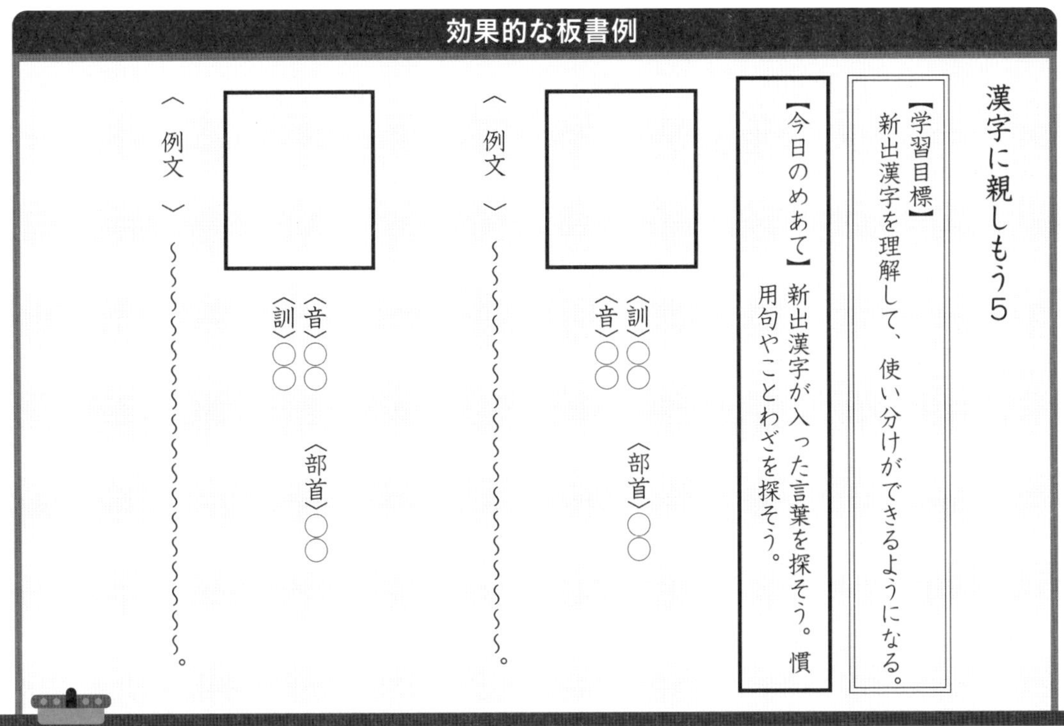

組みましょう。

＊はじめは何も調べずに取り組み、最後まで進んでから、最初に戻って辞書等を用いて自分で調べ直すようにさせると一人学習の経験をさせることができる。

＊机間支援を行いながら、様子を見て個別の配慮が必要な生徒には一緒に問題を解いたり、説明を加えたりしていく。書字が遅い生徒には、板書と同じ形式のワークシートを用意してやり、そこに書き込めばよいとする手立てなどが考えられる。

〈全体で解答を確認していく〉

T：それでは、答え合わせをしていきましょう。一人１問ずつ順番に答えていってください。

〈発展的な学習を提示する〉

T：教科書 p.186にある❷の問題をもう少し考えてみましょう。ここでは「鶴の一声」と「猫の額」という動物が関係する慣用句が出ていますが、他にどのようなものがことわざや慣用句にはありますか。他にもどのような種類のことわざや慣用句があるでしょうか。グループで話し合ってみましょう。

・他にも慣用句なら、体の一部を使ったものが多くあると思います。「足が棒になる」や「耳にタコができる」などが有名です。

7 価値を語る

文法への扉2　走る。走らない。走ろうよ。／文法2　用言の活用（2時間扱い）

指導事項：〔知技〕(1)オ
言語活動例：用言（動詞、形容詞、形容動詞）の活用について考える。

単元の目標

(1)用言（動詞、形容詞、形容動詞）の活用について理解することができる。〔知識及び技能〕(1)オ
(2)言葉がもつ価値を認識するとともに、読書を生活に役立て、我が国の言語文化を大切にして、思いや考えを伝え合おうとする。「学びに向かう力、人間性等」

単元の目標

〈単元で育てたい資質・能力／働かせたい見方・考え方〉

日本語文法における活用とは、下に付いた語によって上の語の全部または一部が変化することをいう。生徒は、第1学年で日本語の品詞が10種類に分けられる（十品詞）ことを学習しており、第2学年では、この学習を踏まえて用言（動詞、形容詞、形容動詞）の活用などについて学ぶことになる。活用の種類や活用形を覚える学習に終始するのではなく、母国語である日本語の規則性を知ることが、自らの言語生活を豊かにしていくことを認識させたい。例えば、動詞や形容詞の音便は連用形で起こることに目を向けさせ、日常生活で最も使用頻度が高い活用形が連用形であり、方言も含めて連用形で音韻変化が起きることなどを紹介することが考えられる。

〈教材・題材の特徴〉

本教材は、日常生活では無意識に行っている用言の活用について意識させ、概念的に整理することを目的としている。教科書 p.187の上段では、動物の会話の中で「走る」という動詞の一部（活用語尾）が、下についた語によって変化している様子が示されている。続く下段では、「ない」と「ば」を用いて5種類の動詞の活用語尾の変化がマトリクスにまとめられている。続く説明では、日常生活では無意識に行っている動詞の「変化のしかたには、共通点がありそうだ」と規則性に目をむけさせる工夫がなされている。教科書 p.238〜243にある「文法2　用言の活用」を適宜用いながら、用言の活用について概念的な理解を促す構成となっている。

〈主体的・対話的で深い学びの視点からの授業改善ポイント／言語活動の工夫〉

文法の学習では、知識の伝達やドリル的な練習問題を行うことに終始しないように留意したい。例えば、日常生活の一場面を取り上げて「書く」と「書ける」の違いを考えさせて可能動詞の理解を促したり、関東では「買った」と言うところを関西では「買うた」と言うように方言の中にも連用形の音韻変化があることを取り上げたりすることが考えられる。いずれの場合においても、文法

の学習を行うことが、母国語の表現を豊かにすることにつながるような学習をデザインしたい。

単元計画

時	学習活動	学習内容	評価
1	1．教科書 p.187を読み、日本語の動詞は、下に付いた語によって語尾が変化することを確認する。 2．教科書 p.238–239を用いて、用語の意味や動詞の活用の規則性を押さえる。 3．教科書 p.242の「口語動詞活用表」が規則性を整理したものであることを確認し、p.240下段の練習問題に取り組む。	○教科書に例示された動詞以外のものを挙げさせ、動詞が動作や作用、存在を表すことや、語尾変化に規則性があることに気付かせる。 ○「活用形」「語幹」「活用語尾」などの用語の意味を押さえる。 ○動詞の活用の種類が５種類であること、音便、可能動詞などについて押さえる。 ○練習問題に取り組む際には、適宜、教科書の説明を参照し、該当箇所にはマーカーを引くことを指示する。	❶
2	4．教科書 p.241を用いて、形容詞と形容動詞の活用、形容詞の音便について押さえる。 5．p.241の形容詞、形容動詞の活用表を完成させ、p.241の練習問題に取り組む。 6．単元の学習を振り返る。	○形容詞と形容動詞は、活用の仕方は一通りしかないことを押さえる。 ○動詞と同じく、形容詞の音便も連用形で起こることを押さえる。 ○形容動詞については、［名詞＋だ］と区別が付きにくいものがあるので、いくつかの例を挙げて確認する。 ○文法を学ぶことは、日常の言語生活を豊かにすることにつながることを意識させる。	❶ ❷

評価規準

知識・技能	主体的に学習に取り組む態度
❶単語の活用について理解することができる。 (1)オ	❷今までの学習を生かして、積極的に単語の活用について理解しようとしている。

〈指導と評価の一体化を図る見取りのポイント〉

［知識・技能］①の評価規準が実現した状況を、動詞の活用の種類と活用形を理解している姿として捉え、第１時、第２時に取り組む練習問題の解答状況によって評価する。

［主体的に学習に取り組む態度］②の評価規準が実現した状況を、用言の活用について理解しようとしている姿として捉え、第２時に観察によって評価する。

文法への扉 2

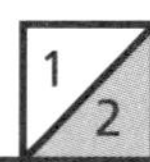

主発問 下に様々な言葉を付けると、日本語の動詞にはどのような規則性を発見できますか。

目標

動詞の活用について理解し、日本語の特徴について理解を深めることができる。

評価のポイント

❶動詞の活用について理解している。 (1)オ

準備物 ・ワークシート①⬇01

ワークシート・ICT 等の活用や授業づくりのアイデア

○文法の学習は、知識の伝達に陥りがちである。指導では、文法を理解することで、日常の言語生活が豊かになるという意識を、生徒にもたせたい。そのためには、「A 話すこと・聞くこと」「B 書くこと」「C 読むこと」の学習でも、必要に応じて文法の知識を取り上げる授業デザインが有効である。

1 導入（学習の見通しをもつ）

〈本単元で身に付ける資質・能力の説明〉

T：今回の文法の単元では、用言の特徴について学びます。教科書 p.187を見てください。動詞はどんなときに形が変わりますか。

＊日本語の動詞は、下に付いた語によって動詞の全部または一部が変化することを理解させる。

2 展開

〈動詞の形が変化することを理解する〉

T：教科書 p.187の下の段を見てください。動詞は、下に付いた語によって形を変えます。これを「活用」と言います。教科書 p.242に載っている動詞に「ない」や「ば」を付けてペアで確認し合ってみてください。

＊動詞の特徴を説明するのではなく、生徒自身に、動詞の変化には規則性があることに気付かせたい。

＊生徒数名を指名し、見いだした規則性について発表させるとよい。

〈用語の意味や動詞の活用の規則性を押さえる〉

T：教科書 p.238を見てください。ここに動詞の活用の規則性がまとめられています。動詞の特徴を理解するために必要な用語がまとめられていますの

3 終末（学習を振り返る）

〈本時の学習と次時の学習をつなぐ〉

T：本時は、動詞の活用について学習しました。次時は、形容詞と形容動詞について学習します。文法への理解が深まると、よりよい文章を書けるようになったり、読解力が向上したりするなど、日常の言語生活が豊かになります。

効果的な板書例

文法への扉2　走る。走らない。走ろうよ。

【学習目標】
用言の活用について理解し、日本語の特徴について理解を深める。

【今日のめあて】動詞の活用について理解しよう。

活用　下に付いた言葉によって、上の言葉の全部または一部が変化すること。
（例）書く＋ない→書かない
起きる＋ば→起きれば

◎動詞の活用には、一定の規則性がある
〈理解する用語〉
・活用　・語幹　・活用語尾
・活用形（未然形　連用形　終止形　連体形　仮定形　命令形）
・活用の種類（五段活用　上一段活用　下一段活用　カ行変格活用　サ行変格活用）
・動詞の音便（イ音便　促音便　撥音便）
・可能動詞

基本形	語幹	活用語尾 未然形	連用形	終止形	連体形	仮定形	命令形	活用の種類
主な続き方		ーない ーう ーよう	ーます ーた ーて	ー。	ーとき ーので	ーば	ー。	

で、しっかりと押さえましょう。

＊教科書 p.238–240を用いて、「語幹」、「活用語尾」、「活用形」、「活用の種類」などの用語について押さえる。

＊知識を丸暗記するのではなく、練習問題を解答する際に、適宜参照する意識をもたせる。

〈動詞の活用表に記入をする〉

T：動詞は、下に付いた語によって、動詞の全部または一部が変化します。変化の仕方には規則性があり五つに分類されます。教科書 p.240の活用表を完成させましょう。

＊文法の学習は、知識を覚えるものではなく、文法は、生徒自身が使っている日本語の規則性を整理したものであり、理解を深めることで、日常の言語生活が豊かになることを理解させたい。

〈練習問題に取り組む〉

T：これから教科書 p.240にある練習問題に取り組みます。ワークシートに同じ問題を掲載しているので、こちらに書き込むようにしてください。必要に応じて、教科書を参照しても構いません。

＊練習問題の解答にあたっては、第１学年時に学んだ「文節」や「単語」の知識が必要となる。教師は、机間指導を行いながら、既習事項を想起させる助言を行いたい。

〈練習問題の解答を確認する〉

T：練習問題を解いての感想はいかがですか？これから、グループ内で答えを交流し合った後に、全体で解答を確認します。グループのメンバーと答えが異なったときは、教科書を確認しながら協議してください。

＊問題演習の答え合わせを行う場合、クラス全体で確認する前に、グループ内で協議を行う時間を設けるのも効果的である。クラス全体での確認だけでは、受け身の学習になりがちである。

文法への扉２

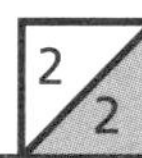

主発問 **形容詞と形容動詞の活用は、動詞の活用とどこが同じで、どこが異なっていますか。**

目標

形容詞、形容動詞の活用について理解し、日本語の特徴の理解を深めることができる。

評価のポイント

❶形容詞、形容動詞の活用について理解している。
(1)オ

❷動詞、形容詞、形容動詞の性質を、日常の言語生活とつないで理解しようとしている。

準備物 ・ワークシート② 02

ワークシート・ICT 等の活用や授業づくりのアイデア

○本事例では、動詞の学習と比べながら形容詞、形容動詞の学習を行うモデルを提案した。文法の学習の多くは、知識の伝達や問題演習に終始しがちであるが、学んだ知識とこれから身に付ける知識とを比べる活動を取り入れることで、生徒に考える機会を与えることができる。

1 導入（学習の見通しをもつ）

〈本単元で身に付ける資質・能力の説明〉

T：今日は、形容詞と形容動詞の活用について学びます。この二つの用言の規則性は、動詞と同じところが多くあります。前時の動詞の学習を確認しながら進めるとよいと思います。

＊文法の学習においても、前時とのつながりを大切にしたい。

2 展開

〈形容詞、形容動詞の活用の規則性などを押さえる〉

T：教科書 p.241を見てください。形容詞と形容動詞の活用表があります。動詞の活用表と比べてみましょう。どこが同じで、どこが異なりますか？

＊前時に行った動詞の活用の学習を想起させ、動詞と形容詞、形容動詞を比べながら特徴を理解させる。

・活用形や語幹、活用語尾は同じです。
・活用の種類は一つずつしかありません。
・下に付く言葉による活用形が異なるものがあります。
・音便の名前が異なります。 など

＊評価規準②の実現状況は、前時の学習を踏まえ、形容詞や形容動詞の性格を理解しようとしている姿として捉え、

3 終末（学習を振り返る）

〈学んだことを日常生活とつなげる〉

T：「ら抜き言葉」というものを聞いたことがありますか？「食べれる」などです。正しくは「食べられる」です。どっちが正しいのかな？ と思ったときには、文法の学習を生かして判断することもできます。日常生活の言語生活を豊かにするためには、文法の学習は役立ちますよ。

効果的な板書例

文法への扉2　走る。走らない。走ろうよ。

【学習目標】
用言の活用について理解し、日常生活で用いている日本語の特徴を知ることができる。

【今日のめあて】形容詞、形容動詞の活用について理解しよう。

◎「動詞の活用」と「形容詞、形容動詞の活用」を比べて

（同じところ）
・活用形（未然形、連用形、終止形、連体形、仮定形）
・下についた言葉によって変化するところ
・音便があるところ

（異なるところ）
・形容詞、形容動詞は活用の種類が一つしかない
・形容詞、形容動詞には、命令形がない
・下に続く言葉が異なる（特に、連用形）
・音便の名前が異なる

ここでの活動を観察しながら行う。

〈形容詞、形容動詞の活用表に記入する〉

T：教科書 p.241の形容詞、形容動詞の活用表を完成させましょう。下に付いた語によって、上の言葉の全部または一部が変化するのは、動詞の場合と同じです。

＊必要に応じて、次のことを確認する。
①形容詞、形容動詞には命令形がないこと（実際に「美しい」などの形容詞は命令ができないことを体感させるとよい）
②音便は、動詞、形容詞ともに連用形で起こること　など

〈練習問題に取り組む〉

T：これから教科書 p.241にある練習問題に取り組みます。ワークシートに同じ問題を掲載しているので、こちらに書き込むようにしてください。必要に応じて、教科書を参照しても構いません。

〈練習問題の解答を確認する〉

T：練習問題を解いてみての感想はいかがですか？　これから、グループ内で答えを交流し合った後に、全体で確認します。グループのメンバーと答えが異なったときは、教科書を確認しながら協議してください。

＊問題演習の答え合わせを行う前に、グループ内で協議を行う時間を設けるのが有効なのは、前時と同様である。

〈単元の学習で身に付けた力について交流する〉

T：用言の活用の学習で身に付けた力について、ペアで交流しましょう。

＊単元末に身に付けた力を言葉にすることは、生徒が自身の学習を振り返ることにもつながる。

読書に親しむ

研究の現場にようこそ　日本に野生のゾウやサイがいた頃／クモの糸でバイオリン／読書案内（1時間扱い／読むこと）

指導事項：〔知技〕(3)エ　〔思判表〕C(1)オ
言語活動例：文章を読み、理解したことや考えたことを説明したり文章にまとめたりする。

単元の目標

(1)本や文章などには、様々な立場や考え方が書かれていることを知り、自分の考えを広げたり深めたりする読書に生かすことができる。　〔知識及び技能〕(3)エ
(2)文章を読んで理解したことや考えたことを知識や経験と結び付け、自分の考えを広げたり深めたりすることができる。　〔思考力、判断力、表現力等〕C(1)オ
(3)言葉がもつ価値を認識するとともに、読書を生活に役立て、我が国の言語文化を大切にして、思いや考えを伝え合おうとする。　「学びに向かう力、人間性等」

単元の構想

〈単元で育てたい資質・能力／働かせたい見方・考え方〉

読書の意義の一つには、新しいことや新しいものの見方や考え方を知り、自分の考えを広げたり深めたりすることができるということがある。生徒があまり手にしたことがないであろう研究に関する本を読ませ、自分の日常とは異なる世界を知ることの面白さを感じさせたい。また、生徒が物語や小説だけでなく、多様な種類の書籍に目を向けられるような読書の動機付けとなる機会としたい。

〈教材・題材の特徴〉

「日本に野生のゾウやサイがいた頃」は、小説家の川端裕人が研究者の冨田幸光に最先端の研究を取材した文章の導入部である。生徒は、研究者から学ぼうとする川端の姿勢に、自身の知的好奇心をくすぐられ、新たな世界を知ることの楽しさを感じ取れるだろう。また、「クモの糸でバイオリン」は、大﨑茂芳によるクモの糸の研究を記した本の導入部である。生徒は、自由な発想と探究心で実験を重ねる筆者の姿勢から、研究の魅力や面白さを感じ取れるだろう。生徒が選書する際の観点の参考になり、読書の幅を広げることができる教材である。

〈主体的・対話的で深い学びの視点からの授業改善ポイント／言語活動の工夫〉

自分の知識や経験と結び付けて感想をもち、他者と交流することで、読書が新しいことや新しいものの見方や考え方を示してくれることを実感できると考えた。文章を読む際に、「興味をもったこと」、「初めて知ったこと」、「疑問に思ったこと」などの観点を示し、観点ごとに色ペンで線を引かせたり、色の違う付箋に感想を書かせたりすることで、自分の感想をもたせたい。

単元計画

時	学習活動	学習内容	評価
1	1．本時の目標を知り、これまでの読書経験を振り返る。	○目標を理解し、これまでの読書経験を振り返り、研究に関する本で読んだことがあるものを挙げる。	
	2．教材を通読する。	○教科書に観点ごとに線を引きながら、教師の範読を聞く。 【観点】 「興味をもった部分」、「初めて知ったこと」、「疑問に思ったこと」など	
	3．グループで感想を交流する。	○線を引いた部分を基に感想をまとめ、グループで交流する。	❷
	4．読書案内の中から本を選び、グループで交流する。	○読書案内から本を選び、書名とともに選んだ理由などを交流する。	❶
	5．学習を振り返る。	○本時を通して考えたことやこれからの読書などについて、自分の考えをまとめる。	❸

評価規準

知識・技能	思考・判断・表現	主体的に学習に取り組む態度
❶本や文章などには、様々な立場や考え方が書かれていることを知り、自分の考えを広げたり深めたりする読書に生かしている。 (3)エ	❷「読むこと」において、文章を読んで理解したことや考えたことを知識や経験と結び付け、自分の考えを広げたり深めたりしている。 C(1)オ	❸進んで様々な立場や考え方が書かれた本や文章を読み、これまでの学習を生かして感想を伝え合おうとしている。

〈指導と評価の一体化を図る見取りのポイント〉

交流する際に印象の交流で終わるのではなく、読書のよさに気付くことができるよう、生徒の知識や経験を振り返らせながら、「興味をもった部分」、「初めて知ったこと」、「疑問に思ったこと」などの自分の感想をまとめ、グループで交流するようにすることが大切である。また、これまでの読書経験を振り返る際に、研究に関する本についての印象を発表させたり、まとめさせたりすることで、学習のまとめをする際に、教材文を読んだ後に印象がどのように変化したかを実感させることができる。

読書に親しむ　研究の現場にようこそ

主発問　研究に関する本の魅力を感じ、読書の幅を広げましょう。

目標

文章を読んで考えたことを知識や経験と結び付け、自分の考えを広げたり深めたりすることができる。

評価のポイント

❶本などには、様々な立場や考え方が書かれていることを知り、自分の読書に生かしている。　(3)エ

❷理解したことや考えたことを知識や経験と結び付け、考えを広げたり深めたりしている。　C(1)オ

❸進んで様々な立場や考え方が書かれた本や文章を読み、感想を伝え合おうとしている。

準備物　・特になし

ワークシート・ICT 等の活用や授業づくりのアイデア

○文章を読む際に、「興味をもったこと」、「初めて知ったこと」、「疑問に思ったこと」などの観点を示し、観点ごとに色ペンで線を引かせたり、線を変えたり、色の違う付箋に感想を書かせたりすることで、自分の感想をもたせ、交流をするとよい。

1　導入（学習の見通しをもつ）

〈単元の学習計画を説明する〉

T：これまでの読書経験を振り返って、研究に関する本を読んだことがあるという人はいますか。もしかしたら、難しい内容だと思っている人がいるかもしれません。今日は、研究に関する本の魅力を感じ、自分の考えを広げたり深めたりできるとよいですね。

2　展開

〈教材を通読する〉

T：これから、教科書で紹介されている文章を読みますが、観点ごとに色ペンを変えたり、線を変えたりしながら、範読を聞きましょう。観点は「興味をもったこと」、「初めて知ったこと」、「疑問に思ったこと」です。準備はよいですか。

○教師の範読を聞く。

〈グループで感想を交流する〉

T：どんな部分に線を引きましたか。線を引いた部分を基に、感想をノートにまとめましょう。

○ノートに感想をまとめる。

・日本列島が大陸から離れながら、今の形になったことを初めて知った。

・クモの糸でバイオリンの音を出そうと考えたことに疑問をもった。

3　終末（学習を振り返る）

〈学習を振り返り、まとめをする〉

T：本時の学習を振り返り、考えたことやこれからの読書生活にどのように生かしていきたいかをまとめましょう。

＊学習前の自分と比較して考えさせるとよい。

効果的な板書例

読書に親しむ　研究の現場にようこそ

【学習目標】
文章を読んで理解したことや考えたことを知識や経験と結び付け、自分の考えを広げたり深めたりすることができる。

【観点】
「興味をもったこと」（直線）
「初めて知ったこと」（二重線）
「疑問に思ったこと」（波線）

・どちらもうまく研究が進まないことがあったと思うが、決してあきらめず、ずっと研究を続けようとする探究心に興味をもったし、自分だったらあきらめてしまうと思うので見習いたいと感じた。

＊交流を充実させるために、自分の感想をしっかりともたせるとよい。

T：自分の感想をまとめることができたようですね。それでは、グループで感想を交流し、友達の感想と比較したりしながら考えたことを発表しましょう。

○グループで感想の交流を行い、気付いたことや感じたことなどを全体で発表する。

〈読書案内の中から読みたい本を選ぶ〉

T：読書によって、新たな知識や新しい見方や考え方を知ることができることを実感したのではないでしょうか。本の世界を広げるために、これまでの読書活動を振り返って、あまり読んだことのないジャンルの本に手を伸ばしてみるのもよいと思います。教科書に紹介されている本の中から、これから読んでみたいと思う本を選び、選んだ理由をグループで紹介しましょう。

○教科書 p.191からに紹介されている本の中から読みたい本を選び、グループで紹介する。

＊図書館司書と連携して、図書室で授業を行い、図書室の本から選ばせてもよい。個人やクラス、学年の読書傾向などのデータを図書館司書に準備してもらい、自分の読書傾向に気付かせる工夫などが考えられる。
図書室で本を選ぶ場合には、1年生で学習した日本十進分類法を参考にさせるとよい。

読書に親しむ
季節のしおり　冬（1時間扱い）

指導事項：〔知技〕(1)エ
言語活動例：文学作品を音読したり、暗唱したりする。
　　　　　　単元の学習内容と関連付けたり、表現の素材として活用したりする。
　　　　　　季節の言葉を集めるなど、四季折々の学習の資料とする。

単元の目標

(1)抽象的な概念を表す語句の量を増すとともに、類義語と対義語、同音異義語や多義的な意味を表す語句などについて理解し、話や文章の中で使うことを通して、語感を磨き語彙を豊かにすることができる。　〔知識及び技能〕(1)エ

(2)言葉がもつ価値を認識するとともに、読書を生活に役立て、我が国の言語文化を大切にして、思いや考えを伝え合おうとする。　「学びに向かう力、人間性等」

単元の構想

〈単元で育てたい資質・能力／働かせたい見方・考え方〉

私たちは、季節を感じる様々な言葉を通して、四つの季節のイメージを心の中に蓄えてきた。季節感とは、五感を通して感じ取れるものだけでなく、季節と結び付いた様々な言葉から連想されるイメージによって形作られている面もある。それゆえ、季節と結び付いた言葉を増やすことは、その季節の中で営まれる生活に対する生徒の見方を豊かにすることにもつながっていく。また、文学作品の中に置かれた言葉を通して季節の情景を思い浮かべたり、季節の風情を感じ取ったりすることは、生徒の感性を豊かにし、想像力をかきたてるだろう。

〈教材・題材の特徴〉

本教材は、それぞれの季節を題材とした、短歌・俳句を中心とする短詩型の文学作品２～３編と、季節の行事と暦を表す言葉で構成されている。教材のリードでは、それぞれの文学作品に描かれた情景、匂い、音などを表す表現が示され、作品を豊かに想像する手がかりになっている。とりわけ短歌・俳句などの定型詩では、繰り返し声に出して読むことで、言葉の響きを感じ取ることができるだろう。様々な作品や言葉に触れることで季節感を豊かにするとともに、日本語の豊かさを感じ、情景と結び付けて詩情を読み取るおもしろさを感じとらせたい。

〈主体的・対話的で深い学びの視点からの授業改善ポイント／言語活動の工夫〉

本教材は配当時数がなく、単元の導入で季節の言葉や作品を紹介する、詩や短歌・俳句の補充教材として提示する、表現活動の素材として示すなど、他の学習活動と結び付けて活用することが想定される。また、文学作品を朗読・暗唱したり、季節の言葉集めといった帯単元を仕組む際のモデルとして位置付けたりすることもできるだろう。学習の中で適宜活用しながら、折に触れて季節を

感じさせる作品や言葉を紹介し、季節の言葉に触れる場面をもたせるようにするとよい。

単元計画

時	学習活動	学習内容	評価
1	1．文学作品を音読したり、暗唱したりする。	○作品を声に出して読み、描かれている情景や、感じ取った季節感を交流する。	❷
	2．単元の学習内容と関連付ける。	○表現活動の素材・題材として「季節のしおり」を活用する。	❶
	3．季節の言葉を集める。	○書籍、雑誌、教科書、新聞、インターネットなど、様々な媒体から季節と結び付く言葉を探し、ファイルにしたり、発表し合ったりする。 ・その季節ならではの事象や出来事など、これまで知らなかった季節に関わる新しい語彙を集める。 ・動詞・形容詞など名詞以外の言葉にも広げる。	❶

評価規準

知識・技能	主体的に学習に取り組む態度
❶抽象的な概念や季節を表す語句の量を増すとともに、話や文章の中で使うことを通して、語感を磨き語彙を豊かにしている。 (1)エ	❷季節を表す言葉について関心を持ち、言葉を集めたり、表現の中で使ったりしようとしている。

〈指導と評価の一体化を図る見取りのポイント〉

音読や暗唱などの活動では、ただ声に出して読むだけでなく、言葉のリズムが伝わるように音読を工夫したり、句切れなどに気をつけて朗読の仕方を工夫したりすることが大切である。言葉のリズムは、何度も繰り返して読むことで自然とつかめることもある。「主体的に学習に取り組む態度」の評価としては、そうした「声を出す」ことに対する取り組みへの積極性を見取るようにする。

手紙や創作など単元内の学習活動の資料として教材を活用するのであれば、教科書の言葉以外に、自分なりの季節感を表す言葉を使ったり、集めたりしようとしているかが、「主体的に学習に取り組む態度」を見取るポイントとなる。「知識・技能」については、学習過程の中に季節を感じさせる言葉を集める取材活動や、集めた言葉を使って表現するという条件を組み入れておくことで、語句の量を増し、語彙を豊かにしているかを見取ることができる。

季節のしおり　冬

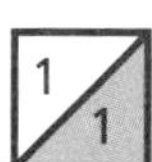

主発問　**作品に描かれた情景の中に、どんな冬を感じるでしょう。**

目標

作品を繰り返し音読することを通して、想像力を働かせながら作品に描かれた情景や作者の心情を深く味わうことができる。

評価のポイント

❶冬の情景を描いた俳句・短歌を音読して、リズムのよさを味わい、作品に親しんでいる。　(1)エ

❷それぞれの作品から自分なりに想像した情景や読み取った作者の心情を積極的に交流しようとしている。

準備物　・ワークシート⬇01

ワークシート・ICT 等の活用や授業づくりのアイデア

○作品の世界を味わわせるために、「朗読 CD」を使用する。

○想像した情景や作者の心情を表現する際には、即時的に共有できるように、Classroom のコメント機能を活用する。

○教材研究には、光村図書出版 HP の教材別資料一覧のリンク集から情報を収集する。

1　導入（学習の見通しをもつ）

〈本時の言語活動を知る〉

T：冬の情景を描いた俳句・短歌を紹介します。繰り返し音読して、作品の世界を味わいましょう。

○学習指導書「朗読 CD」を流す。

○デジタル教科書を用いて、教材文をスクリーン等に示す。

＊「香」「去年」など読み方を確認する。

2　展開

〈作品を音読する〉

T：どれも短いですが、冬の情景を豊かに表しているもので、味わい深い作品になっています。繰り返し音読してみましょう。

・音読する。

T：読み方の難しい言葉、意味の分かりにくい言葉はありますか。一つ一つはそれほど難しい言葉ではありませんが、作品としてまとまることで俳句・短歌の世界が広がります。短い時間ですが、作品に描かれている情景や作者の思いを想像していきましょう。

〈作品の大意を確認する〉

T：ワークシートを配付します。そこに、それぞれの作品の意味を添えていますので、確認しましょう。

・確認する。

3　終末（学習を振り返る）

〈情景や作者の心情を表現する〉

T：最後に、自分なりに想像した情景や作者の心情を Classroom のコメント欄に書き込んで交流しましょう。

・Classroom で交流する。

T：わずかな言葉から読み手に冬を感じさせる俳句・短歌にふれました。言葉の豊かさを感じることができましたね。

効果的な板書例

季節のしおり　冬

【学習目標】
冬の情景を描いた俳句・短歌を深く味わう。

【今日のめあて】作品を繰り返し音読して、作品に描かれた情景や作者の心情を想像しよう。

去年今年貫く棒の如きもの

去年と今年という時間の区切りを貫いている棒のようなもの（信念）がある。

街をゆき子供の傍を通る時蜜柑の香せり冬がまた来る

街で子供とすれ違ったときに蜜柑の香りがした。また冬がやって来るのだな。

斧入れて香におどろくや冬木立

斧を入れてみると、冬木立でも驚くほどの香りを漂わせている。

＊俳句・短歌はカードに書いて準備し、授業終了後も掲示板に貼り出し、季節の作品にふれられるようにする。

○ワークシートを配付する。

＊以下のようにそれぞれの大意を示す。

「去年今年貫く棒の如きもの」
（去年と今年という時間の区切りを貫いている棒のようなもの（信念）がある。）
「街をゆき子供の傍を通る時蜜柑の香せり冬がまた来る」
（街で子供とすれ違ったときに蜜柑の香りがした。また冬がやって来るのだな。）
「斧入れて香におどろくや冬木立」
（斧を入れてみると、冬木立でも驚くほどの香りを漂わせている。）

〈作品の世界を味わう〉

T：俳句や短歌は、意味がつかめればそれで終わりではなく、限られた言葉から様々なことを想像することに楽しさがあります。それぞれの俳句・短歌から想像したことをワークシートに書き込みましょう。この後、グループで交流をします。作品中の言葉を手がかりにして、浮かんできた景色や状況、登場人物、ストーリなどを自由に想像してみましょう。

○書画カメラ等を活用して、ワークシートをスクリーン等に示す。

・「去年今年」で年越しの時間の流れを描いている。「棒の如き」は比喩表現で、何か硬くて真っ直ぐなものが連想される。
・「子供」や「蜜柑」は初々しさや爽やかさを感じさせる。「蜜柑の香」で冬の訪れを表現しているのがおもしろい。
・「冬木立」は硬くて寒々しい感じがするけれど、「斧」を打ち込んだときの新鮮な「香」に驚く感動が表現されている。

○全体で確認する。

＊この後の学習のまとめに生かすことができるように、板書で整理しておく。

＊必要に応じて、それぞれの作品の鑑賞を深めるための情報を与える。

8 表現を見つめる

走れメロス（6時間扱い／書くこと❶・読むこと❺）

指導事項：〔知技〕(1)エ　〔思判表〕B(1)ウ、C(1)イ・オ
言語活動例：小説を読み、引用して解説したり、考えたことを伝え合ったりする。

単元の目標

(1)抽象的な概念を表す語句などについて理解し、語感を豊かにすることができる。
〔知識及び技能〕(1)エ

(2)根拠の適切さを考えて説明や具体例を加えたり、表現の効果を考えて描写したりするなど、自分の考えが伝わる文章になるように工夫することができる。〔思考力、判断力、表現力等〕B(1)ウ

(3)登場人物の言動の意味などについて考えて内容を解釈し、作品の魅力について自分の考えをもつことができる。〔思考力、判断力、表現力等〕C(1)イ・オ

(4)言葉がもつ価値を認識するとともに、読書を生活に役立て、我が国の言語文化を大切にして思いや考えを伝え合おうとする。「学びに向かう力・人間性等」

単元の構想

〈単元で育てたい資質・能力／働かせたい見方・考え方〉

抽象的な概念を表す語句や表現が作品の中でどのように使われていて、その語句や表現がどのような効果を生んでいるか考えさせていきたい。登場人物がどのように描かれているか、物語の中でどう変容していくかを読み取る経験を積ませることで、文学作品を進んで味わう姿勢を育んでいきたい。また、読み取った作品の魅力を文章にまとめて語り合うことで、互いの意見や感想を交流することの面白さを味わう機会としたい。

〈教材・題材の特徴〉

本教材で、生徒たちは、文学教材ならではの表現的な味わい、人物の心情の変容の面白さを味わうことができるだろう。味わいのある文語調の文体や、歯切れのよい書きぶりもあり、教科書に長く掲載され続けている作品である。メロスとディオニス王が対照的な人物として描かれながらも、最後には大団円を迎える展開や、メロスとセリヌンティウスの友情と信頼の描写などから、生徒たちはこの作品ならではの文学作品を読む面白みを感得することができるだろう。

〈主体的・対話的で深い学びの視点からの授業改善ポイント／言語活動の工夫〉

本教材を読解するにあたり、作品中に描かれる人物の変容や、描写の工夫や面白さを中心に取り上げたい。作品の魅力について交流する活動によって、自分では気付かなかった作品の魅力に気付いたり、自分の読みを文章にまとめていく中で自身の読みを確かなものにしたりすることが期待される。また、「走れメロス」は、シラーの「人質」を基に太宰がアレンジを加えた作品である。「人質」と比較して読むことで、太宰が加えたアレンジに気付き、より深く物語を味わうこともできる。

単元計画

時	学習活動	学習内容	評価
1・2	1．全文を通読する。 2．作品の設定と構成を押さえる。	○本文を通読する。 ○作品の設定と構成を確認する。	❶ ❹
3・4	3．メロスとディオニスがどのような人物として描かれているか考える。 4．故郷を出発した後、シラクスに向かう途中のメロスがどのように変容していったか考える。 5．刑場でのメロス・セリヌンティウス・ディオニスのやりとりについて考える。	○メロスとディオニスの人物像を読み取る。 ○メロスの言動や場面の展開から、メロスの心情や走る理由がどのように変化していったかを読み取る。 →メロスの人物設定を押さえつつ、走り続ける理由がどの場面でどのように変化しているのかを押さえる。 ○メロス、セリヌンティウス、ディオニスの言動から、心情の変容を読み取る。 →冒頭と終末での変容と対比を読み取る。	❶ ❸
5・6	6．自分が感じた作品の魅力について文章にまとめる。 7．各自がまとめた文章を交流し、作品の魅力について小グループで話し合う。	○作品の魅力について、自分の考えが伝わるように文章にまとめる。 ○交流を通じて、より多様な視点から作品を捉える。	❷❸ ❷❹

評価規準

知識・技能	思考・判断・表現	主体的に学習に取り組む態度
❶抽象的な概念を表す語句などについて理解し、語感を豊かにしている。 (1)エ	❷「書くこと」において、根拠の適切さを考えて説明や具体例を加えたり、表現の効果を考えて描写したりするなど、自分の考えが伝わる文章になるように工夫している。 B(1)ウ ❸「読むこと」において、登場人物の言動の意味などについて考えて内容を解釈し、自分の考えをもっている。 C(1)イ、オ	❹言葉がもつ価値を認識するとともに、言語文化を大切にして思いや考えを伝え合おうとしている。

〈指導と評価の一体化を図る見取りのポイント〉

作者が用いている描写や表現について、生徒たちが実感をもって読み味わえるように具体的な叙述を取りあげることが大切である。冒頭の「メロスは激怒した。」と末尾の「勇者はひどく赤面した。」の対比や、メロスが無我夢中で走り続けている場面の一文の短さが生む疾走感などは押さえたい。生徒のノート記述やワークシートの記述を基に評価を行い、生徒がどのように人物像を捉えているか、自分の読みを構築しているかを見取って、次時以降へとつなげていきたい。

走れメロス

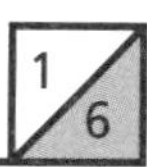

主発問 「走れメロス」はどのような魅力のある作品だと思いますか。

目標

作品全体を通読し、自分が考える作品の魅力について文章にまとめることができる。

評価のポイント

❶抽象的な概念を表す語句などについて理解し、語感を豊かにしている。 (1)エ

❹言葉がもつ価値を認識するとともに、言語文化を大切にして思いや考えを伝え合おうとしている。

準備物 ・学習感想記入用のワークシート

ワークシート・ICT 等の活用や授業づくりのアイデア

○作品の魅力についてワークシートで文章にまとめる。その際、ICT 端末を活用することで、生徒たちが互いの考えや発見を即時共有することができる。

○生徒の記述は生徒個人の評価材料として用いることができる。また、生徒の読みの実態を捉えるために活用したり、その後の授業展開を考える材料にしたりすることが望ましい。

1 導入（学習の見通しをもつ）

T：今回は「走れメロス」という作品を読んでいきます。「走れメロス」の場面設定は古代ギリシャです。この作品はシラーの「人質」という詩を基に太宰治がアレンジした作品です。

＊本文を通読する前に作品の設定を最低限説明することで、作品に興味をもち、世界観に没入しやすくする。

2 展開

〈本文を通読する〉

T：本文を読みながら漢字の読みや意味の分からない語句についてはチェックしていきましょう。読み終わった後で、作品のどこに魅力を感じたか学習感想を書くので、意識しながら読んでください。

＊初読の後で、主な登場人物としてメロス、ディオニス、セリヌンティウスの人物設定と特徴について整理しておく。

〈初発の感想を書く〉

T：「走れメロス」を読んでみて感じたことや思ったことを感想にまとめましょう。また、「走れメロス」のどこが作品としての面白さにつながっているか、自分の考えを書いてください。

＊生徒が初発の感想を書いている間に机間指導を行い、どのように書けばよい

3 終末（学習を振り返る）

〈次時の予告〉

T：この授業では、「走れメロス」を初めて読みましたね。次の授業では、メロスがどうして走ることになったのか、詳しく見ていきます。

効果的な板書例

「走れメロス」　太宰　治

【学習目標】
「走れメロス」を読んで、作品の魅力について考える。

【今日のめあて】本文を通読して、自分の感想と作品の魅力について考えたことをまとめよう。

主な登場人物とその特徴

メロス
ディオニス
セリヌンティウス

◎「走れメロス」を読んで感じたこと、思ったこと

◎「走れメロス」の作品としての魅力

か困っている生徒に対して支援したり、後で意見を交流する際に指名する生徒の見当を付けておく。

〈初発の感想を交流する〉

T：自分の書いた感想や作品の魅力について書いたことを交流しましょう。発表してくれる人はいますか。

○数名の生徒に意見を発表してもらい、全体で共有する。

〈新出漢字と難語句の確認をする〉

T：新しく出て来た漢字の読みと書きの確認をします。また、難しい言葉の意味も確認しておきましょう。

＊ワークシートに新出漢字と難語句をまとめておき、生徒が後で確認できるようにしておく。

T：「邪智暴虐」や「疲労困憊」、「奸佞邪知」、「猛然一撃」といった四字熟語からも分かる通り、漢字が多く用いられていたり、漢文的な歯切れのよい表現が多いのも「走れメロス」の文体の特徴ですね。

〈次時の予告をする〉

T：次の授業では、「走れメロス」がどのような物語の設定になっているか、全体の構成はどのようになっているか、見ていきます。

走れメロス

2/6

主発問 『走れメロス』はどのような構成の物語でしょうか。

目標

作品の設定や全体の構成を理解し、その効果やよさについて自分の意見をもつことができる。

評価のポイント

❶抽象的な概念を表す語句などについて理解し、語感を豊かにしている。 (1)エ

❹言葉がもつ価値を認識するとともに、言語文化を大切にして思いや考えを伝え合おうとしている。

準備物 ・ワークシート⊻01

ワークシート・ICT 等の活用や授業づくりのアイデア

○ワークシートは教師があらかじめ場面分けを示しておくことで、生徒が内容を場面ごとに捉えやすいようにするとよい。

1 導入（学習の見通しをもつ）

T：前回、「走れメロス」を通読しました。前回書いてもらった感想の中から、何人かのものを紹介させてもらいます。

＊生徒の感想をワークシートなどに書き出して全体で共有するのも効果的。その際は、単なる羅列にするのではなく、いくつかのカテゴリーに分けて整理すると共有がスムーズに進む。

2 展開

〈作品の設定を理解する〉

T：前回、「走れメロス」は古代ギリシャの時代の物語だと説明しました。他にも物語の設定として分かることはありますか？

・メロスやセリヌンティウス、フィロストラトスという登場人物の名前からもギリシャが舞台ということが分かりそうです。

・町の名前がシラクスとなっています。

・「初夏満点の星である。」とあることから季節が初夏だと分かります。

＊メロスがゼウスに祈りを捧げることから、ギリシャ神話についてふれてもよい。

3 終末（学習を振り返る）

〈次時の予告〉

T：今回は作品全体の構成を捉えました。次回はメロスと王がどのような人物として描かれているかを読んでいきましょう。

効果的な板書例

「走れメロス」　太宰　治

【学習目標】
「走れメロス」の構成を捉える。

【今日のめあて】「走れメロス」がどのような構成で書かれた作品かを理解しよう。

ページ	時	場所	内容・出来事
初め～P197 L16	初めの日	シラクスの町	・静まりかえった町 ・老爺の話 → 王への激怒
P197 L17～P200 L10		王城	・メロス捕まる ・セリヌンティウス身代わり ・王との対話→約束 ・王城を出発
P206 L19～P211 L7	三日目（約束の日）	シラクスまでの道～刑場まで	・水音で目覚め、再び走り出す ・旅人の会話 ・フィロストラトスとの会話 ・刑場に走り込む ・セリヌンティウスとの再会
P211 L8～終わり		刑場	・王の改心 ・少女からのマント ・勇者（メロス）の赤面

〈物語の構成を理解する〉

T：この物語は「メロスは激怒した」で始まっています。メロスが怒りを覚えたのはいつの時点のことでしたか。

・シラクスの町で老爺から王様の話を聞いたときです。

T：そうですね。「メロスは激怒した。」から「聞いて、メロスは激怒した。」までの間はメロスが王に対して怒りを覚えるまでのいきさつを説明する回想場面になっています。

T：ワークシートの表の「場所」と「内容・出来事」の項目を教科書本文を読みながら埋めてみましょう。

＊全体像をつかむことを目的としているので、概要をまとめさせる。

＊ワークシートの表には、あらかじめ場面分けをしたページ数と作中の日数を埋めておくと生徒が活動に取り組みやすい。

T：それでは、順番に書いたことを発表」していってください。

・はい。まず、シラクスの町ではメロスが王様のひどい行いの話を老爺から聞いています。

・故郷の村では妹の結婚式を挙げて、メロスは城に戻るのをためらっている様子が書かれています。

＊場面ごとに順に聞きながら、補足があれば、他の生徒からも発表させる。

走れメロス

主発問　**「メロス」と「王」はどのような人物として描かれているでしょうか。**

目標

メロスとディオニスがどのような人物として描かれているか読み取り、その対照性について理解する。

評価のポイント

❶抽象的な概念を表す語句などについて理解し、語感を豊かにしている。　(1)エ

❸登場人物の言動の意味などについて考えて、内容を解釈している。　C(1)イ・オ

準備物　・特になし

ワークシート・ICT 等の活用や授業づくりのアイデア

○メロスとディオニスの人物像を捉えさせることで、作品全体のテーマについて生徒が考えられるように授業を展開したい。特に人を信じることを第一の価値として考えるメロスと、本当は人を信じたいのに信じることができなくなっているディオニスの対立構造が捉えられるように授業を展開したい。

1　導入（学習の見通しをもつ）

T：今回の授業では、メロスと王様がどのような人物として描かれているか読んでいきます。皆さんはメロスと王様はそれぞれどのような人物だと思いますか。

・メロスは真正直で正義の心をもった人物だと思います。

・王様は「邪智暴虐」とあるし、人の命を粗末に扱うひどい王様。

2　展開

〈メロスが走る理由を確認する〉

T：この授業では、メロスと王様がどのような人物として描かれているか読んでいきます。そもそもメロスが走ることになった大元の原因は何でしたか。

・激怒して王様の城に短剣をもって入っていったことです。

T：そうでしたね。本来、その場で処刑されてしまうはずだったメロスですが、三日間だけ処刑を先延ばししてもらいました。どうしてですか。

・たった一人の妹を結婚させてあげたかったからです。

T：そうですね。だからメロスはシラクスの町と村を往復する必要があったのでした。そしてその間メロスの身代わりになったのがセリヌンティウスでしたね。では、今から教科書本文をメロ

3　終末（学習を振り返る）

〈本時のまとめ〉

T：「人は信じられる」と考えるメロスと、「人は信じられない」と考えるディオニスの考え方が真っ向から対立していることが分かりましたね。メロスが必死に走るのは、「信実」を証明するためでもあったのですね。

効果的な板書例

「走れメロス」　太宰　治

【学習目標】
「メロス」と「王」の人物像を捉える。

【今日のめあて】「メロス」と「王」がどのような人物として描かれているかを理解しよう。

メロス	ディオニス（王）
・村の牧人 ・父も母も女房もない ・十六歳の妹と二人暮らし ・政治がわからない ・羊飼い ・のんき→のそのそと王城へ ・単純 ・邪悪に対しては人一倍敏感 ・人の心を疑うのは最も恥ずべき悪徳 ・うそをつくことが嫌い ・気性が荒い ・親友（竹馬の友）セリヌンティウス ☆人を信じることを何よりも大事にしている。	・人を殺す ・人を信じることができない ・顔が蒼白、眉間の深いしわ ・孤独を感じている ・人を疑うのが当たり前 ・本当は平和を望んでいる？ ・残虐 ・正直者を憎んでいる ☆人を信じたくても信じることができない。

スが王城に行った場面から、城を出発する場面まで音読しましょう。

〈メロスと王の対照性を捉える〉

T：今読んだ教科書の場面には、メロスとディオニスのやりとりが書かれていました。ここには、メロスとディオニスの考え方や性格がよく表れています。それぞれ、どのように書かれているでしょうか。まとめてみましょう。

＊人の信実があると主張するメロス、人の信実などはないと主張するディオニスの対照的な性格について押さえさせたい。

〈意見を集約する〉

T：さて、どのような意見が書けたでしょうか。発表してください。

・メロスは人を信じられないということを「この世で最も恥ずべき悪徳」と言っています。

・ディオニスは「人を信じてはならぬ」と言ったうえで「本当は平和を望んでいる」と言っているから、昔はメロスのように人を信じていた時期があったけど、たくさん裏切られて人を信じられなくなったのだと思います。

・王様は人を信じていないから、メロスがそのまま逃げてしまうだろうと疑っている。

・メロスは王様が自分のことを疑っているということに対して激怒している。

＊「王」が人を信じたくとも信じられない人物として描かれていることに生徒が気付かない場合、町の老爺のセリフ「人を信ずることができぬというのです」や「ダモクレスの剣」の逸話を紹介するなどして、疑心暗鬼に陥ってしまう王の立場を想像しやすくさせる。

走れメロス

主発問　「メロス」の心情はどう変化していったでしょうか。

目標

メロスがシラクスまでの道中においてどのように心情を変化させていったか理解することができる。

評価のポイント

❶抽象的な概念を表す語句などについて理解し、語感を豊かにしている。　(1)エ

❸登場人物の言動の意味などについて考えて、内容を解釈している。　C(1)イ・オ

準備物　・特になし

ワークシート・ICT 等の活用や授業づくりのアイデア

○メロスは様々な試練に遭い、一度は挫折しながらも立ち直り、再びシラクスの町を目指して走り出す。その過程でメロスにとっての走る理由が「王の奸佞邪知を打ち破るため」「身代わりの友を救うため」から、「もっと恐ろしく大きなもののため」に走るようになるメロスの心情の変化を押さえさせたい。

1　導入（学習の見通しをもつ）

〈本時について確認する〉

T：今回の授業では、シラクスの町に戻ろうとするメロスの前にどんな試練が立ちはだかり、メロスの心情がどう変化していったかを読んでいきたいと思います。

2　展開

〈メロスの試練について考える〉

T：王との約束を守るため、身代わりのセリヌンティウスを救うために城へと戻ろうとするメロスですが、様々な試練がメロスの前に立ちはだかります。どのような試練があったかを教科書 p.200の11行目〜p.209の 7 行目の本文を読み返しながらノートにまとめましょう。

＊目に見える試練ばかりでなく、目には見えないが、メロスの心が試されるようなものも試練のうちに含めて考えさせる。

T：メロスにとっての試練にはどのようなものがありましたか。

・「若いメロスは、つらかった。幾度か、立ち止まりそうになった。」とあるから故郷に残りたいというメロスの

3　終末（学習を振り返る）

〈本時のまとめ〉

T：今回の授業では、メロスが刑場に駆け込むまでの間に心情を変化させていったことを読み取りました。次回は、刑場に駆け込んだ後の場面を詳しく読んでいきましょう。

効果的な板書例

「走れメロス」　太宰　治

【学習目標】
「メロス」の心情の変化を理解する。

【今日のめあて】「メロス」の心情がどのように変化していったのか考えよう。

メロスに立ちはだかった試練

試練①　故郷への未練
試練②　川の氾濫
試練③　山賊の襲撃
（↓灼熱の太陽）
試練④　心身の疲労
☆水をすくって飲む
↓疲労回復、希望が生まれた
試練⑤　フィロストラトスの言葉

メロスの心情の変化

○つらかった。
↓もう大丈夫。未練はない。
○ゼウスに祈る。何とか泳ぎきる。↓ぜいぜい荒い呼吸。
○立ち上がることができない。
↓勇者に不似合いなふてくされた根性。
↓もうどうでもいい。
↓私は醜い裏切り者だ。
○歩ける、行こう。
↓私は信じられている。
↓おまえは真の勇者だ。
↓走れ！　メロス
○間に合う間に合わぬは問題でない。
○人の命も問題でない。
○もっと恐ろしく大きいもののために走っている。

気持ちも、試練の一つだと思います。
・川の氾濫と山賊の襲撃から逃げたときの身体の疲労も試練だと思います。
・フィロストラトスの「もう無駄でございます。」という言葉も、本来ならメロスの足を止めさせるような試練に含めてもいいかもしれません。

〈メロスの心情の変化を確認する〉

T：多くの試練を乗り越えてメロスの心情はどう変化していきましたか。
・最初、村を出発するときは「王の奸佞邪知を打ち破るため」や「名誉を守る」ことを考えていました。
・前の授業でも出てきたけど、メロスは最初、王様と人は信じられるかどうかで勝負しているように感じました。
T：その後、川の氾濫、山賊の襲撃を乗り越えて疲れ果てて倒れたメロスはどんな心情になりましたか。
・「ここまでやったんだからもういいだろう」という諦めの気持ち。
・いっそのこと醜い裏切り者になってしまおうという気持ち。
T：一度倒れて起き上がった後はどうでしたか。
・間に合うかどうかはもう気にしていないし、自分の命もセリヌンティウスの命も問題ではなく、ただただ信じられているからという理由で夢中で走るようになる。
＊「もっと恐ろしく大きいもののために走る」「訳のわからぬ大きな力に引きずられて走る」の箇所は多様な解釈が可能である。多く出てくると予想されるのは「信頼」である。しかし、「信頼」の一言で終わらせるのではなく、その内実にまで言及したい。最初にメロスが考えていた「人の命」や「王に信実があることを見せつける」といった目的を、終盤のメロスは「どうでもいい」と断じている。「信じられている」という理由だけで無我夢中に走るメロスの変容に気付かせたい。

走れメロス

主発問 ディオニスの心情はどのように変化したのでしょうか。

目標

ディオニスがどのように心情を変化させたのか、冒頭と結末との表現に着目して理解することができる。

評価のポイント

❷根拠の適切さを考えて説明や具体例を加えたり、表現の効果を考えて描写したりするなど、自分の考えが文章になるように工夫している。 B(1)ウ

❸登場人物の言動の意味などについて考えて、内容を解釈している。 C(1)イ・オ

準備物 ・原稿用紙（400字詰め）

ワークシート・ICT 等の活用や授業づくりのアイデア

○第３時で読んだ、ディオニスの人物像を振り返り、本時の学習と結び付けたい。対比的に描かれている描写を読むことを通じて、ディオニスが単なる暴君ではなかったこと、「おまえらの仲間の一人にしてほしい」と言った王の心情を想像できるようにしたい。

1 導入（学習の見通しをもつ）

〈本時について確認する〉

T：今回の授業では、ディオニス王がメロスやセリヌンティウスの行動によって、どのような影響を受けたかを読んでいきます。また、「走れメロス」の学習のまとめとして、自分が感じた「走れメロス」の作品としての魅力について、改めて文章にまとめてもらいます。

2 展開

〈王の人物像を振り返る〉

T：第３時でディオニス王の人物像を読んだ時のことを思い起こしてください。初めの場面ではどのような人物としてディオニス王は描かれていましたか。

・「人を信じることができない」人物でした。

・人を殺したり残虐なことをしているけど、心の底では平和を望んでいる人物。

・昔は人を信じる心をもっていたんじゃないか、という意見も出ていました。

T：そうでしたね。シラクスの町の様子が２年前と変わっていたことも、その間の王様の変化も暗示していますね。それでは、最後の場面を読んでいきましょう。

＊教科書 p.209から終わりまでを音読す

3 終末（学習を振り返る）

〈本時のまとめ〉

T：この授業では、ディオニス王の心情の変化について理解して、最後に単元のまとめとしての文章を書き始めました。次回は、書いた文章を共有していきます。

効果的な板書例

「走れメロス」 太宰 治

【学習目標】「ディオニス」の心情の変化を読み取る。

【今日のめあて】「ディオニス」がどのように心情を変化させたかを考えよう。

もともとのディオニス
○人を信じることができない
○残虐
○顔が蒼白、眉間の深いしわ
○本当は平和を望んでいる?
○孤独を感じている
○正直者を憎んでいる

結末場面のディオニス
○顔を赤らめている
○「信実とは、決して空虚な妄想ではなかった。」
○「お前らはわしの心に勝ったのだ。」
○「どうかわしも仲間に入れてくれまいか。」
☆本当は、人の心の信実を信じたかったことがわかる。
○「万歳、王様万歳。」
☆顔の色が青→赤
　心を取り戻した

る。

〈王の心情の変化を読み取る〉

T:ディオニス王ははじめ、人を信じることができない残虐な人物として描かれますが、結末場面ではどのような人物として描かれていますか。

・「顔を赤らめて」とあるから、照れながらメロスたちに話しかけたのだと思います。

・「信実とは、決して空虚な妄想ではなかった」とあるから、本心では信実があることを期待していたことが分かります。

＊山賊が王の差し金だったすると、王自身がメロスが帰ってくることを恐れていたと考えることもできる。

＊作中における赤と青の使い分けに着目させてもよい。顔面蒼白だった王は、最後には顔を赤らめている。赤はメロスが少女から緋のマントをささげられることからも、信実や人間性を表す色彩として用いられていることが分かる。

〈作品の魅力について文章にまとめる〉

T:単元の最初でも「走れメロス」の魅力について、自分の考えを書いてもらいましたが、改めてこれまでの学習を踏まえて、自分の考えを書いてみましょう。

T:第1時で読んだ時には気付かなかったことや、味わいが深まったことなど、自分の読みが変わったことに着目して書いてみましょう。

＊第1時での生徒の感想を配布し、第1時での自分の読みと、現在の自分の読みとの差異に気付かせたい。

走れメロス

主発問 **「走れメロス」の作品としての魅力は何でしょうか。**

目標

「走れメロス」の作品としての魅力を自分なりの言葉で文章にまとめることができる。

評価のポイント

❷根拠の適切さを考えて説明や具体例を加えたり、表現の効果を考えて描写したりするなど、自分の考えが文章になるように工夫している。

B(1)ウ

❹言葉がもつ価値を認識するとともに、言語文化を大切にして思いや考えを伝え合おうとしている。

準備物 ・原稿用紙（400字詰め） ・シラー作「人質」の本文

ワークシート・ICT 等の活用や授業づくりのアイデア

○それぞれが書いた文章を読み合い、互いの共通点や類似点を見つけるなど、交流する際に着目させる視点をあらかじめ提示する。他の生徒の意見にふれることで、自分では気付くことができなかった作品の魅力に気付けたり、自分自身が自覚できていなかった自分の考えのよさに気付けたりするように促したい。

1 導入（学習の見通しをもつ）

〈本時について確認する〉

T：今回の授業は、前回の続きで「走れメロス」の魅力について文章にまとめて、グループで読み合います。

2 展開

〈文章にまとめる〉

T：それでは、「走れメロス」の作品としての魅力について文章にまとめましょう。

T：書けた人は手を挙げて教えてください。

＊書き上がりには個人差が生じるので、書けた生徒から教師が確認し、内容に関して質問したり、よい点を評価するコメントを伝えたりしていく。

＊ある程度の人数が書き終えたところで、書き終えた生徒同士で交流を始めさせてもよい。

〈書いた文章を交流する〉

T：今からグループで書いた文章を読み合います。自分にはなかった視点や、他の人と比べて気付いた自分の意見のよさなどが見つけられるように意識し

3 終末（学習を振り返る）

〈本時のまとめ〉

T：この授業で「走れメロス」の単元は終わります。この単元では作品全体の構成をみたり、人物の心情の変化を捉えたりしましたね。これからの授業でも今回の経験を生かして作品を読み深めましょう。

効果的な板書例

「走れメロス」　太宰　治

【学習目標】「走れメロス」の作品としての魅力を伝え合う。

【今日のめあて】自分の考えや意見を相手に伝わりやすい文章にまとめ、交流しよう。

① 自分の考える「走れメロス」の魅力について文章にまとめよう。

② グループに分かれて読み合おう。

見つけよう
・自分になかった視点
・自分の意見のよさ

③ 自分にはなかった考え方や読んでなるほどと思った読みをグループで共有しよう。

て交流してみてください。

・言葉の使い方が面白いと思いました。おじいさんと言わずに「老爺」としているところや、「神も照覧」や「やんぬるかな」のような独特な書きぶりが面白かったです。

・古代ギリシアの伝説を基にして、ただの正義と信実の話で終わらせないで、メロスを人間くさく描いたり、王様の葛藤を描いたりしているところが魅力的にしていると思いました。

＊教師は巡回しながら机間指導をしていく。教室全体で何人かの生徒の文章に見当を付けておき、最後に全体で紹介できるとよい。

〈単元全体を振り返る〉

T：「走れメロス」の単元全体を振り返ってみましょう。

＊面白いと感じたこと、以降の国語科の学習に応用できそうなことなど、感想を発表させたい。

T：今回読んだ「走れメロス」という作品は、シラーという詩人の「人質」という詩を題材にして太宰治がアレンジを加えて書き上げた小説でした。「人質」の本文をプリントにまとめておいたので、興味のある人は読んでみてください。「人質」と「走れメロス」とでは、どのような違いがあるか探してみるのも面白いですよ。

8 表現を見つめる
漢字に親しもう6 （1時間扱い）

指導事項：〔知技〕(1)ウ
言語活動例：文脈にあった漢字の読み書きを考えて、練習問題を解く。
同じ読みの漢字、同じテーマ（生活など）など、観点を決めて漢字や言葉を集める。

単元の目標

(1)第1学年までに学習した常用漢字に加え、その他の常用漢字のうち350字程度から450字程度までの漢字を読むことができる。また、学年別漢字配当表に示されている漢字を書き、文や文章の中で使うことができる。 〔知識及び技能〕(1)ウ
(2)言葉がもつ価値を認識するとともに、読書を生活に役立て、我が国の言語文化を大切にして、思いや考えを伝え合おうとする。 「学びに向かう力、人間性等」

単元の構想

〈単元で育てたい資質・能力／働かせたい見方・考え方〉

漢字は、文字自体が音と意味とを表している。同じ読み方の漢字、字形が似ている漢字なども多いため、生徒は似た漢字を混同したり、意味に応じた漢字の使い分けを間違えたりしやすいという面もある。一方で、同じ読みなのに漢字が異なっていたり、同じ部首だったり、共通の部位を持った漢字があったりすることは、漢字が互いにつながって一つのネットワークをつくっているということでもある。こうした漢字がもつ体系的なつながりを理解し、漢字同士を連関させて捉えることで、文字から読み方や大体の意味を推測しやすくなる。一つ一つの漢字を切り離して闇雲に覚えるのではなく、漢字全体がつながりあって一つの言語文化をつくり上げていることにも気付かせたい。

〈教材・題材の特徴〉

本教材では、漢字の読み書きや、熟語やことわざなどの中で使われている漢字を書く問題が設定されている。ただし、問題が羅列されているのではなく、同じ読みの漢字、一つの漢字の複数の読み方、同じ部首の漢字など、テーマを設定した問題群となっている。同じ群の中にある漢字の共通項に注意することで、漢字同士のつながりに気付き、まとまりとして漢字を学んだり、語彙を増やす手がかりとしたりすることができる。また、学校生活や歴史などのテーマや、ことわざといった表現形態なども、語彙を増やす際の観点となるだろう。

〈主体的・対話的で深い学びの視点からの授業改善ポイント／言語活動の工夫〉

単に小テストや練習問題を通して漢字を覚えるのでは、漢字への関心をもちにくい。生徒の主体性を引き出すために、教材に設定された小見出しを基に自分たちで漢字や語句を探して作問したり、互いに解き合ったりする活動も考えられる。また、漢字や熟語の共通項や特徴を考えるなど、漢字自体を対象として、その特徴を探るような学習活動も設定できる。

単元計画

時	学習活動	学習内容	評価
1	・練習問題を解く。 ・観点を決めて漢字や言葉を集め、短文を作る。	○教科書の練習問題を解くことを通して、文脈の中で漢字の読み書きを行う。 ○同じ読み方をする漢字、同じ部首の漢字、複数の音読みをもつ漢字、食生活に関連する言葉など、観点を決めて漢字や言葉を集める。 ○集めた字や言葉を使って短文を作る。	❶ ❶❷

評価規準

知識・技能	主体的に学習に取り組む態度
❶第１学年までに学習した常用漢字に加え、その他の常用漢字のうち350字程度から450字程度までの漢字を読んでいる。また、学年別漢字配当表に示されている漢字を書き、文や文章の中で使っている。　(1)ウ	❷漢字の長所や価値を認識するとともに、漢字という言語文化を大切にして、漢字を活用して思いや考えを伝え合おうとしている。

〈指導と評価の一体化を図る見取りのポイント〉

主体的に学習に取り組むようにするために、漢字がもつ面白さに生徒が気付くような学習活動を取り入れることも一案である。漢字は、部首が意味の一部を表す（「さんずい」がつく字は水に関連する、など）、同じ読みでも漢字によって意味の違いを表すことができる（「計る」「測る」「量る」の使い分け）など、文字からいろいろな情報を読み取ることができる。こうした漢字の特徴を調べたり、同じ観点で漢字を集めたりしようとしているかが、「主体的に学習に取り組む態度」を見取る際のポイントとなる。

また、練習問題を解くだけでなく、自分たちで言葉を集めたり、問題をつくるといった活動を取り入れたりすることで、漢字についての知識や語彙を増やしたり、漢字を使って表現したりする場面を仕組むことができる。漢字についての知識・技能としては、文字を正しく表記するだけでなく、文脈に合った漢字を使えるかを見取るようにすることが大切である。

漢字に親しもう 6

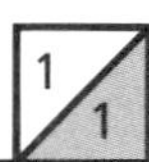

主発問 追求・追究・追及、それぞれどんな意味の違いがあるでしょうか。

目標

○文脈にあった漢字の読み書きをすることができる。

○漢字のつくりや違いについて関心をもつことができる。

評価のポイント

❶示された常用漢字や学年別漢字を正しく書き表している。 (1)ウ

❷漢字のつくりや違いについて関心をもとうとしている。

準備物 ・国語辞典 ・国語便覧（あれば）

ワークシート・ICT 等の活用や授業づくりのアイデア

○漢字の学習では、成り立ちや誤用、その漢字にまつわる話題を提供したい。例えば、「緯」という漢字は、ヨコ糸（緯糸）、タテ糸は（経糸）と書くこと。「近畿」の「畿」の訓読みは（みやこ）。古代、「畿内」は都に近い国を指していたことから「近畿」という言葉が今に残っている、といった知的好奇心を呼ぶ話題を提供したい。

1 導入（学習の見通しをもつ）

T：漢字を学ぶ最後のページです。漢字は難しいもの、機械的に覚えるものなどといったイメージがあるかもしれませんが、タイトルの「漢字に親しもう」の通り、その成り立ちやつくりの違いを知ることで、難しいながらも興味深く感じてくれると思います。

2 展開

〈練習問題❶〉

T：練習問題❶を解いてみましょう。ここでは、医療、健康に関する言葉が出ています。まず注目したいのは「疒（やまいだれ）」です。寝台の上に人が伏せた様子を表しています。このページには、「疫」、「痩」、「癒」、❸の「症」があります。

○このほかの漢字を探して書き出させる。

T：「補聴器」、「循環器」は「機」ではなく、「器」であることに注意しましょう。「器」は比較的単純な原理で変化を起こすもの、「機」は細かい細工を施して動くようにしたもので区別して使います。ほかにどんな熟語がありますか。

＊「器」＝温水器・計量器・検温器・受

3 終末（学習を振り返る）

T：漢字は、英語などの文字以上に有機的で多くの部分が緊密な連関をもちながら形づくられている文字です。それらを知ることで苦手意識が払拭されるだけではなく、興味をもって学習できるでしょう。

効果的な板書例

漢字に親しもう６

【学習目標】
文脈にあった漢字の読み書きができる。

【今日のめあて】
漢字のつくりや違いについて関心をもとう。

「疒（やまいだれ）」の成り立ち

疒⇒疒

器＝例語
機＝例語

四字熟語
例＝

同音異義語
例語

川（セン＝音読み）山川、川柳
機（はた＝訓読み）棚機

話器・消火器・電熱器・変圧器・歩行器。「機」＝印刷機・映写機・耕運機・自動販売機・写真機・受信機・扇風機・掃除機。

○国語辞典を使って、読みを確認させるとともに、意味もあわせて確認させる。病だれの漢字を探して書き出させる。

〈練習問題❷〉

T：練習問題❷を解いてみましょう。四字熟語です。

○国語辞典を使って、読みと意味を確認させるとともに、類義語や対義語についてもあわせて教える。勇猛果敢（類＝剛毅果断、豪胆、対＝優柔不断）、時期尚早（対＝時すでに遅し）、深謀遠慮（対＝軽率短慮）、白紙撤回（類＝白紙に戻す、ご破算）

＊時期尚早を（じきそうしょう）と読み間違えないように注意する。

〈練習問題❸〉

T：練習問題❸を解いてみましょう。同じ読みの熟語を同音異義語と言います。

○国語辞典を使って意味を確認させる。このほかの同音異義語を探して書き出させる。

＊同音異義語は教科書 p.121で既習。

T：集めた同音異義語を使って、それぞれ例文を作ってみましょう。

○発表させて、間違った使い方をしている場合、訂正する。

＊区別が難しい同音異義語として、「意志・意思・遺志」、「異常・異状」、「解放・開放」、「関心・感心・歓心」、「対象・対照・対称」、「追求・追究・追及」などがある。同訓異字語と区別する。

〈練習問題❹〉

T：練習問題❹を解いてみましょう。

＊第３学年で学習する漢音や呉音についてここで少しふれておきたい。「川（セン）」の用例は「山川」など。「機（はた）」の用例に「棚機」がある。

8 表現を見つめる

文法への扉3　一字違いで大違い／文法3　付属語（2時間扱い）

指導事項：〔知技〕(1)オ
言語活動例：助詞や助動詞の働きについて理解する。

単元の目標

(1)助詞や助動詞の働きについて理解することができる。　〔知識及び技能〕(1)オ
(2)言葉がもつ価値を認識するとともに、読書を生活に役立て、我が国の言語文化を大切にして、思いや考えを伝え合おうとする。　「学びに向かう力、人間性等」

単元の目標

〈単元で育てたい資質・能力／働かせたい見方・考え方〉

的確で豊かな表現をするためには、付属語（助詞、助動詞）の働きについての理解を深めることが欠かせない。英語では単語が置かれた位置によって、文の中での役割（目的語や補語など）が決定する。これに対して、日本語では、文節の最後に付く助詞や助動詞によって文の中での単語の役割や文全体が表す事態、話し手の伝え方のニュアンスなどが決定する。付属語の学習では、第1学年で学んだ文節や単語の知識や考え方が必要になる。指導においては、付属語の働きを体系的に整理するだけでなく、日常生活の中での言語運用の充実に資するような説明を心がけたい。

〈教材・題材の特徴〉

本教材では、付属語（助詞、助動詞）の働きを考える際の導入として、野球の試合が終わった後のコーチの言葉が取り上げられている。副助詞「は」と「も」の意味の異なりを日常生活の一場面の中で捉える設定である。教科書 p.215下段では、「から」「まで」「こそ」を取り上げ、助詞のもつ意味や役割にアプローチしている。また、上段にあるコーチの言葉から「がんばろう」を取り上げ、「がんばる（動詞）＋う（助動詞）」という単語に分けて示し、第1学年時の文節や単語の学習を想起させる工夫がなされている。「文法3　付属語」（教科書 p.244–248）とあわせて学習することで、付属語の知識を体系的に整理することができる。

〈主体的・対話的で深い学びの視点からの授業改善ポイント／言語活動の工夫〉

文法の学習では、知識の伝達やドリル的な練習問題を行うことに終始しないように留意したい。例えば、助詞の学習では、教科書に例示された「は」と「も」のように、1文字で文意が異なることや、英語には助詞という概念がないことなどを取り上げて、日本語に興味をもたせることが考えられる。また、助動詞の学習では、同じ推定の意味であっても「そうだ」と「らしい」では伝わるニュアンスが異なる（「らしい」は客観的な根拠を必要とする）ことを、日常生活の場面を取り

上げながら確認することが考えられる。いずれの場合においても、文法の学習を行うことが、母国語の表現を豊かにすることにつながるような学習をデザインしたい。

単元計画

時	学習活動	学習内容	評価
1	1．教科書 p.215上段を読み、課題に取り組む。	○Ａチームのコーチの発言は「来年は」、Ｂチームのコーチの発言は「来年も」が入ることを理由とともに述べさせる。 ○「は」「も」以外に入る言葉を考え、助詞が違えば文意が異なることを体感させる。	
	2．教科書 p.215下段を読み、付属語の働きについてのイメージをもたせる。	○第１学年時の「言葉のまとまり（文節や単語など）」「文の成分」の学習を想起させる。	
	3．教科書 p.244の「１助動詞」の説明を読み、助動詞の意味や働きを理解する。	○問題に取り組む際には、適宜教科書を参照するとともに、助動詞の意味や用法を確認する際は、例文を基に行うことを説明する。	❶
	4．教科書 p.244、246の問題に取り組む。	○「れる」「られる」の用法や「ない」の品詞の見分け方などは、取り立てて説明する。	
2	5．教科書 p.246の「２助詞」の説明を読み、助詞の意味や働きを理解する。	○問題に取り組むことに先立ち、助詞は４種類（格助詞、副助詞、接続助詞、終助詞）に分類されるなどの知識体系の大枠を示しておく。	
	6．教科書 p.246、p.248の問題に取り組む。	○問題に取り組む際には、適宜教科書を参照するとともに、助詞の意味や用法を確認する際は、例文を基に行うことを説明する。 ○格助詞「の」の用法などは、取り立てて説明する。	❶
	7．単元の学習を振り返る。	○単元の学習を通して知ったことをペアやグループで確認する。	❷

評価規準

知識・技能	主体的に学習に取り組む態度
❶助詞や助動詞の働きについて理解している。 (1)オ	❷今までの学習を生かして、積極的に助詞や助動詞の働きについて理解しようとしている。

〈指導と評価の一体化を図る見取りのポイント〉

［知識・技能］①の評価規準が実現した状況を、助詞や助動詞の練習問題に適切に回答している姿として捉え、第１、２時に練習問題の解答状況を基に評価する。

［主体的に学習に取り組む態度］の評価規準が実現した状況を、積極的に付属語の役割を捉えようとしている姿として捉え、第２時に観察によって評価する。

文法への扉３　一字違いで大違い

主発問　(　)に「は」と「も」を入れたときに、意味する内容はどのように変わりますか？

目標

助動詞の働きについて理解し、日本語の特徴について理解を深めることができる。

評価のポイント

❶助動詞の働きを理解している。　(1)オ

準備物　・ワークシート①⤓01

ワークシート・ICT 等の活用や授業づくりのアイデア

○文法の学習では、既習事項とのつながりを意識させることが重要である。本時に取り上げる助動詞の働きを理解するためには、第１学年で学んだ「品詞」「文節」「単語」の知識が定着していることが前提となる。教師は、学びの系統性を意識して指導にあたりたい。

1　導入（学習の見通しをもつ）

〈本時に身に付ける資質・能力を説明〉

T：文法の学習に入ります。この単元では、助詞、助動詞の働きについて理解することを目標にします。１年生のときの十品詞の学習で助詞と助動詞のことを「付属語」と呼んだのを覚えていますか？

＊導入では、これまでに学んだ既習事項との関係を意識するようにしたい。

2　展開

〈助詞の働きについて考える〉

T：教科書 p.215の上段を見てください。(　)に「は」と「も」を入れた時に、意味する内容はどのように変わりますか？

＊指導においては、日常生活では無意識に使っている助詞の使い分けについて、自分の言葉で意味付けを行わせたい。ペアやグループで協議をした後、数人の生徒に発表させ、黒板には、「は」には対比の働きがあること、「も」には類比の働きがあることを整理するとよい。

＊意味付けをする際には、教科書 p.215下段の説明を必要に応じて参照し、文法用語は堅苦しいものではないことを生徒に意識させたい。

〈助動詞の意味や働きを理解する〉

T：教科書 p.244を見てください。助動

3　終末（学習を振り返る）

〈本時の学習と次時の学習をつなぐ〉

T：本時は、助動詞の働きについて学習しました。次は、助詞の働きについて学びます。付属語は微妙なニュアンスを伝える働きももっています。理解を深めることで、よりよく文章を書いたり、話をしたりすることができるようになります。

効果的な板書例

文法への扉3　一字違いで大違い

【学習目標】
付属語の働きについて理解し、日本語の特徴について理解を深めることができる。

【今日のめあて】助動詞の働きについて理解しよう。

◎来年（　）、がんばろう！

（は）　対比　今年の試合とは違い・・・

（も）　類比　今年の試合と同じように・・・

◎付属語（助詞・助動詞）は、微妙なニュアンスを伝える。

◎助動詞の働きを理解する。
・活用する付属語。
・用言や体言、他の助動詞などに付いて、意味を付け加えたり、話し手・書き手の気持ちや判断を表す。

（例）がんばろう！
↓
［がんばる］＋［う］（意志）

【理解のためのポイント】
・助動詞の文法的意味は、例文とともに理解する。
・自分で例文を作ってみるのも有効！

詞について説明されています。１年生のときに、助動詞は文節の最後に付くことは学習しています。その種類が一覧できるようになっています。助動詞の意味と例文を丁寧に読みましょう。

＊助動詞の意味を理解させる際には、例文とともに考えさせるようにしたい。

〈練習問題に取り組む〉

T：これから、教科書 p.244、246にある練習問題に取り組みます。ワークシートに同じ問題を掲載しているので、こちらに書き込むようにしてください。必要に応じて、教科書を参照しても構いません。

＊助動詞の問題の解答に際して、単語に分けることに苦手意識をもつ生徒がいる。その場合、単語は辞書に載っている言葉の単位であることを前提とし、「見えない」→「〈見える〉＋〈ない〉」のように未然形の足し算の形を考えさせるとよい。

＊練習問題の答え合わせについては、グループでの協議を行うことが有効である。詳細は、「文法への扉２」の事例を参照されたい。

〈注意すべき助動詞を取り立てて説明する〉

T：教科書 p.245の下段を見てください。ここに、「『れる』『られる』の見分け方」、「『ない』の品詞の見分け方」という項目があります。形が同じであっても意味が違ったり、品詞が異なったりすることがあります。確認していきます。

＊文法的な意味や品詞の識別に、苦手意識をもつ生徒は多い。例文とともに理解することを前提とし、日常生活での用例や既習事項との関連付けを行うことが有効である。例えば、「れる」「られる」の可能の意味は「…できる」となるが、これは、「矛盾」の「能く陥すもの莫きなり」の「能」である。「ない」の識別は、「ぬ」との置き換えが例示されているが、方法論的に指導するだけでなく、表現の豊かさを認識することにつなげたい。

文法への扉３　一字違いで大違い

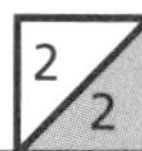

主発問　付属語の学習を通して、どのような力を身に付けることができましたか？

目標

助詞の働きについて理解し、日本語の特徴について理解を深めることができる。

評価のポイント

❶助詞の働きについて理解している。　(1)オ

❷助詞、助動詞の性質を、日常の言語生活とつなげて理解しようとしている。

準備物　・ワークシート②02

ワークシート・ICT 等の活用や授業づくりのアイデア

○助詞の学習は、英語の学習と関連付けることも可能である。英語では、「…を」「…に」という目的語や補語は、動詞の後ろの置かれた位置によって決定する。対して、日本語の連用修飾語は、置かれる位置にしばりはなく、文節の最後の助詞によって役割が決定する。

1　導入（学習の見通しをもつ）

〈本時に身に付ける資質・能力の説明〉

T：本時は、助詞の働きについて学習します。助詞も付属語ですから、文節の最後について様々な意味を付け加えます。しかし、助動詞とは異なる性質ももっていますから、助詞と助動詞とを比べながら学習するとよいと思います。

＊前時の学習とのつながりを説明する。

2　展開

〈助詞の意味や働きを理解する〉

T：教科書 p.246を見てください。助詞は活用のない自立語です。そして、４種類に分けられます。

＊助詞の意味や働きを説明する際には、一つ一つの助詞を見ていくのではなく、大きな分類からアプローチしたい。最初に、助詞が「格助詞」「副助詞」「接続助詞」「終助詞」に分類されることを示し、生徒にとってなじみのない「格」や「副」の説明をするとよい。

・格＝文節同士の関係

・副＝意味を副（そ）える　など。

＊また、終助詞だけが文末で用いられるのに対し、他の三つの助詞は文中で用いられることも合わせて確認したい。

＊一つ一つの助詞の意味や用法については、練習問題を解答する際に、生徒

3　終末（学習を振り返る）

〈社会生活に生かす視点をもつ〉

T：教科書 p.247の下段を見てください。ここに、「話すこと・書くことに生かす」というコーナーがあります。文法を学ぶことは、実生活における表現を豊かにします。また、読書においても、より深く作品を読むことができるようになります。

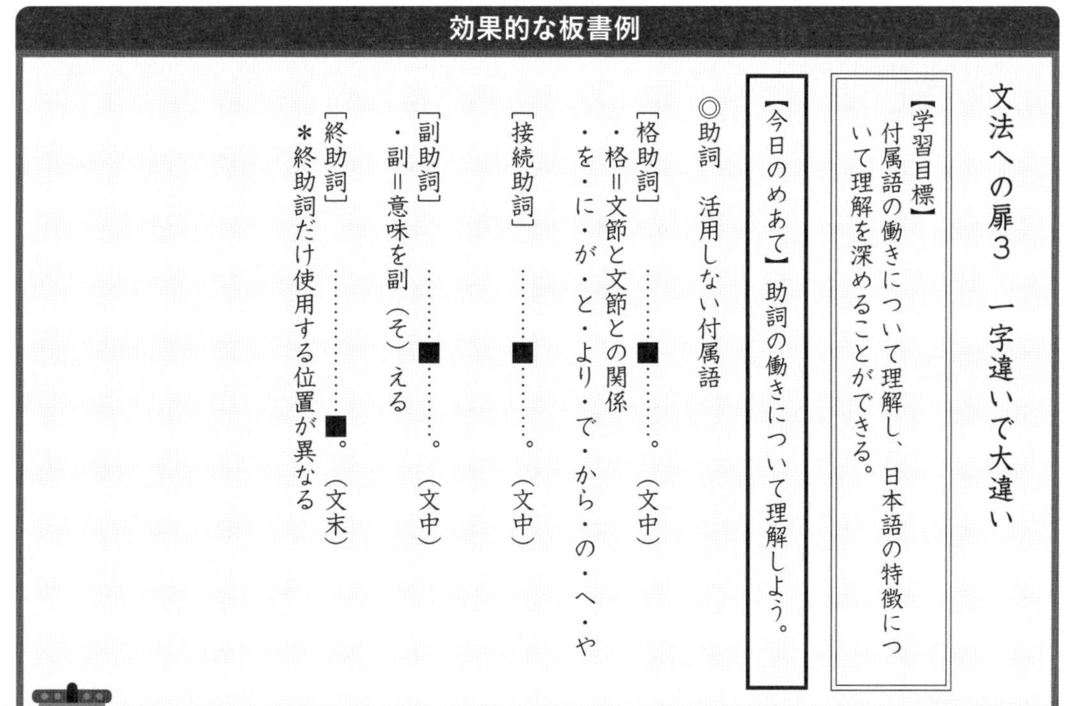

が、必要に応じて参照する中で理解するように促していく。

〈練習問題に取り組む〉

T：これから、教科書 p.246、248にある練習問題に取り組みます。ワークシートに同じ問題を掲載しているので、こちらに書き込むようにしてください。必要に応じて、教科書を参照しても構いません。

＊教師は、机間指導をしながら評価規準①の実現状況を判断していくことになる。「努力を要する」状況（C）と判断した生徒には、例えば、次のような助言が考えられる。

「助詞と助動詞の区別が付きにくい」

→下に付いた言葉によって形が変わるものが助動詞であり、形が変わらないものが助詞である。

「助詞の種類が判断しにくい」

→助詞が用いられている箇所が文中なのか、文末なのかで終助詞を区別する。

＊練習問題の答え合わせについては、グループでの協議を行うことが有効である。詳細は、「文法への扉２」の事例を参照されたい。

＊教科書 p.248下段にある練習問題は、助詞による微妙なニュアンスの違いを考えるものとなっている。グループ内で協議しながら学習を進めるなどして、日本語の特徴についての理解を深めたい。また、状況に応じて、英語での目的語や補語の考え方と比べることも考えられる。

〈付属語の学習で身に付けたことを共有する〉

T：付属語の学習を通して、どのような力を身に付けることができましたか。ペアで交流しましょう。

＊単元末に身に付けた力を言葉にすることは、生徒が自身の学習を振り返ることにもつながる。

8 表現を見つめる

構成や展開を工夫して書こう 「ある日の自分」の物語を書く

（４時間扱い／書くこと）

指導事項：〔知技〕(1)オ 〔思判表〕B(1)イ、オ
言語活動例：自分が体験した心に残る出来事を基にして、「ある日の自分」を物語に書く。

単元の目標

(1)これまでの学習を振り返り、文章の構成や展開について理解を深めることができる。
〔知識及び技能〕(1)オ

(2)場面の展開が明確になるように、構成を工夫することができる。
〔思考力、判断力、表現力等〕B(1)イ、オ

(3)言葉がもつ価値を認識するとともに、読書を生活に役立て、我が国の言語文化を大切にして、思いや考えを伝え合おうとする。「学びに向かう力、人間性等」

単元の構想

〈単元で育てたい資質・能力／働かせたい見方・考え方〉

構成や展開を考えて物語を書く際に重要なのは、伝えたい事柄がどのように推移し展開したのかが明確になるように、場面や登場人物などの設定や事件の発端、山場、結末などの文章の構成を整理することである。また、これまでに学習した物語の構成や展開を参考とすることで、自身の表現がどのような意図に基づいているのかを明確にすることができる。他の生徒と作品を読み合い、よい点や改善点を見いだす活動は、意図のある表現を中心に据えることで充実したものになる。

〈教材・題材の特徴〉

本教材は、心に残る出来事を基にして、「ある日の自分」を物語として創作するものである。自身の体験を素材とすることで、学習意欲を高める工夫がなされている。また、これまで学習した物語を振り返って登場人物の心情の変化を考えたり、[構成の例］や［物語の例］を示して学習活動をイメージしやすくしたりする工夫もなされている。教科書 p.218–219の［物語の例］の脚注で、一つ一つの描写を意味付ける視点が示されている。この視点を利用した物語の構成や展開、表現の検討は、創作した物語を客観的に評価することにつながる。

〈主体的・対話的で深い学びの視点からの授業改善ポイント／言語活動の工夫〉

「B 書くこと」の学習は、読み手がいることを前提とする。本単元でも、ペアやグループで考えを交流しながら学習を進めることを意識したい。物語のプロットを練る段階でも、物語を執筆する段階でも、他の生徒との交流が自然に行われる空間を組織したい。互いの作品に刺激を受けながら、構成や展開を見直すことは、学習へのモチベーションを高め、表現に明確な意図を生み出す。

この積み重ねが、単元末で完成した作品を読み合い、よい点や改善点を見いだす活動を充実させることになる。

単元計画

時	学習活動	学習内容	評価
1	1．単元のねらいや進め方をつかみ、学習の見通しをもつ。 2．「ある日の自分」の物語として取り上げる話題を決める。	○教科書 p.216に示されている［目標］を確認し、本単元で身に付ける資質・能力や、学習の流れを意識させる。 ○素材となりそうな体験をノートに書き出し、ペアやグループで検討する。	❹
2・3	3．物語のプロットをワークシートにまとめる。 4．構成や展開を工夫して物語を書く。(600字程度)	○これまで学んできた物語の設定や描き方を、適宜参考にする。 ○ワークシートには、工夫した表現や構成についてもメモしておく。	❶ ❷
4	5．作品を他の生徒と読み合い、よい点や改善点を交流する。 6．単元の学習を振り返る。	○作品を読み合う前に、「どのような点を工夫したのか」について説明し、交流の際の論点が明確になるようにする。 ○教科書 p.219の「学習を振り返る」を用いる。	❸

評価規準

知識・技能	思考・判断・表現	主体的に学習に取り組む態度
❶話や文章の構成や展開について理解を深めている。 (1)オ	❷「書くこと」において、伝えたいことが分かりやすく伝わるように、段落相互の関係などを明確にし、文章や展開を工夫している。 B(1)イ ❸「書くこと」において、表現の工夫とその効果などについて、読み手からの助言などを踏まえ、自分の文章のよい点や改善点を見いだしている。 B(1)オ	❹粘り強く文章の構成や展開を工夫し、学習の見通しをもって物語を創作しようとしている。

〈指導と評価の一体化を図る見取りのポイント〉

［知識・技能］①の評価規準が実現した状況を、これまでに学んだ物語の構成や展開を参考にしてプロットをまとめている姿として捉え、第2時にワークシートによって評価する。

［思考・判断・表現］②の評価規準が実現した状況を、文章の展開に注意して物語を書いている姿として捉え、第3時に作品（物語）によって評価する。

［思考・判断・表現］③の評価規準が実現した状況を、他の生徒と物語を読み合いよい点や改善点を伝え合う姿として捉え、第4時に観察によって評価する。

［主体的に学習に取り組む態度］④の評価規準が実現した状況を、学習の見通しをもって物語を作成しようとしている姿として捉え、第1時にノートの記述によって評価する。

構成や展開を工夫して書こう

主発問 **クラスメイトに伝えたい私だけのエピソードには、どのようなものがありますか。**

目標

「ある日の自分」物語として、クラスメイトに伝えたい題材を選ぶことができる。

評価のポイント

❹自分の体験に根差した「ある日の自分」物語の題材について検討しようとしている。

準備物 ・特になし

ワークシート・ICT 等の活用や授業づくりのアイデア

○書くことの学習では、相手意識を明確にもたせたい。本時では、「クラスメイトに伝えたいエピソード」という形で、物語の題材を選んでいる。相手意識が明確になると、言葉の選定や叙述の仕方などの工夫に意識が向くようになる。

1 導入（学習の見通しをもつ）

〈本単元の学習活動を説明〉

T：本時から、「構成や展開を工夫して書こう」という単元に入ります。自分が体験した心に残るエピソードを基にして、「ある日の自分」物語として書く学習です。クラスメイトに伝えたい私だけのエピソードには、どのようなものがありますか？

2 展開

〈学習のゴールをイメージさせる〉

T：「ある日の自分」を物語にして書くといっても、なかなかイメージがわかないと思います。教科書 p.218を見てください。ここに、［物語の例］が載せられています。まずは、この物語を読んでみましょう。

＊学習のゴールを具体的にイメージできれば、そこに向けてどのように進めばよいのかを考えられるようになる。本事例では、教科書に掲載された［物語の例］を最初に読むことで、どのくらいの分量で、どんな物語を書けばよいのかをイメージさせた。

〈身に付ける資質・能力を説明する〉

T：学習のゴールをイメージできましたか？では、教科書 p.216の「目標」を見てください。物語を書くことによって、どん

3 終末（学習を振り返る）

〈本時の学習と次時の学習をつなぐ〉

T：本時の学習では、物語として書く題材を決めました。次時からは、プロットを練ったり、実際に物語を書いていきます。家庭で好きな小説を読み直してみて、「この表現は取り入れたい！」というものがあれば、積極的に取り入れてください。

効果的な板書例

構成や展開を工夫して書こう
―「ある日の自分」の物語を書く―

【学習目標】
これまでに学んだ文章の構成や展開について理解を深めるとともに、場面の展開が明確になるように構成を工夫することができる。

【今日のめあて】「ある日の自分」物語の題材となるエピソードを決めよう。

【単元の学習の流れ】
①これまでに学習してきた物語や小説を振り返る
②題材を考える
③物語の設定とあらすじを考える
④構成や展開を工夫して物語を書く（六百字程度）
⑤学習を振り返る

〈題材について〉
・クラスメイトに伝えたいエピソード
・印象に残っている出来事
・言われてうれしかった言葉／悲しかった言葉　等

（本単元のゴール）
・場面の展開が明確になるように、構成を工夫して書く。

な力を身に付けるのかを確認しましょう。

＊ゴールをイメージさせた後には、この単元で身に付ける資質・能力を教師と生徒とで共有したい。その上で、教科書 p.216–217にある学習過程や、既習の教材の生かし方などを丁寧に確認したい。

〈これまでに学習してきた物語や小説を振り返る〉

T：みなさんは、これまでいくつもの物語や小説の学習をしてきました。それぞれの物語や小説には、たくさんの魅力がありました。今回書く物語に取り入れたい設定や表現の仕方には、どのようなものがありますか？　ノートに書き出してみましょう。

＊教科書 p.216の❶にある「物語の設定」だけでなく、「視点」や「文体」、比喩などの「特徴的な表現」などにも視野を広げさせたい。教科書やノートを用いて、学習の履歴を振り返らせたい。

〈物語として取り上げる題材を決める〉

T：「ある日の自分」物語として取り上げる題材を決めます。これまでの生活を振り返り、クラスメイトに伝えたい私だけのエピソードを決めましょう。ノートに題材の候補をいくつか書き出してみましょう。エピソードを通して、どんなことを伝えたいのかも合わせて書きましょう。

＊「クラスメイトに伝えたい」とすることで、生徒に相手意識を明確にもたせ、続くグループでの協議にスムーズにつなげたい。

＊アイデアがなかなかでない生徒には、印象に残っている言葉を取り上げてイメージを広げさせるなどの支援を行う。

〈グループで題材について交流する〉

T：物語の題材となるエピソードや、クラスメイトに伝えたいことなどを交流しましょう。

＊実際に物語を書く前に、物語を通して伝えたいことを言語化することは、相手意識を涵養することにつながる。

構成や展開を工夫して書こう

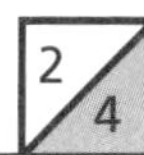

これまでに学習した物語や小説の構成や展開、表現の工夫を、あなたが書く物語にどのように生かしますか。

目標

「ある日の自分」物語のプロット（物語の設定、構成や表現の工夫など）をまとめることができる。

評価のポイント

❶これまでに学んだ物語や小説の構成や展開、表現の工夫の中から、今回の学習で用いるものを決めている。（1)オ

準備物 ・ワークシート01

ワークシート・ICT等の活用や授業づくりのアイデア

○本時は、実際に物語を書く前に、物語のプロットをまとめる時間である。次時の学習活動がより充実したものとなる指導を心がけたい。

○本時で用いるワークシートは、授業後に回収しコピーすることにしている。コピーを手元に置くことで、次時の机間指導を充実させるねらいがある。

1 導入（学習の見通しをもつ）

〈本時に身に付ける資質・能力を説明〉

T：今日は、「ある日の自分」物語のプロットを考えます。プロットとは、話の筋のことです。物語の設定やあらすじ、どんな表現をするのかなどを考えていきましょう。

＊前時に決めた題材を基にして、設定とあらすじを考える時間であると伝える。

2 展開

〈物語の設定とあらすじを考える〉

T：教科書 p.217と配付したワークシートを見てください。学習過程の「組み立てる」の❸に「物語の設定とあらすじを考える」とあります。今からこの活動を行います。個人で記入しましょう。

＊ワークシートには、「設定（時・場所・登場人物）」と「あらすじ」を書く欄の他に、「構成や展開の工夫」、「表現の工夫」を記入する欄がある。これは、これまでに学習した物語や小説の、どのような構成や表現を参考にしているかを書いたり、生徒が自身の表現の意図を記入するためのものである。本時に評価規準①の実現状況を判断するために用いるだけでなく、第4時に評価規準②の実現状況を判断

3 終末（学習を振り返る）

〈本時の学習と次時の学習をつなぐ〉

T：本日に作成したワークシートの内容を下敷きにして、次時は実際に物語を書く学習です。みなさんの創意工夫にあふれる物語に期待しています。

＊ワークシートは授業後に回収しコピーを取る。次時の学習で教師の手元に置き、机間指導を充実させるためである。

効果的な板書例

構成や展開を工夫して書こう
―「ある日の自分」の物語を書く―

【今日のめあて】「ある日の自分」の物語のプロットをまとめよう。

○プロット…物語や小説の筋のこと
・物語の設定（時・場所・登場人物）
・あらすじ
・構成や展開の工夫
・表現の工夫

＊これまでに学んだ物語や小説の学習を生かそう！

【単元の学習の流れ】
①これまでに学習してきた物語や小説を振り返る
→②題材を考える
→③物語の設定とあらすじを考える
→④構成や展開を工夫して物語を書く（六百字程度）
→⑤学習を振り返る

たとえば、
○「少年の日の思い出」
→視点（一人称・三人称）
○「星の花がふるころに」
→象徴
○「シンシュン」
→比喩
○「走れメロス」
→漢語と和語、文の長さ

（本単元のゴール）
・場面の展開が明確となるように、構成を工夫して書く。

する際にも資料として用いる。第２時終了後に回収し、コピーを取ったり PDF 化したりするなどして、教師の指導の資料とする。

〈物語のプロットをワークシートに記入する〉

＊教師は、机間指導をしながら、評価規準①の実現状況を確認していくことになる。具体的には、ワークシートにある「構成や展開の工夫」、「表現の工夫」の欄に書かれた内容を確認する。それが、「物語の設定」と「あらすじ」に照らして適切なものであるのかを判断していく。

＊授業中は、「努力を要する」状況（C）と判断した生徒に手立てを講じることを第一にする。例えば、次のような指導が考えられる。

「物語の設定の記述が進まない」
→これまでに学んだ文学的な文章の授業ノートを確認させ、「物語の設定」のまとめ方を参考にさせる。

「構成や展開の工夫、表現の工夫の記述が進まない」
→これまでの文学的な文章の学習で行った、教科書への書き込みを確認させたり、教科書 p.218の［構成の例］や［学習の窓　構成を工夫して物語を書くには］を参考にさせたりする。

＊いずれの場合においても、それぞれの文学的な文章の学習を通して身に付けた資質・能力の系統性を、教師がもっていることが必要である。

〈物語を書く学習へ向けた足場をつくる〉

T：ワークシートへの記入が終わりましたね。次時は、実際に物語を書きます。でも、その前に、工夫しようとしていることについてグループで交流しましょう。

＊「構成や展開の工夫」や「表現の工夫」は、書こうとしている物語の内容にふさわしいものであるかを考えさせておきたい。方法論が前に出すぎると、よりよい物語とはならない。

構成や展開を工夫して書こう

前時に作成したプロットを基に、実際に物語を書きます。どのような意図をもって、構成や展開、表現を工夫したのか考えながら書きましょう。

目標

構成や展開、表現を工夫して、「ある日の自分」物語を書くことができる。

評価のポイント

❷自分が伝えたいことが分かりやすく伝わるように、構成や展開を工夫して「ある日の自分」物語を書いている。 B(1)イ

準備物 ・原稿用紙

ワークシート・ICT 等の活用や授業づくりのアイデア

○本時の机間指導では、1クラス全員が書いている物語の内容を対象として行われる。効果的な指導を行うためには、前時に回収したワークシートを基に、「努力を要する」状況（C）にある生徒を想定しておく必要がある。前時のワークシートのコピーを手元に置きながら、必要な手立てを講じたい。

1 導入（学習の見通しをもつ）

〈本時に身に付ける資質・能力を説明〉

T：本時は、「ある日の自分」物語を実際に書きます。前時に記入したワークシートを手元に置き、場面の展開が明確となるように構成を工夫したものにしましょう。

＊前時に決めたプロットを下敷きにして、実際に物語を書く時間であると伝える。

2 展開

〈実際に「ある日の自分」物語を書く〉

T：では、これから「ある日の自分」物語を書きます。書きながら迷ったときは、遠慮せずに質問してください。また、可能な範囲内でペアやグループで相談しましょう。

＊原稿用紙を2枚配布し、物語を書く指示を出す。生徒は、物語を書くことに多くの時間を費やすため、教師の説明は必要最低限にしたい。

＊教師は、机間指導を行いながら、評価規準①の実現状況を判断することになる。しかしながら、1時間の学習の中で、全ての生徒の書いている物語を読んで指導を行うことは現実として難しい。そこで、本時は、次の①～③の考え方に基づいた指導を行う。

①授業中は、「努力を要する」状況（C）

3 終末（学習を振り返る）

〈本時の学習と次時の学習をつなぐ〉

T：本時は、実際に物語を書く活動を行いました。初めての経験の人も多くいたようです。次時は、書いた物語をクラスメイトと読み合い、よい点や改善点について交流します。どのような意図をもって表現したのかについて伝え合うことになります。

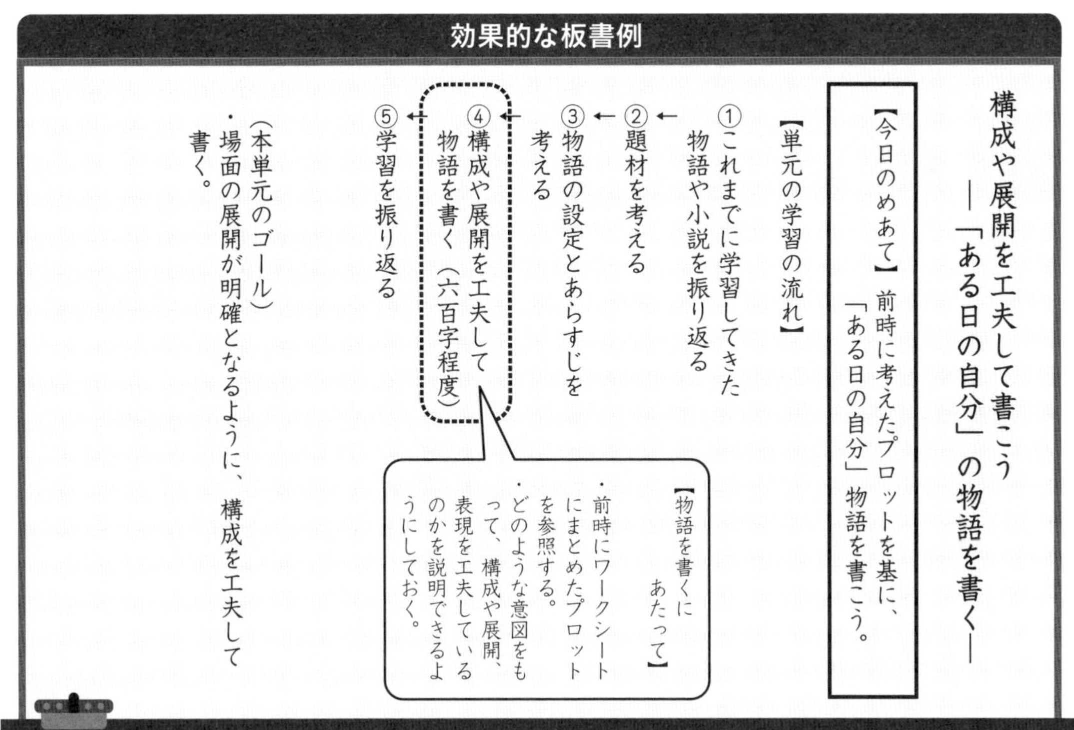

と判断する生徒に手立てを講じることに重点を置く。

→本単元においては、前時の終了段階で、プロットをまとめたワークシートを回収し、コピーを取っている。教師は、これに目を通し、「努力を要する」状況（C）にあると予測される生徒から机間指導を始めて状況を確認する。そして、支援が必要であると判断したならば、速やかに手立てを講じる。

→具体的な手立てとしては、生徒が書いている物語の中で不十分な部分を指摘し、改善策を教科書 p.218–219の［物語の例］を参考にしながら考えさせることなどがある。

②全ての生徒が「おおむね満足できる」状況（B）と判断できる場合は、「十分満足できる」状況（A）の評価を行う。

→構成や展開、表現の工夫に質的な高まりがみられる作品をＡ評価とする。その際、作品の全体的な印象でＡ評価を行うのではなく、第１時から確認してきた資質・能力に基づいて判断する

→例えば、「構成や展開の工夫」に質的な高まりが見られる場合は、具体的な記述を取り上げて生徒に伝えたい。

③授業終了後に、生徒が物語を書いた原稿用紙を回収し、評価規準に基づいて「記録に残す評価」を行う。

〈本時の活動についての意味付けを行う〉

Ｔ：「ある日の自分」物語を書く中で、考えたことや工夫したことをグループで交流しましょう。

＊実際に物語を書く学習活動の中では、生徒は様々な試行錯誤を行っている。実際に書いた物語の背後にある生徒の思いを、記憶が鮮明なうちに交流させたい。交流後に、数名の生徒に発表させたり、ノートに試行錯誤したことを記述させたりするのも有効である。

構成や展開を工夫して書こう

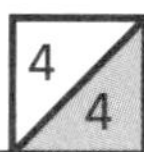

お互いの作品について交流する際には、「どのような意図をもって構成や展開、表現を工夫したのか」を柱にしてください。

目標

書いた物語を読み合い、読み手からの助言を踏まえて、作品のよい点や改善点を見いだすことができる。

評価のポイント

❸他の生徒の助言などを踏まえ、自身が書いた「ある日の自分」物語の文章について、よい点や改善点を見いだしている。 B(1)オ

準備物 ・特になし

ワークシート・ICT 等の活用や授業づくりのアイデア

○「物語の創作」の単元をデザインする際には、前後の単元との関係が重要である。「前の単元で理解した表現の仕方を基にする」、「本単元で考えたことを基に、次の単元の文章を読む」など、学びに連続性をもたせたい。そこでは、年間指導計画の重要性がクローズアップされる。

1 導入（学習の見通しをもつ）

〈本時に身に付ける資質・能力を説明〉

T：本時では、「ある日の自分」物語を読み合うことを通して、「どのような点を工夫したのか」について交流します。意図したことがクラスメイトに伝わるかどうかも大切な視点になります。

＊活動の中で、どんなことを交流するのかを意識させる。

2 展開

〈自分が書いた物語を読み直し、交流で伝える内容を確認する〉

T：グループで交流する前に、自分が書いた物語を読み直します。作品の構成や展開、それぞれの表現には、どのような意図があるのかを確認しましょう。これまでのワークシートやノートを参照しながら、交流で伝え合うことを明確にしましょう。

＊グループでの交流の前には、活動の中で何を伝えるのかを意識させておきたい。交流の視点を定めておくと、漠然とした印象を伝え合う活動から脱却することができる。

＊本時は、単元末に行う学習であるため、これまでに作成したワークシートやノートを確認させている。これは、自身が学習してきた過程を俯瞰し、ど

3 終末（学習を振り返る）

〈単元の学習を日常生活につなげる〉

T：文章の表現には、書き手の意図があります。単元の学習を通して、みなさんもそのことを体感したのではないでしょうか。日常生活で文章を書くとき、「自分の意図が伝わる構成や展開、表現になっているか」という視点をもってほしいと思います。

効果的な板書例

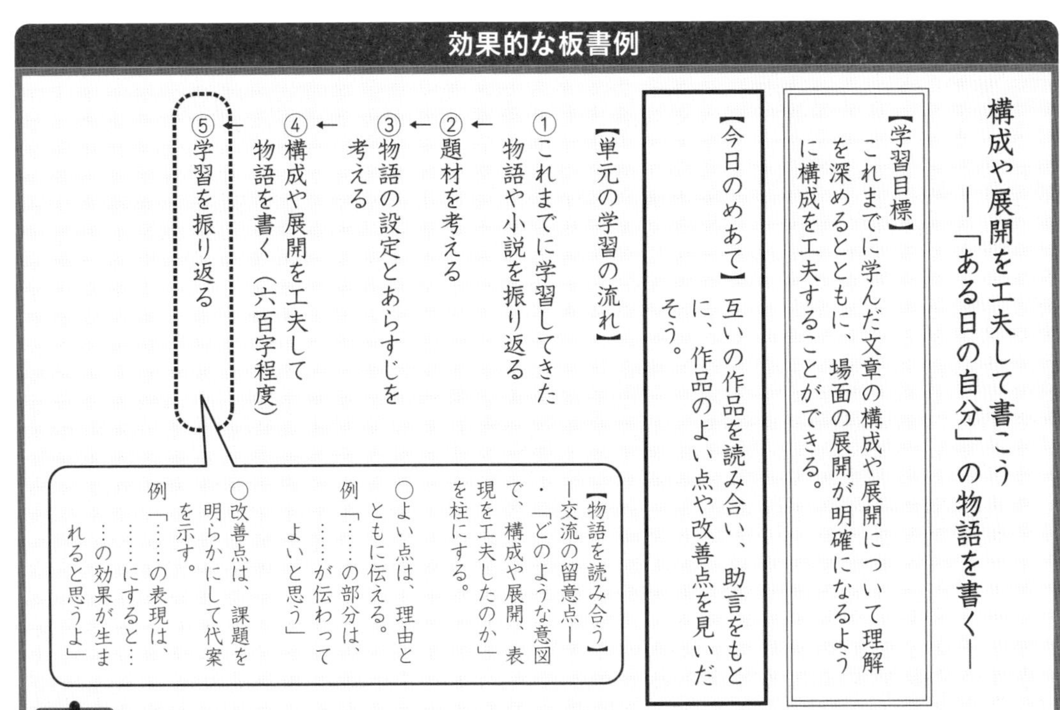

んな資質・能力が身に付いたかを認識することでもある。

＊教師は、前時の授業後に回収した生徒作品を読んだ上で授業に臨んでいる。机間指導では、第３時と同様に、「努力を要する」状況（C）にある生徒への手立てを講じたい。例えば、「作品の中で最も工夫した点を一つ指摘させ、どのような意図であったのかをメモさせる」などの手立てが考えられる。

〈グループで、書いた物語を読み合う〉

T：では、グループでお互いの作品を読み合いましょう。交流する際には、「作品の構成や展開、表現の工夫」を柱にした上で、よい点や改善点を出し合うようにしてください。

＊お互いの作品を読み合う活動には、十分な時間を取り、よい点や改善点を具体的に指摘させたい。よい点を述べる際には、生徒が表現の意図を考えるような助言をしたい。また、改善点を述べる際には、「描写を……に工夫すれば、……な効果が生まれる」など、代案が出せるような指導を行いたい。そのためには、【交流の留意点】を事前に板書し、生徒と教師とで共有しておくことが必要である。

＊グループでの交流の後に、クラス全員の作品を読み合うことも考えられる。机の上に自分の作品を置くように指示し、席を立って他の生徒の作品を読む時間を設けるとよい。また、作品をファイリングし、「作品集」として教室に置くことも考えられる。

〈単元の学習をまとめる〉

T：お互いの作品を読み合ってどうでしたか？自分が考えていた意図は伝わったでしょうか。また、他の人の作品を読んで、どんなことを感じましたか？

＊数人の生徒を指名し、単元の学習を通して身に付けた力や考えたことなどについて発表させるとよい。

8 表現を見つめる

言葉3　話し言葉と書き言葉（2時間扱い）

指導事項：〔知技〕(1)イ

言語活動例：聞いた内容を文章で伝えたり、文章の内容を話して伝えたりする。

単元の目標

(1)話し言葉と書き言葉の特徴について理解することができる。　〔知識及び技能〕(1)イ

(2)言葉がもつ価値を認識するとともに、読書を生活に役立て、我が国の言語文化を大切にして、思いや考えを伝え合おうとする。　「学びに向かう力、人間性等」

単元の構想

〈単元で育てたい資質・能力／働かせたい見方・考え方〉

本単元では、話し言葉と書き言葉の特徴について理解することを目指す。話し言葉は、相手の反応や場の状況の影響を強く受け、音声なのですぐに消えてしまうという特徴がある。一方、書き言葉は、書き手が慎重に検討して選んだ言葉であり、文字として残っているので推敲して書き直したり、読み手は必要なときに読み返したりすることができる。生徒には、これまでの言語生活を振り返りながら、話し言葉と書き言葉の特徴に着目させ、それぞれの特徴に自覚的になって、言葉を使っていく力を身に付けさせたい。

〈教材・題材の特徴〉

本教材は、話し言葉（音声）と書き言葉（文字）それぞれの特徴や使用する場合の留意点を整理するだけでなく、同じ内容について話し言葉で伝える場合と書き言葉で伝える場合との違いに着目し、聞くことと書くことをつなげる活動を設定しているところに特徴がある。指導にあたっても、教科書に示されたそれぞれの特徴を整理し、知識として身に付けるだけでなく、自らの言語生活を振り返ったり、話し言葉と書き言葉の変換を実際に体験したりする中で、生徒自らがその特徴に気付き、実際の場面で生きて働く知識・技能として身に付けられるようにしていきたい。

〈主体的・対話的で深い学びの視点からの授業改善ポイント／言語活動の工夫〉

本単元では、話し言葉と書き言葉の特徴について教科書の内容やこれまでの経験を確認した上で、話し言葉と書き言葉の変換を行う活動を行う。生徒が生活の中で経験することが想定される、身の回りにあるチラシや広告、ポスターの内容を話し言葉で伝えたり、連絡事項を聞いて内容を文章にまとめたりすることで主体性を発揮させたい。また、それらを他の生徒と交流することで、自らの使用する言葉について自覚を促していきたい。

単元計画

時	学習活動	学習内容	評価
1	1．話し言葉と書き言葉の特徴を整理する。 2．書き言葉を話し言葉で伝える。	◯話し言葉と書き言葉について、教科書の内容をノートに整理する。これまでの経験を想起し、加筆する内容を考える。 ◯グループで、身の回りにあるチラシ、広告、ポスターの内容を話し言葉で伝える活動を行う。	❷
2	3．話し言葉を文章にまとめる。 4．単元の学習を振り返る。	◯連絡事項を聞いて、内容を文章にまとめ、グループで内容について感想を交流する。 ◯学習を通して体験したことを基に、話し言葉と書き言葉の特徴で気付いたことや考えたことをノートに加筆する。 ◯話し言葉と書き言葉の特徴について学んだことをまとめる。	❶

評価規準

知識・技能	主体的に学習に取り組む態度
❶話し言葉と書き言葉の特徴について理解している。 (1)イ	❷今までの学習を生かして話し言葉と書き言葉について考え、その特徴を理解しようとしている。

〈指導と評価の一体化を図る見取りのポイント〉

本単元では、書き言葉を話し言葉で伝えたり、話し言葉を文章にまとめたりする活動を行う中で、生徒が話し言葉と書き言葉の違いを捉え、それぞれの特徴について理解し、実際のコミュニケーションに生かすことが大切である。教科書の内容やこれまでの経験をもとに整理した特徴を意識しながら活動したり、活動する中で気付いたことをグループで共有したりすることを促し、生徒の学習の状況を見取っていきたい。

言葉３　話し言葉と書き言葉

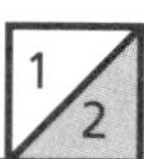

主発問　書き言葉を話し言葉で伝えるにはどのようなことに気を付けるとよいでしょうか。

目標

話し言葉と書き言葉の特徴を整理し、書き言葉で書かれた事柄を話し言葉で伝えることができる。

評価のポイント

❷これまでの経験を振り返り、書き言葉を話し言葉で伝えることを通して、話し言葉と書き言葉の特徴を理解しようとしている。

準備物　・身の回りにあるチラシ　・広告　・ポスター等

ワークシート・ICT 等の活用や授業づくりのアイデア

○身の回りにあるチラシ、広告、ポスター等を教材として、書き言葉で書かれたものを話し言葉で伝える活動を行う。

＊校内の掲示板に実際に貼り出されているポスターなど、生徒が目にする機会のあるものを使うことで、生徒に活動の現実感をもたせるとよい。

1　導入（学習の見通しをもつ）

〈単元の学習の目標と流れを確認する〉

T：言葉には話し言葉と書き言葉とがあります。私たちは話したり聞いたりするときに話し言葉、書いたり読んだりするときに書き言葉を使っています。これらはどのような特徴があるのでしょうか。それぞれの違いに着目して特徴を理解し、意識して使えるようになることを目指します。

2　展開

〈教科書の内容をノートに整理する〉

T：話し言葉と書き言葉それぞれの特徴について、教科書の内容をノートに整理しましょう。板書のようにノートの中央に線を引き、話し言葉と書き言葉の特徴について書かれた内容をそのままではなく、短い言葉で書き出してください。

○個人でノートに整理した内容を、ペアまたはグループで確認させる。その後、全体で板書にまとめる。その際、話し言葉と書き言葉を比べて、両者の違いとしてみられる内容を線で結ぶ。

〈話し言葉と書き言葉について、これまでの経験を想起する〉

T：皆さんは日頃、話したり聞いたりするとき、書いたり読んだりするときに気を付けていることがあると思いま

3　終末（学習を振り返る）

〈本時の学習のまとめ〉

T：今日の学習を振り返ります。書き言葉を話し言葉で伝える活動をしながら、気付いたことや考えたこと、特に話し言葉と書き言葉の特徴についてノートに書き加えてみましょう。次回は話し言葉を書き言葉でまとめる活動を行い、さらに理解を深めます。

効果的な板書例

言葉3　話し言葉と書き言葉

【学習目標】
話し言葉と書き言葉の特徴について理解することができる。

【学習の流れ】
①教科書で話し言葉と書き言葉の特徴を確認する。
②書き言葉で書かれた事柄を話し言葉で伝える。
③話し言葉を文章でまとめる。
④単元の学習を振り返る。

【今日のめあて】話し言葉と書き言葉の特徴を整理し、書き言葉を話し言葉で伝えよう。

【話し言葉の特徴】
・音声→その場限り
・指示する語句（こそあど言葉）
・内容の省略
・音声の調整
・念を押す 同意を求める
※同じ発音の言葉が区別しにくい

【書き言葉の特徴】
・文字
○目の前にいない人に伝えられる。
○読み返すことができる。
▲誤解が生じることもある。
・情報を整理 具体的に
・共通語
・表記や文末を整える

す。これまでの経験の中で得た、自分が知っている話し言葉と書き言葉の特徴をノートに色ペンで書き加えてみましょう。

○個→ペア・グループ→全体の段階で交流し、板書に加筆する。

＊個人の経験を語り、交流することによって、本単元の学習の中心的な内容である話し言葉と書き言葉の特徴や違いについて、自分に引きつけて考えられるよう促す。

〈書き言葉を話し言葉で伝える〉

T：日常生活の中で目にしたポスターでイベントが開催されることを知り、友達を誘うためにその内容を話したり、保護者の方に交通費をもらうためにお願いしたりすることはありませんか。校内の掲示板に貼り出されているポスターや皆さんに配布されたお知らせなどをいくつか持ってきました。これらの内容を話し言葉で相手に伝えてみましょう。

○２回に分けて実施する。ペアを作り、片方の生徒にポスター等を渡す。それを見ながら、相手に話し言葉で伝える。１回目と２回目とで別のポスター等を渡す。

T：書き言葉を話し言葉で伝えてみてどうでしたか。感想をお互いに話してみましょう。

＊生徒の活動の支援を行うとともに、後で全体の前で実演してもらうため、話し方を工夫している生徒を探し、声をかけておく。

T：私が見ていて、a さんが話し方を工夫していたので、皆の前で実際にやってもらおうと思います。a さんお願いします。

○a さんにポスターを渡し、みんなに話し言葉で伝えさせる。生徒の学習の状況に応じて、複数の生徒を指名する。

T：みなさん a さんの話を聞いてどうでしたか。
・話す順序を工夫していて分かりやすかったです。
・身振り手振りを入れながら、ゆっくり話していたのでよかったです。

言葉3　話し言葉と書き言葉

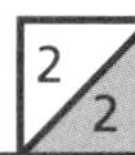

主発問　**話し言葉を書き言葉でまとめるときには、どのようなことに気を付けるとよいでしょうか。**

目標

話し言葉を文章にまとめることを通して、話し言葉と書き言葉について理解を深めることができる。

評価のポイント

❶話し言葉と書き言葉の特徴について、自分の考えとともにノートに整理している。　(1)イ

準備物　・連絡事項　・インタビューの映像

ワークシート・ICT 等の活用や授業づくりのアイデア

○話し言葉と書き言葉について、教科書の内容を整理したノートに、活動を通して気付いたことや考えたことを加筆しながら、理解を深める。

＊第１時の板書を継続して使用するため、模造紙を使用したり、前時の板書をプロジェクターで投影するなどするとよい。ICT 端末で生徒が手元で閲覧できるようにするのも効果的である。

1　導入（学習の見通しをもつ）

〈本時の流れとゴールを確認する〉

T：前回は話し言葉と書き言葉の特徴を理解するために、教科書の内容を確認したり、書き言葉を話し言葉で伝えることをしました。今日の授業はその逆で、話し言葉を書き言葉でまとめる活動を行います。それらを通して理解を深め、自分の考えとともにノートに整理することをゴールとします。

2　展開

〈話し言葉と書き言葉の特徴について現在の理解の状況を確認する〉

T：前回の授業の板書や個人のノートを見ながら、話し言葉と書き言葉の特徴について、自分の知っていることや考えていることを話してみましょう。

○ペア・グループで話し合い、前時に考えた内容を確認する。

T：話し言葉を書き言葉で伝えることを行うと、考えが深まったり、これまでとはまた違った見え方ができるようになったりするかもしれません。

〈話し言葉を書き言葉でまとめる①〉

T：話し言葉を書き言葉でまとめる活動を２回行います。１回目は、連絡事項です。ペアの一人に連絡事項を伝えます。連絡を聞いた人はその内容をノートにまとめ、相手に書き言葉で伝

3　終末（学習を振り返る）

〈本時の学習のまとめ〉

T：単元の学習を振り返ります。ノートに整理したことを基にして、話し言葉と書き言葉の特徴について学んだこと、自分の考えをまとめましょう。

T：今回の学習を生かして、生活の中で話し言葉と書き言葉の特徴に気を付けて言葉を使うといいですね。

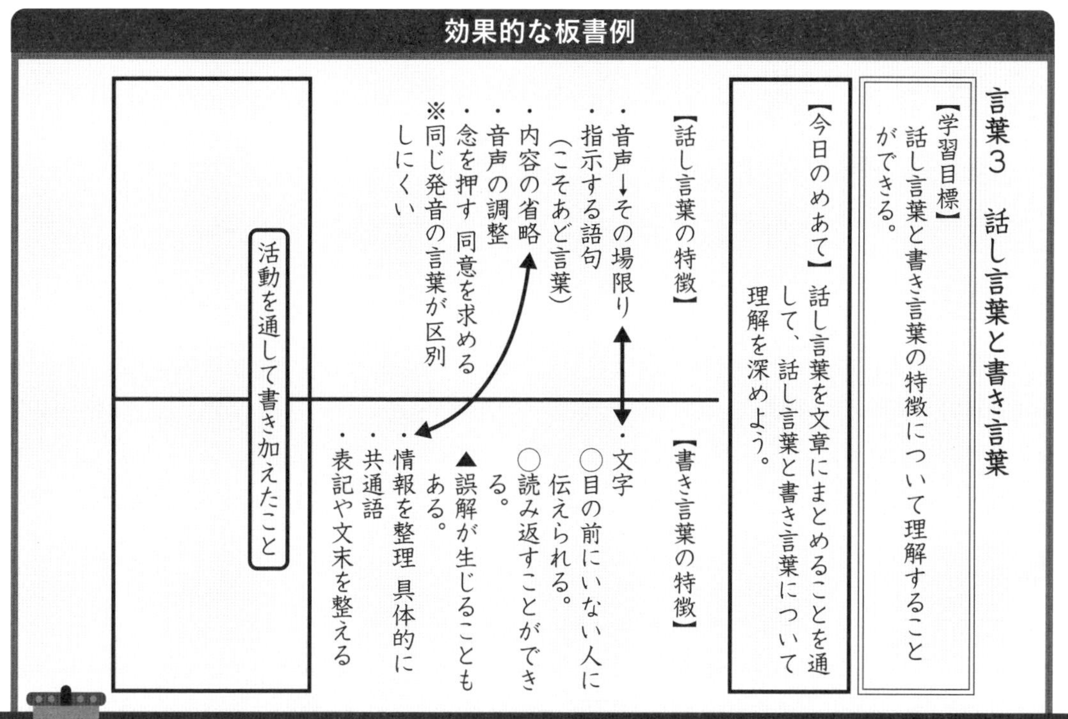

えます。どのように書いてまとめるかは自由ですが、聞き取った言葉をそのまま文字にせず文章に書き換えてください。

○ペアの一人を廊下または別室に集め、連絡事項を２度読み上げて伝える。その場でノートにまとめる。書いたノートの内容を ICT 端末を活用し、相手へ送付する。送った後に、教室へ戻る。

T：どうですか。きちんと伝わりましたか。お互いに感想を話し合いましょう。また、気付いたことをノートに加筆しましょう。

○交代して再び行う。

〈話し言葉を書き言葉でまとめる②〉

T：２回目は、一斉に行います。これからあるインタビューの映像を視聴してもらいます。その内容を文章にまとめてみましょう。

○ ICT 端末を活用し、動画を配信する。必要に応じて動画を見返すなどしながら、その内容をまとめた簡単な文章を作成する。インタビューのほかに連絡事項を読み上げるなども考えられる。

T：文章が書けたら、ペアで読み合いましょう。

○ペア・グループで読み合い、感想を交流する。

＊生徒の活動の支援を行うとともに、後で全体で共有するため、書き方を工夫している生徒を探し、声をかけておく。

T：b さんがよく書けているという声が上がっていたので、b さんのノートを共有したいと思います。

○ b さんの文章にどのような工夫があったか確認する。また、気付いたことをノートに加筆する。

〈互いのノートを交流する〉

T：２回の活動を通して、ノートにたくさんのことが加筆されているかと思います。グループでノートを交流しましょう。その中で、「これは大切なこと」「全体で共有したい」ということがあったら、後で紹介してもらいます。

8 表現を見つめる

漢字3　送り仮名（2時間扱い）

指導事項：〔知技〕(1)ウ
言語活動例：送り仮名の付け方を理解して、身近な例を探そう。

単元の目標

(1)これまで学習した常用漢字を読むことができる。また、学年別配当漢字表に示されている漢字を書き、文や文章の中で使うことができる。　〔知識及び技能〕(1)ウ

(2)言葉がもつ価値を認識するとともに、読書を生活に役立て、我が国の言語文化を大切にして、思いや考えを伝え合おうとする。　「学びに向かう力、人間性等」

単元の構想

〈単元で育てたい資質・能力／働かせたい見方・考え方〉

送り仮名とは、漢字と仮名を混用した漢字仮名交じり文において、漢字を用いて語を書き表す場合、用言の活用語尾、あるいは用言の連用形や終止形などから転じた名詞の語尾などを明示するために、漢字の補助として用いられる仮名のことである。同じ漢字でも、送り仮名が違うと異なる言葉になることがある。送り仮名の付け方のきまりを理解し、正しく使い分けられるようになることは、他者の思いや考えを正確に理解したり、自分の思いや考えを適切に表現したりすることにつながるだろう。

〈教材・題材の特徴〉

本教材は、昭和48年（1973年）に告示された「送り仮名の付け方」（昭和61年・平成22年に一部改正）で示された原則を基に作成されている。具体的な語例を挙げながら、品詞に分けて送り仮名の付け方の原則と例外を示している。なお、送り仮名の付け方にはいくつかの許容がある。生徒によっては、許容のほうが見慣れている場合もあるかもしれないが、許容については実例をいくつか示す程度にとどめ、できるだけ原則に従った表記を心がけさせたい。

〈主体的・対話的で深い学びの視点からの授業改善ポイント／言語活動の工夫〉

学習にあたっては、授業者が送り仮名の付け方を一方的に説明して理解させるのではなく、送り仮名が誤っているために正しく意図が伝わらない語句などの具体的な事例を提示したり、なぜそのようなきまりがあるのかを確認したりして主体的に学習に取り組ませ、送り仮名の付け方を正しく理解し、適切に使うことの必要性を理解させたい。

単元計画

時	学習活動	学習内容	評価
1	1．単元の目標を知り、学習の見通しをもつ。	○目標を理解し、これまでの生活を振り返る。	
	2．活用のある語の送り仮名の付け方を理解する。	○教科書の例を参考に、活用のある語の送り仮名の付け方を理解する。	❶
2	3．活用のない語の送り仮名の付け方を理解する。	○教科書の例を参考に、活用のない語の送り仮名の付け方を理解する。	❶
	4．練習問題に取り組む。	○練習問題に取り組む。	❷
	5．学習を振り返る。	○単元の学習を振り返り、これからの生活でどのように生かしていきたいかを考え、まとめる。	

評価規準

知識・技能	主体的に学習に取り組む態度
❶これまで学習した常用漢字を読んでいる。また、学年別漢字配当表に示されている漢字を書き、文や文章の中で使っている。 (1)ウ	❷学習課題に沿って、積極的に漢字を読んだり書いたりしている。

〈指導と評価の一体化を図る見取りのポイント〉

これまでの生活を振り返り、送り仮名が誤っているために、他者の思いや考えを正しく理解できなかったり、自分の思いや考えがうまく伝わらなかったりした経験などを想起させることが大切である。具体的な事例を挙げ実生活とのつながりを意識しながら、送り仮名を正しく使うことの重要性を意識させ、送り仮名の付け方を理解させたい。「主体的に学習に取り組む態度」の評価としては、理解したことをこれからの生活でどのように生かしていきたいかを含めて見取るようにする。

漢字3　送り仮名

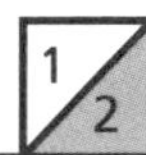

主発問　**活用のある語の送り仮名の付け方を理解しよう。**

目標

活用のある語の送り仮名の付け方を理解することができる。

評価のポイント

❶送り仮名に注意して、漢字を読んだり書いたりしている。　(1)ウ

準備物　・特になし

ワークシート・ICT 等の活用や授業づくりのアイデア

○これまでの生活を振り返り、送り仮名が誤っているために、他者の思いや考えを正しく理解できなかったり、自分の思いや考えがうまく伝えられなかったりした経験などを想起させ、主体的に学習に取り組むようにする。

1　導入（学習の見通しをもつ）

〈単元の学習計画を説明する〉

T：本単元では、送り仮名について学習します。送り仮名の付け方のきまりを理解して、これからの生活に生かすことができるとよいですね。

2　展開

〈活用のある語の送り仮名の付け方を理解する〉

T：これまでの生活を振り返って、送り仮名の付け方で迷ったことはありませんか。例えば、「承」（うけたまわる）、「幼」（おさない）という字の送り仮名はどうでしょうか、考えてみましょう。

・承る（正）、承わる（誤）

・幼い（正）、幼ない（誤）

＊例として、生徒がよく間違えやすいものをあげるとよい。

T：迷った人もいるかもしれませんが、送り仮名の付け方にはきまりがあります。まずは、先ほど例に挙げた、「承る」は動詞、「幼い」は形容詞、「主な登場人物」の「主な」は形容動詞です。まずはこれらのような活用のある

3　終末（学習を振り返る）

〈学習を振り返り、次の学習を説明する〉

T：活用のある語の送り仮名の付け方を理解できましたか。次時は活用のない語の送り仮名の付け方をについて学習します。

効果的な板書例

漢字3　送り仮名

【学習目標】
送り仮名の付け方を理解し、漢字を読んだり書いたりすることができる。

【今日のめあて】　活用のある語の送り仮名の付け方を理解しよう。

活用のある語の送り仮名の付け方
①活用のある語は、活用語尾を送る。
・動詞
例　書く、承るなど
・形容詞
例　軽い、潔いなど
＊例外　語幹が「し」で終わる形容詞は、「し」から送る。
例　美しい、著しいなど
・形容動詞
例　主だ
＊例外　活用語尾の前に「か」「やか」「らか」を含む形容動詞は、その部分から送る。
例　暖かだ、和やかだ、柔らかだなど

②他の語を含む語は、含まれている語の送り仮名の付け方にそろえる。
例、向かう（向く）、輝かしい（輝く）、寂しげだ（寂しい）

語の送り仮名の付け方について学習します。教科書 p.222の例を参考に確認します。

＊教科書の例以外のものを挙げながら、説明する。

＊文化庁のホームページの資料を参考にするとよい。

T：活用のある語の送り仮名の付け方を確認できましたか。身近な言葉を取り上げて、どのように送り仮名がつけられているか、確認しましょう。

○言葉を取り上げて、どのような付け方になっているか、確認する。

＊身近な言葉を探す際、自分の経験を振り返るだけでは思い付かないことが予想される。そこで、新聞や書籍などの中から、気になる言葉や興味をもった言葉を取り上げさせて、考えるとよい。

＊生徒の活動の様子を机間指導によって、支援する。

品詞の分類や他の語を含む語の判断につまずくことが予想されるので、教科書 p.232からの資料を参考にさせたり、ペアで考えさせたりするとよい。

T：どのような言葉を取り上げたか、全体で確認しましょう。

○取り上げた言葉を発表し、全体で確認する。

漢字3　送り仮名

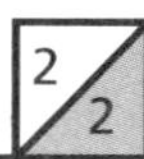

主発問　**活用のない語の送り仮名の付け方を理解しましょう。**

目標

活用のない語の送り仮名の付け方を理解することができる。

評価のポイント

❶送り仮名に注意して、漢字を読んだり書いたりしている。　(1)ウ

❷学習課題に沿って、積極的に漢字を読んだり書いたりしようとしている。

準備物　・特になし

ワークシート・ICT 等の活用や授業づくりのアイデア

○これまでの生活を振り返り、送り仮名が誤っているために、他者の思いや考えを正しく理解できなかったり、自分の思いや考えがうまく伝わらなかったりした経験などを想起させ、主体的に学習に取り組むようにする。

1　導入（学習の見通しをもつ）

〈単元の学習計画を説明する〉

T：前時は、活用のある語の送り仮名の付け方を学習しました。本時は活用のない語の送り仮名の付け方について学習します。

2　展開

〈活用のない語の送り仮名の付け方を理解する〉

T：次の文をノートに書いてみましょう。「学校で聞いた話を家族に話す」

T：迷った言葉はありませんでしたか。「話」に送り仮名を付けて、「話し」と書いた人がいるかもしれませんね。この言葉の品詞は何ですか。

・名詞です。

T：同じ漢字でも、名詞と動詞では送り仮名の付け方が違いますね。活用のある語の送り仮名の付け方には、規則がありました。

これから活用のない語の送り仮名の付け方を教科書 p.223の例を参考に確認します。

＊教科書の例以外のものも挙げながら、説明する。文化庁のホームページの資

3　終末（学習を振り返る）

〈学習を振り返り、次の学習を説明する〉

T：単元の学習を振り返り、学んだことやこれからの生活でどのように生かしていきたいかをまとめましょう。

＊学習前の自分と比較して考えさせるとよい。

効果的な板書例

漢字3　送り仮名

【学習目標】
送り仮名の付け方を理解し、漢字を読んだり書いたりすることができる。

【今日のめあて】
活用のない語の送り仮名の付け方を理解しよう。

活用のない語の送り仮名の付け方
・名詞は、送り仮名を付けない。
　例　後、月など
　＊例外　他の訓や音との混同するおそれがあるもの
　　慣用的に送り仮名をつけてきたもの
　　数を数える「つ」を含む名詞
　　例　後ろ、幸い、幸せ、一つなど
・活用のある語が変化して名詞になった語、活用のある語に「さ」「み」「げ」などが付いて名詞になったものは、元の語の送り仮名の付け方にそろえる。
　例　動き（動く）、問い（問う）、大きさ（大きい）、
　　明るみ（明るい）、惜しげ（惜しむ）など
・副詞・連体詞・接続詞は最後の音節を送る。
　例　必ず、更に、再びなど
・他の語を含む語は、含まれている語の送り仮名の付け方にそろえる。ひらがなで書くことも多い。

料を参考にするとよい。
〇教科書の例を確認しながら、活用のない語の送り仮名の付け方を確認する。
T：活用のない語の送り仮名の付け方を確認できましたか。学習した送り仮名の付け方を使って、練習問題に取り組みましょう。
〇練習問題に取り組み、自分の答えをノートに書く。
＊練習問題はひらがなで記述されているので、語幹と活用語尾の区別につまずくことが予想される。そのような場合には、実際に言葉を活用させながら考えてみるとよい。
＊生徒の活動の様子を机間指導によって、支援する。
T：練習問題を終えたようですね。全体で答えを発表しながら、確認しましょう。
＊全体で考えを発表させながら、確認する。
＊時間に余裕がある場合には、前時に行ったように、身近な例を探して説明することに取り組むとよい。
新聞書籍などの中から、気になる言葉や興味をもった言葉を取り上げさせて考えさせるとよい。
＊生徒の活動の様子を机間指導によって、支援する。

8 表現を見つめる
国語の学びを振り返ろう　テーマを決めて話し合い、壁新聞を作る
（5時間扱い／話すこと・聞くこと❷、書くこと❸）

指導事項：〔知技〕(1)オ　(2)イ〔思判表〕A(1)オ　B(1)イ、エ
言語活動例：グループごとに話し合った成果を壁新聞にまとめ、それを基に意見交換する。

単元の目標

(1)文章の構成や展開、表現に対する理解を深めるとともに、それらを活用して情報を分かりやすく伝えるための工夫について考えることができる。　〔知識及び技能〕(1)オ　(2)イ

(2)互いの立場や考えを尊重しながら話し合い、結論を導くために考えをまとめることができる。　〔思考力、判断力、表現力等〕A(1)オ

(3)伝えたいことが分かりやすく伝わるように、段落相互の関係などを明確にし、読み手の立場に立った文章の構成や展開、効果的な表現を用いて書くことができる。　〔思考力、判断力、表現力等〕B(1)イ、エ

(4)言葉がもつ価値を認識するとともに、読書を生活に役立て、我が国の言語文化を大切にして、思いや考えを伝え合おうとする態度を養う。　「学びに向かう力、人間性等」

単元の構想

〈単元で育てたい資質・能力／働かせたい見方・考え方〉

互いの立場を尊重しながら話し合い、考えを深めながら結論を導くことや、協働で一つのものを完成させていく意義について再確認する機会としたい。また、常に読み手の立場を意識し、効果的な情報の選択と配置を考え、表現を吟味する中で、自分自身の思考や情報選択、表現をモニターするメタ的な視点の獲得・拡充につなげたい。

〈教材・題材の特徴〉

本題材で、生徒たちは、1年間の学びの履歴を振り返り相互に共有・評価しながら、次年度の学習へと意識を向けていくことになるだろう。「国語を学ぶ意義」という広がりをもつテーマに対して、具体的な議論を展開させていく必要がある。教科書の掲載例に加えて、新聞や雑誌なども参考にしつつ、読み手を意識した効果的な情報の扱い方について、実生活からも学べる題材である。

〈主体的・対話的で深い学びの視点からの授業改善ポイント／言語活動の工夫〉

第1時において、生徒が自分の学びをきちんと振り返る時間を確保することで、対話(話し合い)への主体的な参加が可能になる。振り返る際には、印象に残っている授業・作品から得られた学びを基にアプローチする方法を示すのもよい。「壁新聞」つくりは、他者意識が他の言語活動よりも喚起されやすく、生徒の責任も増す言語活動である一方、作成が目的化しがちである。第5時での意見交換を通して、国語を学ぶ意義を自覚させ、次年度への学習意欲を引き出したい。

単元計画

時	学習活動	学習内容	評価
1	1．1年間の学習を振り返る。 2．それぞれの振り返りを基に、グループで話し合う。	○教科書やノートを利用し、自分の成長や変化を振り返り、きっかけとともに書き出す。 ○出し合った内容を分類し、整理する。	 ❷❸
2	3．壁新聞のテーマを決める。 4．新聞の内容・構成について話し合う。 5．効果的な表現について考える。	○前時の整理を踏まえ、テーマを一つに決める。 ○教科書の「学習の窓」や作成例も参考にしながら、構成や割り付けを決める。 ○見出しや本文にどのような工夫が必要か、確認する。	❶❷ ❸❹
3	6．記事の下書きをする。	○伝えたいことの優先順位を意識し、情報の取捨選択を行う。 ○写真や図なども活用しながら書く。 ○グループ内で助言をし合い、読み手の立場を意識して推敲する。	❷❹ ❺ ❻
4	7．壁新聞を仕上げる。	○前時までの内容を踏まえ、伝えたいことを明確にして書く。	❷❹ ❺❻
5	8．壁新聞を読み合い、全体で話し合う。 9．「国語を学ぶ意義」についてまとめる。	○教室内に壁新聞を掲示し、読み合う。 ○各グループの工夫や改善点を指摘し合う。 ○「国語を学ぶ意義」についてどのように考えるか、発表する。	 ❺ ❻

評価規準

知識・技能	思考・判断・表現	主体的に学習に取り組む態度
❶文の成分などの文の構成や、文章全体の構成や展開、表現について理解を深めている。 (1)オ ❷情報同士の関係を分かりやすく伝えるための工夫について考えている。 (2)イ	❸「話すこと・聞くこと」において、相互に尊重しながら話し合い、結論を導くために考えをまとめている。 A(1)オ ❹「書くこと」において、伝えたいことを分かりやすく伝えるために、段落相互の関係を明確にし、文章の構成や展開を工夫している。 B(1)イ ❺「書くこと」において、読み手の立場に立ち、表現の効果を吟味している。 B(1)エ	❻より正確に相手に伝えられる工夫について考えながら、「国語を学ぶ意義」について積極的に発信しようとしている。

〈指導と評価の一体化を図る見取りのポイント〉

読み手を意識した文章の構成や展開、表現について理解した上で、情報の取捨選択や配置を行い、視覚的な工夫についても考えながら推敲させていくことが大切である。

国語の学びを振り返ろう

1年間の学習を振り返ったとき、あなたが成長や変化を実感するのはどのようなことについてですか。

目標

1年間の学習を振り返り、自分の成長や変化について考察を深め、分かりやすく伝えることができる。

評価のポイント

❷情報の関係を分かりやすく伝えるための工夫について考えている。 (2)イ

❸相互に尊重しながら話し合い、結論を導くために考えをまとめている。 A(1)オ

準備物 ・ブロック付箋や短冊型シートなど

ワークシート・ICT等の活用や授業づくりのアイデア

○お互いの書いた内容が効率よく共有できるように、ブロック付せんや短冊型シートなどを利用する。

＊ICT環境が整備されている場合は、スライドなどのツールを利用するのもよい。

1 導入（学習の見通しをもつ）

〈5回の授業展開とゴールを説明する〉

T：「国語を学ぶ意義」について考えを深め、学習班ごとに壁新聞を作り、発表しましょう。とても大きなテーマですが、だからこそ様々なアプローチが期待できますね。言葉づかいや情報の配置などを工夫しながら、分かりやすい記事を協力して仕上げ、発表会を迎えましょう。

2 展開

〈1年間の学習を振り返る〉

T：まずは一人ずつ、自分自身の成長や変化について、教科書やノートを利用しながら考えてみましょう。きっかけになった教材も一緒に書いておきましょう。整理する時間は別にとりますから、どんどん箇条書きにしていくことが大切です。逆に、印象に残っている授業内容や教材を基にして、そこから得られた学びを考える、というアプローチの仕方でもよいですね。

○ノートに箇条書きにする。

＊机間指導によって支援する。

T：それでは、学習班での交流に備えて、ブロック付箋を数枚ずつ配布します。ノートに書き出した内容を整理して、記事に書きたいものから付せんに書き込んでいきましょう。

3 終末（学習を振り返る）

〈次回の作業内容を予告する〉

T：各班ごとに、取り組みたいテーマ候補は大体出そろいましたか。次の授業の最初に、その候補の中から一つに決めて、いよいよ作業に取り掛かっていきます。壁新聞を作るために参考になりそうな資料があれば、忘れずに持ってきてくださいね。

効果的な板書例

国語の学びを振り返ろう

【学習目標】
「国語を学ぶ意義」について考えを深め、その内容を分かりやすく効果的に伝える。

【今日のめあて】一年間の学習を通じた自分自身の成長や変化について、話し合いながら考えを深めよう。

◎一年間の学習を通じた成長・変化は？
（きっかけになった教材も書く）
・
・
・

◎壁新聞のテーマは？
・

○付せんに記入する。

＊交流が前提であることを再確認する。

〈それぞれの成長や変化を確認する〉

T：では、学習班ごとの作業に移ります。付箋を出し合い、分類していきましょう。類似した内容や、同じ教材がきっかけになったもの同士をまとめるなど、自分たちにとって分かりやすい分類方法を考えながら取り組みましょう。

○付せんを分類する。

T：自分は書かなかったけれど、確かにこんな力も付いていたな、といった発見もありそうですね。成長や変化を問われると、少し構えてしまったかもしれませんが、ささやかなものも含めれば、みなさんは毎授業、何らかの成長や変化をしてきたはずなのです。この作業で改めて意識できるとよいですね。

＊教師はグループ間を回って様子を観察。

〈壁新聞のテーマの候補について話し合う〉

T：それでは、壁新聞のテーマの候補について、アイデアを出していきましょう。付せんの数が多いものである必要はありません。テーマを決めるために有効な方法は、「国語を学ぶ意義」をまずは短く表現してみることです。「何のために国語を学ぶのか」という問いに、もし一言で答えるなら……？ということを、学習班でいろいろと話し合ってみましょう。また、付せんに書かれていない内容でも、ひらめいた！　という場合は、せっかくの機会ですから、みなさんと共有できるとよいですね。

○壁新聞のテーマの候補について話し合う。

＊教師はグループ間を回って様子を観察する。話し合いが進まなくなった場合は、教科書に掲載された内容を例として示すなどの支援を行う。

国語の学びを振り返ろう

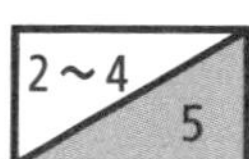

伝えたいことが読み手に伝わりやすく、しかも魅力的な壁新聞を作るためには、どのような工夫が必要でしょうか。

目標

読み手の立場を意識し、効果的な情報の扱い方や表現方法を吟味しつつ、作業に取り組むことができる。

評価のポイント

❶❷文章の構成や表現を意識しながら、情報を分かりやすく伝えるために工夫している。　(1)オ(2)イ

❸❹❺相互に尊重しながら話し合い、導いた結論を読み手に分かりやすく伝えるために、表現の効果を吟味している。　A(1)オ B(1)イ・エ

❻「国語を学ぶ意義」を積極的に発信しようとしている。

準備物　・模造紙　・割り付け用の紙　・清書用の紙

ワークシート・ICT 等の活用や授業づくりのアイデア

○例えば、実際の新聞記事や雑誌、副教材（『便覧』など）の紙面構成を参考にさせるとよい。

＊「NIE 教育に新聞を」の公式ホームページの「新聞の基礎知識」などを例示するのもよい。

＊模造紙ではなく、スライドなどを利用してデータを組み合わせる形にしてもよい。

1　導入（学習の見通しをもつ）

〈前時を振り返り今日の目標を確かめる〉

T：前回は、「国語を学ぶ意義」について各自で考えた後、学習班ごとに交流して、壁新聞のテーマの候補を考えました。今日は、その中からテーマを決定し、分担して記事を作成する作業に入っていきます。今日を含めて合計 3 時間で完成させ、発表できるようにしましょう。

2　展開

〈壁新聞のテーマを決定し、内容について話し合う〉

T：では、これからの流れについて説明します。まず、前回出されたテーマ候補を基に話し合い、壁新聞のテーマを一つに決めます。次に、どんな内容を、どれぐらいの大きさで取り上げるのかについて話し合い、割り付けを決めます。その後、分担して、記事の下書きに入っていきます。

T：それでは、壁新聞のテーマが決定した学習班は知らせてください。模造紙と、割り付け用の紙を渡します。

○壁新聞のテーマを一つに決める。

○壁新聞の内容について話し合う。

＊教師はグループ間を回って様子を観察し、必要に応じて支援する。

＊全員が下書きに取りかかり始めたタイ

3　終末（学習を振り返る）

〈次回の発表会について予告する〉

T：魅力的な壁新聞が完成しましたね。次回は、それぞれの班が作った壁新聞を読み合い、工夫や改善点について確認します。そして、改めて「国語を学ぶ意義」というテーマに対して考えを深めていきましょう。

効果的な板書例

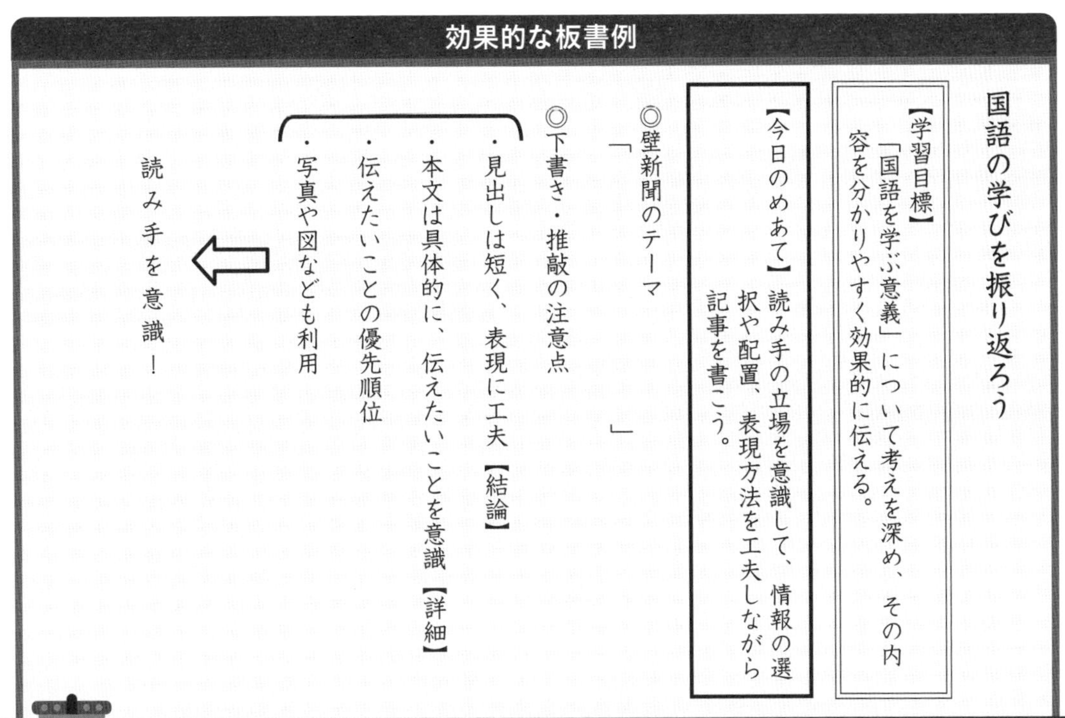

ミングを見計らい、次の指示をする。

〈記事の下書きをし、推敲する〉

T：下書きに取りかかり始めているところかと思いますが、ここで一度手を止めて、教科書p.226を確認しておきましょう。

○教科書の該当ページを確認する。

T：記事の下書きや推敲について、大切なポイントがいくつか書かれていましたね。

①見出しは、短く、表現を工夫して書く。【結論】

②本文は、具体的に、伝えたいことを意識して書く。【詳細】

③伝えたいことの優先順位を考える。

④読み手が理解しやすいように工夫する。写真や図なども活用する。

T：これらを踏まえて、下書きを進めてください。特に、読み手が理解しやすいかどうかは、新聞での重要なポイントになります。下書きが完成したら、班の中でアドバイスをもらい、それを基にして推敲するとよいですね。

〈壁新聞の全体像を確認し、調整する〉

T：推敲が終わった人から、模造紙の自分の担当箇所に記事を置いてみてください。全員分がそろったら、全体を眺めて気付いたことを話し合いましょう。読み手の立場に立ったとき、さらに伝わりやすく魅力的な壁新聞にするために、どんな工夫ができそうですか。

・使う色を統一したほうが見やすい。

・常体と敬体、どちらかに統一したほうがよい。

・大見出しの内容を変更してもよいのでは？

○読み手の立場から壁新聞を見直し、調整する。

＊教師はグループ間を回って様子を観察。

〈記事の清書をする〉

T：それでは、清書に取りかかりましょう。清書できたら、模造紙の自分の担当部分に貼ってくださいね。

○記事を割り付け用の紙に清書する。

○模造紙の自分の担当箇所に、それぞれが清書した記事を貼る。

国語の学びを振り返ろう

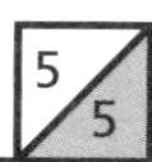

主発問 **「国語を学ぶ意義」について、あなたはどのように考えますか。**

目標

壁新聞を読み、それぞれの工夫や改善点を指摘する中で、改めて「国語を学ぶ意義」について考え、次年度の学びについて意識をもつことができる。

評価のポイント

❺相互に尊重しながら、それぞれの壁新聞について読み手の立場から、工夫や改善点を指摘している。
A(1)オ

❻「国語を学ぶ意義」について考えを深め、積極的に発信しようとしている。

準備物 ・学習班ごとのコメント用紙

ワークシート・ICT 等の活用や授業づくりのアイデア

○壁新聞を読み合う際、それぞれの班の工夫や改善点をメモするためのワークシートを配布する。

＊ロイロノート等を利用すると、発表資料が手元で一覧できる。その場合、壁新聞を写真に撮って掲載する。

＊集まったコメントは後日共有する。

1 導入（学習の見通しをもつ）

〈前時を振り返り今日の目標を確かめる〉

T：前回、それぞれの班の壁新聞が完成しましたね。今日は、お互いの壁新聞を読み、よい点や改善点などについてコメントし合います。その中で、1年間の学習が振り返れますね。最後に、「国語を学ぶ意義」について改めて考え、来年度の学習につなげましょう。

2 展開

〈壁新聞を読み合いコメントを書く〉

T：では、今からそれぞれの班の壁新聞を読み、コメントを記入する時間をとります。その際、次のような観点を例としてワークシートに示しました。

①見出しの設定
②記事の配置・割り付け
③表現の工夫
④図や写真などの使い方
⑤全体の印象
⑥読み終えての感想

T：これ以外の観点でもかまいません。大切なのは、よい点と改善点を具体的に書くことです。「よかったです」だけでは、コメントされた方は「何が？」といった思いを抱きますし、嬉しくないはずです。「こうすればさらによいのではないか」というヒントが

3 終末（学習を振り返る）

〈来年度の学習目標を書いてみる〉

T：最後に、単元全体を踏まえつつ、来年度の学習目標を考えてみましょう。「こんな力を付けたい」「さらにこの部分を伸ばしたい」といった目標をもつと、学びはより深く、確かなものになります。来年度の成長が、今から楽しみですね。

○ノートに来年度の学習目標を書く。

効果的な板書例

国語の学びを振り返ろう

【学習目標】
「国語を学ぶ意義」について考えを深め、その内容を分かりやすく効果的に伝える。

【今日のめあて】壁新聞を読み合い、コメントするとともに、改めて「国語を学ぶ意義」について考えよう。

◎相互コメントにも「読み手への意識」を！

コメントの観点例
①見出しの設定
②記事の配置・割り付け
③表現の工夫
④図や写真などの使い方
⑤全体の印象
⑥読み終えての感想

◎「国語を学ぶ意義」について考えたこと
・
・

◎次年度の学習目標は？
「　」

もらえたときに、その人の新たな成長が始まります。何かに対してコメントする、というのは、壁新聞づくりと同様、やはり「読み手への意識」が重要なのです。また、コメントされる側も、そのつもりで受け止めることが大切です。

＊改善点を書くことに抵抗を感じたり、他の生徒から指摘されることを嫌がる生徒がいたりすることも考えられる。「読み手への意識」の重要性や受け止める側の心構えを確認することで、そのような動きを抑える。また、「こうすればさらによいのではないか」という指摘の仕方を例示し、過度に批判的なコメントを防ぐとよい。

＊教師も生徒と一緒に読みながら、様子を観察。和やかな雰囲気を心がける。

〈壁新聞について全体で話し合う〉

T：では、それぞれの班に対するコメントを、何名かに発表してもらいましょう。

○一つの学習班につき数名ずつがコメントする。

＊該当する学習班のメンバーには、「今のコメントについてどうですか？」といったかたちで簡単な反応を促すとよい。

T：読み手の立場からコメントがもらえると、新たな気付きが生まれますね。これから先、様々な場面でプレゼンテーションや資料づくりが必要になってきます。そのときに、読み手を意識することを忘れずにいたいですね。

〈「国語を学ぶ意義」について考える〉

T：各班の壁新聞を読んでいく中で、「国語を学ぶ意義」というテーマについて考えが深められたのではないでしょうか。少し時間をとりますので、「国語を学ぶ意義」について考えたことをノートに書いてみましょう。何名かに発表してもらおうと思います。

○「国語を学ぶ意義」について、ノートに自分の考えを書く。

○数名が発表する。

8 表現を見つめる

木（2時間扱い／読むこと）

指導事項：〔知技〕(1)エ 〔思判表〕C(1)オ
言語活動例：詩を読み、引用して解説したり、考えたことを伝え合ったりする。

単元の目標

(1)抽象的な概念を表す言葉などに注目して詩を読むことができる。 〔知識及び技能〕(1)エ

(2)作者のものの見方を捉え、自分の考えを広げることができる。 〔思考力、判断力、表現力等〕C(1)オ

(3)言葉がもつ価値を認識するとともに、読書を生活に役立て、我が国の言語文化を大切にして、思いや考えを伝え合おうとする。 「学びに向かう力、人間性等」

単元の構想

〈単元で育てたい資質・能力／働かせたい見方・考え方〉

本単元では、抽象的な概念を表す語句について、詩の中でどのように使われているかを考え、詩の内容と関連付けて文脈上の意味を理解する機会としたい。そして、筆者のものの見方や考え方について知識や経験と結び付けて自分の考えをまとめ、他の生徒に説明することを通して、自分の考えを広げたり深めたりしながら読む力を育成していきたい。

〈教材・題材の特徴〉

本教材の特徴は、抽象的な概念を表す語句の文脈上の意味を考えることで詩の内容や筆者のものの見方や考え方を捉えることができる点と、筆者のものの見方や考え方について自分の知識や経験と結び付けて考えることで自分の考えを広げたり深めたりすることができる点にある。詩の内容に関連付けながら「愛」や「正義」といった抽象的な概念の文脈上での意味を考えることで、筆者の「木」に対する見方を捉えることができる。また、この詩は第一連から「人」の在り方が批判的に描かれていることがうかがえる。「木」に対する筆者の見方だけでなく自分の在り方（生き方）についても自分の知識や経験と結び付けながら、考えを広めたり深めたりできる教材である。

〈主体的・対話的で深い学びの視点からの授業改善ポイント／言語活動の工夫〉

詩に表れる筆者のものの見方や考え方を捉え、他の生徒との対話（話し合い）を通して自分の知識や経験と結び付けて自分の考えを広げさせたい。そこで、「愛」「正義」という抽象的な概念の文脈上の意味を考えることで筆者の「木」に対する見方を捉えさせたい。そして「愛」や「正義」、人の在り方（生き方）など筆者のものの見方や考え方について自分の知識や経験と結び付けて考え、他の生徒と交流することで多様な考え方に触れ、自分の考えを広めたり深めたりすることにつなげていきたい。

単元計画

時	学習活動	学習内容	評価
1	1．学習を見通し、詩を読む。	○印象に残った表現に印を付けて読む。 ○筆者が「木」を「愛」「正義」と捉えていることについて考える（初発の考え）。	
	2．印象に残った表現を挙げ、どんな印象を受けたかを交流する。	○具体的な表現に基づいて受けた印象について交流する。	
	3．筆者が考える「愛」「正義」とは何かについて考え、グループで交流する。	○詩の表現や内容を基に筆者の考える「愛」「正義」について考えグループで交流し、他の生徒の考えにふれながら考えを深めるようにする。	❶
2	4．筆者が「木」のことを「大好き」な理由を考え、グループで交流する。	○筆者が考える「愛」「正義」を基に「木」のことが「大好きな」理由を考えるようにする。	❷ ❸
	5．筆者のものの見方や考え方について自分の考えをもち、全体で交流する。	○筆者の考える「愛」や「正義」、人の在り方（生き方）などについて自分の知識や経験と結び付けて自分の考えをもつ。 ○全体で交流し、多様な考え方にふれる。	
	6．学習の振り返りを行う。	○前時の「初発の考え」と比べて学習を振り返る。	

評価規準

知識・技能	思考・判断・表現	主体的に学習に取り組む態度
❶抽象的な概念を表す語句の量を増やすとともに、話や文章の中で使うことを通して、語感を磨き語彙を豊かにしている。　(1)エ	❷「読むこと」において、詩を読んで理解したことや考えたことを知識や経験と結び付け、自分の考えを広げたり深めたりしている。　C(1)オ	❸進んで詩を読んで理解したことや考えたことを知識や経験と結び付け、自分の考えを広げたり深めたりし、学習課題に沿って自分の考えをもとうとしている。

〈指導と評価の一体化を図る見取りのポイント〉

筆者が詩の中で用いている抽象的な概念を表す語句の文脈上の意味を考えることで、筆者のものの見方や考え方を捉え自分の考えをもつことが大切である。抽象的な概念を表す語句については、筆者が考える「愛」「正義」とは何かについてワークシートに記述させ、そのワークシートに「愛」や「正義」の文脈上の意味を考えていることが表れているかに注目し見取る。そして、筆者が「愛」や「正義」と捉える「木」を「大好きな理由」を考えさせた後、筆者のものの見方や考え方について自分の考えをワークシートに記述させる。そのワークシートに自分の知識や経験と結び付けて考えていることが表れているかに注目し、自分の考えを広げたり深めたりしているかを見取る。

木

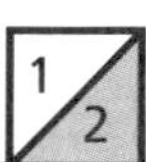

主発問　**筆者が考える「愛」と「正義」はどのようなものでしょう。**

目標

詩を読んで、筆者が考える「愛」と「正義」について捉えることができる。

評価のポイント

❶筆者が考える「愛」や「正義」とは何かについて文脈上の意味に留意して考えている。　(1)エ

準備物　・ワークシート（筆者の考える「愛」と「正義」について解釈したことを書くなど）

ワークシート・ICT 等の活用や授業づくりのアイデア

○詩の中で筆者が「木」を「愛」や「正義」と捉えていることに着目し、詩の内容から筆者が考える「愛」「正義」についてワークシートに記述する。

＊「初発の考え」として筆者が「木」を「愛」や「正義」と捉えていることについて考えさせ、次時の授業につなげられるようにする。

1 導入（学習の見通しをもつ）

〈2 回の授業展開とゴールの説明〉

T：詩を読んで自分の考えを広げたり深めたりすることを学びます。筆者のものの見方や考え方を捉えるとともに、筆者の考え方について自分の知識や経験と結び付けて考えることで今まで考えたことのないことに気付けたり、自分の考えの深まりを実感したりできるとよいですね。

2 展開

〈木のイメージを考える〉

T：今回読むのは「木」という詩です。まず木についてイメージや印象について考えて隣の人と話し合いましょう。

・どんなときにも動かない。

・見ていると癒やされる。

＊木に対するイメージをもつことで詩を読むための導入とする。

〈詩を通読し、初発の考えを書く〉

T：では、詩を読みます。詩を読みながら印象に残った表現に線を引きましょう。また、筆者は木を二つの言葉で表しています。その二つの言葉と筆者が木をそのような言葉で表していることについて自分はどう考えるかについてワークシートに書きましょう。

＊生徒が線を引きながら詩を読み、ワークシートに記述している様子を机間指

3 終末（学習を振り返る）

〈再度考え、次時の学習につなげる〉

T：話し合ったことを基にもう一度筆者の「愛」と「正義」の捉え方を考えてワークシートに書きましょう。その時に根拠として挙げた表現と考えたことの理由付けがしっかりできているか確認しましょう。次回は筆者のものの見方や考え方について自分の考えをもっていきます。

効果的な板書例

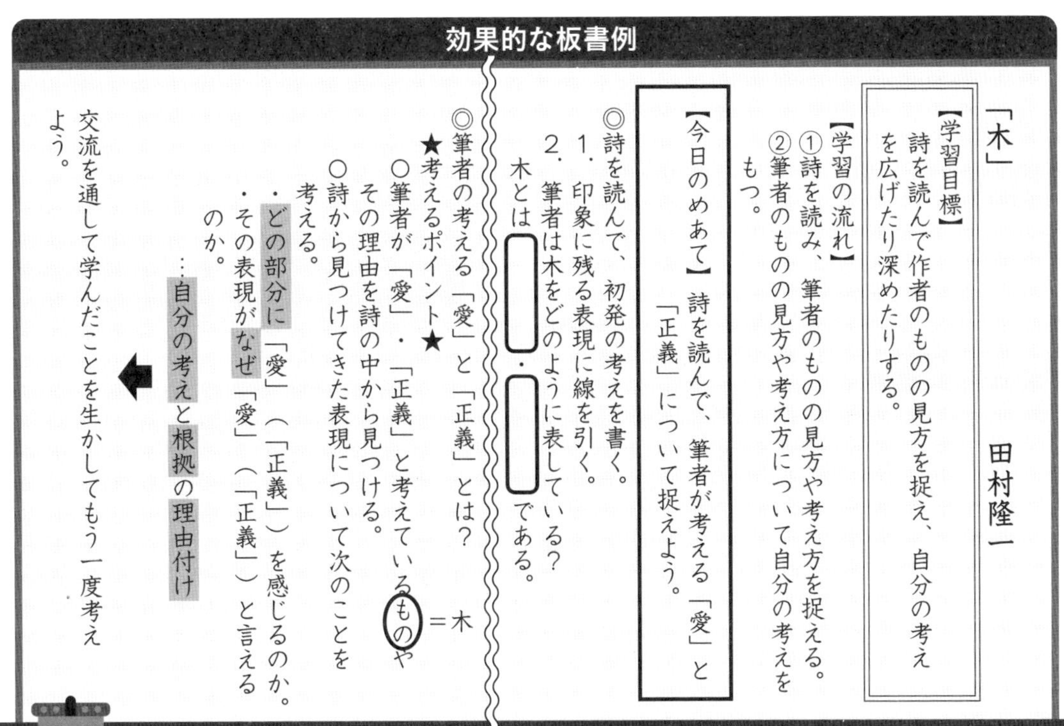

導によって支援する。特に筆者が木を「愛」と「正義」という言葉で表していることを理解できているかを確認する。不十分な生徒には支援を行う。

〈印象に残った表現を交流する〉

T：それでは、隣の人と印象に残った表現とその理由やその表現から受けた印象を交流してください。

＊教師は教室を回りながら生徒の発言を聞き、その後の指導に生かす。

〈筆者の考える「愛」「正義」について考える〉

T：皆さん様々な表現を挙げ、印象を交流していましたね。筆者は木をどのような言葉で表していましたか。……そうですね。「愛」と「正義」です。それでは、筆者は「愛」や「正義」をどのようなものとして捉えているでしょうか。詩の中の表現を根拠として考え、ワークシートに書きましょう。

＊生徒が記述している様子を机間指導によって支援する。

＊生徒が挙げた表現のどの部分に「愛」（「正義」）を感じているのか、なぜその表現が「愛」（「正義」）と言えるのか」を考えさせ根拠と考えの理由付けに留意させる。

＊状況を見て、途中で根拠となる表現の確認をする。特に４連の内容に着目させる。

〈考えたことを班で交流する〉

T：それでは学習班で交流をしてください。自分の考えだけでなく根拠もしっかりと伝えてください。考えが書けなかった人は考えられたところまで発表し、分からなかったことや疑問を周りの人に聞いてください。他の人の考えで参考になるものは色ペンで書き加えてください。

○各班で交流する。

＊教師は各班を回り生徒の様子を観察する。

木

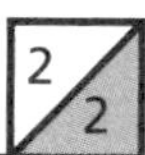

主発問　**筆者のものの見方や考え方についてあなたはどのように考えますか。**

目標

筆者のものの見方や考え方などについて自分の知識や経験と結び付けて自分の考えをもつことができる。

評価のポイント

❷筆者のものの見方や考え方について自分の知識や経験と結び付け、自分の考えをもっている。

C(1)オ

❸初発の考えと2時に書いた筆者のものの見方や考え方について考えたことを比較したり、他の生徒の価値観にふれたりして学んだことを振り返ろうとしている。

準備物　・ワークシート（自分の考えを書くなど）

ワークシート・ICT 等の活用や授業づくりのアイデア

○前時の学習を基に木が大好きな理由を考えることで筆者のものの見方や考え方を捉え、それに対する自分の考えをワークシートにまとめる。

＊前時の初発の考えと本時に考えたことを比べて振り返らせることで生徒自身が学びを実感することにつなげていく。

1　導入（学習の見通しをもつ）

〈前時を振り返り、今日の目標を確かめる〉

T：筆者が考える「愛」と「正義」とはどのようなものだったでしょう。隣の人と話し合い前回の授業を振り返りましょう。

○ワークシートを振り返り、話し合う。

T：今日は筆者のものの見方や考え方を捉え、筆者のものの見方や考え方について自分の考えをもちましょう。

2　展開

〈筆者が木を大好きな理由を考える〉

T：この詩の題名は「木」です。筆者は木に対してどのような思いを抱いていますか。……そうです。最後に「大好き」とあるように木にとても好意をもっています。では、筆者はなぜ木が大好きなのでしょう。詩の内容を参考に理由を考えてワークシートに書きましょう。書き終わったら学習班で交流します。

＊木を「愛」・「正義」という言葉で表していることに着目させ、木が人と対比されていることに気付かせ、考えさせたい。

＊考えることが難しい生徒が多ければ、全体で第1連から順に木に対する描写を確認するとよい。

○書き終わったら学習班で交流する。

〈筆者のものの見方や考え方について自

3　終末（学習を振り返る）

〈学習を振り返る〉

T：前回の授業でも筆者が考える「愛」や「正義」について自分の考えを書きました。前回と今回の考えを比較したり、交流を通して気付いたことを基に学習を振り返りましょう。

＊学習前後の比較や他の生徒との交流を通して考えの深まりを生徒自身に実感させたい。

効果的な板書例

「木」

田村隆一

【学習目標】
詩を読んで作者のものの見方を捉え、自分の考えを広げたり深めたりする。

【今日のめあて】筆者のものの見方や考え方について自分の考えをもとう。

◎筆者が木を大好きな理由を考える。
○木のどのようなところが大好きなんだろう。
↓木＝愛・正義
○木が大好きだとわかる表現を詩の中から探そう。
↓木の描写に着目してみる。

◎筆者が考える筆者のものの見方や考え方について自分の考えをもとう。
○「筆者のものの見方や考え方」を書き、それに対する「自分の考え」を書く。
○筆者のものの見方や考え方が特徴的に表れていることは？
↓筆者独自の考え方が表れていることや言葉は？
○自分の知識や今までの経験と結び付けて考える。

◎考えたことを交流しよう。
↓目的＝様々な考えにふれる

1班
2班
3班

分の考えをもつ〉

T：筆者は木に対して好意をもっており「愛」や「正義」についても独自の捉え方をしていることを学んできました。このような作者のものの見方に対してどのように考えますか。自分の知識や経験と結び付けながら考え、ワークシートに書きましょう。

＊「筆者は○○について△△のような考え方をしているが、私は……」のように筆者のものの見方や考え方を挙げ、それに対して自分はどのように考えるかを書くようにさせる。

＊考えるのが難しい生徒には、これまで学習した中で筆者の見方や考え方が特徴的に表れていることを挙げさせ、そのことについて自分はどのように考えるかを書かせるようにする。

＊「愛」や「正義」、「人の生き方」について自分の知識や経験と結び付けて考えさせる。

＊机間指導をしながら、生徒の様子を観察する。

〈考えたことを交流する〉

T：それでは、学習班で交流しましょう。その後全体でも交流しますので、班で出された考えはホワイトボードにまとめましょう。また、他の人の考えを聞いて、新たに気付いたことは、色ペンで書き加えましょう。

○学習班で交流する。その後、全体で交流する。

＊気付きや自分と異なることを色ペンで書き加えることで、他の生徒から学び自分の考えを広げたり深めたりすることにつなげる。

＊教師は各班を周りながらどのような考えが出ているのかを観察する。

＊学習班で考えをまとめたホワイトボードは黒板に貼り、全体共有を図る。

＊ICT 端末を活用してホワイトボードを写真に撮って共有したり、Jamboard を使用して共有したりすると、クラスを超えた考えの共有が可能となり、さらに多様な価値観にふれることにつなげることもできる。

振り返り

学習を振り返ろう（3時間扱い／話すこと・聞くこと❶、書くこと❶、読むこと❶）

指導事項〔知技〕(1)ア、カ　(2)ア　〔思判表〕A(1)イ、エ　B(1)ウ、エ　C(1)ア、エ
言語活動例：1年間の学習を振り返り、相手や目的を意識して根拠を示しながら、文章にまとめたり話したりする。

単元の目標

(1)敬語の働きについて理解し、話や文章の中で使うこと、意見と根拠、具体と抽象など情報と情報との関係について理解することができる。　〔知識及び技能〕(1)ア、カ　(2)ア
(2)登場人物の設定の仕方などを捉えること、観点を明確にして文章を比較するなどし、文章の展開や表現の効果について考えることができる。　〔思考力、判断力、表現力等〕A(1)イ、エ
(3)根拠の適切さや論理の展開などに注意して、話の構成を工夫することができる。
〔思考力、判断力、表現力等〕B(1)ウ、エ
(4)自分の考えが伝わる文章になるように工夫すること、読み手の立場に立って、表現の効果などを確かめて、文章を整えることができる。　〔思考力、判断力、表現力等〕C(1)ア、エ
(5)言葉がもつ価値を認識するとともに、読書を生活に役立て、我が国の言語文化を大切にして、思いや考えを伝え合おうとする。　「学びに向かう力、人間性等」

単元の構想

〈単元で育てたい資質・能力／働かせたい見方・考え方〉

本単元では、1年間の学習で高めた資質・能力を生徒自身が実感する機会としたい。「読むこと」では文章の展開や表現の効果について考える力、「話すこと・聞くこと」では根拠の適切さに注意して話の構成を工夫する力、「書くこと」では読み手の立場に立って文章を整える力、[知識及び技能] として敬語を文章の中で使う力を確かめ、今後の学びへの見通しをもてるようにしていきたい。

〈教材・題材の特徴〉

1年間の学びを終える時期に各課題に取り組む中で、生徒たちは学習してきたことを振り返り、その成果を実感していくだろう。各課題は、学習指導要領の言語活動例を基に作成されたものであり、自らの資質・能力の高まりを実感することにつながることが期待できる。学級会や電子メールなど日常生活と関わらせて国語を学ぶ意義を考えていける教材である。

〈主体的・対話的で深い学びの視点からの授業改善ポイント／言語活動の工夫〉

既習内容や既有の知識と関連させながら互いの考えを交流・共有することができるように、長編版「アイスプラネット」の展開を考える活動では、具体的な場面を創作することも推奨したい。また、大川さんの提案、山内さんの下書きに触れる場面では、よさや問題点を語り合うことを経て、理解したことを自らの表現に生かすことで学びを深めていきたい。

単元計画

時	学習活動	学習内容	評価
1	1．長編版「アイスプラネット」の冒頭を読み、登場人物の違いによって、どんな展開の可能性が加わるかを考える。	○教科書の「アイスプラネット」と長編版「アイスプラネット」の登場人物の設定を比較する。 ○「僕」は中学２年生で小学４年生の妹がいることなどに着目して、長編版「アイスプラネット」の展開の可能性をグループで考える。	❻❼
2	2．大川さんの提案を読み、伝えたいことを考える。 3．卒業生に贈る言葉について、学級会で提案する内容を考える。	○大川さんがヘレン・ケラーの言葉を通して卒業生に伝えたいことをグループで確認する。 ○大川さんの提案の構成を踏まえて、卒業生に言葉を贈るとしたらどんな言葉を選ぶか、出典を明らかにして、選んだ理由を書く。	❶❸❹ ❼
3	4．山内さんの電子メールの下書きを読み、推敲する。 5．お世話になった先生に電子メールを書く。	○山内さんの電子メールの下書きを読み、グループで下書きを推敲する。 ○校内の先生から相手を選び、学習を生かして１年間のお礼を伝える電子メールを書く。	❷❺❼

評価規準

知識・技能	思考・判断・表現	主体的に学習に取り組む態度
❶言葉には、相手の行動を促す働きがあることに気付いている。(1)ア ❷敬語の働きについて理解し、話や文章の中で使っている。(1)カ ❸意見と根拠、具体と抽象など情報と情報との関係について理解している。(2)ア	❹「話すこと・聞くこと」において、根拠の適切さや論理の展開などに注意して、出典や理由を明らかにして、話の構成を工夫することができている。A(1)イ、エ ❺「書くこと」において、自分の考えが伝わる電子メールになるように工夫すること、読み手の立場に立って、表現の効果などを確かめて、電子メールを整えることができている。B(1)ウ、エ ❻「読むこと」において、物語の設定や登場人物の違いによって、どんな展開の可能性が加わるかを考えている。C(1)ア、エ	❼進んで登場人物の設定の仕方や根拠の適切さを考え、今までの学習を生かして、学習課題に取り組もうとしている。

〈指導と評価の一体化を図る見取りのポイント〉

既習内容を想起しながら活動に取り組むことができるように、該当単元のワークシートやノート、学習記録などを手元に置き、生徒が主体的に学習できる環境を整えることが大切である。各課題に取り組む際は、生徒の様子を丁寧に観察して、概ね満足できる状況に至るように適切な手立てを講じるとともに、さらに高めていきたい生徒の資質・能力を明らかにしていくことが必要である。

学習を振り返ろう

登場人物の設定の違いによって、長編版「アイスプラネット」には、どんな展開の可能性が加わるでしょう。

目標

物語の設定や登場人物の設定の違いによって、どんな展開の可能性が加わるかを考えることができる。

評価のポイント

❻長編版「アイスプラネット」の冒頭を読み、教科書の「アイスプラネット」と比較しながら登場人物の設定を表にまとめている。　C(1)ア、エ

❼今までの学習を生かして、長編版「アイスプラネット」の展開の可能性を考えようとしている。

準備物　・ワークシート①⊻01　・教材文　・ホワイトボード

ワークシート・ICT 等の活用や授業づくりのアイデア

○効率的にグループ活動を展開するために、長編版「アイスプラネット」の冒頭と教科書の「アイスプラネット」には書かれていない設定を書き込む表を拡大して配付する。

○長編版「アイスプラネット」の展開を考える際には、ホワイトボードではなくドキュメントを用いることも認める。

1 導入（学習の見通しをもつ）

〈本時の言語活動を知る〉

T：今回から３時間は、教科書にある問題に取り組んで身に付けた力を確認することで、１年間の国語の学習を振り返ります。今回は「読むこと」の学習です。ワークシートやノートなどを見返して、どんな学習をしていたのかを思い返してみましょう。

2 展開

〈長編版「アイスプラネット」を読む〉

T：１学期に「アイスプラネット」を読みました。教科書の文章を基に書かれた長編版「アイスプラネット」があるので、冒頭を読んでみましょう。教科書で読んだものと異なる点がいくつかあるので、注意して読んで、気付いたことがあればワークシートに書き込みましょう。友達と相談してもよいです。

○長編版「アイスプラネット」を印刷したワークシートを配付する。

○デジタル教科書を用いて、テキストをスクリーン等に示す。

〈長編版「アイスプラネット」の設定を表にまとめる〉

T：教科書の「アイスプラネット」には書かれていない設定をグループで確認して、表に書き込みましょう。

3 終末（学習を振り返る）

〈長編版「アイスプラネット」を読む〉

T：図書館に長編版「アイスプラネット」がありました。ある場面を読みます。

○読み聞かせをする。

T：「アイスプラネット」のような例は珍しいですが、同じ作者の作品を比較して読むことは、文学作品を豊かに読むことにつながります。

効果的な板書例

学習を振り返ろう

【学習目標】
問題に取り組み、身に付けた力を確認する。

【今日のめあて】登場人物の設定によって、物語にどのような展開の可能性が加わるのか考えよう。

長編版「アイスプラネット」の設定を表にまとめよう。

僕	名前は（　）悠太。 中学（　）年生。
登場人物	（　）年生の（　）がいる。
家の造り	二階に大きな（　）がある。
父の職業	（　）の仕事をしている。
ぐうちゃんの職業	（　）仕事をしている。

＊電子黒板の機能がある場合は、書画カメラ等を用いて示した表の空欄に言葉を書き込むことで、効率的に活動を展開することができる。

長編版「アイスプラネット」の展開の可能性を考えよう。
（条件）
・登場人物の設定の違いに着目する。
例　「僕」に妹がいる
　　父親の職業が通信社である
　　ぐうちゃんはいつも家の屋根裏部屋にいる
・出来事・人物の言動・やりとりを想像する。
・ホワイトボードに書く。
※具体的な場面を創作して小説のように書いてもよい。
※グーグルドキュメントで作成してもよい。

○拡大した教材文とまとめる表を配付する。
○書画カメラ等を用いて、設定をまとめる表をスクリーン等に示す。
・「僕」の名は原島悠太で、中学２年生。
・家の造りがくわしく書かれている。
・小学４年生の妹がいる。
・ぐうちゃんは屋根裏部屋に住んでいて、写真を撮る仕事をしている。
○全体で確認する。
T：文学作品ではないですが、「君は『最後の晩餐』を知っているか」を読んだときに、観点を明確にして文章を比較することで構成や展開、表現の特徴を追究できることを学習しました。今回は、二つの「アイスプラネット」を登場人物の設定という観点で比較します。
＊「走れメロス」の学習を想起して、登場人物の設定が作品の世界に大きな影響を与えることを確認する。

〈長編版「アイスプラネット」の展開の可能性を考える〉

T：グループで登場人物の設定の仕方によって長編版「アイスプラネット」にはどんな展開の可能性が加わるかを考えましょう。例えば、「僕」に妹がいること、父親の職業が通信社であること、ぐうちゃんはいつも家の屋根裏部屋にいることから起こる可能性のある出来事や登場人物の言動・やりとりなどを想像して、ホワイトボードに書きましょう。具体的な場面を創作して小説のように書いてもよいです。
○ホワイトボードを配付する。
＊理由を添えて考えていれば、突飛な想像や飛躍のある内容であっても認めて称賛する。
＊記述する内容が多くなりそうな場合は、ICT端末を利用してドキュメントに入力することも認める。
○全体で共有する。
・感想を伝え合う。

学習を振り返ろう

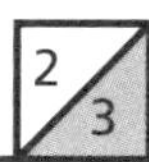

卒業生に言葉を贈るとしたら、あなたはどんな言葉を選び、どのように提案するでしょう。

目標

卒業生に贈る言葉について、誰の言葉か出典を明らかにして、選んだ理由をまとめて提案することができる。

評価のポイント

❶❸❹大川さんの提案について、根拠の適切さや論理の展開を踏まえて内容を捉えている。

(1)ア、カ　A(1)イ、エ

❼今までの学習を生かして、卒業生に送る言葉を条件に沿って考えて提案しようとしている。

準備物　・ワークシート②02　・教材文

ワークシート・ICT 等の活用や授業づくりのアイデア

○デジタル教科書に収録されている大川さんの提案の音声を聞く。

＊二次元コードを読み取り、必要に応じて生徒が聞き直すこともできる。

○効率的にグループ活動を展開するために、大川さんの提案の原稿を拡大して配付する。

○卒業生に贈る言葉を決める際には、ICT 端末で検索できるようにする。

1 導入（学習の見通しをもつ）

〈本時の言語活動を知る〉

T：今回は、教科書にある問題に取り組んで身に付けた力を確認することで、1年間の国語の学習を振り返る2回目です。今回は「話すこと・聞くこと」の学習です。ワークシートやノートなどを見返して、どんな学習をしていたのかを思い返してみましょう。

2 展開

〈大川さんの提案を聞く〉

T：今年1年間の学習で問いを立てながら聞いたり、魅力的な提案の仕方などを学んできました。学級会で「卒業生に贈る言葉」について決める場面で、大川さんが次のような提案をしました。根拠の確かさや話す順番に注意して聞き、大川さんが卒業生に伝えたいことは何かを考えながら聞きましょう。

○デジタル教科書に収録されている大川さんの提案の音声を流す。

〈大川さんが伝えたいことを捉える〉

T：大川さんがヘレン・ケラーの言葉を通して卒業生に伝えたいことをグループで確認しましょう。グループで追究しやすいように拡大した原稿を配付します。大川さんの提案の原稿は教科書に載っています。大川さんの提案の音

3 終末（学習を振り返る）

〈作成した提案の原稿を発表する〉

T：作成した提案の原稿をグループ内で発表し合いましょう。発表を通して感じたことや聞き手からのアドバイスを踏まえて、原稿を修正してよいです。

・発表する。

T：学校生活の様々な場面で話したり聞いたりする際に、学習を生かしましょう。

効果的な板書例

学習を振り返ろう

【学習目標】問題に取り組み、身に付けた力を確認する。

【今日のめあて】卒業生に贈る言葉について、出典を明らかにして、選んだ理由をまとめて提案しよう。

大川さんの提案
○伝えたいこと
ヘレン・ケラーの言葉を通して、「中学校での思い出を胸に、新しい生活で新しい挑戦をしてほしい」ということを伝えようとしている。
○スピーチのよさ
・はじめに自分の考えを示している。
・具体的な言葉とその価値を述べている。
・最後に卒業生に伝えたいことをまとめている。

学級会で提案する原稿を作成しよう。
（条件）
・誰の言葉なのか出典を明らかにすること。
・その言葉を選んだ理由を添えること。

作成した原稿を発表しよう。

発表を通して感じたことや聞き手からのアドバイスを踏まえて、原稿を修正しよう。

声を聞き直したい場合は、各自で ICT 端末を利用して二次元コードを読み取って聞いてもよいです。
○拡大した大川さんの提案の原稿を配付する。
○デジタル教科書を用いて、大川さんの発表の原稿をスクリーン等に示す。
・ヘレン・ケラーの言葉をいくつか紹介して、スピーチの最後に話している「中学校での思い出を胸に、新しい生活で新しい挑戦をしてほしい」ということを伝えようとしている。

〈大川さんのスピーチのよさを考える〉

T：大川さんの提案にある、聞き手に分かりやすく伝えて納得してもらうことにつながるよさをグループで考えましょう。意見交換しながら、グループに配付した大川さんの原稿に気付いたことを書き込みましょう。
・はじめに自分の考えを示している。
・具体的な言葉とその価値を述べている。
・最後に卒業生に伝えたいことをまとめている。
○全体で確認する。
T：大川さんのスピーチのように、適切な根拠を選んだり、聞き手を意識して話す事柄の順番を考えたりすることが大切です。
＊この後の自分の提案の原稿を作成する際のポイントとして意識できるように、板書で整理しておく。

〈学級会で提案する原稿を作成する〉

T：大川さんの提案の構成を踏まえて、卒業生に贈る言葉について、学級会で提案する原稿を考えましょう。条件は、誰の言葉なのか出典を明らかにすること、その言葉を選んだ理由を添えることです。辞書や ICT 端末を利用してよいです。友達と相談してもよいです。提案する原稿は、ワークシートに記入しましょう。
○ワークシートを配付する。
＊必要に応じて、机間指導によって支援する。

学習を振り返ろう

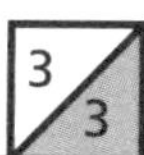

主発問 **お世話になった先生に、1年間のお礼を伝える電子メールを書きましょう。**

目標

お世話になった先生に感謝の気持ちが的確に伝わるように表現を工夫して、電子メールを書くことができる。

評価のポイント

❷❺山内さんの電子メールの下書きについて、教材文に示されている観点で推敲している。
(2)ア B(1)ウ、エ

❼今までの学習を生かして、お世話になった先生に感謝を伝える電子メールを書こうとしている。

準備物 ・教材文

ワークシート・ICT 等の活用や授業づくりのアイデア

○効率的にグループ活動を展開するために、山内さんの電子メールを拡大して配付する。

○デジタル教科書を用いて、敬語一覧を提示する。

○ ICT 端末を用いて、実際に電子メールを送信する。

＊直接送信できない場合は、メール本文をデータで回収する。

1 導入（学習の見通しをもつ）

〈本時の言語活動を知る〉

T：今回は、教科書にある問題に取り組んで身に付けた力を確認することで、1年間の国語の学習を振り返る最終回です。今回は「書くこと」の学習です。ワークシートやノートなどを見返して、どんな学習をしていたのか思い返してみましょう。

2 展開

〈山内さんのメールの下書きを読む〉

T：今年1年間の「書くこと」の学習では、相手や目的に応じて、気持ちや用件が的確に伝わるように表現を工夫したり、読み手の立場に立って、表現の効果を考えたりしました。2週間後に職場体験で訪問する幼稚園に、質問の電子メールを送ろうとしている山内さんが次のような下書きをしました。気付いたことを挙げてみましょう。

○デジタル教科書を用いて、山内さんのメールの下書きをスクリーン等に示す。

・あいさつや自己紹介が足りない。

・敬語が適切に使われていない。

・伝えたいことやお願いしたいことがはっきりとしていない。

＊この後の推敲のポイントとして意識できるように、板書で整理しておく。

3 終末（学習を振り返る）

〈電子メールの下書きを推敲する〉

T：作成した電子メールの下書きを推敲しましょう。先ほど、山内さんの電子メールの下書きを推敲したときと同じように取り組みましょう。

・推敲する。

T：学校生活や日常生活で文章や手紙を書く際に、学習を生かしましょう。

効果的な板書例

学習を振り返ろう

【学習目標】
問題に取り組み、身に付けた力を確認する。

【今日のめあて】お世話になった先生に感謝の気持ちが的確に伝わる電子メールを書こう。

教科書p.258
画像

気づいたこと
・あいさつや自己紹介が足りない。
・敬語が適切に使われていない。
・伝えたいことやお願いしたいことがはっきりとしていない。

◎自分が電子メールを書く際にも注意しよう。

お世話になった先生に電子メールを書こう。
(条件)
・校内からお世話になった先生を相手に選ぶ。
・感謝の思いを伝える。
・用件、宛名、本文、署名を入力する。
※宛先は後ほど
※参照「表現を工夫して書こう　手紙や電子メールを書く」

電子メールの下書きを推敲しよう。

〈山内さんの下書きを推敲する〉

T：山内さんの電子メールの下書きをグループで推敲しましょう。グループで検討しやすいように拡大した下書きを配付します。教科書にある「先生のアドバイス」も参考にしながら、書き改めましょう。

○拡大した山内さんのメールの下書きを配付する。

・大空中学校の山内芽衣です。
　→今度、職場体験でお世話になります、大空中学校二年二組の山内芽衣と申します。
・職場体験のことで質問があります。
　→職場体験のことで伺いたいことがあり、メールいたしました。
・ランチルームでオルガンを使いたいんですけど。無理だったら、何か他の方法を考えます。
　→ランチルームのオルガンを使用させていただくことは可能でしょうか。もし、難しいようでしたら、中学校にあるキーボードを持参するなど、何か他の方法を考えます。

○全体で確認する。

T：「表現を工夫して書こう　手紙や電子メールを書く」の学習内容を、ワークシート、ノートを見返して確認しましょう。電子メールの書き方だけでなく、相手や目的に応じて、敬語を適切に使うことも大切です。

＊デジタル教科書を用いて該当する教材文をスクリーン等に映して想起しやすくする。

〈お世話になった先生に電子メールを書く〉

T：今回の学習を踏まえて、校内からお世話になった先生を相手に選んで、感謝の思いを伝える電子メールの下書きをしましょう。ICT端末で電子メールを立ち上げて、用件、宛名、本文、署名を実際に入力しましょう。宛先は、後ほど伝えます。

＊必要に応じて、机間指導によって支援する。

＊宛先は、可能な限り当該の先生のものを伝えたいが、難しい場合は教科担任を宛先として送信させ、後から転送することも検討する。

監修者・編著者・執筆者紹介

[監修者]

髙木　まさき（たかぎ　まさき）	横浜国立大学教授／学習指導要領等の改善に係る検討に必要な専門的作業等協力者／令和３年版光村図書出版中学国語教科書編集委員

[編著者]

幾田伸司（いくた　しんじ）	鳴門教育大学大学院教授／令和３年版光村図書出版中学国語教科書編集委員
植西浩一（うえにし　こういち）	広島女学院大学教授

[執筆者] ＊執筆順、所属は令和４年２月現在。

		[執筆箇所]
髙木　まさき		●まえがき　●「主体的・対話的で深い学び」を目指す授業づくりのポイント
幾田　伸司		●第２学年の学習指導内容　●メディアを比べよう／メディアの特徴を生かして情報を集めよう／「自分で考える時間」をもとう
植西　浩一		●第２学年における学習指導の工夫
児玉　忠	宮城教育大学教授／学習指導要領等の改善に係る検討に必要な専門的作業等協力者	●「言葉による見方・考え方」を働かせる授業づくりのポイント
萩中　奈穂美	福井大学准教授／学習指導要領等の改善に係る検討に必要な専門的作業等協力者	●板書の工夫
三浦　登志一	山形大学教授／学習指導要領等の改善に係る検討に必要な専門的作業等協力者／令和３年版光村図書出版中学国語教科書編集委員	●学習評価のポイント
冨高　勇樹	山梨県教育庁義務教育課主査・指導主事	●見えないだけ　●枕草子　●多様な方法で情報を集めよう　職業ガイドを作る　●思考のレッスン２　●季節のしおり　秋　●魅力を効果的に伝えよう　鑑賞文を書く　●研究の現場にようこそ　日本に野生のゾウやサイがいた頃／クモの糸でバイオリン　読書案内　●漢字３
石原　雅子	筑波大学大学院	●アイスプラネット　●漢字に親しもう２　●季節のしおり　夏　●音読を楽しもう　月夜の浜辺　●国語の学びを振り返ろう　テーマを決めて話し合い、壁新聞を作る
新井　拓	北海道教育大学附属札幌中学校主幹教諭	●［聞く］問いを立てながら聞く　●文法への扉１　●言葉を比べよう　もっと「伝わる」表現を目ざして

		●盆土産　●字のない葉書　●根拠の適切さを考えて書こう　意見文を書く　●漢字に親しもう4
山内　裕介	横浜市教育委員会主任指導主事／学習指導要領等の改善に係る検討に必要な専門的作業等協力者	●季節のしおり　春　●情報整理のレッスン　思考の視覚化　●魅力的な提案をしよう　資料を示してプレゼンテーションをする　●モアイは語る——地球の未来　●仁和寺にある法師　●言葉3
藤井　篤徳	長野県・箕輪町立箕輪中学校教諭	●漢字1　●言葉1　●読書を楽しむ　●漢字2　●君は「最後の晩餐」を知っているか／「最後の晩餐」の新しさ　●季節のしおり　冬　●学習を振り返ろう
柳屋　亮	横浜国立大学教育学部附属横浜中学校教諭	●クマゼミ増加の原因を探る　●翻訳作品を読み比べよう／読書コラム／読書案内　●［討論］異なる立場から考える　●立場を尊重して話し合おう　討論で多角的に検討する　●木
積山　昌典	広島県立広島中学校教諭／学習指導要領等の改善に係る検討に必要な専門的作業等協力者	●思考のレッスン1　●言葉の力　●漢詩の風景　●文法への扉2　●文法への扉3　●構成や展開を工夫して書こう「ある日の自分」の物語を書く
上田　善紀	東大寺学園中・高等学校非常勤講師／奈良学園登美ヶ丘中・高等学校非常勤講師	●短歌に親しむ／短歌を味わう　［書く］短歌を作ろう　●聞き上手になろう　質問で思いや考えを引き出す　●表現を工夫して書こう　手紙や電子メールを書く　●［推敲］表現の効果を考える　●言葉2　●源氏と平家／音読を楽しもう　平家物語　●漢字に親しもう6
森　顕子	東京学芸大学附属竹早中学校副校長	●源氏と平家　●扇の的
荻野　聡	東京学芸大学附属竹早中学校教諭	●漢字に親しもう5　●走れメロス

『板書で見る全単元・全時間の授業のすべて　国語　中学校２年』付録資料について

本書の付録資料は、東洋館出版社ホームページ内にある「マイページ」からダウンロードすることができます。なお、本書のデータを入手する際には、会員登録および下記に記載しているユーザー名とパスワードが必要になります。入手の方法は以下の手順になります。

【東洋館出版社 HP】

URL https://www.toyokan.co.jp　東洋館出版社　検索

❶「東洋館出版社」で検索して、「東洋館出版社オンライン」へアクセス

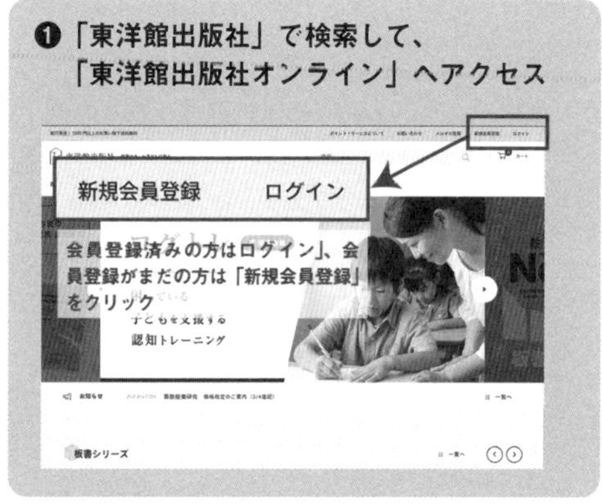

❷会員者はメールアドレスとパスワードを入力後「ログイン」。非会員者は必須項目を入力後「アカウント作成」をクリック

❸マイアカウントページにある「ダウンロードギャラリー」をクリック

❹対象の書籍をクリック。下記記載のユーザー名、パスワードを入力

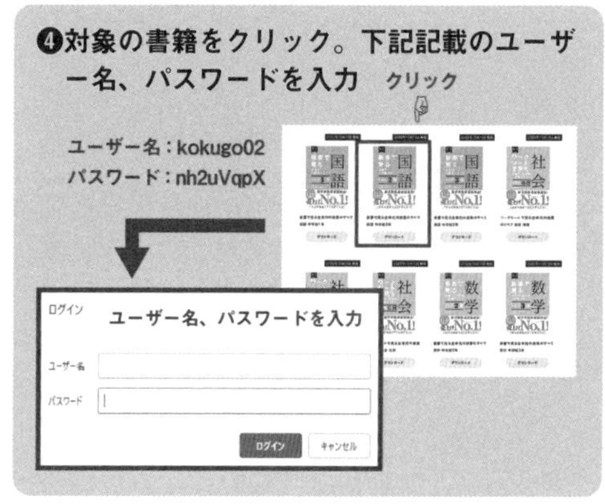

【使用上の注意点および著作権について】

・リンク先にはパソコンからアクセスしてください。スマートフォンではファイルが開けないおそれがあります。
・PDFファイルを開くためには、Adobe AcrobatまたはAdobe Readerがインストールされている必要があります。
・PDFファイルを拡大して使用すると、文字やイラスト等が不鮮明になったり、線にゆがみやギザギザが出たりする場合があります。あらかじめご了承ください。
・収録されているファイルは、著作権法によって守られています。
・著作権法での例外規定を除き、無断で複製することは法律で禁じられています。
・収録されているファイルは、営利目的であるか否かにかかわらず、第三者への譲渡、貸与、販売、頒布、インターネット上での公開等を禁じます。
・ただし、購入者が学校での授業において、必要枚数を生徒に配付する場合は、この限りではありません。ご使用の際、クレジットの表示や個別の使用許諾申請、使用料のお支払い等の必要はありません。

【免責事項・お問い合わせについて】

・ファイル使用で生じた損害、障害、被害、その他いかなる事態についても弊社は一切の責任を負いかねます。
・お問い合わせは、次のメールアドレスでのみ受け付けます。tyk@toyokan.co.jp
・パソコンやアプリケーションソフトの操作方法については、各製造元にお問い合わせください。

板書で見る全単元の授業のすべて
国語 中学校 2 年
〜令和 3 年度全面実施学習指導要領対応〜

2022（令和 4 ）年 3 月22日　初版第 1 刷発行

監 修 者：髙木　まさき
編 著 者：幾田　伸司・植西　浩一
発 行 者：錦織　圭之介
発 行 所：株式会社東洋館出版社
〒113-0021　東京都文京区本駒込 5 丁目16番 7 号
営 業 部　電話 03-3823-9206　FAX 03-3823-9208
編 集 部　電話 03-3823-9207　FAX 03-3823-9209
振　　替　00180-7-96823
U　R　L　https://www.toyokan.co.jp

印刷・製本：藤原印刷株式会社

装丁デザイン：小口翔平＋後藤司（tobufune）
本文デザイン：藤原印刷株式会社

ISBN978-4-491-04776-8　　Printed in Japan